Outsourcing von Personalfunktionen – eine wissenstransferbasierte Perspektive

Anne Canis

Bibliografische Information der Deutschen Nationalbibliothek

Die Deutsche Nationalbibliothek verzeichnet diese Publikation in der Deutschen Nationalbibliografie; detaillierte bibliografische Daten sind im Internet über http://dnb.d-nb.de abrufbar.

zugl.: Jena, Univ, Diss 2007

©Copyright Logos Verlag Berlin GmbH 2007
Alle Rechte vorbehalten.

ISBN 978-3-8325-1759-5

Logos Verlag Berlin GmbH
Comeniushof, Gubener Str. 47,
10243 Berlin
Tel.: +49 030 42 85 10 90
Fax: +49 030 42 85 10 92
INTERNET: http://www.logos-verlag.de

Geleitwort

Das Outsourcing von Unternehmensbereichen ist ein in Theorie und Praxis vieldiskutiertes Themenfeld. Lange Zeit wurden insbesondere Untersuchungen zum IT-Bereich von Unternehmen durchgeführt, welche häufig hinsichtlich des Outsourcings als Pilot-Bereiche fungierten und dementsprechend auch als erste in das Visier der Forschungsbemühungen geraten konnten. Erst in jüngerer Zeit gerät auch der Personalbereich in den Fokus von Outsourcing-Überlegungen in der Praxis, und in der Folge auch von Forschungsbemühungen. Mit dem Outsourcing einzelner oder mehrerer HR-Funktionen ist ein ganzes Spektrum heterogener Dienstleistungen als externes, marktliches Pendant zur internen Erstellung der Personalarbeit angesprochen. Beispiele hierfür sind die Zeitarbeit, Personalberatung, Arbeitsvermittlung, Outplacement, Interimsmanagement, HR-Unternehmensberatung, Lohn- und Gehaltsabrechnung, Weiterbildungsdienstleistungen oder arbeits- und sozialrechtliche Beratung sowie das Komplett-Outsourcing der Personalarbeit.

In theoretischen Arbeiten zum Outsourcing dominieren dabei bislang Überlegungen auf der Basis des Transaktionskostenansatzes und klassischer Kostenrechnungsansätze, zunehmend werden aber auch Überlegungen aus der ressourcenbasierten Strategielehre einbezogen. Obwohl im Transaktionskostenansatz und auch in der ressourcenbasierten Strategielehre Überlegungen zu den Wirkungen unterschiedlicher Wissensstrukturen unmittelbar anschlussfähig sind, wurde bisher das Outsourcing von Personalfunktionen unseres Wissens nach noch nicht systematisch und umfassend aus einer wissensbasierten Perspektive untersucht. Genau hier setzt Frau Canis mit ihrer Arbeit an.

Sie untersucht, ob und wie man die Nutzung von Personaldienstleistungen durch Unternehmen durch wissensbasierte Hypothesen erklären kann. Dabei leitet sie zunächst systematisch und gründlich mögliche Zusammenhänge zwischen Wissensstrukturen, Personalfunktionen und deren externer Erstellung ab, um diese Überlegungen sodann an einigen sekundären empirischen Daten explorativ zu spiegeln. Sie ergänzt damit die vorliegenden Forschungsarbeiten um einen interessanten und wichtigen Bereich, leitet einige neue Hypothesen ab, begründet einige bekannte Hypothesen über einen anderen inhaltlichen Zugang und gibt zugleich wichtige Anregungen für weitere empirische Forschungsarbeiten sowie die Entscheidungen von Praktikern in den Betrieben über das Outsourcing von HR-Funktionen. Ich wünsche der Arbeit eine gute Aufnahme und weite Verbreitung und der Autorin alles Gute für ihre berufliche und private Zukunft.

Hamburg, im November 2007   Prof. Dr. Dorothea Alewell

Vorwort

Die Auslagerung betrieblicher (Teil-) Funktionen wird schon seit längerer Zeit intensiv insbesondere für den IT-Bereich in der betriebswirtschaftlichen Literatur und Praxis diskutiert. Hierbei werden häufig Stichworte wie Outsourcing, die Konzentration auf Kernkompetenzen oder die „schlanke" Gestaltung von Unternehmen genannt. Diese Diskussion wird nunmehr auch für den Personalbereich geführt. Empirisch ist zu beobachten, dass grundsätzlich die Möglichkeit besteht, Teile der Personalarbeit oder sogar die gesamte Personalarbeit extern erbringen zu lassen. Allerdings ist der Stand der bisherigen theoretischen und empirischen Arbeiten noch lange nicht ausreichend, um eine differenzierte Erklärung des empirisch beobachtbaren HR-Outsourcing-Verhaltens von Unternehmen zu leisten.

In Abgrenzung zu bisher vorliegenden Arbeiten, die ganz überwiegend auf der Basis des Transaktionskostenansatzes, des Resource Based View oder kostenrechnerischen Ansätzen arbeiten, ist es Ziel dieser Arbeit, konsequent für die Diskussion der Auslagerung personalwirtschaftlicher Aufgaben, den Bereich des Wissenstransfers fruchtbar zu machen. Gleichzeitig soll durch die Anwendung von Wissenstransferüberlegungen auf diese Frage das Feld bisher betrachteter Entscheidungskriterien, aber auch Wirkungskategorien verbreitert und damit vorliegende theoretisch fundierte Überlegungen zum Outsourcing personalwirtschaftlicher Leistungen erweitert werden. Mit der Formulierung von Arbeitshypothesen und deren ersten Spiegelung an vorliegendem Datenmaterial wird das Defizit empirischer Forschung zur Auslagerung personalwirtschaftlicher Aufgaben adressiert.

Das Ergebnis dieses nicht immer einfachen Unterfangens liegt mit dieser Dissertationsschrift vor und wäre ohne die vielfältige Unterstützung zahlreicher Menschen nicht gelungen.

An erster Stelle möchte ich mich bei meiner Doktormutter, Frau Prof. Dr. Dorothea Alewell, für Ihre fachlich konstruktive, zeitlich unbegrenzte Diskussionsbereitschaft bedanken. Mit aufmunternden Worten hat sie mich in schwierigen Phasen der Arbeit stets ermutigt. Weiterhin danke ich dem Zweitgutachter, Herrn Prof. Dr. Holger Reinisch, für die schnelle Begutachtung meiner Dissertation.

Ein großer Dank gilt auch meinen Kollegen und Freunden. Sie haben sich als fleißige Korrekturleser erwiesen und die Generalprobe der Verteidigung kritisch kommentiert. Hierfür und für die vielen schönen Stunden gemeinsam verlebter Freizeit danke ich Dipl.-Kfm. Peter Agardi, Dipl.-Kffr. Katrin Bähring, Dipl.-Kffr. Antje Beier, Kay Günther, Dr. Colette Friedrich, Dipl.-Soz. Sven Hauff, Dr. Simone Martin, Dipl.-Hdl. Eileen Schott, Christine Steinbach, Dipl.-Kfm. Stefan Übensee, Caroline Wappler und Franziska Wiegand.

Sehr herzlich danke ich auch meiner Familie, die durch akribisches Korrekturlesen die Fertigstellung der Arbeit unterstützt und meine dissertationsbedingten Stimmungsschwankungen mit viel Geduld ertragen hat.

Von ganzem Herzen möchte ich mich auch bei meinem Freund Stefan bedanken. Er hat immer an mich geglaubt, meine Aufregung und Nervosität ertragen und mir den notwendigen Freiraum für die Erstellung der Dissertation gegeben.

Jena, im November 2007   Anne Canis

Inhaltsverzeichnis

GELEITWORT III

VORWORT V

INHALTSVERZEICHNIS VII

ABKÜRZUNGSVERZEICHNIS XIII

TABELLENVERZEICHNIS XVI

1. PROBLEMSTELLUNG UND VORGEHENSWEISE 1

1.1 Problemstellung 1

1.2 Vorgehensweise 4

2. ABGRENZUNG DES BETRACHTUNGSGEGENSTANDES DER ARBEIT 9

2.1 Zentrale Aufgaben betrieblicher Personalarbeit 9

2.1.1 Vorüberlegungen 9

2.1.2 Systematisierung personalwirtschaftlicher Funktionen in Anlehnung an eine Produktionsfaktor-Betrachtung von Kossbiel 10

    2.1.2.1 Personalwirtschaftliche Probleme 10

    2.1.2.2 Personalwirtschaftliche Funktionen 12

2.2 Institutionelle Koordination von Personalfunktionen 17

2.3 Definition von Personaldienstleistungen als marktliches Pendant zu intern erstellten Personalfunktionen 18

2.3.1 Begriff und Charakteristika von Dienstleistungen 18

2.3.2 Anwendung des allgemeinen Dienstleistungsbegriffes auf extern erbrachte Personalfunktionen 24

3. ENTSCHEIDUNGSKRITERIEN FÜR DAS OUTSOURCING BETRIEBLICHER FUNKTIONEN 27

3.1 Kostenrechnerische Überlegungen zur Auslagerung betrieblicher Aufgaben 27

3.2 Ressourcen- und kernkompetenzbasierte Überlegungen zur Auslagerung betrieblicher Aufgaben 29

3.3 Transaktionskostentheoretische Überlegungen zur Auslagerung betrieblicher Aufgaben 33

3.4 Notwendigkeit der Einbeziehung wissensbasierter Überlegungen in die Entscheidung über Auslagerung betrieblicher Funktionen 38

4. DIE AUSLAGERUNG PERSONALWIRTSCHAFTLICHER AUFGABEN AUS WISSENSPERSPEKTIVE 41

4.1 Outsourcing personalwirtschaftlicher Aufgaben und die Verfügbarkeit von Wissen 41
4.2 Struktur des Wissenstransfers 43
   4.2.1 Strukturelement I - Wissen 43
      4.2.1.1 Wissensbegriff 43
      4.2.1.2 Explizites Wissen 50
      4.2.1.3 Implizites Wissen 52
   4.2.2 Strukturelement II - Transferprozess 54
4.3 Einflussfaktoren auf den Wissenstransfer und deren Wirkungen auf das Outsourcing personalwirtschaftlicher Funktionen 57
   4.3.1 Dimension des Könnens 57
   4.3.2 Dimension des Wollens 65
   4.3.3 Zwischenfazit 70

5. ARBEITSHYPOTHESEN ÜBER DIE AUSLAGERUNG PERSONALWIRTSCHAFTLICHER FUNKTIONEN UNTER BESONDERER BERÜCKSICHTIGUNG VON WISSENSTRANSFERASPEKTEN 73

5.1 Vorüberlegungen 73
5.2 Dimension des Könnens 74
5.3 Dimension des Wollens 83

6. OPERATIONALISIERUNG DER WISSENSARTEN 93

6.1 Problemstellung 93
6.2 Das Konzept der Aufgabenkomplexität 95
   6.2.1 Charakteristika komplexer Aufgaben 95
   6.2.2 Ableitung einer Definition des Ersatzkriteriums der Aufgabenkomplexität 99
6.3 Zusammenhang zwischen der Aufgabenkomplexität und den Wissensarten 103
6.4 Schlussfolgerungen 108

7. WISSENSSTRUKTUREN PERSONALWIRTSCHAFTLICHER FUNKTIONEN – EINE ANALYSE ANHAND DER KOMPLEXITÄT VON AUFGABEN 109

7.1 Vorüberlegungen 109
7.2 Personalbeschaffung (Suche und Auswahl geeigneter Vertragspartner) . 110
   7.2.1 Ermittlung des Personalbedarfs 110
   7.2.2 Beschaffung von geeigneten Vertragspartnern (Personalakquisition) 116
   7.2.3 Personalauswahl 118

7.2.4 Gestaltung und Abschluss des Arbeitsvertrages 121
7.2.5 Fazit 122
7.3 Personalentwicklung 124
7.3.1 Ermittlung des Personalentwicklungsbedarfs 124
7.3.2 Deckung des Personalentwicklungsbedarfs 127
7.3.3 Evaluation der Zielerreichung 131
7.3.4 Fazit 133
7.4 Verhaltens- und Handlungssteuerung von Personal (Personalführung) ..135
7.4.1 Ermittlung Personalführungsbedarf 135
7.4.2 Deckung des Personalführungsbedarfes 136
    7.4.2.1 Beispiel 1: Entlohnung 136
    7.4.2.2 Beispiel 2: Personalbeurteilung 142
7.4.3 Fazit 147
7.5 Personalfreisetzung 148
7.5.1 Ermittlung Personalfreisetzungsbedarf 148
7.5.2 Auswahl geeigneter Instrumente zur Personalfreisetzung 149
7.5.3 Durchführung von Maßnahmen zur Personalfreisetzung 151
7.5.4 Fazit 153
7.6 Sammlung, Auswertung und Aufbereitung von Informationen (Personalverwaltung) 154
8. ÜBERPRÜFUNG DER ARBEITSHYPOTHESEN ANHAND VORLIEGENDER EMPIRISCHER DATEN 157
8.1 Datengrundlage und Methoden 157
8.1.1 Vorüberlegungen zu einem qualitativen Vorgehen 157
8.1.2 Qualitative, teilstandardisierte, leitfadengestützte Experteninterviews 160
8.1.3 Angebotsportfolios ausgewählter Anbieter 163
8.1.4 Empirische Studien zum Outsourcing betrieblicher Aufgaben 165
8.2 Reflexion der Arbeitshypothesen anhand vorliegender Daten 174
8.2.1 Arbeitshypothese H1 – Wahrscheinlichkeit der externen Nachfrage nach personalwirtschaftlicher Aufgaben 175
    8.2.1.1 Personalbeschaffung 175
        8.2.1.1.1 Empirische Studien 176
        8.2.1.1.2 Experteninterviews 178
        8.2.1.1.3 Angebotsportfolios 182
    8.2.1.2 Personalentwicklung 185

8.2.1.2.1 Empirische Studien ... 186
8.2.1.2.2 Experteninterviews ... 187
8.2.1.2.3 Angebotsportfolios ... 189
8.2.1.3 Verhaltens- und Handlungssteuerung (Personalführung) ... 191
    8.2.1.3.1 Empirische Studien ... 191
    8.2.1.3.2 Experteninterviews ... 193
    8.2.1.3.3 Angebotsportfolios ... 193
8.2.1.4 Personalfreisetzung ... 194
    8.2.1.4.1 Empirische Studien ... 195
    8.2.1.4.2 Experteninterviews ... 197
    8.2.1.4.3 Angebotsportfolios ... 197
8.2.1.5 Personaladministration ... 198
    8.2.1.5.1 Empirische Studien ... 198
    8.2.1.5.2 Experteninterviews ... 199
    8.2.1.5.3 Angebotsportfolios ... 200
8.2.2 Arbeitshypothese H2 - Nachfrage nach Personaldienstleistungen in Abhängigkeit von der Unternehmensgröße ... 201
    8.2.2.1 Empirische Studien ... 201
    8.2.2.2 Experteninterviews ... 204
    8.2.2.3 Angebotsportfolios ... 206
8.2.3 Arbeitshypothese H7a – Wissenstransferfertigkeiten in Abhängigkeit vom Zentralitätsgrad ... 207
    8.2.3.1 Empirische Studien ... 207
    8.2.3.2 Experteninterviews ... 208
    8.2.3.3 Angebotsportfolios ... 208
8.2.4 Arbeitshypothese H3 - Nachfrageverhalten von Unternehmen im Zeitverlauf ... 209
    8.2.4.1 Empirische Studien ... 210
    8.2.4.2 Experteninterviews ... 212
    8.2.4.3 Angebotsportfolios ... 213
8.2.5 Arbeitshypothese H6 – Auslagerung von Personalfunktionen an spezialisierte Personaldienstleister ... 214
    8.2.5.1 Empirische Studien ... 214
    8.2.5.2 Experteninterviews ... 215
    8.2.5.3 Angebotsportfolios ... 216

8.2.6 Arbeitshypothese H9a – Bedeutung einer Zertifizierung und Mitgliedschaft in einer Berufsvereinigung auf dem Markt für Personaldienstleistungen 216
    8.2.6.1 Qualitätssignale 218
        8.2.6.1.1 Empirische Studien 218
        8.2.6.1.2 Experteninterviews 219
        8.2.6.1.3 Angebotsportfolios 221
    8.2.6.2 Vertrauenswürdigkeit 221
        8.2.6.2.1 Empirische Studien 221
        8.2.6.2.2 Experteninterviews 222
        8.2.6.2.3 Angebotsportfolios 225

9. FAZIT **227**

ANHANG **231**

LITERATURVERZEICHNIS **245**

Abbildungsverzeichnis

Abb. 1: Zentrale Personalfunktionen in Anlehnung an Kossbiel 15
Abb. 2: Wissenstransfermodell 55

Abkürzungsverzeichnis

Abb.	Abbildung
AG	Aktiengesellschaft
AMA	American Management Association
ArbuR	Arbeit und Recht
Bd.	Band
BF/M	Betriebswirtschaftliches Forschungszentrum für Fragen der mittelständischen Wirtschaft e.V.
BDU	Bund Deutscher Unternehmensberater
BNA	Bureau of National Affairs
BPV	Bundesverband Personalvermittlung
bspw.	beispielsweise
BWL	Betriebswirtschaftslehre
bzw.	beziehungsweise
CATI	Computer Assisted Telephone Interview
CEO	Chief Executive Officer
CGSD	Center on Globalization and Sustainable Development
CIRANO	Centre interuniversitaiire de recherche en analyse des Organisations
CIT	Critical Incidents Technique
c.p.	ceteris paribus
DBW	Die Betriebswirtschaft
DDIM	Dachgesellschaft Deutscher Interim Manager
DFG	Deutsche Forschungsgemeinschaft
d.h.	das heißt
DIHK	Deutsche Industrie- und Handelskammer
DRUID	Danish Research Unit for Industrial Dynamics
DU	Die Unternehmung
e.V.	eingetragener Verein
et al.	et alii
etc.	et cetera
evtl.	eventuell

f.	folgende
ff.	fortfolgende
FAZ	Frankfurter Allgemeine Zeitung
gem.	gemäß
ggf.	gegebenenfalls
GmbH	Gesellschaft mit beschränkter Haftung
Hrsg.	Herausgeber
HR	Human Resources
i.A.	im Allgemeinen
IAB	Institut für Arbeitsmarkt- und Berufsforschung
i.d.R.	in der Regel
ifu	Institut für Unternehmensberatung
IHK	Industrie- und Handelskammer
i.R.	im Rahmen
i.S.	im Sinne
Jg.	Jahrgang
Kap.	Kapitel
KMU	Klein- und Mittelständische Unternehmen
MIR	Management International Review
MVZ	Mittelstandsvereinigung Zeitarbeit
NachwG	Nachweisgesetz
NIÖ	Neue Institutionenökonomik
No.	Number
o.V.	ohne Verfasser
S.	Seite(n)
SFB	Sonderforschungsbereich
SME	Small and Medium-seized enterprise
sog.	so genannte(r)/(n)
Sp.	Spalte(n)
u.a.	unter anderem
u.U.	unter Umständen
usw.	und so weiter
v.a.D.	vor allen Dingen
VDESB	Vereinigung Deutscher Executive-Search-Berater

Vgl./vgl.	Vergleiche
Vol.	Volume
WiSt	Wirtschaftswissenschaftliches Studium
WISU	Das Wirtschaftsstudium
z.B.	zum Beispiel
ZEW	Zentrum für Europäische Wirtschaftsforschung
ZfB	Zeitschrift für Betriebswirtschaft
ZfbF	Zeitschrfit für betriebswirtschaftliche Forschung
ZFO	Zeitschrift für Organisation
z.T.	zum Teil

Tabellenverzeichnis

Tabelle 1: Überblick über die von Personaldienstleistern angebotenen Leistungen und dahinter liegende primäre personalwirtschaftliche Funktionen 165

Tabelle 2: Überblick über verwendete Studien 166

1. Problemstellung und Vorgehensweise

1.1 Problemstellung

Die Auslagerung betrieblicher (Teil-) Funktionen wird schon seit längerer Zeit intensiv in der betriebswirtschaftlichen Literatur und Praxis diskutiert. Nachdem zunächst insbesondere der IT-Bereich im Zentrum der betrieblichen und wissenschaftlichen Überlegungen stand,[1] wird diese Diskussion nunmehr auch für den Personalbereich geführt.[2] Empirisch ist zu beobachten, dass eine ganze Reihe von Personaldienstleistungen – als unternehmensexterne Alternativen zu unternehmensintern erbrachter Personalarbeit – extern auf dem Markt angeboten werden. Damit besteht grundsätzlich die Möglichkeit, Teile der Personalarbeit oder sogar die gesamte Personalarbeit extern erbringen zu lassen. Dennoch gehören Konzepte der Organisation der Personalwirtschaft bis heute zu den ungelösten Problemen der Organisationstheorie.[3]

Der bis zum jetzigen Zeitpunkt erreichte Stand der Forschung im Hinblick auf die Auslagerung personalwirtschaftlicher Aufgaben ist im Vergleich zum Forschungsstand hinsichtlich der Auslagerung von IT-Leistungen[4] eher ernüchternd. Matiaske/Mellewigt (2002) fassen den bis 2001 erreichten Forschungsstand der deutschsprachigen betriebswirtschaftlichen Literatur zu Eigenfertigungs- und Fremdbezugsentscheidungen zusammen und konstatieren, dass den ingesamt untersuchten 100 Beiträgen mit wenigen Ausnahmen überwiegend sowohl eine theoretische Fundierung als auch die Formulierung von Hypothesen und deren analytisch-statistische Prüfung fehlt.[5] Mellewigt/Kabst (2003) ergänzen die Ergebnisse von Matiaske/Mellewigt (2002) durch eine Auswertung US-amerikanischer Zeitschriften. Für beide Forschungsstandorte konnten die Autoren jedoch feststellen, dass sich ein großer Teil der Arbeiten auf den IT-Bereich bezieht. In fast allen Arbeiten liegt zudem eine starke Fokussierung auf (Transaktions-)Kostenaspekte oder den Schutz von Kernkompetenzen und strategischen Ressourcen vor. Andere Einflussfaktoren und

---

[1] Siehe hierzu u.a. die Arbeiten von Grover, V./Cheon, M.J./Teng, J.T.C. (1996), Ang, S./Straub, D.W. (1998) sowie Lacity, M.C./Willcocks, L.P. (1998), Poppo, L./Zenger, T. (1998).
[2] Vgl. Aubert, B.A./Rivard, S./Patry, M. (1996), Ang, S./Cummings, L.L. (1997), Klaas, B.S./McClendon, J./Gainey, T.W. (1999 und 2001), Meckl, R. (1999), Matiaske, W./Kabst, R. (2002), Mellewigt, T./Kabst, R. (2003), Vosberg, D. (2003), Lawler, E.E. et al. (2004), Alewell, D./Bähring, K./Canis, A./Thommes, K. (2005) sowie Alewell, D./Bähring, K./Canis, A./Hauff, S./Thommes, K. (2005).
[3] Vgl. Drumm, H.-J. (2000), S. 78.
[4] Vgl. hierzu Ang, S./Cummings, L.L. (1997) sowie Poppo, L./Zenger, T. (1998).
[5] Vgl. Matiaske, W./Mellewigt, T. (2002).

hierauf aufbauende Wirkungen der Auslagerung betrieblicher Leistungen werden nur am Rande oder kaum beleuchtet.[6]

So werden trotz der offensichtlichen Bezüge zu Arbeitsteilungsfragen die unterschiedlichen Aussagen aus der Literatur zu verschiedenen Formen der Arbeitsteilung bisher kaum systematisch in die Outsourcing-Diskussion einbezogen.[7] Ähnliches gilt für potentielle Anknüpfungspunkte für Eigenfertigungs-/Fremdbezugsüberlegungen, die sich daraus ergeben, dass es sich bei der extern erbrachten Personalarbeit um eine Dienstleistung handelt und dass daher eine Betrachtungsweise, die stärker Dienstleistungsfragestellungen fokussiert, nutzbringend sein kann. So setzt die Erbringung von (personalwirtschaftlichen) Dienstleistungen von Seiten des Dienstleisters die Einbeziehung eines externen Faktors voraus. Hierzu gehört insbesondere auch das Wissen, welches dem Dienstleister durch das nachfragende Unternehmen zur Verfügung gestellt wird, um Leistungen zu erbringen. Mögliche Wirkungsaspekte einer solchen Bereitstellung von Wissen können daher ebenfalls für die Auslagerungsentscheidung relevant sein. Hier weist Dietl (1995) darauf hin, dass Fragen sowie Wirkungen einer innerbetrieblichen sowie zwischenbetrieblichen Arbeitsteilung insbesondere vor dem Hintergrund des Umfangs des impliziten Spezialwissens der einzelnen Arbeitsschritte und Fragen der Weitergabe von Wissen diskutiert werden sollten.[8] Auch Klaas/McCleondon/Gainey (2001) plädieren für eine stärkere Berücksichtigung von Wissen in der wissenschaftlichen Diskussion um die Auslagerung personalwirtschaftlicher Aufgaben.

Die Auseinandersetzung mit Wissens- und Informationsaspekten ist kein grundlegendes Novum in der Betriebswirtschaftslehre,[9] wobei die Bedeutung und Einbindung von Wissen in Zusammenhang mit betriebswirtschaftlichen Problemstellungen in den letzten Jahren deutlich zugenommen hat. Ursachen hierfür liegen u.a. im strukturellen Wandel von arbeits- und kapitalintensiven zu informations- und wissensintensiven Aktivitäten. Unternehmen verkaufen verstärkt Informationen, Wissen oder intelligente Produkte und Dienstleistungen. Diese strukturellen Veränderungen werden auch in veränderten Formen der Organisation wirtschaftlicher Aktivität sichtbar.[10]

---

[6] Vgl. Alewell, D./Bähring, K./Canis, A./Thommes, K. (2005) sowie Alewell, D./Bähring, K./Canis, A./Hauff, S./Thommes, K. (2007).
[7] Vgl. zu einem kurzen Überblick Alewell, D. (2004).
[8] Vgl. Dietl, H. (1995), S. 575.
[9] Lerntheoretische Überlegungen finden seit den 60-iger Jahren des 20. Jahrhunderts Eingang in Erklärungsmodelle der Entscheidungs- und Organisationstheorie aber auch in Modelle des Konsumentenverhaltens. Vgl. hierzu Al-Laham, A. (2003), S. 1383.
[10] Vgl. North, K. (1999), S. 14.

Hierzu gehören das verstärkte Outsourcing bisher unternehmensintern erbrachter Leistungen, aber auch das verstärkte Angebot von Dienstleistungen, die es ermöglichen, diese ausgelagerten Aufgaben extern zu erbringen. Folgt man der Argumentation von North, zeichnen sich diese Leistungen durch einen zunehmenden Anteil von Informationen und Wissen aus.

Daher können Fragen der Verfügbarkeit und Teilung von Wissen Relevanz für offene, bis heute viel diskutierte Fragestellungen des Outsourcings personalwirtschaftlicher Aufgaben haben.

Dies umfasst insbesondere die Frage, welche personalwirtschaftlichen Aufgaben ausgelagert werden können. Mit dieser Frage wird eine der grundlegenden Herausforderungen bei der Entscheidung über das Outsourcing personalwirtschaftlicher Funktionen adressiert.[11] Des Weiteren rücken Fragen, nach Entscheidungskriterien und erwarteten Wirkungen, auf Basis derer Entscheidungen über das Outsourcing im Personalbereich getroffen werden, in den Fokus des Interesses.

Ziel dieser Arbeit ist daher es, für die Beantwortung dieser Fragen und damit auch für die Diskussion einer Auslagerung personalwirtschaftlicher Aufgaben, den Bereich des Wissenstransfers fruchtbar zu machen. Gleichzeitig soll durch die Anwendung von Wissenstransferüberlegungen auf die Frage der Auslagerung personalwirtschaftlicher Aufgaben das Feld bisher betrachteter Entscheidungskriterien, aber auch Wirkungskategorien verbreitert und damit vorliegende theoretisch fundierte Überlegungen zum Outsourcing personalwirtschaftlichen Leistungen erweitert werden.

Dies stellt vor dem Hintergrund zweier Gesichtspunkte eine wichtige Zielsetzung dar. Erstens gehören Konzepte der Organisation der Personalarbeit bis heute zu den ungelösten Problemen der Organisationstheorie, so dass Arbeiten, die anstreben, den jetzigen Stand der Forschung zu erweitern oder zu ergänzen, einen Erkenntnisfortschritt darstellen. Zweitens wird mit der Frage nach der Auslagerung personalwirtschaftlicher Funktionen auch der Markt für Personaldienstleistungen als externem Pendant zu intern erbrachten Personalfunktionen adressiert. Hier beobachtet man kontinuierlich Veränderungen des Angebotes hinsichtlich Umfang und Inhalt der angebotenen Personaldienstleistungen. Auch im Hinblick auf diese Marktentwicklung ist

---

[11] Vgl. Meckl, R. (1999), S. 8ff.

es wünschenswert, bisherige Erklärungsansätze zu erweitern bzw. zu ergänzen, um damit auch deren Erklärungsbetrag für entsprechende Beobachtungen zu erhöhen, insbesondere auch um die Prognose der zukünftigen Entwicklung stärker fundieren zu können.

1.2 Vorgehensweise

Für die Verfolgung des unter 1.1 genannten Ziels der vorliegenden Arbeit wurde folgende Vorgehensweise gewählt:
Die Untersuchung der Auslagerung personalwirtschaftlicher Aufgaben erfordert zunächst, dass der Betrachtungsgegenstand beschrieben wird. Daher soll im folgenden ***zweiten Kapitel*** zunächst herausgearbeitet werden, welche Personalfunktionen überhaupt im Hinblick auf ein Outsourcing betrachtet werden können. Je nach Autor findet man in der Literatur unterschiedlich umfangreiche Kataloge personalwirtschaftlicher Aufgabenfelder. Durch diese Vielfalt wird eine Analyse der Frage des Outsourcings personalwirtschaftlicher Funktionen unnötig verkompliziert und erschwert. Um in dieser Arbeit dennoch eine zweckmäßige Untersuchung durchführen zu können, sollen Kernfelder personalwirtschaftlichen Handelns identifiziert werden (Kap. 2.1). Als Ausgangspunkt dienen hierzu die Überlegungen Kossbiels zu zentralen Problemfeldern personalwirtschaftlichen Handelns. Diese Felder werden kurz dargestellt (Kap. 2.1.2.1) und aufbauend darauf Kernaufgaben der Personalarbeit abgeleitet (Kap. 2.1.2.2). Nach diesem Überblick über Art und Inhalt personalwirtschaftlicher Kernfunktionen soll, basierend auf dem allgemeinen Dienstleistungsbegriff, deren externe Erbringung als Personaldienstleistung definiert werden (Kap. 2.3).

Ausgehend von der in Kapitel 1.1 zunächst allgemein aufgeworfenen Frage nach der effizienten Organisationsform personalwirtschaftlicher Aktivitäten werden in einem nächsten Schritt, in ***Kapitel drei***, unterschiedliche Ansätze einer Eigenfertigungs-/Fremdbezugsentscheidung dargestellt sowie Implikationen in Bezug auf die Auslagerung personalwirtschaftlicher Leistungen im Sinne einer Status-Quo-Analyse kurz beleuchtet. Diese Darstellung konzentriert sich auf die traditionellen Erklärungsansätze für Eigenfertigungs- und Fremdbezugsentscheidungen. Ausgehend von dieser Darstellung und gestützt von der Literatur kann die Notwendigkeit der Berücksichtigung wissensbasierter Überlegungen im Rahmen der organisatorischen Gestaltung der Personalarbeit abgeleitet werden.

Das darauf folgende *vierte Kapitel* dient daher der intensiven Auseinandersetzung mit dem Faktor Wissen und dessen Relevanz für das Outsourcing personalwirtschaftlicher Funktionen. Dazu wird zunächst dargestellt, welcher Zusammenhang zwischen dem Outsourcing personalwirtschaftlicher Leistungen und der Verfügbarkeit von Wissen besteht. Grundsätzlich impliziert dieses Verständnis, dass Wissen benötigt wird, um (personalwirtschaftliche) Entscheidungen zu treffen und (personalwirtschaftliche) Aufgaben zu bewältigen. Werden bisher unternehmensintern erbrachte Aufgaben durch ein Outsourcing in Zukunft extern erbracht, muss Wissen zur Erbringung dieser Aufgaben auch bei einem externen Dienstleister zur Verfügung stehen bzw. muss vom auslagernden Unternehmen an den Dienstleister transferiert werden (Kap. 4.1). Die Integration des Nachfragers bzw. von Ressourcen des Nachfragers ist eine konkrete Besonderheit von Dienstleistungen gegenüber Sachleistungen.[12] Erst durch die Einbeziehung des externen Faktors und den Kontakt zwischen Anbieter und Nachfrager einer Dienstleistung kann der Dienstleistungserstellungsprozess vollzogen werden. Für Unternehmen, die über eine Auslagerung betrieblicher Leistungen nachdenken, ist daher relevant, ob entsprechendes Wissen extern verfügbar ist und/oder extern verfügbar gemacht werden kann. Insbesondere dürfte im unternehmerischen Kontext von Bedeutung sein, zu welchen Kosten ein entsprechender Transfer stattfinden kann, aber auch, welche möglichen positiven Wirkungen ein Transfer für das Unternehmen implizieren kann. Gleichzeitig wird im Zuge der externen Erbringung personalwirtschaftlicher Aufgaben Wissen vom Dienstleister in das fokale Unternehmen transferiert.

Im Hinblick auf die Transferierbarkeit bzw. das Verfügbarmachen von Wissen wird in der Literatur und Praxis zwischen explizitem, leicht und kostengünstig transferierbarem Wissen und implizitem, nur schwer kodifizier- und transferierbarem Wissen unterschieden. Diese Unterscheidung kann auch für die Auslagerung von Personalfunktionen und einem hierbei notwendigen Wissenstransfer relevant sein bzw. auf diesen Einfluss haben.

---

[12] Vgl. Engelhardt, W.H. (1990), S. 278ff.

Im Kapitel 4.2 erfolgt daher eine intensive Auseinandersetzung mit den Strukturelementen des Wissenstransfers – Wissen und Transferprozess. Hierzu wird zunächst der Begriff des Wissens für diese Arbeit definiert und eine im Hinblick auf die Fragestellung der Arbeit geeignete Unterscheidung zwischen explizitem und implizitem Wissen vorgenommen (Kap. 4.2.1). In einem zweiten Schritt wird der Wissenstransferprozess unter kommunikationstheoretischem Blickwinkel betrachtet (Kap. 4.2.2). Ziel ist es, auf Basis der Betrachtung der Strukturelemente des Wissenstransfers Einflussfaktoren auf die bei einem Wissenstransferprozess anfallenden Kosten abzuleiten. Diese Einflussfaktoren werden in Kapitel 4.3 auf ihre konkreten Wirkungen im Hinblick auf eine Auslagerung betrieblicher Aufgaben untersucht. Wirkungen werden dabei auf einer Akteursebene, die eine Wollens- und eine Könnens-Dimension umfasst, abgebildet und untersucht.

Aufbauend auf dieser Darstellung zu Einflussfaktoren auf den Wissenstransfer werden in **Kapitel fünf** Arbeitshypothesen zum Outsourcing personalwirtschaftlicher Funktionen unter Berücksichtigung von Wissenstransferaspekten abgeleitet.

Mit Blick auf eine erste Prüfung dieser Arbeitshypothesen anhand vorliegender deskriptiver Daten ist es hierbei notwendig, die Art des zur Erbringung bestimmter personalwirtschaftlicher Aufgaben notwendigen Wissens zu bestimmen. An dieser Stelle ist man mit der in der Literatur häufig diskutierten Frage der Messung und Abbildung von Wissen bzw. Wissensstrukturen konfrontiert. Die hierbei bestehenden Probleme machen es für diese Arbeit notwendig, ein Ersatzkriterium zu bestimmen, mit welchem die Wissensstruktur personalwirtschaftlicher Aufgaben näherungsweise abgebildet werden kann. Hierauf basierend können Aussagen über die Art des Wissens, welches zur Erbringung einzelner Aufgaben notwendig ist, gemacht werden.

Daher dient das **sechste Kapitel** der Ermittlung eines entsprechenden Ersatzkriteriums. Auf Basis einer literaturgeleiteten Analyse werden Zusammenhänge zwischen der Art des zur Erbringung einer Aufgabe notwendigen Wissens und Charakteristika dieser Aufgabe herausgearbeitet und dargestellt. Die Komplexität von Aufgaben ist aufbauend auf dieser Analyse ein zweckmäßiger Indikator für die Explizität respektive Implizität des zur Erfüllung einer Aufgabe notwendigen Wissens.

Daher wird dieses Aufgabencharakteristikum im folgenden *siebten Kapitel* genutzt, um Wissensstrukturen einzelner personalwirtschaftlicher Aufgaben „sichtbar" zu machen und begründete Aussagen über die Wissensstrukturen konkreter personalwirtschaftlicher Funktionen abzuleiten.

Im *achten Kapitel* werden dann unter Einbeziehung aller bis dahin gewonnenen Erkenntnisse einige ausgewählte, der in Kapitel fünf abgeleiteten Arbeitshypothesen einer ersten empirischen Bewährungsprobe unterzogen. Dieses Kapitel ist erkundend angelegt und soll vorliegende deskriptive Daten aus Experteninterviews, Angebotsportfolios ausgewählter Anbieter sowie Studien zum Outsourcing mit den abgeleiteten Arbeitshypothesen kontrastieren. Ziel ist es hier, die Plausibilität formulierter Zusammenhänge zu prüfen.

Im *Kapitel neun* werden die wesentlichen Ergebnisse der vorliegenden Arbeit zusammengefasst und Schlussfolgerungen zum weiteren Forschungsbedarf gezogen.

2. Abgrenzung des Betrachtungsgegenstandes der Arbeit

2.1 Zentrale Aufgaben betrieblicher Personalarbeit

2.1.1 Vorüberlegungen

Für eine tiefgehende Betrachtung der organisatorischen Gestaltungsmöglichkeiten des komplexen Aufgabengebildes der betrieblichen Personalarbeit ist eine Zerlegung der Personalwirtschaft in einzelne Personalaufgaben notwendig.[13]
Die personalwirtschaftliche Literatur und Praxis bietet im Hinblick hierauf eine Vielzahl von Untergliederungen an.[14] Die Untergliederungen und Systematisierungsansätze betrieblicher Personalarbeit unterscheiden sich u.a. hinsichtlich der Zahl der identifizierten personalwirtschaftlichen Aufgaben, deren Bezeichnung und der inhaltlichen Abgrenzung der einzelnen Aufgabenbereiche. Zu diesen unterschiedlichen Einteilungen merkt Otto treffend an: „[…] Ebenso vielfältig wie die Beziehungsarten und Begriffsbestimmungen der dem Personalwesen zuzuschreibenden Gesamtaufgabe, stellen sich in der Literatur Möglichkeiten zur Bildung von Aufgabenbereichen innerhalb des Personalwesens dar. […]"[15]
Aufgrund dieser Vielfalt kann es in Abhängigkeit von der zugrunde liegenden Konzeption relevanter personalwirtschaftlicher Funktionen zu voneinander abweichenden Aussagen darüber kommen, welche personalwirtschaftlichen Funktionen ausgelagert werden können.

Hieraus ergibt sich für die hier vorliegende Arbeit die Notwendigkeit, bereits im Vorfeld der Analyse, das Spektrum zu betrachtender personalwirtschaftlicher Funktionen zu umreißen, um die darauf basierenden Aussagen stringent abzuleiten und deren Nachvollziehbarkeit und Aussagekraft zu erhöhen. Um den Anwendungsbereich der in dieser Arbeit zu generierenden Aussagen zu vergrößern, soll eine möglichst breite, für viele Unternehmen verwendbare Darstellung der personalwirtschaftlichen Funktionen erfolgen. Hierdurch soll vermieden werden, dass die Arbeit auf einer spezialisierten und damit nur engen, eingeschränkt verwendbaren Definition des Gegenstandsbereiches beruht. Daher sollen hier zentrale Aufgaben der Personalarbeit identifiziert werden, die für unterschiedliche Organisationstypen gleichermaßen Relevanz besitzen. Ziel ist es, eine zweckmäßige gedankliche Strukturierung des Be-

---

[13] Vgl. Hentze, J. (1991), S. 64.
[14] Siehe hierzu u.a. Klimecki, R./Gmür, M. (1998), Drumm, H.-J. (2000).
[15] Otto, R. (1978), S. 48.

trachtungsgegenstandes der Arbeit zu generieren. Zu diesem Zweck werden im Folgenden, basierend auf den Überlegungen Kossbiels, zentrale Aufgabenfelder der betrieblichen Personalarbeit identifiziert.

2.1.2 Systematisierung personalwirtschaftlicher Funktionen in Anlehnung an eine Produktionsfaktor-Betrachtung von Kossbiel

2.1.2.1 Personalwirtschaftliche Probleme

Die Überlegungen Kossbiels[16] zu Art und Umfang personalwirtschaftlicher Aufgaben sind durch eine Ressourcenperspektive charakterisiert. Ausgangspunkt der Überlegungen Kossbiels bildet die Betrachtung der menschlichen Arbeitskraft als Produktionsfaktor, woraus sich Fragen der Allokation dieses Produktionsfaktors ergeben.[17] Damit liegt den Ausführungen Kossbiels ein zentrales Problem der Betriebswirtschaftslehre zugrunde, nämlich die Frage nach der optimalen Allokation der Ressourcen im Hinblick auf wirtschaftliche Ziele bzw. für ein konkretes Unternehmen die optimale Allokation der Ressourcen im Hinblick auf organisationale Leistungsziele. Kossbiels Argumentation basiert damit auf einer für viele verschiedene Unternehmen relevanten Problematik und erhält hierdurch eine breiten Anwendungsbezug.

Konkret leitet Kossbiel aus der Betrachtung der menschlichen Arbeitskraft als Produktionsfaktor Fragen der Herstellung und Sicherung der Verfügbarkeit über Personal und der Wirksamkeit des Personals im Hinblick auf die organisationalen Leistungsziele ab.[18]
Die Erstellung von Sachgütern und Dienstleistungen und deren Verwertung am Markt sind bis zum jetzigen Zeitpunkt nicht ohne die Beteiligung menschlicher Arbeitskraft möglich. Hieraus resultiert ein personalwirtschaftliches Problem, wenn der Bedarf an menschlicher Arbeitskraft nicht ausschließlich durch den persönlichen Einsatz des Unternehmers gedeckt werden kann. Benötigt der Unternehmer andere Personen zur Deckung seines Arbeitskräftebedarfs und beschäftigt er diese in der Form, dass diese bestimmte Dispositionsbefugnisse über ihre Arbeitskraft gegen eine festgelegte

---

[16] Ähnlich wie Kossbiel argumentiert auch Sadowski. Er formuliert, dass primärer Gegenstand der Personalwirtschaft die Allokationsfrage des Produktionsfaktors Arbeit ist. Vgl. Sadowski, D. (1991), S. 130f.
[17] Vgl. Kossbiel, H. (1992), S. 1049.
[18] Vgl. Kossbiel, H. (1992), S. 1049.

Vergütung direkt oder indrekt auf den Unternehmer übertragen, dann treten personalwirtschaftliche Fragen auf. Damit ist das erste Problem personalwirtschaftlichen Handelns beschrieben. Diesen Problembereich bezeichnet Kossbiel als die **Herstellung und Sicherung der Verfügbarkeit (Disponibilität) über Personal**.[19]

Die Problematik der Disponibilität über Personal hat verschiedene Ursachen. Zunächst kann die Herstellung und Sicherung der Verfügbarkeit über Personal deshalb ein Problem darstellen, da menschliche Arbeitskraft ein knappes Gut ist. Des Weiteren werden Humanressourcen in verschiedenen Qualitäten nachgefragt und angeboten, wobei die Nachfrage und das Angebot an Qualitäten nicht notwendigerweise deckungsgleich sind. Drittens verändert sich der Personalbedarf eines Unternehmens im Zeitablauf, was eine Anpassung der Personalausstattung eines Unternehmenens an den Personalbedarf notwendig macht. Darüber hinaus ist auch die Personalausstattung eines Unternehmens Veränderungen unterworfen, die nicht einseitig durch betriebliche Maßnahmen ausgelöst werden.[20] Hierdurch entstehende Differenzen zwischen Brutto-Personalbedarf und Personalausstattung sind ebenfalls als Verfügbarkeitsprobleme zu interpretieren. Es ist daher zu vermuten, dass sich das Verfügbarkeitsproblem nicht von selbst löst, sondern es den Einsatz bestimmter Instrumente bzw. der Erbringung bestimmter Aufgaben bedarf.[21]

Die Lösung des Verfügbarkeitsproblems i.S. der Deckung eines Personalbedarfs impliziert nicht, dass sich die in diesem Potential gebundenen Kräfte auch in Handlungen entfalten, die der Erfüllung der organisationalen Leistungsziele dienen. Damit ist mit der Durchsetzung der Ansprüche einer Organisation an das Verhalten des Personals der zweite personalwirtschaftliche Problembereich, die **Wirksamkeit des Personals**, angesprochen.[22] An dieser Stelle steht damit ein Transformationsproblem im Vordergrund. Das vorhande Arbeitsvermögen ist erst dann für das Unternehmen verwertbar, wenn es in konkrete, vom Unternehmen benötigte Arbeitsleistungen umgewandelt wird.

Die Wirksamkeit von Personal stellt aus verschiedenen Gründen einen personalwirtschaftlichen Problembereich dar. In Abhängigkeit von der Situation sind dieAnsprü-

---

[19] Vgl. Kossbiel, H. (2006), S. 518.
[20] So kann z.B. die Fluktuation von Organisationsmitgliedern nur in engen Grenzen durch das Unternehmen beeinflusst werden.
[21] Vgl. Kossbiel, H. (2006), S. 519.
[22] Vgl. Kossbiel, H. (2006), S. 519.

che an das Verhalten des Personals bezüglich ihres Inhalts unterschiedlich. Aufgrund der Komplexität der Umwelt können diese Situationen im Vorfeld kaum umfassend erfasst, beschrieben noch vorher gesagt werden. Verhaltensnormen können daher nur relativ unspezifisch hinsichtlich ihres Inhaltes formuliert werden und bedürfen einer Konkretisierung. Wirksamkeitsfragestellungen resultieren auch aus Problemen bei der Auswahl von Personal. Die Annahme, dass gute Ergebnisse bei Einstellungstests einen ‚sicheren' Schluss auf eine hinreichende Eignung der Bewerber zur Erfüllung aller Verhaltensansprüche erlauben, ist problematisch. Darüber hinaus können Verhaltenserwartungen des Unternehmens und des Personals auseinanderfallen, so dass aus der Sicht der Unternehmen eine Korrektur der Verhaltenserwartung der Individuen im Hinblick auf die organisationalen Leistungsziele notwendig ist. Daher ist auch hinsichtlich des Wirksamkeitsproblems davon auszugehen, dass diesem nur durch den Einsatz bestimmter Instrumente bzw. der Erbringung bestimmter Aufgaben begegnet werden kann.[23]

Zwischen dem Verfügbarkeits- und Wirksamkeitsproblem liegen Interdependenzen vor. Dies impliziert, dass eine vollkommen getrennte Betrachtung und Bearbeitung der personalwirtschaftlichen Problemfelder nicht möglich ist. So ist die Ermittlung des Personalbedarfs ohne eine ex ante vorgenommene Einschätzung der Lösungsqualität des Wirksamkeitsproblems nur schwer möglich ist. Ebenso ist einsichtig, dass die Lösung des Verfügbarkeitsproblems Einfluss auf Wirksamkeitsfragestellungen hat bzw. in diesen nachwirkt. So fördern oder behindern die im Rahmen der Deckung des Personalbedarfs getroffenen Auswahl- und Einsatzentscheidungen die Durchsetzung von Verhaltensnomen. Damit sind diese beiden personalwirtschaftlichen Grundprobleme nicht streng voneinander abgrenzbar.[24]

2.1.2.2 Personalwirtschaftliche Funktionen

Kossbiel versteht aufbauend auf diesen Überlegungen unter personalwirtschaftlichen Funktionen Tätigkeiten, die geeignet sind, die identifizierten personalwirtschaftlichen Grundprobleme zu lösen.[25] Die Hauptaufgaben des betrieblichen Personalwesens

---

[23] Vgl. Kossbiel, H. (2006), S. 521.
[24] Dies hat im weiteren Auswirkungen auf die Zuordnung personalwirtschaftlicher Aufgabenfelder zu den zwei personalwirtschaftlichen Problemen.
[25] Vgl. Kossbiel, H. (2006), S. 522.

bestehen darin, die Verfügbarkeit und die Wirksamkeit des Personals zu akzeptablen Kosten zu sichern, d.h., mit den gegebenen finanziellen Ressourcen soll eine möglichst hohe Verfügbarkeit und Wirksamkeit erzielt werden bzw. soll eine bestimmte Verfügbarkeit und Wirksamkeit mit möglichst geringen Kosten realisiert werden (ökonomisches Prinzip).[26] Im Hinblick auf eine Abbildung der Aufgaben der betrieblichen Personalarbeit liegt der Anspruch Kossbiels nicht in der Entwicklung eines vollständigen Kataloges personalwirtschaftlicher Aufgaben. Ziel ist es vielmehr, Gruppen von Aufgaben zu bilden, die den personalwirtschaftlichen Grundproblemen zugeordnet werden können. Als Zuordnungskriterium dient deren Affinität zu den personalwirtschaftlichen Grundproblemen.[27]

Für diese Zuordnung konkretisiert Kossbiel den Begriff der Verfügbarkeit von Ressourcen für den Bereich Personal und spricht im Folgenden von Personalpotentialdisposition. Im Rahmen der Personalpotentialdisposition werden nach Kossbiel Aufgaben der Personalbeschaffung und -freisetzung sowie Personalentwicklung erbracht.[28] Personalbeschaffung umfasst in dieser Perspektive Aufgaben, die die Versorgung einer Organisation mit Arbeitskräften und deren Allokation innerhalb der Organisation sicherstellen. Probleme der Personalpotentialdisposition werden auch durch Aufgaben der Personalentwicklung adressiert. In diesem Aufgabenbereich stehen Probleme der Anpassung und Verbesserung des personalen Potentials (Aus- und Weiterbildung) und die Förderung von Mitarbeitern im Vordergrund.[29] Konkretisierung erfährt ebenfalls der Begriff der Wirksamkeit. Kossbiel spricht im Hinblick auf Wirksamkeitsaspekte von Personalverhaltensbeeinflussung. Hierzu gehören aus seiner Perspektive Aufgaben der Personalbeurteilung, Personallenkung und der Personalverhaltensabgeltung. Von grundlegender Bedeutung sind hierbei die betrieblichen Aktivitäten zur Entwicklung, Einführung sowie Anwendung von Beurteilungskonzepten und Anreizsystemen.[30] In seinem Aufsatz von 1992 fasst Koss-

---

[26] Vgl. Becker, C./Jörges-Süß, K. (2001), S. 129.
[27] Vgl. Kossbiel, H. (2006), S. 522.
[28] In seinem Aufsatz von 1992 wählt Kossbiel für den Begriff der Personalbeschaffung den Begriff der Personalbereitstellung sowie für die Schulung von Personal den Begriff der Personalentwicklung. Der Begriff der Personalentwicklung umfasst dabei neben Schulungsaufgaben auch die Versetzung von Personal im Sinne von positionellen Änderungen, insbesondere eines Aufstiegs. Siehe hierzu Kossbiel, H. (1992), S. 1049.
[29] Vgl. Kossbiel, H. (1992), S. 1049.
[30] Vgl. Kossbiel, H. (2006), S. 574.

biel diese Aufgaben in der Funktion der Personalführung zusammen[31] und betrachtet hierunter Aufgaben, die die Lösung von Problemen der Beeinflussung des aufgabenbezogenen und sozio-emotionalen Verhaltens von Mitarbeitern zum Gegenstand haben.[32]

Als weitere Funktion, die in der Perspektive Kossbiels quasi quer zu diesen identifizierten personalwirtschaftlichen Grundproblemen und damit zu den identifizierten Funktionen liegt, wird die Personalverwaltung genannt. Diese Funktion bezeichnet Kossbiel als periphere Funktion. Ihr obliegt es zum einen die informatorischen Voraussetzungen für die Erfüllung der anderen personalwirtschaftlichen Funktionen zu schaffen.[33] Hauptinteresse gilt hier den Problemen der Gewinnung, Aufbereitung und Speicherung von Daten. Andererseits ist auch die Abwicklung der Verhaltensabgeltung in Form einer Entgelt- und Gehaltsabrechnung Aufgabe der Personalverwaltung.[34]

Die von Kossbiel identifizierten personalwirtschaftlichen Aufgaben werden in Abbildung 1 noch einmal überblicksartig zusammengefasst.

---

[31] Vgl. Kossbiel, H. (1992), S. 1050.
[32] Vgl. Kossbiel, H. (1992), S. 1050.
[33] Vgl. Kossbiel, H. (1992), S. 1050 sowie Kossbiel, H. (2006), S. 523.
[34] Vgl. Kossbiel, H. (2006), S. 617.

Abb. 1: Zentrale Personalfunktionen in Anlehnung an Kossbiel

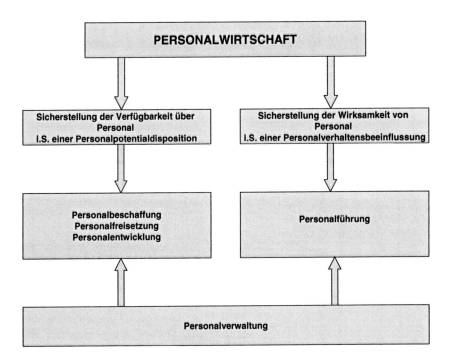

Quelle: Eigene Darstellung in Anlehnung an Kossbiel, H. (1992), S. 1049 sowie Kossbiel, H. (2006), S. 523.

Für die weiteren Ausführungen wird in Anlehnung an Kossbiel (1992) und Kossbiel (2006) der Aufgabenkomplex der betrieblichen Personalarbeit daher in folgende Aufgabenfelder untergliedert:

Personalbeschaffung
Personalentwicklung
Personalführung
Personalfreisetzung
Personalverwaltung.[35]

---

[35] Diese zentralen Funktionen betrieblicher Personalarbeit werden dabei nicht nur mit unterschiedlichen Ansätzen und Methoden behandelt, sondern auch unter verschiedenen Schwerpunkten betrachtet. Sie werden in der Literatur und Praxis zusätzlich um übergreifende Problembereiche er-

Inhaltlich werden die einzelnen Funktionen aufbauend auf den Überlegungen Kossbiels[36] dabei wie folgt für diese Arbeit beschrieben:[37]

Unter **Personalbeschaffung** werden hier alle Aktivitäten des Arbeitgebers verstanden, die ausgehend von der Feststellung eines Personalbedarfs, das Ziel verfolgen, Personal zu beschaffen und auszuwählen sowie die Eignung von Bewerbern festzustellen.

Die **Personalentwicklung** zielt auf die Veränderung und Entwicklung von Qualifikationen bzw. Eigenschaften des Arbeitnehmers ab. Sie beinhaltet alle betrieblichen Maßnahmen, die die Qualifikationen von bereits beschäftigten Mitarbeitern eruieren, bewerten und durch Lernprozesse aktiv und weitgehend systematisch verändern bzw. Veränderungen anregen.

Unter dem Begriff der **Personalführung** werden alle Maßnahmen des Arbeitgebers subsumiert, die darauf abzielen, das Verhalten und die Handlungen des Mitarbeiters zu steuern bzw. Einfluss auf das Verhalten anderer Personen im Betrieb zu nehmen. Sie dienen der Umsetzung von Arbeitsvermögen in konkrete Arbeitsleistung über welches der Arbeitgeber durch den Arbeitsvertrag Weisungsbefugnisse hat.

Personalfreisetzung ist einerseits eine Form der Sanktionierung nicht vertragskonformen Verhaltens und umfasst gleichzeitig Maßnahmen zur Verhinderung einer qualitativen und/oder quantitativen Personalüberdeckung und -unterdeckung in Teilen des Unternehmens oder im Gesamtunternehmen.

Die Sammlung, Auswertung und Aufbereitung von Informationen über das im Unternehmen beschäftigte Personal sowie die Abwicklung der Entgeltabrechnung wird in einer Funktion der **Personalverwaltung** zusammengefasst.

---

gänzt, die dann z.B. von Drumm (2000) als Querschnitts- und Metaprobleme bezeichnet werden. Dazu zählen u.a. Strategisches Personalmanagement, Personalcontrolling oder die Internationalisierung der Personalwirtschaft.

[36] Die Beschreibung der einzelnen personalwirtschaftlichen Funktionen basiert auf Kossbiel, H. (1992) sowie Kossbiel, H. (2006).

[37] Die identifizierten personalwirtschaftlichen Aufgaben stehen weder unabhängig nebeneinander noch sind sie vollständig überschneidungsfrei, was u.a. daran deutlich wird, dass einzelne Instrumente je nach ihrer Ausgestaltung unterschiedliche Wirkung innerhalb der verschiedenen Funktionen entfalten. Man spricht hier auch von sogenannten polyvalenten Instrumenten. Vgl. Klimecki, R.G./Gmür, M. (1998), S. 316.

Diese hier identifizierten personalwirtschaftlichen Funktionen stellen die zentralen Analyseobjekte für die weiteren Ausführungen der Arbeit dar.

2.2 Institutionelle Koordination von Personalfunktionen

Institutionelle Koordinationsformen lassen sich auf einem Kontinuum zwischen zwei Extrempunkten abbilden. Dabei wird der erste Extrempunkt durch eine vollständige externe, marktliche Organisation von Aufgaben beschrieben. Den Gegenpol zu dieser Form der Koordination bildet die interne, hierarchische Abstimmung von Aufgaben.[38] Zwischen diesen beiden Polen können verschiedene Zwischenformen angeordnet werden, welche sowohl unternehmensinterne als auch marktliche Charakteristika in unterschiedlicher Ausprägung auf sich vereinigen. Diese werden als hybride Koordinationsformen bezeichnet.[39]

Auch für die Koordination personalwirtschaftlicher Funktionen können unterschiedliche institutionelle Arrangements gewählt werden. Die personalwirtschaftlichen Aufgaben können zum einen intern durch das Unternehmen selbst oder extern erstellt werden.[40] Die interne Erstellung der Aufgaben erfolgt zentral durch die Personalabteilung oder dezentral durch Manager mit Personalverantwortung. Im Gegensatz dazu wird bei einem externen Bezug personalwirtschaftlicher Leistungen ein Intermediär bzw. Personaldienstleister in Anspruch genommen. Dieser kann auftretende Marktfehler vor Vertragsschließung oder Probleme der Vertragsabwicklung zwischen Arbeitnehmer und Arbeitgeber gegebenenfalls zu geringeren Kosten lösen.[41] Für die institutionelle Koordination personalwirtschaftlicher Leistungen existieren auch Zwischenformen. So können bspw. Personalabteilungen als Profit-Center geführt werden, die ihre personalwirtschaftlichen Leistungen auch externen Marktpartnern anbieten.

Unabhängig von der jeweils gewählten Organisationsform wird mit der Durchtuhrung von personalwirtschaftlichen Funktionen die Lösung von Verfügbarkeits- und Wirksamkeitsproblemen verfolgt. Es bestehen allerdings Unterschiede bezüglich der Merkmale der beiden hier angesprochenen Organisationsformen des Marktes und

---

[38] Vgl. Picot, A. (1982), S. 273 sowie Williamson, O.E. (1990).
[39] Vgl. Picot, A./Dietl, H./Franck, E. (1997), S. 78.
[40] Fragen der Organisation der Personalarbeit werden in der Literatur erst seit Beginn der 90-er Jahre des letzten Jahrhunderts thematisiert. Vgl. hierzu Drumm, H.-J. (2000), S. 61.
[41] Vgl. Alchian, A.A. (1984), S. 43. Intermediäre nutzen die Existenz von Transaktionskosten in einer Austauschbeziehung zwischen zwei Individuen, indem sie diese Transaktionskosten verringern und einen Teil dieser Kostenersparnis als Gewinn realisieren können.

der Hierarchie. Dies betrifft u.a. die vertragliche Verknüpfung der beteiligten Akteure, den Ort der Erbringung der Leistung oder auch die Frage der Einbindung der beteiligten Akteure in den betrieblichen Ablauf.

Aus diesen Gründen ist insbesondere eine (begriffliche) Trennung zwischen den unternehmensintern erstellten und vom Markt bezogenen Personalfunktionen sinnvoll.

2.3 Definition von Personaldienstleistungen als marktliches Pendant zu intern erstellten Personalfunktionen

2.3.1 Begriff und Charakteristika von Dienstleistungen

Eine begriffliche Abgrenzung unternehmensintern erstellter und vom Markt bezogener Personalfunktionen kann durch die Auseinandersetzung mit dem Begriff der Dienstleistung erreicht werden.

Versuche, den Begriff der Dienstleistung zu definieren, sind ebenso zahlreich wie das Spektrum an angebotenen Dienstleistungen breit und heterogen ist.[42] Bis heute hat sich aber keine einheitliche Definition des Begriffes der Dienstleistung herausgebildet. Durch eine verstärkte Konzentration auf konstitutive Merkmale[43] von Dienstleistungen kann inzwischen eine gewisse Konvergenz der jeweiligen Begriffsverständnisse konstatiert werden. Ein an konstitutiven Merkmalen von Dienstleistungen orientiertes Vorgehen zur Definition impliziert eine Orientierung an den grundlegenden Dimensionen jeder Leistung: dem Leistungspotential, dem Leistungserstellungsprozess und dem Leistungsergebnis.[44]

Die Fähigkeit und Bereitschaft eines Anbieters zur Erbringung einer Dienstleistung ist Ausgangspunkt einer *potentialorientierten Sichtweise*[45] auf Dienstleistungen. Das Dienstleistungspotential wird dadurch geschaffen, dass eine Kombination aus internen Faktoren beim Dienstleistungsanbieter bereitgehalten wird. Damit verbunden ist die Auffassung, dass Dienstleistungen als die durch Menschen oder Maschinen geschaffenen Potentiale beziehungsweise Fähigkeiten eines Dienstleistungsanbieters betrachtet werden können, spezifische Leistungen beim Dienstleistungsnachfrager

---

[42] Zur einer Synopse verschiedener Definitionen siehe Rosada, M. (1990), S. 16ff.
[43] Vgl. Meffert, H./Bruhn, M. (2003), S. 27.
[44] Vgl. Engelhardt, W./Freiling, J. (1995), S. 900.
[45] Vgl. Kißling, V. (1999), S. 9.

zu erbringen.[46] Das mit Hilfe dieser Faktoren geschaffene Potential selbst ist immateriell. Hieraus wird die Immaterialität bzw. Intangibilität der Dienstleistung gefolgert.[47]

Aus der Intangibilität von Dienstleistungen lassen sich Konsequenzen für die Dienstleistungserstellung ableiten. Zunächst besteht bei Dienstleistungen im Vergleich zu Sachgütern eine höhere Konkretisierungsproblematik. Diese resultiert aus dem Fehlen von materiellen Bezugspunkten hinsichtlich des Prozesses und des Ergebnisses der Dienstleistung, was sowohl auf Seiten des Nachfragers als auch auf Seiten des Anbieteres zu Schwierigkeiten hinsichtlich der Spezifizierung der gewünschten Dienstleistung führt.[48] Spezifizierungsprobleme können in Schwierigkeiten hinsichtlich der Formulierung der gewünschten Leistungsanforderungen bestehen. Die Konkretisierungsproblematik ist bei verschiedenen Typen von Dienstleistungen unterschiedlich stark ausgeprägt. Insbesondere wird davon ausgegangen, dass es zu einer Zunahme der Schwierigkeiten bei der Konkretisierung mit zunehmendem Individualisierungsgrad der Dienstleistung kommt.[49]

Der Nachfrager einer Dienstleistung sieht sich aufgrund deren Intangibilität zudem mit einer Evaluierungsproblematik konfrontiert, da er nur in geringem Maße die Möglichkeit besitzt, die Qualität der Dienstleistung ex ante zu beurteilen.[50] Dies wirkt sich im Rahmen der Beschaffung der Dienstleistung unmittelbar auf die Auswahl des Dienstleistungsanbieters aus. Sachleistungen kann der Kunde vor einem Kauf in Augenschein nehmen, kann diese kontrollieren oder in bestimmten Fällen sogar testen. Demgegenüber zeichnen sich Dienstleistungen durch einen geringen Anteil an Sucheigenschaften[51] aus, da sie nur als Leistungsversprechen angeboten werden können. Bei der Auswahlentscheidung, innerhalb derer sich die eigentliche Dienstleistung einer Beurteilung entzieht, ist der Nachfrager der Dienstleistung daher auf die Beurteilung des Dienstleisters angewiesen. Zur Beurteilung der Qualität der Dienst-

---

[46] Vgl. Hentschel, B. (1992), S. 19f.
[47] Vgl. Rosada, M. (1990), S. 7ff.
[48] Vgl. Kißling, V. (1999), S. 43.
[49] Vgl. Kißling, V. (1999), S. 43.
[50] Vgl. Kißling, V. (1999), S. 43.
[51] Die Begriffe Such-, Erfahrungs- und Vertrauenseigenschaften bezeichnen unterschiedliche Qualitätskriterien einer Leistung. Sucheigenschaften sind Leistungsmerkmale, die vom Nachfrager durch Inspektion des Leistungsangebots oder eine entsprechende Informationssuche bereits vor dem Kauf beurteilt werden können. Erfahrungseigenschaften sind dadurch gekennzeichnet, dass eine Beurteilung erst während oder nach der Inanspruchnahme einer Leistung erfolgen kann. Vertrauenseigenschaften entziehen sich hingegen einer sicheren Beurteilung durch den Kunden. Auf deren Qualität muss der Kunde vertrauen. Vgl. Weiber, R./Adler, J. (1996), S. 54.

leistung vor Inanspruchnahme werden sich Nachfrager daher in stärkerem Umfang an Qualitätssurrogaten, wie z.B. dem Image des Dienstleisters oder auch dem Preis orientieren.[52] Dienstleistungen zeichnen sich durch einen hohen Anteil an Erfahrungs- und Vertrauenseigenschaften aus.[53] Neben der Orientierung an Qualitätssurrogaten kommt daher positiven Erfahrungen mit einem Dienstleistungsanbieter in der Vergangenheit eine besondere Rolle bei der Anbieterauswahl zu.[54] Zudem muss davon ausgegangen werden, dass je höher der Anteil an Vertrauenseigenschaften ist, desto mehr Gewicht wird zur ex ante Beurteilung der Qualität auf den persönlichen Erfahrungsaustausch mit Personen gelegt, die bereits Erfahrungen mit entsprechenden Dienstleistungen haben. Empfehlungen und Referenzen von anderen Nachfragern wird in diesem Fall eine hohe Glaubwürdigkeit zuerkannt.[55] Diesem Aspekt kann umso mehr Bedeutung zugemessen werden, wenn man berücksichtigt, dass sich eine Vielzahl von Dienstleistungen, wie z.B. Unternehmensberatungs- oder Rechtsberatungsdienstleistungen durch hohe Anforderungen an die Vertraulichkeit des Anbieters charakterisieren lassen. So kann bspw. die nicht vertrauliche Behandlung von Informationen durch den Anbieter von Dienstleistungen zum Verlust von Wettbewerbsvorteilen[56] sowohl des Anbieters als auch des Nachfragers führen.

In einer *prozessorientierten Sichtweise* werden Dienstleistungen als vollziehende Tätigkeiten betrachtet und damit der Durchführungscharakter der Dienstleistung betont.[57] Die im Leistungspotential des Dienstleistungsanbieters gespeicherten Leistungsfähigkeiten bedürfen dabei zu ihrer Konkretisierung der Mitwirkung bzw. Einbeziehung eines externen Faktors.[58] Dieser ist unabdingbare Voraussetzung für die Dienstleistungsproduktion.[59] Externe Faktoren können die Person des Nachfragers selbst sein oder aber Objekte, Nominalgüter und/oder Informationen (z.B. Auskunft über existierende Prozesse im Rahmen einer Unternehmensberatungsdienstleistung)

---

[52] Vgl. Stauss, B. (1991), S. 15.
[53] Vgl. File, K./Cermak, D./Prince, A. (1994), S. 301.
[54] Vgl. Kleinaltenkamp, M. (1994), S. 84 sowie Kißling, V. (1999), S. 45.
[55] Vgl. Becker, U./Schade, C. (1995), S. 331f.
[56] Vgl. Picot, A./Hardt, P. (1997), S. 638.
[57] Vgl. Kißling, V. (1999), S. 10.
[58] Vgl. Engelhardt, W.H. (1990), S. 278ff.
[59] Die Notwendigkeit der Integration eines externen Faktors wird in der Literatur häufig sogar als die conditio sin qua non der Dienstleistung bezeichnet. Vgl. hierzu Meffert, H./Bruhn, M. (2006), S. 54. Rosada sieht in diesem Merkmal das einzig konstituierende Merkmal einer Dienstleistung. Vgl. Rosada, M. (1990), S. 23ff.

des Nachfragers sein.[60] Dabei gelangt der externe Faktor zeitlich begrenzt in den Verfügungsbereich des Dienstleistungsanbieters und wird mit dessen internen Faktoren kombiniert.

Aus der Notwendigkeit der Integration eines externen Faktors erschließt sich als weiteres konstitutives Merkmal von Dienstleistungen, in Abgrenzung zur Sachgüterproduktion, die (zeitliche) Synchronität von Leistungserstellung und -inanspruchnahme, die als uno-actu-Prinzip bezeichnet wird.[61] Unter Synchronität wird hier im Allgemeinen ein zeitnahes Zusammenfallen von Produktion und Konsum (Simultaneous Production and Consumption) verstanden.[62] Das uno-actu-Prinzip wird in der Literatur häufig als einziges allen Dienstleistungen gemeinsames Merkmal angesehen und ist am wenigsten umstritten.[63]

Aus der Integration eines externen Faktors lassen sich ebenfalls verschiedene Implikationen ableiten.[64]

Die Integration eines externen Faktors führt dazu, dass die Dienstleistungserstellung nicht autonom durch den Dienstleistungsanbieter erfolgen kann, sondern der Mitwirkung des Nachfragers bedarf. Hieraus kann eine Integrationsproblematik abgeleitet werden, die unterschiedliche Fragen nach sich zieht. Unter anderem ist zu fragen, inwieweit sich der Nachfrager aufgrund seiner Integrationsfähigkeit oder -bereitschaft[65] im Dienstleistungserstellungsprozess einbringen kann oder will. Es wird davon gesprochen, dass zumindest die Integrationsfähigkeit mit zunehmender Erfahrung der Nachfrager mit entsprechenden Transaktionen zunimmt und es zu einer Abschwächung der Integrationsproblematik kommt.[66] Hieraus ergeben sich aber auch Fragen hinsichtlich der Transport- bzw. Transferfähigkeit des externen Faktors.[67]

---

[60] Zu den möglichen Ausprägungen des externen Faktors vgl. Rosada, M. (1990), S. 14f.
[61] Vgl. Kißling, V. (1999), S. 11.
[62] Vgl. Zeithaml, V.A./Bitner, M. (2003) zitiert nach Bienzeisler, B. (2004), S. 3.
[63] Vgl. Frehse, J. (2002), S. 37.
[64] Weitere Implikationen liegen hier im Bereich von Standardisierungsproblemen und der Reduzierung asymmetrischer Informationsverteilung sowie dem Ausschluss unerwünschter Kunden. Vgl. hierzu auch Meffert, H./Bruhn, M. (2003), S. 63f.
[65] Die Integrationsbereitschaft betrifft die Frage, ob der Nachfrager als externer Faktor bereit ist, an der Dienstleistungserstellung mitzuwirken. Betrachtet man bspw. Beratungsdienstleistungen, so ergibt sich unter Umständen aus der Furcht vor Veränderungen eine geringe Integrationsbereitschaft einzelner Mitarbeiter. Mit der Integrationsfähigkeit ist hingegen die Frage angesprochen, ob die Nachfrager aufgrund ihrer Kompetenz in der Lage sind, am Leistungserstellungsprozess mitzuwirken, indem sie bspw. die richtigen Informationen liefern.
[66] Vgl. Engelhardt, W./Schwab, W. (1982), S. 507.
[67] Vgl. Scheuch, F. (2002), S. 20 sowie Meffert, H./Bruhn, M. (2003), S. 63. Hierauf wird im weiteren Verlauf der Arbeit noch ausführlich eingegangen.

Des Weiteren äußert sich die Integrationsproblematik darin, dass bei Dienstleistungen häufig der Nachfrager bzw. Einkäufer der Dienstleistung und der externe Faktor nicht identisch sind.[68] So wird in Unternehmen die Entscheidung über den Bezug einer Dienstleistung häufig von der Unternehmensleitung getroffen wohingegen Mitarbeiter auf anderen Hierarchieebenen als externe Faktoren in den Dienstleistungserstellungsprozess einbezogen werden. Probleme, die sich aus unterschiedlichen Rollenerwartungen bzw. aus unterschiedlichen Rollen der Akteure im Unternehmen ergeben, sind hier relevant. Für einen Mitarbeiter können damit auch Fragen hinsichtlich der eigenen Ersetzbarkeit bei der Weitergabe von Informationen auftreten, die für den „Einkäufer" der Dienstleistung von geringerer Bedeutung sind.

Darüber hinaus wirkt sich die Integration eines externen Faktors auch auf die Qualität des Dienstleistungsprozesses und des Dienstleistungsergebnisses aus. Der Prozess als auch das Ergebnis werden durch die Integration von Faktoren beeinflusst. Damit entziehen sich der Prozess und das Ergebnis der vollständigen Disponierbarkeit des Dienstleistungsanbieters.[69] Die Qualität der erbrachten Dienstleistung hängt daher wesentlich von der Integrationsbereitschaft und -fähigkeit des externen Faktors ab. Nicht zuletzt ist die Qualität des Dienstleistungsprozesses und des Dienstleistungsergebnisses von Aspekten der Transfer- bzw. Transportfähigkeit des externen Faktors abhängig. Sind externe Faktoren nur schwer transferierbar und/oder entziehen sie sich einer vollständigen Transferierbarkeit, hat dies Auswirkungen auf den Prozess der Dienstleistungserstellung und das Ergebnis der Dienstleistung. Im Extremfall kann eine Dienstleistungserstellung an der mangelnden Transferfähigkeit des externen Faktors scheitern.

Ein abschließend zu nennendes Problem ergibt sich aus dem zeitnahen Zusammenfallen von Leistungserstellung und -inanspruchnahme bei Dienstleistungen. Durch die Synchronität entziehen sich Dienstleistungen einer Qualitätskontrolle vor dem Absatz der Leistung, was in einer Qualitätsproblematik resultiert.[70] Damit können mangelhafte Dienstleistungen nicht vor ihrem Absatz selektiert werden. Potentiell auftretende Probleme wirken unmittelbar gegenüber dem Kunden bzw. dem externen Faktor.[71]

---

[68] Vgl. Kißling, V. (1999), S. 49.
[69] Vgl. Büker, B. (1991), S. 28f.
[70] Vgl. Engelhardt, W./Kleinaltenkamp, M./Reckenfelderbäumer, M. (1993), S. 420.
[71] Vgl. Bruhn, M. (1991), S. 36.

In der *ergebnisorientierten Sichtweise* werden Dienstleistungen als Resultat von Dienstleistungstätigkeiten verstanden.[72] Diese Sichtweise setzt an der Materialität des Leistungsergebnisses an und geht davon aus, dass Dienstleistungen immaterielle Leistungsergebnisse aufweisen. Obschon auf dieses Merkmal insbesondere auch in Abgrenzung zu Sachgütern besonders häufig zurückgegriffen wird, ist eine eindeutige Abgrenzung unter Rückgriff auf dieses Merkmal nicht möglich und daher heftig umstritten.[73] Probleme im Hinblick auf die Gültigkeit des Merkmals der Immaterialität ergeben sich besonders in Fällen, in denen im Allgemeinen zweifelsfrei als Dienstleistung eingeordnete Leistungen materielle Veränderungen am externen Faktor zur Folge haben (z.b. sauberes Gebäude nach Gebäudereinigung).[74] Aufgelöst wird diese Problematik dadurch, dass eine Differenzierung zwischen einem prozessualen Endergebnis einerseits und den mit der Dienstleistungserbringung verbundenen Wirkungen der Dienstleistungen andererseits vorgenommen wird.[75] In dieser Sichtweise können die prozessualen Endergebnisse sowohl materieller als auch immaterieller Art sein. Die an den Zielen der Inanspruchnahme der Dienstleistung orientierten Wirkungen sind in dieser Perspektive aber stets immateriell, so dass Immaterialität des Ergebnisses als Dienstleistungscharakteristikum beibehalten werden könnte. Dem wird aber entgegengehalten, dass auch durch diese Differenzierung der problemhafte Charakter der ergebnisorientierten Sichtweise insbesondere in Abgrenzung zur Sachgüterproduktion nicht aufgehoben wird. Dies resultiert daraus, dass sowohl die Nutzenstiftung durch eine Dienst- wie auch durch eine Sachleistung als immaterielle Wirkung interpretiert werden kann.[76] Daher wird in der Immaterialität des Dienstleistungsergebnisses häufig kein sinnvolles Abgrenzungsmerkmal zu Sachgütern sowie geeignetes Definitionsmerkmal gesehen.[77]

Darüber hinaus häufig genannte Merkmale wie z.B. die allgemeine Informationsarmut und die Nichtlagerfähigkeit von Dienstleistungen, die Standardisierungs- und Standortproblematik sind hingegen nicht konstitutiv. Sie stellen Folgen der konstitutiven Merkmale dar.[78]

---

[72] Vgl. Kißling, V. (1999), S. 11.
[73] Vgl. Kißling, V. (1999), S. 11.
[74] Vgl. Kißling, V. (1999), S. 11.
[75] Vgl. Hilke, W. (1989), S. 13f. zitiert nach Kißling, V. (1999), S. 11.
[76] Vgl. Kißling, V. (1999), S. 11. Vgl. zu ähnlichen Argumentationen Köhler, L. (1991), S. 14f. und Graßy, O. (1993), S. 15f.
[77] Vgl. Jahn, C.I. (2003), S. 6.
[78] Vgl. Kißling, V. (1999), S. 12.

Aufbauend auf diesen Ausführungen werden Dienstleistungen unter Bezugnahme auf die potential- und prozessorientierte Dimension als intangible Absatzobjekte in Form angebotener Leistungsversprechen beschrieben, die zu ihrer Konkretisierung die Einbeziehung eines externen Faktors notwendig machen.

2.3.2 Anwendung des allgemeinen Dienstleistungsbegriffes auf extern erbrachte Personalfunktionen

In Anlehnung an diese Abgrenzungsmöglichkeiten können auch extern erbrachten Personalfunktionen entsprechende Eigenschaften zugesprochen werden.

Konstitutiver Bestandteil der Potentialdimension ist das direkte Versprechen der Dienstleister zur Erbringung verschiedener personalwirtschaftlicher Leistungen. Der Personaldienstleister gibt gegenüber dem nachfragenden Unternehmen das Versprechen zur Erbringung einer bestimmten personalwirtschaftlichen Leistung. Das Potential des Personaldienstleisters wird dadurch geschaffen, dass eine Kombination aus internen Faktoren bereitgehalten wird. Angeboten wird durch den Personaldienstleister sowohl dessen Leistungsfähigkeit als auch dessen Leistungsbereitschaft. So wird bspw. menschliche Leistungsfähigkeit in Form von Kenntnissen hinsichtlich personalwirtschaftlicher Methoden bereitgestellt.

Implikationen, die sich aus dieser Eigenschaft für Dienstleistungen allgemein ergeben, können auch für Personaldienstleistungen relevant sein.
Auch bei Personaldienstleistungen liegen Probleme hinsichtlich der Spezfizierung der gewünschten Dienstleistung vor. So können bspw. im Rahmen eines Personalberatungsauftrages Schwierigkeiten bei der Spezifikation der Qualifikationsmerkmale der gesuchten Arbeitskräfte auftreten, weil diese häufig nicht vollständig objektiv beschrieben werden können.[79]
In der Literatur finden sich zudem Hinweise auf die Evaluierungsproblematik hinsichtlich der ex ante Beurteilung der Qualität bei Personaldienstleistungen.[80] Image und Reputation sowie Empfehlungen anderer Nachfrager und Referenzen sind auf dem Markt für Personaldienstleistungen ein wichtiges Kriterium bei der Wahl eines Dienst-

---

[79] Vgl. Rastetter, D. (1996), S. 77.
[80] Vgl. hierzu u.a. Alewell, D./Bähring, K./Canis, A./Hauff, S./Thommes, K. (2007), S. 188ff.

leisters.[81] Damit kann sich die Auswahlentscheidung auch bei Personaldienstleistungen von der konkreten Produktebene in Richtung der Auswahl eines geeigneten Personaldienstleisters verschieben. Insbesondere dürften auch Vertrauensaspekte für Personaldienstleistungen relevant sein.[82]

Die Einbeziehung eines externen Faktors ist ebenfalls ein wesentliches Merkmal der Erstellung von Personaldienstleistungen. Bei Personaldienstleistungen stellt sich der externe Faktor insbesondere in Form der Mitarbeiter des Unternehmens und/oder der Personalabteilung des nachfragenden Unternehmens bzw. deren Informationen und Wissen über die Mitarbeiter und das Unternehmen dar. Dieses Wissen wird während der Dienstleistungserstellung bspw. mit dem Methodenwissen oder dem Marktwissen des Dienstleisters bzw. dessen Mitarbeitern kombiniert.

Der Personaldienstleister kann mit der Erstellung der Dienstleistung nicht autonom, sondern erst nach der Konsultation mit dem Kunden beginnen. So kann bspw. ein Personalberater erst mit der Suche und Auswahl von Arbeitskräften anfangen, wenn der Dienstleistungsnachfrager das Anforderungsprofil kommuniziert hat. Für Personaldienstleistungen sind damit auch Fragen des Transfers entsprechender Informationen relevant. In diesem Bereich dürften insbesondere Fragen der unterschiedlichen Transferierbarkeit von Wissen bzw. Informationen[83] zum Tragen kommen und Einfluss auf das Angebot von und die Nachfrage nach Personaldienstleistungen haben. Für Personaldienstleistungen sind auch Fragen der Integrationsfähigkeit und Integrationsbereitschaft des externen Faktors von Bedeutung. So können sich bspw. Mitarbeiter der Personalabteilung weigern, relevantes Wissen weiterzugeben, da sie ihre eigene Ersetzbarkeit befürchten müssen, wenn sie durch ihre Wissensweitergabe den Personaldienstleister in die Lage versetzen, vormals durch sie erstellte Aufgaben jetzt extern zu erstellen. Dies hat wiederum Einfluss auf die Qualität der zu erstellenden Personaldienstleistung. So ist die Qualität der Personalbeschaffung durch einen externen Dienstleister davon abhängig, wie gut und ausführlich das Anforderungsprofil für einen neuen Mitarbeiter durch das Unternehmen kommuniziert wird.

In ergebnisorientierter Perspektive stellen Personaldienstleistungen überwiegend immaterielle Leistungen dar, können aber auch materielle Bestandteile aufweisen. So

---

[81] Vgl. Behme, W. (1993), S. 294 sowie Alewell, D./Bähring, K./Canis, A./Hauff, S./Thommes, K. (2007), S. 191.
[82] Vgl. Alewell, D./Bähring, K./Canis, A./Hauff, S./Thommes, K. (2007), S. 202.
[83] Siehe hierzu grundlegend Polyani, M. (1967).

erfolgt bspw. die zielorientierte Verhaltensbeeinflussung der Arbeitnehmer durch eine leistungsabhängige Gestaltung des Entgelts, die von einem externen Unternehmensberater konzipiert werden kann und in Form eines Entlohnungsschematas materiell vorliegt.[84] Damit ist auch die Immaterialität des Leistungsergebnisses ein umstrittenes Merkmal bei der Erbringung von Personaldienstleistungen und eher weniger zur Abgrenzung und Definition des Begriffes geeignet.

Insgesamt wird deutlich, dass sich für Dienstleistungen in allgemeiner Form aufgeführte Merkmale und hieraus resultierende Konsequenzen auf die externe Erbringung von Personalfunktionen in Form von Personaldienstleistungen übertragen lassen. Vor diesem Hintergrund und unter Berücksichtigung der Umstrittenheit der ergebnisorientierten Perspektive auf Dienstleistungen, die auch im Bereich von Personaldienstleistungen zum Tragen kommt, werden Personaldienstleistungen für die Arbeit wie folgt definiert:

Personaldienstleistungen stellen in Form von Personalfunktionen angebotene intangible Absatzobjekte im Sinne externer Leistungspotentiale dar, die zu ihrer Konkretisierung der Einbeziehung eines externen Faktors bedürfen. Sie können als unternehmensexterne Alternativen zur unternehmensinternen Personalarbeit betrachtet werden.[85]

---

[84] Vgl. Vosberg, D. (2002), S. 22.
[85] Siehe hierzu auch Vosberg, D. (2002), S. 22. Unter dem Oberbegriff Personaldienstleistungen wird in dieser Arbeit ein breites Spektrum sehr heterogener Dienstleistungen subsumiert werden. Es reicht von Zeitarbeit über Interimsmanagement, Unternehmensberatung, Management-on-Site, Arbeitsvermittlung, Executive Search, Outplacement, arbeits- und sozialrechtlicher Beratung, Lohn- und Gehaltsabrechnung, Trainingsangeboten bzw. Aus- und Weiterbildungsmaßnahmen bis hin zur kompletten Übernahme der gesamten Personalarbeit durch einen externen Personaldienstleister.

3. Entscheidungskriterien für das Outsourcing betrieblicher Funktionen

Zentrale konzeptionelle Bezugsrahmen in der bisherigen Diskussion um das Outsourcing betrieblicher Aufgaben sind kernkompetenz- und ressourcenbasierte, kostenrechnerische Überlegungen sowie Überlegungen auf Basis des Transaktionskostenansatzes.[86] Im Sinne einer Status quo Analyse sollen die bisherigen theoretischen Überlegungen zu den Entscheidungskriterien des Outsourcings betrieblicher Aufgaben kurz dargestellt werden. Aus dieser Darstellung wird die Notwendigkeit der Berücksichtigung eines weiteren Faktors im Rahmen der Entscheidung über eine Auslagerung betrieblicher Aufgaben abgeleitet.

3.1 Kostenrechnerische Überlegungen zur Auslagerung betrieblicher Aufgaben

Der statische Vergleich relevanter Kostendaten stellt das in der Praxis vorherrschende Instrument zur Unterstützung der Entscheidung zwischen Eigenfertigung und Fremdbezug dar.[87] Ziel ist es hierbei, eine kostenminimierende Alternative auszuwählen.[88] Dabei werden die entscheidungsrelevanten (Produktions-)Kosten der Eigenerstellung den Vollkosten des Fremdbezugs gegenüber gestellt.[89]

Je nach Fristigkeit der Entscheidung sowie nach der Beschäftigungslage des einzelnen Unternehmens sind dabei unterschiedliche Kostenkategorien relevant.[90] Für den Fall kurzfristiger Entscheidungen und freier Kapazitäten sind im Rahmen einer Teilkostenrechnung nur die zusätzlichen variablen Kosten entscheidungsrelevant, da die fixen Kosten in einer derartigen Situation nicht mehr beeinflussbar sind.[91] Im Fall langfristiger Entscheidungen sind neben den kurzfristig variablen Kosten auch die kurzfristig fixen, aber langfristig variablen Kosten einzubeziehen. Für diesen Fall muss im Rahmen einer Vollkostenrechnung zusätzlich ermittelt werden, welche Ge-

---

[86] Vgl. Meckl, R. (1999), Dietz, H. (2003), Vosberg, D. (2002), Matiaske, W./Kabst, R. (2002).
[87] Vgl. Scherm, E. (1996), S. 50, Beer, M. (1998), S. 26, Eigler, J./Meckl, R. (1998), S. 109 sowie Meckl, R. (2001), S. 297.
[88] Männel empfiehlt die Kostenvergleichsrechnung als Break-Even-Analyse aufzubauen, da diese Vorgehensweise seiner Meinung nach die Kostenstrukturen der beiden Alternativen – Eigenfertigung und Fremdbezug – transparent macht. Vgl. hierzu Männel, W. (1996), S. 150.
[89] Vgl. Vosberg, D. (2002), S. 24.
[90] Vgl. Männel, W. (1996), S. 149.
[91] Vgl. Schneider, D. (1989), S. 153.

meinkostenanteile auf welche Leistungen entfallen.[92] So ist z.B. zu ermitteln, in welchem Umfang ein neu einzurichtender oder zu schließender Eigenerstellungsbereich zusätzliche Gemeinkostenpotentiale beansprucht bzw. freisetzt. Eine zentrale Aussage der kostenrechnerischen Betrachtung der Outsourcing-Entscheidung ist, dass Kostendegressionseffekte zentrale Treiber der Auslagerung betrieblicher Aufgaben sind.[93] Dies kann insbesondere für kleine Unternehmen bzw. für Unternehmen mit einem nur geringen oder selten auftretenden Bedarf nach bestimmten Leistungen zutreffen. Begründung hierfür ist, dass sich die Übernahme eines größeren Fixkostenblocks für eigene Personalkapazitäten gegenüber dem variablen Bezug dieser Leistungen nicht lohnt.[94]

Im Rahmen kostenrechnerischer Überlegungen werden damit primär Kostenwirkungen bzw. monetäre Wirkungen eines Fremdbezugs im Vergleich zur Eigenerstellung beleuchtet[95] und entscheidungswirksam. Damit vernachlässigt diese Fokussierung auf Produktionskosten als Entscheidungskriterium eines Outsourcings betrieblicher Aufgaben, die in Zusammenhang mit der Koordination einer Leistungserstellung anfallenden Transaktionskosten.[96] Insbesondere bleiben Kosten unberücksichtigt, die bei der Erstellung einer Dienstleistung aus der notwendigen Integration des externen Faktors, insbesondere dessen Transfers resultieren.

Um die Aussagekraft des Kostenvergleiches zu erhöhen, unterstellt man, dass die auf Kostenbasis verglichenen Leistungen eine übereinstimmende Qualität besitzen.[97] Diese Annahme ist insofern problematisch, als das man davon ausgehen kann, dass beim externen Dienstleister hinsichtlich der Zusammensetzung ein anderes Set von Qualifikationen der Mitarbeiter bzw. andere Wissensstände der Mitarbeiter vorliegen sowie die Dienstleistungserstellung unter anderen Umfeldbedingungen als im originä-

---

[92] Vgl. Alewell, D./Bähring, K./Canis, A./Thommes, K. (2005), S. 182.
[93] Vgl. Männel, W. (1996), S. 149 sowie Meckl, R. (1999), S. 15.
[94] Vgl. Alewell, D./Bähring, K./Canis, A./Thommes, K. (2005), S. 182.
[95] Als problematisch für einen Kostenvergleich sind folgende Punkte zu betrachten. So beeinflussen Schwierigkeiten der Bestimmung und Zurechenbarkeit von Gemeinkosten die Aussagekraft detaillierter Kostenvergleichsrechnungen. Die Objektivität der zugrunde gelegten Datenbasis wird in der Praxis teilweise durch voneinander abweichende Abteilungsinteressen eingeschränkt, wenn die Abgrenzung relevanter Kosten auf den Daten der von der Entscheidung betroffenen Abteilung beruht. Eine Leistungserstellungsabteilung wird bspw. versuchen, die Höhe der entscheidungsrelevanten Kosten möglichst niedrig anzugeben, während die Einkaufsabteilung an einer Ausweitung ihrer Beschaffungsaktivitäten interessiert ist und die Kosten eines Fremdbezugs möglicherweise nicht vollständig erfasst. Objektivierungsschwierigkeiten liegen auch im Bereich der Ermittlung der Vergleichspreise bei Fremderstellung. Vgl. Baur, C. (1990), S. 20 sowie Beer, M. (1998), S. 28.
[96] Vgl. Scherm, E. (1996), S. 51 sowie Beer, M. (1998), S. 28.
[97] Vgl. Beer, M. (1998), S. 27.

ren Unternehmen stattfindet. Gerade hieraus können Qualitätsunterschiede folgen. Eine Möglichkeit, Qualitätsunterschiede zu reduzieren, liegt aber gerade in der Integration des externen Faktors in Form des Nachfragers oder dessen Wissen. Hierzu muss das Wissen des Nachfragers in das leistungserstellende Unternehmen transferiert werden. Beim Wissenstransfer auftretende Probleme, die sich u.a. aus der Eigenart des Wissens ergeben, bleiben aber in kostenrechnerischen Betrachtungen unberücksichtigt und sind nicht Bestandteil der im Kostenvergleich angesetzten Fremdbezugskosten.

Überlegungen zum externen Faktor bzw. zu dessen Transfer sind aber weitere entscheidungsrelevante Bestandteile der Eigenfertigungs- und Fremdbezugskosten, die ergänzend zu den Produktions- oder Herstelllungskosten beim Kostenvergleich angesetzt werden müssen.[98]

3.2 Ressourcen- und kernkompetenzbasierte Überlegungen zur Auslagerung betrieblicher Aufgaben

Im Rahmen der ressourcenbasierten Strategielehre steht die Frage im Mittelpunkt, wodurch sich Unternehmen unterscheiden und warum einzelne Unternehmen erfolgreicher sind als andere Unternehmen.[99] Als Antwort auf diese Frage wird formuliert, dass die Heterogenität der Ressourcenbasis der Unternehmen ursächlich hierfür ist.[100] Gleichzeitig werden Empfehlungen zum Umgang mit unterschiedlichen Ressourcen, bspw. zu deren Eigenfertigung oder Fremdbezug formuliert.

Jede Entscheidung über die Auslagerung von Aufgaben aus dem Unternehmen ist in der Sichtweise der ressourcenbasierten Strategielehre verknüpft mit einer Entscheidung darüber, welche Ressourcen im Unternehmen verbleiben sollen und welche ausgelagert werden. Ressourcen sind dabei „[...] inputs into the production process – they are the basic units of analysis. The individual resources of the firm include items of capital equipment, skills of individual employees, patens [...] and so on. [...]"[101]. Das wichtigste Entscheidungskriterium für die Auslagerungsentscheidung aus der Sicht dieses Ansatzes ist die Art der Ressourcen, die der im Fokus stehenden Auf-

---
[98] Vgl. Alewell, D./Bähring, K./Canis, A./Thommes, K. (2005), S. 187.
[99] Vgl. u.a. Grant, R.M. (1991) und Barney, J. (1991).
[100] Vgl. Barney, J. (1991), S. 100.
[101] Vgl. Grant, R.M. (1991), S. 118f.

gabe zu Grunde liegen. Für diese Ressourcen muss festgestellt werden, ob es sich um eine strategische Ressource oder eine Kernkompetenz handelt.[102] Eine strategische Ressource[103] ist durch vier Merkmale gekennzeichnet. Sie sollte aus Kundensicht wertstiftend sein, sich durch eine relative Seltenheit sowie Nicht-Imitierbarkeit und Nicht-Substituierbarkeit auszeichnen.[104] Kernkompetenzen können als strategische Ressourcen interpretiert werden, die auf verschiedenen Märkten, für verschiedene Produkte oder allgemeiner in verschiedenen Kontexten einsetzbar sind.[105] Handelt es sich um eine strategische Ressource oder Kernkompetenz, so dürfen diese in der Sichtweise des Ansatzes nicht ausgelagert werden, da hierdurch Wettbewerbsvorteile verloren gehen. Auch Bereiche, in denen strategische Ressourcen oder Kernkompetenzen in der Zukunft ausgebildet werden sollen, dürfen nicht ausgelagert werden, da die Ressourcenentwicklung pfadabhängig ist und durch vergangene Handlungen (Investition oder Desinvestition) und organisationale Routinen mitbestimmt wird.[106] Insgesamt ist daher die Auslagerung von betrieblichen Aufgaben von der Art der zu Grunde liegenden Ressourcen abhängig.

Betrachtet man die Kriterien der Nicht-Imitierbarkeit[107] und Nicht-Substituierbarkeit[108] eingehender, so können aus dieser Betrachtung Hinweise auf weitere, die Outsourcingentscheidung beeinflussende, Faktoren abgeleitet werden. Strategische Ressourcen sind unternehmensspezifisch, da sie sich in Abhängigkeit von der Historie des Unternehmens entwickelt haben. Als strategische Ressourcen markieren sie einen Wettbewerbsvorteil, weil die Prozesse der Entwicklung der Ressource und damit deren heutige Ausprägung von anderen Unternehmen nicht vollständig nachvollzogen werden können. Für Teile des Wissens in Unternehmen können diese Kriterien ebenfalls zutreffen, so dass dieses Wissen als strategische Ressource betrachtet

---

[102] Vgl. hierzu insgesamt Barney, J. (1991) und Prahald, C.K./Hamel, G. (1990).
[103] Für die Einordnung der Ressourcen eines Unternehmens in die Ressourcenkategorien selbst können keine einfachen Handlungsanleitungen gegeben werden. Darüber hinaus bestehen subjektive Spielräume hinsichtlich der konstituierenden Elemente einer strategischen Ressource. Vgl. hierzu Penrose, E. (1959), S. 68ff.
[104] Vgl. hierzu u.a. Barney, J. (1991), S. 108-110.
[105] Vgl. hierzu u.a. Prahalad, C.K./Hamel, G. (1995), S. 307ff.
[106] Vgl. Alewell, D./Bähring, K./Canis, A./Thommes, K. (2005), S. 174.
[107] Nicht-Imitierbarkeit impliziert, dass Tätigkeiten in der Regel auf dem komplexen Zusammenwirken zahlreicher Ressourcen und Fähigkeiten basieren, so dass die eigentlichen Wurzeln des Erfolgs für Konkurrenten und das Unternehmen selbst nur schwer identifizierbar sind. Vgl. hierzu Reed, R./DeFillippi, R.J. (1990), S. 90f.
[108] Nicht-Substituierbarkeit impliziert, dass es keine anderen Ressourcenbündel gibt, welche die im Blickpunkt stehende Leistung auf gleichwertige Weise erbringen können. Vgl. hierzu u.a. Barney, (1991), S. 110f.

werden kann. Es kann sich hierbei bspw. um Wissen handeln, welches ein Arbeitnehmer während seiner langjährigen Tätigkeit an einer Maschine erworben hat. Dieses Wissen ist u.a. von den unterschiedlichen Erfahrungen des Arbeitnehmers an der Maschine geprägt und daher einzigartig. Die Entwicklung dieses Erfahrungswissen als auch der Einsatz dieses Wissens ist häufig für andere Akteure schwer nachvollziehbar. Der Arbeitnehmer kann z.b. aufgrund dieses Wissens bei Veränderungen der Maschinengeräusche u.u. schneller mögliche Probleme und Problemlösungen identifizieren, als ein zweiter Arbeitnehmer, der erst seit kurzer Zeit an einer identischen Maschine arbeitet. Der zweite Arbeitnehmer bietet ein anderes qualifikatorisches Ressourcenbündel an. Diesem Ressourcenbündel mangelt es aber an dem Erfahrungswissen des ersten Arbeitnehmers, so dass der zweite Arbeitnehmer die Leistung nicht in gleichwertiger Weise erbringen kann. Hier liegt daher Nicht-Substituierbarkeit hinsichtlich des Erfahrungswissens des ersten Arbeitnehmers vor. Darüber hinaus können die Maschinengeräusche teilweise so differenziert sein, in unterschiedlichen Nuancen auftreten, so dass es dem erfahrenen Arbeitnehmer schwer fallen kann, diese minimalen Unterschiede genau zu beschreiben und damit zu verbalisieren. Dieses Wissen kann aufgrund seiner spezifischen Komponente nicht transferiert oder nur unter Inkaufnahme hoher Kosten transferiert und nur schwer imitiert werden.[109]

Dies bedeutet, dass in den Kriterien der Nicht-Substituierbarkeit und Nicht-Imitierbarkeit viele Ähnlichkeiten hinsichtlich schwer transferierbaren Wissens liegen. Es gibt also einen starken Zusammenhang zwischen strategischen Ressourcen im Sinne des ressourcenorientierten Ansatzes und schwer transferierbarem Wissen.[110]

Aus der Sicht des Unternehmens stellt das Erfahrungswissen des Arbeitnehmers eine strategische Ressource dar, die Wettbewerbsvorteile des Unternehmens i.S. von nicht auftretenden Qualitätsmängeln beim Endprodukt im Vergleich zum Wettbewerber hervorrufen kann und die Heteroginität der Ressourcenbasis des Unternehmens mit begründet.

Im Bereich ressourcen- und kernkompetenzbasierter Überlegungen werden auch unterschiedliche Wirkungen einer Auslagerung betrieblicher Aufgaben betrachtet. Insbesondere wird die Gefahr des Verlustes von Ressourcen wie Know How beleuchtet,

---

[109] Vgl. Barney, J. (1991), S. 75 sowie Beer, M. (1998), S. 75.
[110] Vgl. Alewell, D./Bähring, K./Canis, A./Thommes, K. (2005), S. 185.

wenn eine Aufgabe fremdvergeben wird.[111] Betrachtet man den Prozess der Fremdvergabe betrieblicher Aufgaben aus einer Dienstleistungsperspektive ist aber der Transfer und damit der Abfluss von Know-How aus dem Unternehmen zum Dienstleister vitaler Bestandteil der Dienstleistungsbeziehung. Die Gefahr des Verlustes der strategischen Wettbewerbsposition des Unternehmens durch den Abfluss strategisch relevanten Wissens kann aber davon abhängen, wie die strategische Ressource in Form von Know-How strukturiert ist. Wenn Wissen als strategische Ressource einzuschätzen ist, wird sie häufig die Charakteristika der Nicht-Imitierbarkeit und Nicht-Substituierbarkeit aufweisen.[112] Ein Abfluss ist hier weniger wahrscheinlich als bei Wissen, welches keinen strategischen Charakter hat, da der Abfluss letzteren mit geringeren Transferkosten verbunden ist. Zum anderen besteht, selbst wenn es zu einem Abfluss strategischen Wissens kommt, aufgrund der Eigenart der Nicht-Imitierbarkeit ein gewisser Schutz, da dieses Wissen in anderen Kontexten häufig nicht nutzenstiftend eingesetzt werden kann. Die ressourcenorientierte Strategielehre thematisiert damit auch an dieser Stelle implizit Wissenstransferaspekte der Auslagerung betrieblicher Leistungen.

Insgesamt können damit, ausgehend von ressourcenbasierten Überlegungen zur Auslagerung betrieblicher Aufgaben, auch Fragen relevant sein, welche Kosten der Transfer strategischer Ressourcen, insbesondere der Ressource Wissen, verursacht. Aufgrund der angedeuteten Schwierigkeiten beim Transfer von stark erfahrungsbasierten und schwer verbalisierbaren Wissen verursacht ein Transfer dieses Wissen prohibitiv hohe Transferkosten. Eine Auslagerung betrieblicher Aufgaben, die mit einem Transfer entsprechenden Wissens verbunden sind, wäre dann nicht angezeigt. Die ressourcenbasierte Strategielehre liefert damit neben den möglichen Verlusten von Wettbewerbsvorteilen bei der Auslagerung strategischer Ressourcen mit Transferkostenaspekten eine weitere Begründung dafür, warum strategische Ressourcen nicht ausgelagert werden sollten. Es wird implizit gefragt, ob der externe Faktor in seiner vorliegenden Form überhaupt transferiert werden kann und in welcher Höhe hierbei Transferkosten anfallen. Dieser Transferkostenaspekt wird hier aber von der ressourcenorientierten Strategielehre nicht explizit berücksichtigt und in die Empfehlungen über ein Outsourcing einbezogen.

---

[111] Vgl. Alewell, D./Bähring, K./Thommes, K. (2005), S. 15.
[112] Vgl. Alewell, D./Bähring, K./Canis, A. /Thommes, K. (2005), S. 185.

Insgesamt finden sich aber auch im Rahmen des ressourcenbasierten Ansatzes Hinweise auf die Notwendigkeit einer stärkeren Berücksichtigung von Aspekten des Wissens im Rahmen der Eigenfertigungs-/Fremdbezugsbetrachtung. Dies ist bspw. der Fall, wenn Wissen als strategische Ressource einzuschätzen ist. Dann wird dieses Wissen häufig impliziten Charakter haben und gerade dadurch Eigenschaften der Nicht-Imitierbarkeit und Nicht-Substituierbarkeit aufweisen.[113]

3.3 Transaktionskostentheoretische Überlegungen zur Auslagerung betrieblicher Aufgaben

Basierend auf den Arbeiten von Coase (1937) etablierte sich die Transaktionskostentheorie als einer der zentralen Ansätze zur Analyse von Make-or-Buy Entscheidungen. In der Sichtweise dieser Theorie wird das Problem ökonomischer Organisation als Vertragsproblem mit dem zentralen Analysegegenstand der Transaktion formuliert.[114] Unter einer Transaktion versteht man die Übertragung von Handlungs- und Verfügungsrechten.[115] Hierbei fallen Kosten, so genannte Transaktionskosten an, die in Abhängigkeit vom gewählten institutionellen Arrangement und Verhaltens- und Situationsdeterminanten variieren. Die Entscheidung über eine zwischenbetriebliche Arbeitsteilung hinsichtlich betrieblicher Aufgaben sollte in der Sichtweise der Transaktionskostentheorie davon abhängen, welche institutionellen Arrangements unter den gegebenen Situations- und Verhaltensdeterminanten – Spezifität, Umweltunsicher-/komplexität und Häufigkeit der Transaktionssituation sowie begrenzter Rationalität und Opportunismus der Vertragspartner[116] - die Transaktionskosten insgesamt minimieren.

Damit hängt die Höhe der Transaktionskosten und damit auch die relative Vorteilhaftigkeit eines institutionellen Arrangements jeweils vom Zusammenwirken diverser Einflussgrößen ab.[117]

---

[113] Vgl. Alewell, D./Bähring, K./Canis, A./Thommes, K. (2005), S. 185.
[114] Vgl. Williamson, O.E. (1990), S. 22.
[115] Vgl. Picot, A./Reichwald, R./Wigand, R.T. (2003), S. 49.
[116] Vgl. hierzu u.a. Williamson, O.E. (1985), S. 54 und Picot, A./Reichwald, R./Wigand, R.T. (1996), S. 43.
[117] Vgl. Picot, A./Reichwald, R./Wigand, R.T. (2003), S. 54.

Transaktionen, die sich auf Güter oder Dienstleistungen mit niedriger Spezifität beziehen, sollten dabei, so die Empfehlung des Ansatzes, über den Markt erfolgen, während Dienstleistungen und Güter mit hoher Spezifität transaktionskostengünstiger innerhalb hierarchischer Organisationsformen koordiniert werden. Bei generellen bzw. allgemein verwendbaren Ressourcen oder Leistungen ist ein Bezug über den Markt vorteilhaft, weil hier über den entstehenden Wettbewerb häufig gute Preis-Leistungs-Verhältnisse geschaffen werden können und zugleich auch Probleme der internen Motivation und Führung von Mitarbeitern nicht auftreten.[118] Werden weitere Situations- und Verhaltensdeterminanten für die Beantwortung der Frage nach der institutionellen Ausgestaltung eines Leistungstausches in die Argumentation einbezogen, können folgende Aussagen getroffen werden. Die Koordination des Leistungstausches über den Markt stellt gegenüber der Hierarchie dann die effizientere Alternative der Vertragsabwicklung dar, wenn die Transaktionen keine spezifischen Investitionen notwendig machen, sich selten wiederholen und eine geringe Unsicherheit eine ex ante umfassende Vertragsgestaltung möglich macht.[119]

Betrachtet man transaktionskostentheoretisch angeregte Arbeiten, so wird deutlich, dass weitere transaktionskostenträchtige und -beeinflussende Aspekte kaum detaillierter beleuchtet werden, obwohl diese grundsätzlich mit dem Ansatz erfassbar wären.[120]

So betonen Klaas/McClendon/Gainey (2001) im Rahmen ihrer transaktionskostentheoretisch geleiteten Studie zum Outsourcing personalwirtschaftlicher Aufgaben die Bedeutung impliziten (taziten) Wissens als weiteren kritischen Faktor neben der Spezifität.[121] „ […] If an organization's HR activities rely to a large extent on tacit knowledge, outsourcing may result in the loss of advantages associated with distinctive practices. Given that tacit knowledge dependence may serve as a barrier to HR outsourcing, it is important that organizations include assessments of this factor when deciding to outsource. Furthermore […] tacit knowledge also has implications for how vendors are selected and how the relationships are managed. […]"[122]

---

[118] Vgl. Alewell, D./Bähring, K./Canis, A./Thommes, K. (2005), S. 176.
[119] Vgl. Beer, M. (1998), S. 59.
[120] Vgl. Alewell, D./Bähring, K./Canis, A./Thommes, K. (2005), S. 179.
[121] Klaas, B.S./McClendon, J./Gainey, T.W. (2001), S. 134. Sie begründen dies damit, dass die Abhängigkeit von implizitem Wissen als Outsourcing-Hemmnis im Personalbereich wirken kann.
[122] Klaas, B.S./McClendon, J./Gainey, T.W. (2001), S. 134.

Klaas/McClendon/Gainey zeigen damit auf, dass ein enger Zusammenhang zwischen der Spezifität im Sinne des Transaktionskostenansatzes und implizitem, schwer transferierbarem Wissen besteht. Im Transaktionskostenansatz werden verschiedene Arten von Spezifität unterschieden. Ressourcenspezifität kann z.b. beim Humankapital in Form von betriebsspezifischen Qualifikationen, in Form einer räumlichen Spezifität von Investitionen (Standortspezifität), bei Maschinen, die auf die Erstellung eines speziellen Produktes ausgelegt sind (Technologiespezifität) oder bei anderen Gütern, die auf die besonderen Bedürfnisses eines Konsumenten (Abnehmerspezifität) zugeschnitten sind, auftreten.[123]

Williamson/Wachter/Harris gehen davon aus, dass zur Erstellung von Produkten oder Dienstleistungen in einem relevanten Umfang spezifisches Humankapital benötigt wird. Das heisst, auch für die Erbringung von Personalfunktionen im Unternehmen ist in einem bestimmten Umfang spezifisches Humankapital notwendig. Humankapitalspezifität leiten sie aus der Existenz von Aufgabenbesonderheiten, sogenannten task idiosyncracies,[124] ab. Diese resultieren u.a. aus Besonderheiten der maschinellen Ausrüstung und der Produktionsprozesse, aus informellen Gruppenabsprachen und besonderen Informations- und Kommunikationskanälen und -codes innerhalb des Unternehmens. „[...] More generally, task idiosyncrasies can arise in at least four ways: (1) equipment idiosyncrasies due to imcompletely standardized, albeit common, equipment, the unique characteristics of which become known through experience; (2) process idiosyncrasies, which are fashioned or „adapted" by the worker and his associates in specific operating contexts; (3) informal team accomodations, attributable to mutual adaption among parties engaged in recurrent contact but which are upset, to the possible detriment of group performance, when the membership is altered; and (4) communication idiosyncrasies with respect to information channels and codes that are of value only within the flrm. [...]"[125]

Spezifität in der transaktionskostentheoretischen Literatur basiert, ähnlich zu den Überlegungen zu strategischen Ressourcen, auf Erfahrungen, einer spezifischen Entwicklung, der relativen Seltenheit sowie häufig einer Nicht-Imitierbarkeit des in Frage stehenden Humankapitals. Strategische Ressourcen werden daher in aller

---

[123] Vgl. Picot, A./Dietl, H. (1990), S. 179.
[124] Vgl. Williamson, O.E./Wachter, M.L./Harris, J.E. (1975), S. 256f.
[125] Vgl. Williamson, O.E./Wachter, M.L./Harris, J.E. (1975), S. 256f.

Regel auch spezifischen Charakter im Sinne des Transaktionskostenansatzes haben.[126]
Ähnlich wie bei strategischen Ressourcen könnten daher beim Transfer spezifischen Humankapitals in Form von Wissen prohibitiv hohe Transferkosten entstehen, wenn dieses Humankapital zur Erstellung von Personaldienstleistungen als externer Faktor integriert wird.[127]

Weiter kann Spezifität aufgrund des Vorliegens besonderer Informations- und Kommunikationskanäle und -codes darin münden, dass Wissen in Form von Informationen in unterschiedlicher Art und Weise für einen Transfer aufbereitet wird oder firmenspezifische Begrifflichkeiten verwendet werden, die die Integration des externen Faktors Wissen erschweren, weil Informationen nicht verstanden werden. Hieraus resultieren im Sinne der Transaktionskostentheorie höhere Transaktionskosten. Diese höheren Transaktionskosten entstehen an dieser Stelle aber insbesondere dadurch, dass der Transfer des externen Faktors schwierig und mit prohibitiv hohen Kosten verbunden ist. Ein expliziter Verweis auf höhere Wissenstransferkosten unterbleibt aber in der Transaktionskostentheorie.

Auch aus der Betrachtung eines zweiten Theorieelementes können Hinweise auf Wissen und den Transfer von Wissen als die Outsourcingentscheidung beeinflussende Faktoren abgeleitet werden.
Im Transaktionskostenansatz werden zwei Arten von Unsicherheit – parametrische Unsicherheit und Verhaltensunsicherheit – unterschieden.[128] Parametrische Unsicherheit bezeichnet die Unsicherheit über situative Bedingungen der Transaktion und deren zukünftige Entwicklung. Im Gegensatz dazu umfasst Verhaltensunsicherheit Unsicherheit darüber, ob und wie ein Transaktionspartner seine Verpflichtungen erfüllen kann, Verpflichtungen erfüllt hat und diese erfüllen wird.[129] Verhaltensunsicherheit ergibt sich aus der Möglichkeit opportunistischen Verhaltens der Transaktionsakteure. Gleichzeitig gibt die Verhaltensunsicherheit aufgrund der zwischen den Interaktionspartnern vorliegenden Informationsasymmetrien Gelegenheit zu einer Infor-

---

[126] Nicht jede spezifische Ressource muss aber zugleich eine strategische Ressource sein. So ist nicht zwingend, dass spezifische Ressourcen einen Kundennutzen stiften. Zu weiteren Überlegungen hierzu siehe Alewell, D./Bähring, K./Canis, A./Thommes, K. (2005), S. 184.
[127] Vgl. Alewell, D./Bähring, K./Canis, A./Thommes, K. (2005), S. 185.
[128] Vgl. Beer, M. (1998), S. 56.
[129] Vgl. Beer, M. (1998), S. 56.

mationsselektion und Informationsmanipulation. Hieraus resultieren Probleme der Adversen Selektion[130], des Moral Hazard[131] und des Hold up[132].

Die Möglichkeiten der Informationsselektion und -manipulation können die Integration eines externen Faktors, die notwendiger Bestandteil der Dienstleistungserstellung ist, beeinflussen. Aus Informationsselektion und -manipulation kann die Notwendigkeit eines wiederholten Transfers von Informationen resultieren. Darüber hinaus kann sich eine selektive Informationsweitergabe auch aus dem Grad der Transferierbarkeit des Wissens in Form von Informationen ergeben. Informationsselektion kann im Fall schwer transferierbaren Wissen auch eine vom Individuum nicht willentlich beeinflusste Wirkung sein, aber Einfluss auf die Wissenstransferkosten haben.

Auch die nähere Betrachtung des Verhaltensmerkmals der begrenzten Rationalität kann Hinweise auf die Berücksichtigung des Faktors Wissen im Rahmen von Outsourcingentscheidungen liefern. Begrenzte Rationalität impliziert in der Sichtweise der Transaktionskostentheorie eine limitierte Informationsaufnahme sowie Informationsverarbeitungs- und -wiedergabekapazität bei den Individuen und damit einhergehend kommunikative Probleme. Begrenzte Rationalität verursacht gerade bei hoher Unsicherheit und Komplexität der Umwelt vertragliche Probleme.[133]

Aufgrund der limitierten Informationsaufnahme und Informationsverarbeitungskapazität können bei der Dienstleistungserstellung Schwierigkeiten hinsichtlich der Integrationsfähigkeit des externen Faktors Wissen auftreten. Schwierigkeiten können u.a. in einer mehrmaligen Wiederholung des Transferprozesses liegen und hieraus resultieren.

Auch die in der Transaktionskostentheorie formulierte Annahme des Opportunimus, die u.a. strategisches Verhalten der Akteure impliziert, kann Einfluss auf Fragen des Wissenstransfers haben.

Für die Erstellung von Dienstleistungen kann hierdurch insbesondere der Aspekt der Integrationsbereitschaft von Akteuren betroffen sein. Aus Angst vor ihrer eigenen

---

[130] Adverse Selektion bezeichnet das Risiko der Fehlauswahl eines Vertragspartners aufgrund dessen Informationsvorsprungs. Vgl. Arrow, K.J. (1984), S. 38ff.
[131] Moral Hazard steht für das Risiko, welches ein Transaktionspartner eingeht, wenn der andere Transaktionspartner sich anders verhält, als er nach außen vorgibt. Vgl. Windsperger, J. (1985), S. 202.
[132] Hold up bezeichnet eine Situation, in welcher ein Transaktionspartner Vorteile in Form einer Aneignung der Quasirente aus der nur unzureichenden Spezifizierbarkeit eines Vertrags ziehen kann. Vgl. Klein, B. (1980), S. 356ff.
[133] Vgl. Beer, M. (1998), S. 56.

Ersetzbarkeit können die Individuen bpsw. die Integration ihres Wissens in den Dienstleistungserstellungsprozess verweigern oder selektiv und manipulativ Wissen weitergeben. Hierdurch wird der Transfersprozess u.a. insofern beeinflusst, als dass er wiederholt werden muss, was zusätzliche Transferkosten implizieren kann. Bei der Anwendung des Transaktionskostenansatzes auf die Outsourcing-Entscheidung werden auch Wirkungen betrachtet, die sich bspw. aus einer möglichen Abhängigkeit zwischen den Vertragspartnern und dem opportunistischen Ausnutzen dieser Abhängigkeiten ergeben. Abhängigkeit ergibt sich dann, wenn ein Vertragspartner eine für die Transaktion wichtige Ressource wie bspw. Wissen kontrolliert.[134] Der Dienstleister ist für die Erstellung der Dienstleistung auf die Integration des Wissens des Nachfragers angewiesen und damit abhängig vom Nachfrager. Andererseits kann sich der Nachfrager durch den Transfer von Wissen auch der Gefahr opportunistischen Verhaltens durch den Dienstleister aussetzen, da nach dem Transfer auch der Dienstleister im Besitz wichtiger Ressourcen ist. Die Wahrscheinlichkeit und der Grad der Abhängigkeit kann aber von der Art des Wissens abhängen bzw. auch von der Frage, welches Wissen kann und wird zu welchen Kosten an den Dienstleister transferiert.

Insgesamt werden aber trotz des Zusammenhangs zwischen zentralen Theorieelementen des Transaktionskostenansatzes und Wissen, Wissenstransferkosten in den zentralen Transaktionskosten kaum explizit behandelt, obwohl die Kosten eines Wissenstransfers als besondere Art der Transaktionskosten interpretiert werden können, da es sich hierbei um Kostenbestandteile handelt, die im Zuge von Transaktionen auftreten und von der Art der Transaktion abhängen.

3.4 Notwendigkeit der Einbeziehung wissensbasierter Überlegungen in die Entscheidung über Auslagerung betrieblicher Funktionen

Ausgehend von der Darstellung vorrangig genutzter Erklärungsbeiträge zum Outsourcing betrieblicher Aufgaben kann an dieser Stelle festgehalten werden, dass Fragen eines Transfers von Wissen relevant für die Arbeitsteilung im Unternehmen, aber auch zwischen Unternehmen sein können. Fragen des Transfers von Wissen

---

[134] Vgl. Beer, M. (1998), S. 55.

stehen in engem Zusammenhang zu den bisherigen Überlegungen zum Outsourcing betrieblicher Aufgaben, werden dort aber bisher kaum explizit berücksichtigt.

Zusätzlich zu dieser Betrachtung ausgewählter Erklärungsansätze zum Outsourcing betrieblicher Aufgaben finden sich in der Literatur weitere Hinweise darauf, die zeigen, dass durch die Einbeziehung von Wissensaspekten Erklärungsmodelle zur Auslagerung betrieblicher Aufgaben gestärkt werden können.

So zeigen Picot/Dietl/Franck (1997), dass Aufgaben- bzw. Arbeitsteilung im Unternehmen durch den Faktor „implizites Wissen" beeinflusst wird.[135] Durch die mangelnde Artikulierbarkeit bestimmter Teilbestandteile des Wissens entstehen Interdependenzen zwischen Teilaufgaben, die bei der Entscheidung über eine zentrale oder dezentrale Erfüllung der Aufgabe berücksichtigt werden müssen,[136] wobei sich der Wissenstransfer zwischen Akteuren hierbei als „[...] schwieriges ökonomisches Problem [...]"[137] darstellt. Probleme ähnlicher Art dürften auch bei einer zwischenbetrieblichen Arbeitsteilung auftreten.

Darüber hinaus konnte auch anhand von Untersuchungen im Rahmen der Analyse von Netzwerken gezeigt werden, dass die Frage der Transferierbarkeit von Wissen Auswirkungen auf Organisationsentscheidungen für die Gestaltung der Wissensteilung zwischen Akteuren hat. Interaktionsbeziehungen, in denen Wissen geteilt wird, die Akteure aber wenig gemeinsames Wissen haben, aber auch leicht transferierbares Wissen Gegenstand des Wissenstransfers ist, werden meist durch losere, eher kurzfristige vertragliche Verbindungen institutionalisiert. Im Gegensatz dazu werden für Interaktionsbeziehungen, die stark vom Transfer schwer transferierbaren, komplexen Wissens geprägt sind, stärkere Verbindungen bspw. in Form einer stärkeren vertikalen Integration, etabliert.[138] Hiermit sind explizit Fragen der Institutionalisierung von Interaktionsbeziehungen unter Berücksichtigung von Wissen und dessen Transferierbarkeit angesprochen.

---

[135] Vgl. Picot, A./Dietl, H./Franck, E. (1997), S. 73.
[136] Vgl. Picot, A./Dietl, H./Franck, E. (1997), S. 74.
[137] Picot, A./Dietl, H./Franck, E. (1997), S. 73.
[138] Vgl. Hansen, M.T. (1999) zitiert nach Willem, A./Buelens, M. (2003), S. 7. Insbesondere für den Transfer von implizitem Wissen ist eine enge und häufige Interaktion notwendig. Siehe hierzu auch Szulanski, G. (1996), S. 32.

Die Notwendigkeit der Einbeziehung von Wissensaspekten in die Beantwortung der Frage, wie wirtschaftliche Koordination organisatorisch gestaltet und wie Aufgaben zwischen wirtschaftlichen Akteuren geteilt werden, wird von unterschiedlichen Seiten betont. Dieser Tatsache möchte diese Arbeit nachkommen und Wissensaspekte stärker in die Betrachtung von Eigenfertigungs-/Fremdbezugsentscheidungen von Unternehmen integrieren. Dazu wird im Folgenden das Outsourcing personalwirtschaftlicher Aufgaben aus einer Wissensperspektive betrachtet.

4. Die Auslagerung personalwirtschaftlicher Aufgaben aus Wissensperspektive

4.1 Outsourcing personalwirtschaftlicher Aufgaben und die Verfügbarkeit von Wissen

Wissensbasierte Überlegungen stellen häufig die Entscheidung über Eigen- oder Fremdfertigung in engen Zusammenhang mit dem Erhalt und der Entwicklung der Wissensbasis eines Unternehmens.[139] In dieser Sichtweise werden Leistungen internalisiert, um den Aufbau, die Integration sowie die Anwendung unternehmensspezifischen Wissens zu unterstützten. Hierbei stehen weniger Überlegungen darüber im Vordergrund in welchem Umfang Entscheidungen über eine Eigenfertigung- oder Fremdbezug die Höhe anfallender Kosten beeinflussen, sondern in welcher Art und Weise Entscheidungen über die Grenzen der Unternehmung auf die organisationale Wissensbasis wirken.[140] Diese Betrachtungsweise fokussiert auf die Nutzenseite des Unternehmens und stellt die Vorteile von Unternehmen hinsichtlich der Generierung, Speicherung und Anwendung von Wissen in den Vordergrund.

In dieser Arbeit wird eine andere wissensorientierte Herangehensweise an Outsourcing-Fragestellungen gewählt, die darauf abstellt, dass die Verfügbarkeit von Wissen innerhalb des Unternehmen bzw. im Markt die Unternehmensgrenzen und den Grad der zwischenbetrieblichen Arbeitsteilung bestimmt. Die Orte, an denen zur Bewältigung der Aufgabe notwendiges Wissen vorhanden ist, können damit Orte der Leistungserstellung sein. Zentral sind für diese Betrachtungsweise die Transfereigenschaften von Wissen, die die Verfügbarkeit von Wissen beeinflussen und damit Einfluss auf die Grenzen der Unternehmung haben.[141]

Die in Kapitel 2 identifizierten Personalfunktionen werden vom Arbeitgeber selbst, einer direkt vom Arbeitgeber damit beauftragten Person bzw. beauftragten Personenkreis bewältigt. Hinter den Personalfunktionen stehen damit Akteure, die mit ihrem

---

[139] Vgl. Al-Laham, A. (2003), S. 262.
[140] Vgl. zu einer wissensbasierten Diskussion der Make-or-Buy Strategie auch Kogut, B./Zander, U. (1992) sowie Poppo, L./Zenger, T. (1998).
[141] Teece, D. (1998) merkt hierzu an, dass „[...] the boundaries of the firm may be explained not only with reference to transaction cost considerations, but also with reference to [...] knowledge concerns". Siehe hierzu Teece, D. (1998), S. 76. Vgl. zu Überlegungen hinsichtlich des Zusammenhangs zwischen Wissen und der Organisationsstruktur auch Birkinshaw, J./Nobel, R./Ridderstrale, J. (2000), die in einer empirischen Untersuchung Bestätigung für ihre Hypothese fanden, dass Charakteristika des Wissens „[...] important predictors of organization structure [...]" sind. Siehe hierzu Birkinshaw, J./Nobel, R./Ridderstrale, J. (2000), S. 284.

Wissen Probleme lösen und Aufgaben bewältigen. Zur effizienten Erfüllung dieser Aufgaben werden Inputfaktoren kombiniert. Im Rahmen personalwirtschaftlichen Handelns sind Inputfaktoren neben Zeit und finanziellen Mitteln auch unterschiedliche Wissensbestandteile und Wissensarten. So muss bspw. das individuelle Wissen der Akteure über Methoden, Instrumente und den Markt mit Wissen aus und über das Unternehmen kombiniert werden.

Im Zuge der Auslagerung personalwirtschaftlicher Leistungen aus dem Unternehmen und deren Fremdbezug von Dritten,[142] sog. Personaldienstleistern, kommt es zu einer räumlichen Verschiebung der vom Arbeitgeber zu erbringenden Leistungen, was voraussetzt, dass dafür notwendige Inputs in Form von Wissen auch außerhalb des Unternehmens verfügbar sind bzw. hierhin transferiert werden können. Zugleich wird potenziell im Zuge der Erbringung von Personalfunktionen Wissen vom Personaldienstleister in das fokale Unternehmen transferiert. Für die Eigenfertigungs-/Fremdbezugsentscheidung spielt somit der Wissenstransfer in zwei Richtungen eine Rolle: von dem fokalen Unternehmen zum Dienstleister und umgekehrt.

Transaktionen zwischen einem Unternehmen und einem Personaldienstleister sind mit Kosten verbunden. Hierzu gehören bspw. Suchkosten, die anfallen, um einen geeigneten Transaktionspartner zu finden, Kosten für die Pflege und ggf. den Ausbau der Beziehung. Vitaler Bestandteil dieser Transaktionsbeziehung ist auch der Austausch von Wissen zwischen beiden Transaktionspartnern. Dieser ist ebenfalls mit Kosten verbunden, die neben den genannten Transaktionskosten als reine Wissenstransferkosten anfallen.[143] Ein Bestandteil der Entscheidung über eine zwischenbetriebliche Arbeitsteilung personalwirtschaftlicher Aufgaben kann daher die Frage nach dem Transfer bzw. der Verfügbarkeit von verschiedenen Wissensbestandteilen sowie den hierfür anfallenden Kosten sein.

In dieser Arbeit liegt der Fokus auf dem Wissenstransfer an sich, so dass Suchkosten, aber auch Kosten für die Pflege der Beziehung nicht weiter berücksichtigt werden. Die erwarteten Wissenstransferkosten können damit neben Transaktionskosten, der Ressourcenspezifität etc. auch Teil des Sets von Entscheidungskriterien für das

---

[142] Vgl. Meckl, R./Eigler, J. (1998), S. 101.
[143] Der Transfer von Wissen zwischen Unternehmen und Personaldienstleister kann auch zu einer Verbesserung der Qualität der erstellten Aufgabe führen und damit positive Wirkungen entfalten. Der Bezug von Personaldienstleistungen kann daher nicht nur zu Kosten- sondern auch zu Nutzenunterschieden führen. Zu möglichen Nutzenwirkungen siehe u.a. Alewell, D./Bähring, K./Canis, A./Hauff, S./Thommes, K. (2005).

Outsourcing personalwirtschaftlicher Leistungen sein. Bisher werden Wissenstransferkosten in der vorliegenden Literatur zum Outsourcing personalwirtschaftlicher Leistungen noch wenig berücksichtigt. Die Kosten des Wissenstransfers lassen sich aber als besondere Form der Transaktionskosten interpretieren, die im Rahmen der Transaktionskostentheorie bisher kaum thematisiert werden. Aufgrund der Nähe der Überlegungen zum Wissenstransfer zu transaktionskostentheoretischen Überlegungen soll der Kostenbegriff für den Wissenstransfer ähnlich breit definiert werden wie der Begriff der Transaktionskosten, nämlich als alle Opfer und Nachteile, die mit dem Transfer von Wissen verbunden sind.

Einen ersten Einblick in die Bandbreite von Einflüssen auf den Wissenstransfer und die dafür anfallenden Kosten geben von Krogh/Köhne (1998) mit ihrem basierend auf einem umfangreichen Literaturscreening erarbeiteten Überblick über Einflussfaktoren.[144] Im Folgenden werden Einflussfaktoren aus einem Struktur-Prozess-Denken heraus beleuchtet. Die Struktur des Wissenstransfers wird dabei bestimmt durch Faktoren in Zusammenhang mit:

- dem Gegenstand des Transfers, dem zu transferierenden Wissen,
- den am Transfer beteiligten Akteuren, den Wissensträgern und Wissensempfängern.[145]

4.2 Struktur des Wissenstransfers

4.2.1 Strukturelement I - Wissen

4.2.1.1 Wissensbegriff

An dieser Stelle soll der Begriff „Wissen" für die Arbeit definiert werden. Der Anspruch liegt dabei nicht auf der Entwicklung einer umfassenden Definition, sondern einer für die Fragestellung der Arbeit geeigneten Definition, die keinen Anspruch auf Vollständigkeit erhebt.

Der Begriff „Wissen" nimmt in unterschiedlichen Wissenschaftsdisziplinen schon lange einen zentralen Platz ein. Vergleichsweise jung ist die Auseinandersetzung mit

---

[144] Vgl. hierzu von Krogh, G./Köhne, M. (1998), S. 246.
[145] Vgl. Bendt, A. (2000), S. 172.

dem Begriff in der wirtschaftswissenschaftlichen Literatur.[146] Zu keinem Zeitpunkt bestand jedoch Einigkeit über den Begriff des Wissens. Das abstrakte Gebilde Wissen ist schwierig zu fassen und entsprechend schwer fällt eine umfassende Definition. Einer Definition für die Arbeit wird sich im Folgenden über die Betrachtung zentraler Definitionsschwierigkeiten des Begriffes „Wissen" angenähert.

Eine Begründung für die Definitionsschwierigkeiten des Begriffes „Wissen" wird in der häufig synonymen Verwendung der Termini Informationen und Wissen sowie deren Interdependenzen gesehen.[147] Informationen und Wissen und deren Verhältnis zueinander sind insbesondere in den Wirtschaftswissenschaften, aber auch im Bereich der Informationswissenschaft sowie der Literatur zu kognitiven Prozessen, häufig Ausgangspunkt einer Abgrenzung sowie Definition der beiden Begriffe.[148]
Auf Wittmann (1959) geht die erste explizite Erwähnung des Begriffes ‚Wissen' in der deutschsprachigen Betriebswirtschaftslehre zurück. Wittmann setzt Wissen in Relation zum Informationsbegriff und hält fest, dass zweckorientiertes Wissen Information heißt.[149] Wissen stellt für Wittmann neben Informationen die Basis aller sinnvollen ökonomischen Entscheidungen und Handlungen dar.[150]
Auch andere Autoren teilen diese Auffassung.[151] So auch North, der die Zusammenhänge zwischen Daten, Informationen und Wissen in der „Wissenstreppe" konzeptionalisiert.[152] North wählt als Grundlage jeglichen Wissens Zeichen, welche durch Ordnungsregeln zu Daten werden. Daten sind nicht interpretierte Symbole, die, wenn sie mit einer Bedeutung versehen werden, zu Informationen werden. Damit sind Informationen Daten, die in einem Bedeutungskontext stehen und aus betriebswirtschaftlicher Perspektive zur Entscheidungs- und Handlungsvorbereitung genutzt werden können. Wissen entsteht erst dann, wenn verschiedene Informationen vernetzt wer-

---

[146] Vgl. Peritsch, M. (2000), S. 19.
[147] Vgl. Willke, H. (1998), S. 7. Vgl. z.B. Tschiya, S. (1994, 1999), die argumentieren, dass man die Begriffe Wissen und Information synonym verwenden kann.
[148] Vgl. hierzu Kosiol, E. (1972), Carpurro, R. (2000), Peritsch, M. (2000), Fink, K. (2000), Al-Laham, A. (2003).
[149] Vgl. Wittmann, W. (1959), S. 14.
[150] Vgl. Wittmann, W. (1979), S. 2262.
[151] Siehe hierzu u.a. Kosiol, E. (1972), S. 175, Steinmüller, W. (1993), S. 236 sowie Albrecht, F. (1993), S. 45. Die Definitionen lassen deutlich werden, dass der Begriff Wissen häufig nur im Zusammenhang mit dem Begriff Information Erwähnung findet bzw. versucht wird, die Begriffe Wissen und Information über eine Kontrastierung dieser beiden Konstrukte von einander abzugrenzen. Diese Sichtweise impliziert darüber hinaus, dass Wissen entweder als Teilmenge von Informationen anzusehen ist oder als Obermenge des Informationsbegriffes aufzufassen ist. Des Weiteren finden sich durch diese Form der Argumentation Hinweise auf das enge Verhältnis zwischen beiden Begriffen.
[152] Vgl. North, K. (1999), S. 41.

den und ist somit das Ergebnis der Verarbeitung von Informationen durch das menschliche Bewusstsein.[153]

In der Perspektive der Informationswissenschaft und in der Literatur zu kognitiven Prozessen wird argumentiert, dass Wissen im Gegensatz zu Informationen in kognitiven Schemata von Individuen abgespeichert ist.[154] Diese kognitiven Schemata fungieren als Filter, die relevante wahrgenommene Informationen für die weitere Verarbeitung auswählen und die Möglichkeiten des Erwerbs neuen Wissens beeinflussen. Kognitive Schemata bzw. deren Inhalte bestehen aus einem prozeduralen und einem deklaratorischen Element. Prozedurale Strukturen enthalten Handlungsabläufe, die unbewusst ablaufen und sich sprachlich schlecht beschreiben lassen. Demgegenüber können die Elemente des deklaratorischen Teils gut „sprachlich deklariert" werden.[155] Der Begriff „sprachlich" ist an dieser Stelle irreführend, da im Bereich der Kognitionswissenschaft hierunter eine Wiedergabe von Wissenselementen in Form von Informationen auf unterschiedlichen Kommunikationsebenen, z.b. sowohl in verbaler als auch non-verbaler Form, erfolgen kann. Kognitive Schemata repräsentieren daher sowohl prozedurales als auch deklaratives Wissen.

Neben der Unterscheidung von Wissen und Informationen hinsichtlich ihres Speicherortes nehmen die Informationswissenschaften auch eine Unterscheidung von Wissen und Informationen vor, die auf Fragen der Kodifizierbarkeit sowie Transferierbarkeit von Wissen und Informationen abstellt. Informationen sind in dieser Sichtweise dokumentiertes und kodifiziertes Wissen.[156] Dabei sind Wissensbestände unterschiedlich gut und unter Einsatz eines unterschiedlichen Umfangs von Ressourcen, (Kosten, Zeit, finanzielle Mittel) kodifizierbar und transferierbar.[157]

„[...] The key characteristic of knowledge [...] is that it is intangible. One cannot touch or measure it in any direct way. Knowledge, belief, and opinion are personal [.]. Therefore, to communicate them, they have to be expressed, described or repre-

---

[153] Vgl. North, K. (1999), S. 40f. Neben North nutzen auch andere Autoren die Abgrenzung von Informationen und Wissen als Weg der Annäherung an eine Definition des Begriffes Wissen. So definieren Davenport/DeLong/Beers Wissen wie folgt: „[...] Knowledge is information combined with experience, context, interpretation, and reflection. [...]" Davenport, T.H/DeLong, D.W./Beers, M.C. (1998), S. 44.

[154] Vgl. Peritsch, M. (2000), S. 30, Güldenberg, S. (1999), S. 161, Kuhlen, R. (2000) sowie Meyer, B. (2005).

[155] Vgl. Schnotz, W. (1994), S. 87. Siehe hierzu auch im Folgenden die Unterscheidung zwischen explizitem und implizitem Wissen.

[156] Vgl. Fink, K. (2000), S. 5.

[157] Vgl. Meyer, B. (2005), S. 3.

sented in some physical way, as a mark, signal, text or communication. Any such expression, description, or representation would be information. [...]"[158] Informationen sind damit auf Wissen basierend interpretierte Daten, die aus Folgen von Zeichen, Signalen und Reizen bestehen.[159] Hierzu gehören Texte, Dokumente, Objekte, Gegenstände, die Individuen in der Umwelt durch direkte Beobachtung wahrnehmen können sowie Ereignisse.[160] Informationen können damit verschiedene Formen auf unterschiedlichen Kommunikationsebenen - verbaler, non-verbaler, paraverbaler und extra-verbaler Ebene - annehmen.[161] Erst durch Informationen wird Wissen transferierbar und kann anderen Akteuren verfügbar gemacht werden. Cowan/Foray (1997) argumentieren, dass Wissen durch eine Kodifizierung, d.h. die Transformation in Information, die Form eines Gutes annimmt, welches in Abhängigkeit von der Wissensart auch unabhängig vom Transfer von Akteuren getauscht werden kann. Damit ist nach Cowan/Foray die Voraussetzung für die Externalisierung von Wissensaktivitäten gelegt.[162]

Informationen umfassen in dieser Perspektive alle in jeglicher Form kodifizierbaren und transferierbaren Elemente des Wissens eines Individuums.

Ein weiterer Grund für die Reichhaltigkeit an Definitionsansätzen wird gerade in der Vielfalt der wissenschaftlichen Disziplinen gesehen, die sich mit Wissen auseinandersetzen.[163] Damit kann neben begrifflichen Abgrenzungsschwierigkeiten Interdisziplinarität eine weitere Ursache für die mangelnde Stringenz im Begriffsverständnis sein.

So ist Wissen im Sinne eines philosophischen Verständnisses eng mit dem Wahrheitsbegriff verbunden. Für die hier vorzunehmende Anwendung des Begriffes auf wirtschaftliche Fragestellungen steht aber nicht der Anspruch von Wahrheit ‚an sich' im Blickpunkt, sondern vielmehr der Aspekt der Zweckdienlichkeit. Diese Sichtweise impliziert eine zweckorientierte Definition des Begriffes Wissen[164] für die hier diskutierte Frage der unternehmerischen Entscheidung über die Auslagerung personalwirtschaftlicher Leistungen unter Berücksichtigung von Wissenstransferaspekten. Im Blickpunkt steht hierbei Wissen, welches zur Erfüllung personalwirtschaftlicher Auf-

---

[158] Buckland, M. (1991), S. 4.
[159] Vgl. Güldenberg, S. (1999), S. 155.
[160] Vgl. Capurro, R. (2000), www.capurro.de/invovorl-kap1.htm (Abrufdatum: 12.02.2007).
[161] Vgl. Bolten, J. (1999), S. 114.
[162] Vgl. Cowan, R./Foray, D. (1997), S. 597.
[163] Vgl. Peritsch, M. (2000), S. 19.
[164] Vgl. Schimmel, A. (2002), S. 78.

gaben und damit zur Lösung personalwirtschaftlicher Probleme benötigt wird. In dieser Perspektive kann Wissen nicht als als zweckfreie Erkenntnis definiert werden, sondern wird stärker i.S. von Problemlösungswisssen bzw. Handlungspotential und als Mittel zur Bewältigung von Aufgaben definiert.

Wissenschaftshistorisch betrachtet ist der Zusammenhang zwischen Wissen und betrieblichen Entscheidungen und Handlungen bereits lange bekannt.[165] Bezogen auf die Betrachtung von Entscheidungsprozessen in Organisationen argumentiert Simon: „[...] Wissen hat im Entscheidungsprozess die Funktion, zu bestimmen, welche Ergebnisse aus welchen der möglichen Strategien folgen. Es ist die Aufgabe des Wissens, aus der ganzen Klasse möglicher Ergebnisse eine begrenzte Teilklasse oder sogar eine einzige mit jeder Strategie verbundene Ergebnismenge auszuwählen [...]"[166].

Einen pragmatischen Definitionsansatz, der stark auf den Anwendungs- und Problemlösungsbezug von Wissen abstellt, wählen Probst/Raub/Romhardt, die Wissen „[...] als die Gesamtheit der Kenntnisse und Fähigkeiten, die Individuen zur Lösung von Problemen einsetzen [...]" definieren. „[...] Dies umfasst sowohl theoretische Erkenntnisse als auch praktische Alltagsregeln und Handlungsanweisungen. Wissen stützt sich dabei auf Daten und Informationen, ist aber im Gegensatz zu letzteren immer an Personen gebunden. Wissen wird stets von Individuen konstruiert und repräsentiert deren Erwartungen über Ursache-Wirkungs-Zusammenhänge [...]".[167]

Probst/Raub/Romhardt wählen damit einen sehr weiten Wissensbegriff, der auch Fähigkeiten[168] einschließt. Fähigkeiten[169] basieren nach Conradi (1983) auf der neu-

---

[165] Nach den Ursachen für Unterschiede in der wirtschaftlichen Leistungsfähigkeit zwischen schwedischen und britischen Reedereien und Keramikmanufakturen suchend, erkannte der Schwede Westermann bereits 1768 die besondere Bedeutung von Wissen. Er stellte fest, dass nicht die Ausstattung an Maschinen die Ursache für Leistungsunterschiede war, sondern die Begründung hierfür im unterschiedlichen Wissen darüber, wie die Maschinen effizient einzusetzen sind, lag. Westermann bezeichnete dieses Wissen als Fähigkeit, Arbeitsabläufe zu organisieren, und als Kenntnisse, die Maschinen richtig und intelligent einzusetzen. Vgl. hierzu Westermann (1768) zitiert nach Stewart, T.A. (1998), S. 10.
[166] Vgl. Simon, H.A. (1981), S. 105.
[167] Vgl. Probst, G.J.B. /Raub, /Romhardt, K. (1998), S. 44.
[168] Fähigkeiten sind neben Kenntnissen und Fertigkeiten Bestandteil von Qualifikation. Qualifikationen sind das Potential des Individuums, sich mit einer Handlungssituation auseinander zu setzen und zielbezogen zu handeln. Es ist die Summe der relativ überdauernden Handlungs- und Leistungsvoraussetzungen. Teilbereiche von Qualifikationen sind Fähigkeiten, Fertigkeiten und Kenntnisse. Kenntnisse sind im Gedächtnis gespeicherte Informationen über Dinge, Sachverhalte und Relationen der Realität und beinhalten die durch wiederholte Verwendung bei der Handlungsregulation

rophysiologischen Ausstattung des Individuums und bezeichnen eine überwiegend angeborene, nur in engen Grenzen trainierbare Ausstattung des Menschen mit elementaren geistigen und körperlichen Funktionen.[170] Fähigkeiten beeinflussen die Qualität des Verlaufs einzelner Handlungsbestandteile, wie z.b. die Genauigkeit von Wahrnehmungen oder die Reaktionsgeschwindigkeit.[171] Betrachtet man Wissen aber unter dem Aspekt der Kodifizierbarkeit und Transferierbarkeit, wie es Klaas/McClendon/Gainey (2001) aber auch Picot/Dietl/Franck (1997) tun, dann sind Fähigkeiten in der Definition von Conradi aus der Wissensdefinition auszuschließen, da sie nicht in Form von Informationen kodierbar und an mehreren Orten verfügbar sind. In diesem Sinne stellen Fähigkeiten keine zwischen Personen transferierbaren Elemente des Handlungspotentials dar. Fähigkeiten[172] eines Individuums sind vielmehr essentiell, um Wissen aufzunehmen und in Handlungen bzw. Handlungspotentiale umzusetzen. Diese sind wiederum notwendig, um Arbeitsaufgaben zu bewältigen, zu gestalten und gleichzeitig Veränderungen von Arbeitsabläufen vornehmen zu können. Wissen bzw. Kenntnisse stellen dabei stets nur Teile des gesamten Handlungspotentials dar. In ihrer Definition greifen Probst et al. auch die Erkenntnisse der Informationswissenschaft und deren Überlegungen zur Abgrenzung von Wissen und Informationen auf und definieren, ähnlich wie die Informationswissenschaften, Wissen, als ein an das Individuum gebundenes Konstrukt.

---

verfestigten individuellen Abbilder der Realität. Kenntnisse sind in bestimmten kognitiven Strukturen bzw. Schemata gespeichert, deren Form und Komplexität die Möglichkeiten des Erwerbs neuer Kenntnisse und die Verwendung bereits vorhandener Kenntnisse beeinflussen. Fähigkeiten basieren auf der neurophysiologischen Ausstattung des Individuums und bezeichnen eine überwiegend angeborene, nur in engen Grenzen trainierbare Ausstattung des Menschen mit elementaren geistigen und körperlichen Funktionen. Sie bestimmen die Qualität des Verlaufs von einzelnen Handlungsbestandteilen. Fertigkeiten basieren auf Fähigkeiten und Kenntnissen, welche zu Bestandteilen von Handlungen verbunden werden und "automatisiert" abgerufen werden können. Sie entstehen durch Übung. Vgl. zum Qualifikationsbegriff Flöck, G. (1989).

[169] In dieser Form definierte Fähigkeiten können nicht mit implizitem Wissen gleichgesetzt werden. Implizites Wissen ist erlerntes, sich auf Basis persönlicher Erfahrungen entwickeltes Wissen. Vgl. hierzu Neuweg, H.G. (1999), S. 14. Häufig findet man den synonymen Gebrauch von implizitem Wissen und Fähigkeiten, so auch bei Peritsch (2000). Seinen Überlegungen liegt aber nicht der Fähigkeitsbegriff von Conradi, W. (1983) zugrunde. Fähigkeiten sind bei Peritsch z.B. technische Fähigkeiten wie die Beherrschung eines Handwerks sowie Fähigkeiten i.S. von kognitiven Bildern (Analogien, Denkmuster), die Individuen entwickeln, um sich eine Vorstellung von der ihnen wahrgenommenen Umwelt zu machen. In dieser Perspektive entsprechen Fähigkeiten am ehesten der Wissensform des impliziten Wissens, was im Allgemeinen als erlernt aufgefasst wird. Den Überlegungen von Peritsch liegt damit ein engerer Fähigkeitsbegriff zugrunde i.S. von Fertigkeiten oder Kompetenzen, die sich ein Individuum im Laufe der Zeit durch Erfahrung und Übung aneignet.

[170] Vgl. Alewell, D. (1993), S. 77 sowie Conradi, W. (1983), S. 8.
[171] Vgl. Alewell, D. (1993), S. 78.
[172] Auf diesen Zusammenhang wird insbesondere bei der Analyse des Wissenstranfers noch einmal ausführlich eingegangen.

In Anlehnung an die Überlegungen der Informationswissenschaft, die Wissen als zu unterschiedlichen Kosten in Informationen transferierbares Element betrachtet, welches in kognitiven Schemata gespeichert ist sowie aufbauend auf den Überlegungen zur Definition von Probst/Raub/Romhardt, wird Wissen für die vorliegende Arbeit folgendermaßen definiert:

Wissen[173] ist in kognitiven Schemata gespeichert und bezeichnet die Gesamtheit der Kenntnisse, die Individuen zur Steuerung und Durchführung von Handlungen benötigen. Dies umfasst sowohl theoretische Kenntnisse als auch praktische Alltagsregeln und Handlungsanweisungen. Wissen stützt sich dabei auf Daten und Informationen. Wissen wird stets von Individuen konstruiert und repräsentiert deren Erwartungen über Ursache-Wirkungs-Zusammenhänge.

Im Hinblick auf die Fragestellung der Arbeit ist relevant, dass verschiedene Wissensarten eine unterschiedliche Transferierbarkeit und damit Unterschiede hinsichtlich ihrer Verfügbarkeit[174] aufweisen. In diesem Kriterium sieht Grant (1997) den entscheidenden Unterschied zwischen explizitem und implizitem Wissen.[175] Beide Wis-

---

[173] Eine eindeutige Abgrenzung zu ähnlichen bzw. verwandten Begriffen wie z.B. Erkenntnissen, Fähigkeiten, Fertigkeiten, Humankapital und Qualifikation fehlt, woraus sich das Problem ergibt, dass diese Begriffe auch synonym verwendet werden. Vgl. hierzu z.B. Wittmann, W. (1959). Damit ist konkret das bestehende Problem der eindeutigen und überschneidungsfreien Definition des Begriffes Wissen angesprochen, das auch in dieser Arbeit nicht abschließend gelöst werden kann. Eine explizite definitorische Auseinandersetzung mit dem Wissensbegriff ist aber nicht Gegenstand der Analyse. Siehe hierzu u.a. Schimmel, A. (2002). Trotz der berechtigten Frage, warum nicht alternative Begriffe wie Humankapital, Erkenntnisse, Qualifikationen an dieser Stelle verwendet werden, die sich durch eine gewisse definitorische Klarheit auszeichnen, soll das Konstrukt Wissen hier zentraler Bestandteil der Analyse sein. Erstens stellen die weiteren Ausführungen ganz grundlegend auf die Beziehung zwischen Wissen und Informationen, die Extrahierung von Wissen in Informationen und die Verfügbarkeit von Wissen ab und sind damit wesentlicher Baustein der Argumentation. Zweitens sind Wissensaspekte bisher noch nicht in hohem Maße Gegenstand von Outsourcing-Fragestellungen, obwohl die Bedeutung von Wissen und Informationen für die wirtschaftliche Koordination in dieser Arbeit bereits mehrfach herausgestellt wurde. Damit ist einer Diskussion relevanter Fragestellungen im Bereich der Nachfrage nach Personaldienstleistungen unter Rückgriff auf die Konstrukte Wissen und Informationen ein erheblicher Neuigkeitsgrad zuzusprechen. Darüber hinaus kann Wissen als eine Ressource mit besonderen Merkmalen neue Erkenntnisse in Bezug auf zentrale Probleme der Unternehmenstheorie, wie die Koordination, Struktur und Grenzen der Organisation liefern. Siehe hierzu Grant, R.M. (1996), S.110 und Spender, J.-C., der festhält, dass „[...] the recent attention to organizational knowledge has done much to reinvigorate theorizing about organizations and the way they operate. [...]" Spender, J.-C. (2002), S. 149.

[174] Verschiedene Studien bestätigen, dass sich verschiedene Wissensarten hinsichtlich ihrer Transferierbarkeit unterscheiden. In der Literatur wird aber noch unzureichend geklärt, welche Eigenschaften von Wissen auf den Schwierigkeitsgrad und damit auch auf die Kosten des Transfers einwirken. Siehe hierzu auch Szulanski, G. (1994) und von Hippel, E. (1994).

[175] „[...] The critical distinction between the two lies in transferability and the mechanism for transfer across individuals, across space, and across time. Explicit knowledge is revealed by ist communication. This ease of communication is its property. [...] Tacit [implicit] knowledge is revealed

sensarten stellen die Endpunkte eines Kontinuums dar.[176,177] An einem Ende dieses Kontinuums befinden sich Wissensbestandteile, die ohne größeren Zeit- und Kostenaufwand von einem Akteur zu einem anderen in Form von Informationen übertragen werden können (explizites Wissen). Am anderen Ende des Kontinuums befinden sich dagegen Wissensbestandteile, die sich einem schnellen und kostengünstigen Transfer entziehen (implizites Wissen).[178] Damit variieren die Kosten des Wissenstransfers[179] u.a. in Abhängigkeit von der Art des Wissens.

Die folgende kurze Darstellung der beiden Wissensarten stellt deren Kodifizierbarkeit und Transferierbarkeit als Abgrenzungskriterium in das Zentrum der Betrachtung.

4.2.1.2 Explizites Wissen

Explizites Wissen ist der Teil des Wissens, der sich ohne größere Probleme in Form von Informationen kodifizieren lässt und mittels dieser Informationen zwischen Individuen transferiert werden kann.[180] Die Wortkonstruktion ‚ohne größere Probleme' impliziert einen im Vergleich zu implizitem Wissen geringeren Ressourceneinsatz für den Wissenstransfer in Form von Zeit, finanziellen Mitteln etc.[181]
Informationstechnisch kann es aufgrund der im Vergleich zum impliziten Wissen geringeren Kosten der Kodifizierung und des Transfers leicht vielen Personen, entgeltlich[182] oder unentgeltlich, zum Beispiel in Form von Handbüchern, Produktbeschrei-

---

through its application. If tacit knowledge cannot be codified and can only be observed through its application and acquired through practice, its transfer between people is slow, costly and uncertain. [...]" Kogut, B./Zander, U. (1992) zitiert nach Grant, R.M. (1996), S. 111.

[176] Vgl. Schreyögg, G. (1998), S. 6. Ancori/Bureth/Cohendet weisen in ihren Ausführungen darauf hin, dass die Unterscheidung zwischen explizitem und implizitem Wissen von enormer Bedeutung für die Ökonomie ist. Siehe hierzu auch Ancori, B./Bureth, A./Cohendet, C. (2000), S. 273.

[177] Boisot, M.H. (1998) weist explizit darauf hin, dass diese Dimensionen in einem engen Verhältnis zueinander stehen. „[...] Codification and abstraction are mutually reinforcing and [...] both, acting together, facilitate the diffusion of information [...]". Boisot, M.H. (1998), S. 55. Dieser Zusammenhang lässt sich auch folgendermaßen darstellen: Je höher der Grad der Kodifizierung und der Abstraktion desto höher ist c.p. der Diffusionsgrad bzw. desto höher ist c.p. der Anteil der Individuen, die die Möglichkeit haben, diese Informationen zu erhalten. Je geringer der Grad der Kodifizierung und der Abstraktion desto geringer ist c.p. der Diffusionsgrad bzw. desto geringer ist c.p. der Anteil der Individuen, die die Möglichkeit haben, diese Informationen zu erhalten.

[178] Vgl. Schaffer, M. (2003), 46f, Grant, R.M. (1997), S. 451.

[179] Wissenstransferkosten wurden definiert als alle relevanten Opfer und Nachteile, die beim Transfer von Wissen anfallen. Hierzu gehören die Umwandlung von Wissen in Informationen i.S. einer Kodifizierung, der Transfer der Informationen sowie die Dekodifizierung von Informationen und erneute Umwandlung in Wissen.

[180] Vgl. Peritsch, M. (2000), S. 19f.

[181] Vgl. Schaffer, M. (2003), S. 46f.

[182] Vgl. Osterloh, M./Wübker, S. (1999), S. 66.

bungen, mathematischen Ausdrücken, technischen Daten, formalen Plänen, Projektberichten, Prozessdokumentationen, Verfahrensrichtlinien oder Qualitätsdokumenten, zugänglich gemacht werden.[183] Explizites Wissen kann in Form von Informationen unter Nutzung personenunabhängiger Transfermedien transferiert werden. Solche Transfermedien werden auch als ‚written media' bezeichnet. Die Effizienz der Nutzung dieser Medien nimmt mit zunehmenden Grad an Implizität von Wissen ab.[184] „[...] The ease of communication and transfer is its fundamental property. [...] Since explicit knowledge can be easily codified, it can be aggregated at a single location, stored in objective forms and appropriated without the participation of the knowing subject. [...]"[185] Explizites Wissen ist für einen Transfer in Form von Informationen nicht an Personen als Transfermedium gebunden. Informationen, die auf explizitem Wissen beruhen, sind damit leichter außerhalb der ‚Köpfe' einzelner Personen speicherbar und damit im Vergleich zu implizitem Wissen weniger lokal gebunden.

Peritsch versteht explizites Wissen im Sinne von Fachwissen, welches insbesondere durch institutionalisiertes Lernen erworben wird.[186] Fachwissen kann als explizites individuelles Wissen bezeichnet werden, wohingegen Wissen über festgelegte Prozessabläufe, Standards etc. im Unternehmen explizites organisationales Wissen darstellt. Katenkamp (2003) bezeichnet diese Form des Wissens auch als Verstandeswissen,[187] welches nach Herbig/Büssing (2003) weniger emotionale Facetten enthält und weniger kontextgebunden als implizites Wissen ist.[188]
Im Sinne von Erwartungswissen ist explizites Wissen Wissen in Form von wenn-dann-Sätzen. Es existieren logische und lineare Beziehungen zwischen der Anwendung dieses Wissens und den Ergebnissen der Anwendung. D.h., von einem vorliegenden Ergebnis der Anwendung kann im Fall expliziten Wissens im Vergleich zu implizitem Wissen besser auf das eingesetzte Wissen geschlossen werden. Es wird daher auch von geringer kausaler Ambiguität dieses Wissens[189] gesprochen. Im Sinne von Begriffswissen ist explizites Wissen das Vermögen, Objekte, Ereignisse und Situationen zu erkennen, wobei der Erkenntnisprozess auf dem ausdrücklichen Wis-

---

[183] Vgl. Osterloh, M./Wübker, S. (1999), S. 67.
[184] „[...] The use of written media for knowledge that is inherently tacit is likely to involve loss of knowledge. [...]" Pedersen, T./Petersen, B./Sharma, D. (2003). S. 78.
[185] Lam, A. (1998), S. 7.
[186] Vgl. Peritsch, M. (2000), S. 24f.
[187] Vgl. Katenkamp, O. (2003), S. 20.
[188] Vgl. Herbig, B./Büssing, A. (2003), S. 158.
[189] Vgl. Nelson, R.R./Winter, S.G. (1982), S. 73.

sen um identifizierende Merkmale bzw. das Erinnern solcher Merkmale im Kategorisierungsprozess beruht. In der Form von Handlungswissen ist explizites Wissen Wissen i.S. von Verfahrensbeschreibungen, Zielen und Regeln in Form von Situations-Aktions-Zuordnungen.[190]

4.2.1.3 Implizites Wissen

Implizites Wissen ist im Unterschied zu explizitem Wissen schwer, d.h., nur unter Inkaufnahme eines erhöhten Ressourceneinsatzes in Informationen überführbar, transferierbar[191] und einer Externalisierung[192] zugänglich.[193] Schulz/Jobe (1998) halten aber fest, dass jegliches implizite Wissen in Informationen überführt werden kann, vorausgesetzt, es stehen in ausreichendem Maße Ressourcen zur Verfügung.[194]

Die Form und Art der Informationsweitergabe unterscheidet sich bei implizitem Wissen von jener bei explizitem Wissen. Implizites Wissen ist stärker kontextgebunden als explizites Wissen.[195] Kontextgebundenheit ist das Ausmaß, in dem Wissen an die Person des ursprünglichen Wissensträgers und dessen Kontext gebunden ist. Sie bestimmt, in wieweit beim Wissenstransfer auch gleichzeitig Wissen bzw. Informationen über den Kontext transferiert werden müssen, damit das Wissen für den Empfänger verständlich ist.[196] Bei einer hohen Kontextgebundenheit ist es sinnvoll, Transfermedien für einen Wissenstransfer zu wählen, die einen Einblick in den Kontext, in welchem das Wissen eingebettet ist, ermöglichen. Um die fehlenden Kausalbeziehungen zu „ersetzen", muss bei implizitem Wissen der ganze Kontext an Stimmungen, Werten und Hintergründen mit vermittelt werden. Hierzu benötigt man reichhaltigere Formen der Kommunikation. Der Transfer impliziten Wissens ist daher auf andere, personale, Transferformen angewiesen, sogenannte „[...] rich communi-

---

[190] Vgl. Neuweg, G. H. (1999), S. 15. Neuweg unterscheidet innerhalb der Kategorie des expliziten Wissens verschiedene Arten von explizitem Wissen.
[191] Vgl. u.a. Nelson, R.R./Winter, S.G. (1982), S. 73, Steinmueller, W.E. (2000), S. 362 sowie Katenkamp, O. (2003), S. 20. „[...] As the degree of knowledge tacitness increases, costs associated with knowledge transfer increase, ceteris paribus. [...]" Heiman, B. (2002), S. 101.
[192] Unter Externalisierung wird von Nonaka/Takeuchi ein Prozess der Artikulation von implizitem Wissen in expliziten Konzepten verstanden. Vgl. hierzu insbesondere Nonaka, I./Takeuchi, H. (1995).
[193] Vgl. Cohendet, P./Steinmueller, W.E. (2000), S. 202f.
[194] Vgl. Schulz, M./Jobe, L.A. (1998), S. 4.
[195] Vgl. Birkinshaw, J./Nobel, R./Ridderstrale, J. (2002), S. 278. Birkinshaw/Nobel/Ridderstrale stellen weiter fest, dass „[...] the social context that exists in a specific location matters a great deal for certain types of knowledge [...]". Siehe hierzu Birkinshaw, J./Nobel, R./Ridderstrale, J. (2002), S. 279.
[196] Vgl. Bendt, A. (2000), S. 174 sowie Müller-Stevens, G./Osterloh, M. (1996).

cation [that consists of] individual or team level visits, sharing of experience, face-to-face-interaction and socialization. The transfer of people allows the exploitation [of] tacit knowledge in new locations. [However using this kind of communication media] is costly. [...]"[197]

Akteure können Handlungen oder Teile von Handlungen, die auf implizitem Wissen beruhen, nur zeigen, aber nicht oder nicht angemessen darüber sprechen.[198] So kann ein Lehrer in einer Lehrer-Schüler-Beziehung, die auch als Experten-Novizen-Beziehung bezeichnet werden kann, über sein Können, was auf impliziten Wissen beruht, sprechen, aber er kann dies nicht in einer Weise tun, die den Schüler in die Lage versetzt, unmittelbar das Gleiche zu können. Kodifikationsgrenzen werden dann durch das Schaffen von Übungsgelegenheiten, durch Vorzeigen etc. überwunden. Der Transfer impliziten Wissens kann daher nur im Zuge zeitintensiver, interaktionsbasierter Sozialisationsprozesse erreicht werden.[199]

Implizites Wissen wird im Allgemeinen als erlernter[200] und sich auf Basis persönlicher Erfahrung entwickelter Wissensbestandteil aufgefasst.[201] Dieses Wissen umfasst Lernerfahrungen, die funktional wirksam werden. Ihre Wirksamkeit entfalten diese Erfahrungen, indem sie perzeptuelle, motorische und kognitive Leistungen zu einem Zeitpunkt in der Zukunft beeinflussen können, ohne bewusst erinnert zu werden oder erinnert werden zu können.[202]

Implizites Wissens umfasst das Vermögen, Objekte, Ereignisse und Situationen als gleichartig zu erkennen und umfasst als implizites Handlungswissen Wissen darüber, wie eine Tätigkeit ausgeführt wird oder welche Handlungen in welchen Situationen angemessen sind.[203] Es umfasst Wissen, welches bei der Lösung von Problemen als Einsicht und Erfahrung vorhanden ist. Im Gegensatz zu explizitem Wissen sind lineare und logische Verknüpfungen zwischen der Anwendung dieses Wissens und dem Ergebnis der Anwendung häufig nicht darstellbar. Implizites Wissen zeichnet sich daher durch eine hohe kausale Ambiguität aus.[204]

---

[197] Pedersen, T./Petersen, B./Sharma, D. (2003). S.76. Vgl. hierzu auch Davenport, T.H. (1998), der festhält, dass persönliche Kontakte, direkte Interaktion und gemeinsame Handlungen, der am Wissenstransfer beteiligten Akteure beim Transfer impliziten Wissens eine bedeutende Rolle spielen.
[198] Vgl. Neuweg, H.G. (1999), S. 16.
[199] Vgl. Lam, A. (1998a), S. 7.
[200] Vgl. Neuweg, H.G. (1999), S. 14.
[201] Damit kann implizites Wissen nicht mit Fähigkeiten i.S. Conradi, W. (1983) gleichgesetzt werden.
[202] Vgl. Neuweg, H.G. (1999), S. 14.
[203] Vgl. Neuweg, H.G. (1999), S. 15.
[204] Vgl. Nelson, R.R./Winter, S.G. (1982), S. 73.

Der Transfer beider Wissensarten ist mit unterschiedlich hohem Ressourceneinsatz verbunden, weil u.a. in Abhängigkeit von der Kontextgebundenheit des Wissens auch kontexterklärende Informationen mittransferiert werden müssen, in Abhängigkeit von der Art des Wissens andere Transfermedien genutzt werden bzw. für einen Transfer geeignet sind. Damit hat das zu transferierende Wissen Einfluss auf die Struktur des Wissenstransfers und auf die für den Wissenstransfer anfallenden Kosten.

4.2.2 Strukturelement II - Transferprozess

Die Kommunikationstheorie stellt einen nützlichen Bezugsrahmen dar, um Einflussfaktoren auf den Wissenstransfer in Zusammenhang mit dem Wissensträger und Wissensempfänger abzubilden.

Der Transfer von Wissen kann in kommunikationstheoretischer Perspektive als Kommunikationsprozess abgebildet werden.[205] Die Annahme, dass Wissen an andere Kommunikationspartner weitergegeben und von diesen empfangen werden kann, ist problematisch. Dies wird besonders deutlich, wenn man wie hier Wissen als Ergebnis der Verarbeitung von Informationen durch das Bewusstsein definiert.[206] Nicht Wissen, sondern Informationen werden transferiert. Es wäre daher sprachlich korrekter, von einem Informationstransfer als von Wissenstransfer zu sprechen. Für die folgenden Ausführungen wird aber der Transferbegriff sehr weit gefasst und weiter von einem Wissenstransfer gesprochen, da Wissen das Objekt des Transfers und Ziel des Transfers die Weitergabe von Wissen ist. Es wird angestrebt, dass der Transferinhalt vom Empfänger auch wieder in Wissen umgewandelt wird. Die Verwendung des Begriffes Wissenstransfer erfolgt hier aber unter Berücksichtigung, dass Informationen der Aggregatzustand sind, in welchem Wissen transferiert wird.

Die Beteiligten und die Aktivitäten innerhalb des Wissenstransfers sind in der folgenden Abbildung dargestellt:

---

[205] Vgl. Luhmann, N. (1988), S.193ff.
[206] Vgl. hierzu die Überlegungen im Kapitel 4.2.1.

Abb. 2: Wissenstransfermodell

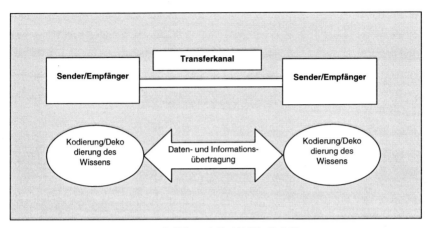

Quelle: in Anlehnung an Kotler, P./Bliemel, F. (1995), S. 910.

In dieser Sichtweise ist das, was der Wissende (Sender) „sendet" nicht das Gleiche, was beim Wissensempfänger ankommt.[207] Der Sender[208] kodiert Wissen in transferierbare bzw. kommunizierbare Informationen. Dabei greift dieser - bewusst oder unbewusst - auf seine eigenen Wissensbestände zurück. Hierzu ist Wissen über syntaktische Regeln notwendig, die es dem Sender ermöglichen, die Bedeutungsinhalte des zu sendenden Wissens zu kodieren. Weiter benötigt der Sender Wissen über den Empfänger, da er entscheiden muss, welches Wissen für den Empfänger relevant ist und wie die Kodierung erfolgen kann, damit der Empfänger die „Botschaft" wieder dekodieren kann. Der Empfänger muss die kodierte „Botschaft" als für ihn relevant erkennen und akzeptieren und in der Lage sein, die Nachricht zu dekodieren, so dass er die ihn erreichenden Informationen in Wissen umwandeln kann. Die den Empfänger erreichenden Informationen können aber auch zurückgewiesen werden, weil dieser nicht in der Lage ist, diese Informationen zu entschlüsseln bzw. zu dekodieren.[209] Damit können die Fertigkeiten[210] von Sender und Empfänger sowie deren Bereitschaft zum Wissenstransfer den Transferprozess nachhaltig beeinflussen.

---

[207] Vgl. North, K. (1999), S. 40.
[208] Sender und Empfänger von Wissen lassen sich durch eine Doppelstruktur charakterisieren. Kommunikationsprozesse verlaufen in der Regel in zwei Richtungen, so dass der Sender von Informationen gleichzeitig auch Empfänger von Informationen ist. Vgl. zum Kommunikationsprozess insgesamt Maletzke, G. (1998).
[209] Vgl. Peritsch, M. (2000), S. 17.

Ein weiteres Element des Kommunikationsprozesses sind der Transferkanal bzw. die verwendeten Transfermedien, die ebenfalls Einfluss auf den Wissenstransfer haben. Zunächst muss ein Transferkanal existieren, über den der Sender sein Wissen an den Empfänger weitergeben kann. Der Einsatz eines Transferkanals oder bestimmten Transfermediums hängt u.a. von der Art des in Form von Informationen zu transferierenden Wissens sowie von den Fertigkeiten der Akteure im Umgang mit bestimmten Transfermedien ab.

Jeder Transferkanal ist zu einem unterschiedlichen Grad für den Transfer impliziten und expliziten Wissens geeignet.[211] Die Nutzung eines nicht geeigneten Transfermediums kann zu Informationsverlusten führen. Werden bspw. Bücher für den Transfer impliziten Wissens genutzt, dann besteht die Gefahr von Informationsverlusten,[212] da für den Transfer impliziten Wissens reichhaltigere Transfermedien notwendig sind, damit der ganze Kontext an Stimmungen, Werten und Hintergründen mit vermittelt werden kann. Aus Informationsverlusten können unterschiedliche Wirkungen resultieren. So kann die Notwendigkeit bestehen, den Transferprozess zu wiederholen. Andererseits können Informationsverluste dazu führen, dass die Informationen beim Empfänger nicht ausreichen, um wie im Fall der zwischenbetrieblichen Arbeitsteilung, Leistungen in der erwarteten Qualität zu erbringen.

Zusammenfassend sind damit die Elemente des Wissenstransferprozesses bzw. deren Charakteristika, wie die Fertigkeiten von Sender und Empfänger sowie deren Bereitschaft zum Wissenstransfer, die Beschaffenheit des Transferkanals und die unterschiedlichen Wissensarten Einflussfaktoren auf den Wissenstransferprozess. Da mit einer Auslagerung betrieblicher Aufgaben auch Wissenstransferaktivitäten verbunden sind, beeinflussen diese Faktoren auch die Auslagerung selbst und mögliche Wirkungen einer Auslagerung.

Die Wirkungen der identifizierten Einflussfaktoren sollen im Folgenden detailliert dargestellt werden. Wo es angezeigt ist, werden Aussagen zu Wirkungen auf Transfer-

---

[210] Der Begriff der Fertigkeiten wird hier i.S. von Conradi, W. (1983) verwendet. Fertigkeiten basieren dabei auf Fähigkeiten und Kenntnissen, welche zu Bestandteilen von Handlungen verbunden werden und "automatisiert" abgerufen werden können. Fertigkeiten entstehen durch Übung.
[211] „[...] Knowledge characteristics and transfer mechanisms are interrelated to the extent that the two variables are inseparable [...]". Pedersen, T./Petersen, B./Sharma, D. (2003), S. 78.
[212] Vgl. Pedersen, T./Petersen, B./Sharma, D. (2003), S. 78.

prozesse bzw. zu Wirkungen auf die Kosten des Wissenstransfers im Rahmen von Auslagerungsentscheidungen formuliert. Hieraus sollen im weiteren Verlauf der Arbeit Arbeitshypothesen zum Fremdbezug personalwirtschaftlicher Leistungen, unter Berücksichtigung von Wissenstransferaspekten, abgeleitet werden.

4.3 Einflussfaktoren auf den Wissenstransfer und deren Wirkungen auf das Outsourcing personalwirtschaftlicher Funktionen

Der Wissenstransfer wird von der Art des Wissens und den Elementen des Transferprozesses beeinflusst. Zwischen diesen Einflussfaktoren bestehen Interdependenzen. So kommen bspw. in Abhängigkeit vom Grad der Transferierbarkeit des Wissens unterschiedliche Transfermedien zum Einsatz und werden unterschiedliche Anforderungen an den Sender und Empfänger von Wissen gestellt.

Die Einflüsse auf den Wissenstransferprozess können insbesondere auf der Akteursebene abgebildet werden. Auf der Akteursebene wird in dieser Arbeit zwischen einer Dimension des Wollens und des Könnens unterschieden. Auf der Ebene des Wollens können u.a. Fragen der Bereitschaft zum Wissenstransfer und intrinsischen Motivation von Sender und Empfänger abgebildet werden. Die Dimension des Könnens ermöglicht eine Betrachtung der Fertigkeiten von Sender und Empfänger zum Wissenstransfer. Beide Ebenen weisen enge Zusammenhänge zu dem genutzten Transferkanal auf. Diese Zusammenhänge werden an geeigneter Stelle in die Betrachtung der Ebene des Könnens und des Wollens einbezogen.[213]

4.3.1 Dimension des Könnens

Für den Wissenstransfer ist interessant, ob und inwieweit die am Transfer beteiligten Akteure in der Lage sind, Wissen zu transferieren. Hiermit ist die zentrale Frage nach den Fertigkeiten der Unternehmensmitglieder angesprochen, Wissen zu kodifizieren, zu transferieren etc. Je umfangreicher diese Fertigkeiten sind, umso besser sind Ak-

---

[213] Die hier folgende Analyse von Einflussfaktoren bzw. Barrieren eines Wissenstransfers stellt ausgewählte Aspekte dar und erhebt keinen Anspruch auf Vollständigkeit. Insgesamt werden die in der Literatur primär angesprochenen und diskutierten Einflussfaktoren und deren Einfluss auf den Wissenstransfer beleuchtet. Siehe zu Einflussfaktoren bzw. Barrieren des Wissenstransfers u.a. von Krogh, G./Köhne, M. (1998), S. 246 sowie Bendt, A. (2000).

teure c.p. in der Lage, Wissen für den Transfer ‚vorzubereiten', zu transferieren und aufzunehmen. Dazu gehört auch, dass die Akteure bereits über eine Wissensbasis verfügen,[214] die es ihnen ermöglicht, Informationen zu verstehen, aufzunehmen und in neues Wissen umzuwandeln, um damit eine Erweiterung der bestehenden Wissensbasis vorzunehmen.[215]

Der Einfluss der Fertigkeiten von Sender und Empfänger soll an dieser Stelle insbesondere vor dem Hintergrund der Annahme der begrenzten Rationalität betrachtet werden. Einschränkungen der individuellen Rationalität[216] liegen vor allen Dingen in den Grenzen der menschlichen Informationsaufnahme, -verarbeitung und -wiedergabe. „[...] The capacity of the human mind for formulation and solving complex problems is very small compared with the size of the problems whose solutions are required for objectively rational behavior in the real world. [...]"[217] Damit sind die in jedem Individuum liegenden kognitiven, sprachlichen und kommunikativen Grenzen angesprochen,[218] die dazu führen, dass jedes Individuum unterschiedlich ausgeprägte Möglichkeiten besitzt, Wissen aufzunehmen (Absorptionsfertigkeit), zu verarbeiten und durch Worte, Zahlen, Zeichnungen oder Handlungen (Kodifizierungsfertigkeit) sowie gegenüber anderen Individuen zum Ausdruck zu bringen (Artikulationsfertigkeit).

Auf der Ebene von Sender und Empfänger setzt zunächst die Frage nach den für den Transfer von Wissen notwendigen Absorptions- und Artikulationsfertigkeiten der Individuen an.[219] Grundlegend lässt sich argumentieren, dass die Wissensabsorptionsfertigkeit eines Individuums c.p. um so mehr beeinträchtigt ist, je weniger Kenntnisse (Basiswissen) vorhanden sind, mit deren Hilfe neues Wissen aufgenommen und als neue Handlungsgrundlage genutzt werden kann. Die Nutzung des neu emp-

---

[214] Vgl. Bendt, A. (2000), S. 178.
[215] Dieser Aspekt zielt damit direkt auf den Aspekt der Kognition ab, wobei unter Kognition die Fähigkeit verstanden wird, zu wissen. Siehe hierzu u.a. de Wit, B./Meyer, R. (1998).
[216] „[...] Such limitations are important to administrative theory because it raises questions of: [...] how the system of communication is to channel knowledge and information to the appropriate decision-points; what types of knowledge can, and what types cannot, be easily transmitted; how the need for intercommunication of information is affected by the modes of specialization in the organization. [...]" Simon, H.A. (1945), S. 40.
[217] Vgl. Simon, H.A. (1957), S. 198.
[218] Begrenzte Rationalität impliziert bei jedem Individuum vorliegende Begrenzungen aufgrund der angeborenen neurophysiologischen Ausstattung mit Fähigkeiten. Gleichzeitig ist die neurophysiologische Ausstattung von Individuen individuell, d.h. es existieren interindividuelle Unterschiede hinsichtlich der kognitiven, sprachlichen und kommunikationen Grenzen.
[219] Jeder am Wissenstransfer beteiligte Akteur ist durch die Doppelstruktur von Sender und Empfänger gekennzeichnet. Daher ist neben der Frage, ob ein Akteur Wissen aufnehmen, absorbieren kann auch die Frage interessant, ob er als Sender von Wissen dieses auch artikulieren kann.

fangenen Wissens zur Ergänzung, Erweiterung und Modifikation bestehenden Wissens, welches Handlungsgrundlage ist, kann nur dann erfolgen, wenn dieses Wissen anschlussfähig ist. Anschlussfähigkeit ist hier i.s. von Passfähigkeit zu den bestehenden Wissensbeständen des Empfängers zu verstehen. Ist Wissen anschlussfähig, wird es vom Empfänger verstanden und kann i.s. der Erweiterung des Wissensnetztes des Empfängers an dieses angeknüpft werden und Informationen c.p. zu geringeren Kosten in Wissen umgewandelt werden. Bei implizitem Wissen ist diese Anschlussfähigkeit aufgrund dessen Kontextgebundenheit häufig nicht gegeben. Die Aufnahmefertigkeit der Individuen für solche Wissensbestandteile ist eingeschränkt, da Informationen u.U. als nicht relevant interpretiert werden und eine Umwandlung von Informationen in Wissen schwierig ist, weil z.b. kontexterklärende Informationen fehlen. Daher sind für den Transfer entsprechender Wissensbestandteile c.p. mehr Ressourcen notwendig.

Im Hinblick auf die Artikulationsfertigkeit eines Individuums argumentiert Heppner, dass diese abnimmt, je stärker Wissen durch Sozialisation erworben wurde, da dieses Wissen schwer verallgemeinerbar ist und die Übertragbarkeit erst in Lernprozessen geprüft werden kann. Dieser Argumentation folgend ist die Artikulationsfertigkeit am geringsten, wenn Wissen vorrangig auf Erfahrung beruht.[220] Dies trifft insbesondere für implizite Wissensbestandteile zu, so dass die Artikulation impliziten Wissens aufgrund ihres Schwierigkeitsgrades daher c.p. deutlich mehr Ressourcen (Zeit, organisatorische Ressourcen) bindet, als die Artikulation weniger auf Erfahrungen basierten Wissens.

Ein erhöhter Ressourceneinsatz im Sinne erhöhter Anforderungen an die Absorptions- und Artikulationsfertigkeiten der Individuen ergibt sich insbesondere aus dem Grad der Kontextgebundenheit des Wissens.[221] Wissen ist zu einem unterschiedlichen Grad abhängig und Ergebnis des Kontextes,[222] in den es eingebunden ist [223] „[...]

---

[220] Vgl. Heppner, K. (1997), S. 210.
[221] Vgl. Inkpen, A.C./Dinur, A. (1998), S. 16. Implizites Wissen zeichnet sich im Vergleich zu explizitem Wissen durch einen stärkeren Kontextbezug aus.
[222] Inkpen/Dinur (1998) identifizieren insgesamt fünf Kontextvariablen und deren Einfluss auf den Transfer von Wissen, die sich oben genannten Kontexten zuordnen lassen und für jeden Kontext eine unterschiedliche Relevanz besitzen. Sie schlagen Strategie, Entscheidungsfindung, Umwelt, Kultur und Technologie als Einflussvariablen vor. So subsumieren sie unter die Variable Entscheidungsfindung u.a. die Aspekte Machtstrukturen, Anreizsysteme und Kommunikation. Diese Faktoren wirken sich je nach ihrer Ausprägung auf die Offenheit der Akteure gegenüber einem Wissenstransfer und damit auf die Dimension des Wollens aus. Zu Umweltaspekten gehören z.B. Unsicherheit, geographische Lage, Branchenstabilität bzw. -instabilität. Unter Technologie werden Erfahrungen mit gleichen oder ähnlichen Technologien und Methoden verstanden. Ähnlichkeiten

Context emphasizes the social processes through which knowledge is produced, shared and institutionalized. [The implication is that] all knowledge [is] to a greater or lesser degree a function of the social system in which it is embedded. [...]"[224]. Unter Kontext versteht man hierbei diejenigen Phänomene der Umwelt, durch deren Wahrnehmung die Empfänger einer Mitteilung bzw. einer Information diese so ergänzen können, dass die Rekonstruktion des Gemeinten ermöglicht oder ggf. erleichtert wird. Kontextgebundenheit ist das Ausmaß, in dem Wissen an die Person des ursprünglichen Wissensträgers und dessen Kontext gebunden ist. Sie bestimmt, in wieweit beim Wissenstransfer auch gleichzeitig Wissen bzw. Informationen über den Kontext transferiert werden müssen, damit das Wissen für den Empfänger verständlich und adaptionsfähig ist.[225]

Bei einer hohen Kontextgebundenheit ist es im Hinblick auf die begrenzten Artikulations- und Absorptionsfertigkeiten der Akteure sinnvoll, Transfermedien für einen Wissenstransfer zu wählen, die einen Einblick in den Kontext, in welchem das Wissen eingebettet ist, ermöglichen. Damit stärker kontextspezifisches implizites Wissen in Kombination mit den Fähigkeiten und Fertigkeiten der Akteure Wirkungen auf deren Handlungspotential entfalten kann, ist der Transfer zusätzlichen Wissens über den Kontext sinnvoll.[226]

Zunächst kann das Verständnis für den Kontext bzw. Wissen über die Zusammenhänge, in dem Wissen angewendet als auch erworben wird, dazu führen, dass der Empfänger kontextspezifisches implizites Wissen besser erfassen kann, da besser verstanden wird, warum bestimmte Handlungen in einer ganz bestimmten Art und Weise ausgeführt werden.[227] Daher kann der Besitz kontexterklärenden Wissens den Transfer und die Anwendung kontextspezifischen Wissens erleichtern.

---

bestehen auch hier wenn Akteure gleiche oder ähnliche Bildungswege durchlaufen haben. Siehe hierzu Inkpen, A.C./Dinur, A. (1998), S. 16.

[223] Vgl. Birkinshaw, J./Nobel, R./Ridderstrale, J. (2002), S. 278. Birkinshaw/Nobel/Ridderstrale stellen weiter fest, dass „[...] the social context that exists in a specific location matters a great deal for certain types of knowledge. [...]" Siehe hierzu Birkinshaw, J./Nobel, R./Ridderstrale, J. (2002), S. 279.

[224] Birkinshaw, J./Nobel, R./Ridderstrale, J. (2002), S. 278.

[225] Vgl. Bendt, A. (2000), S. 174 sowie Müller-Stevens, G./Osterloh, M. (1996).

[226] Vgl. Bendt, A. (2000), S. 178.

[227] „ [...] The learners will need to become ‚insiders' of the social community in order to acquire its particular viewpoint. Such relationship cannot be established quickly. It requires the gradual building up of personal contacts and networks which can be costly and time-consuming. [...]" Lam, A. (1998a), S. 33.

Der Kontext selbst besteht aus verschiedenen Kontextebenen, deren Elemente bzw. Strukturen unterschiedlich gut in Form von Informationen jeglicher Art kodifiziert werden können und damit durch einen externen Beobachter unterschiedlich gut wahrnehmbar sind.[228] Dies bedeutet, dass der Transfer kontexterklärenden Wissens ebenfalls mit Problemen hinsichtlich der Kodifizierbarkeit und Transferierbarkeit verbunden ist. Dies hat insbesondere Wirkungen auf den Transfer impliziten Wissens, bei welchem durch den Transfer kontexterklärenden Wissens positive Wirkungen auf das Verstehen und die Nutzung entsprechender Wissensbestände erzielbar sind. Daher kann der Transfer impliziten Wissens durch den zusätzlichen Transfer kontextrepräsentierenden Wissens bei den an der Interaktion beteiligten Individuen c.p. auch zusätzliche Transferkosten hervorrufen,[229] die in Abhängigkeit vom Grad der Absorptions- und Artikulationsfertigkeit der Individuen variieren.[230]

Hieraus kann andererseits aber auch geschlussfolgert werden, dass sich durch eine Wissensteilung stark impliziten Wissens zwischen Akteuren mit ähnlichen Kontexten c.p. Vorteile gegenüber dem Transfer von impliziten Wissen zwischen Akteuren mit unterschiedlichen Kontexten[231], z.B. in Form geringerer Wissenstransferkosten aber auch in einer höheren Wahrscheinlichkeit eines Wissenstransfers, erzielen lassen.

---

[228] Der soziale Kontext wird auf einer ersten Ebene durch Konstrukte repräsentiert, die ein neutraler Beobachter wahrnehmen kann sobald er mit dem System in Kontakt kommt. Hierzu gehören z.B. Logos, Sprachen (unternehmensspezifische Begriffe, Jargon) und Rituale. Die zweite Ebene ist ebenfalls noch leicht erschließbar und enthält die zwischen Mitgliedern einer Organisation geteilten Werthaltungen über die Art und Weise der anzustrebenden Zustände und den Ablauf der Dinge. Hierunter fallen auch Vorstellungen über den Ablauf bestimmter Tätigkeiten und die Erbringung bestimmter Aufgaben. Es findet sich hier eine Vielzahl von den Organisationsmitgliedern akzeptierten Argumenten zur Begründung und Rechtfertigung von Entscheidungen. Diese sind nicht notwendigerweise explizit formuliert, einem Beobachter aber erschließbar. Die dritte Ebene zeichnet sich durch eine eingeschränkte Artikulierbarkeit aus und enthält die zwischen Mitgliedern des Sozialsystems geteilte Auffassungen von Problemen, die aber ab einem gewissen Punkt zu selbstverständlichen Voraussetzungen seines täglichen Handeln werden. Vgl. Heppner, K. (1997), S. 118.

[229] Um kontextgebundenes Wissen dennoch in einem fremden, nicht originären Kontext zu transferieren, ist es notwendig, dass Kontextaspekte bestmöglich für den Wissensempfänger nachvollziehbar sind. Der Transfer des Kontextes ist aber sowohl aus zeitlicher, personeller, finanzieller aber auch organisatorischer Sicht ressourcenintensiv.

[230] Es ist erstens davon auszugehen, dass die Wahrnehmung eines einzelnen Akteurs stark von dessen eigenen Kontext geleitet wird und daher für diesen erstens nur das wahrnehmbar ist, was einer Wahrnehmung aufgrund eigener Erfahrungen und damit eigenen Wissens zugänglich ist. Damit ist auch die Absorption von Wissen über den Kontext eingeschränkt. Zweitens beeinflusst die Wahrnehmung des Akteurs auch die Interpretation des wahrzunehmenden Konstruktes bzw. die Interpretation der Beobachtung. Gerade diese wird aber unter Rückgriff auf bereits bestehendes Wissen der Akteure vorgenommen, so dass Interpretationsdifferenzen zwischen den Akteuren auch hier zu erwarten sind.

[231] Vgl. Augier, M./Shariq, S.Z./Vendelo, M.T. (2001), S. 134.

Darüber hinaus kann aufgrund von Ähnlichkeiten zwischen zwei Kontexten[232] der Kontext des Transferpartners leichter erschlossen werden.[233] Der Grad der Ähnlichkeit des Kontextes von Interaktionspartnern lässt sich u.a. aus den in der Interaktion verwendeten Codes, Begriffen, Fachtermini etc. ableiten. Wenn ein gemeinsamer Kontext vorliegt, dann ist für die einzelnen Akteure bekannt, welche Codes in der Interaktion verwendet werden können, da gerade diese Codes vom Interaktionspartner verstanden werden und aufgrund eines gemeinsam geteilten Erfahrungshintergrundes so interpretiert werden, wie vom Informationssender intendiert. Sind diese Codes auch dem Empfänger der Information bekannt, ist eine Dekodierung der Information c.p. weniger zeit- und kostenintensiv, da nicht erst nach der Bedeutung unbekannter Codes gesucht werden muss und weniger Probleme im Hinblick auf das Verständnis der Informationen auftreten.

In unterschiedlichen Kontexten werden unterschiedliche Codes von den Akteuren in der Kommunikation verwendet, die mehr oder weniger spezifisch sind. Branchenzugehörigkeit, Zugehörigkeit zu einer bestimmten Unternehmenseinheit und berufs- und ausbildungsspezifische Aspekte stellen einzelne Kontexte dar und nehmen Einfluss auf die Herausbildung bestimmter Denk- und Handlungsweisen, aber auch auf die Herausbildung bestimmter Codes und Begriffe.[234]
Ein gemeinsamer professioneller Hintergrund, wie z.B. ein betriebswirtschaftliches Studium mit dem Schwerpunkt Personalwirtschaft, kann zur Herausbildung von den Akteuren gemeinsam geteilter Deutungsmuster führen, die c.p. die Artikulation und Absorption von Wissen sowie Integration der empfangenen Informationen in bestehende Wissensbestandteile erleichtern, weil Wissensinhalte anschlussfähig sind. Hinsichtlich der Bewältigung einer Aufgabe führen gemeinsam geteilte Deutungs-

---

[232] „[...] Individuals who have prior experience from a range of relations with each other are likely to establish contexts with many similarities. [...]". Mie, A./Shariq, S.Z./Vendelo, M.T. (2001), S. 130.

[233] Der Grad der Ähnlichkeit dieser Bezugsrahmen hat Einfluss auf den Aufwand bei der Übertragung von Informationen. Vgl. hierzu Peritsch, M. (2000), S. 18. „[...] There is a need to establish a shared context between sources and recipients of knowledge. There must be some source of relationship or intimacy for knowledge to flow freely. Its absence will lead to learning disabilities and dysfunctional decision-making.[...]" Huber, G.P. (1991) zitiert nach Kayworth, T./Leidner, D. (2003), S. 245.

[234] Eine gemeinsame oder ähnliche Sprache der am Prozess des Wissenstransfers beteiligten Individuen erleichtert die Gestaltung des Transfers. Diese sprachlichen Anforderungen sind nicht nur im Hinblick auf eine gemeinsame Landessprache zu interpretieren, sondern auch hinsichtlich eines bestimmten Fachvokabulars oder unternehmensspezifischer Begriffe. Mangelt es an einer gemeinsamen Verstehens- und Verständnisbasis, können Missverständnisse hervorgerufen werden. Vgl. Heppner, K. (1997), S. 210 sowie Davenport, T.H.(1998), S. 98 und Bendt, A. (2000), S. 56.

muster z.B. dazu, dass ähnliche Problem- bzw. Aufgabenmerkmale[235] erfasst werden und in Form relevanten Wissens kommuniziert werden. Gleichzeitig gehören hierzu auch gemeinsame Technologien bspw. hinsichtlich der Kodifizierung i.s. der Verwendung von Fachtermini. Arbeits- und Verhaltensweisen des Interaktionspartners sind daher leichter verständlich und machen es weniger notwendig, zusätzliches Wissen hierüber zu transferieren. Trotz einer möglicherweise vorliegenden räumlichen Trennung hat eine gewisse Harmonisierung und Standardisierung innerhalb der Denkweise der Organisationsmitglieder und damit eine berufliche Sozialisation stattgefunden. Diese Denk- und Handlungsweisen sind damit firmenübergreifende kollektive Handlungs- und Denkweisen, die einen Wissenstransfer unterstützen und damit auch die Wahrscheinlichkeit erhöhen, dass transferierte Informationen vom Interaktionspartner dekodiert werden können, verstanden werden und als neues Wissen an bestehende Wissensbestände angeknüpft werden können.[236]

Die Nutzung stark kontextbezogenen Wissens ist im Wesentlichen auf den Kontext beschränkt, in welchem dieses erworben wurde. Bei dem Versuch, entsprechendes Wissen zu transferieren, besteht die Gefahr, dass dieses Wissen bzw. diese Informationen in anderen Kontexten nicht verstanden werden, Missverständnisse auftreten, entsprechende Handlungswirkungen nicht voll entfaltet werden können und Fehlinterpretationen die Kommunikation und damit den Transfer negativ beeinflussen. Starke Kontextbezogenheit kann des Weiteren eine Begründung dafür sein, dass Probleme auftreten, die Zusammenhänge zwischen dem Einsatz von Wissen in Handlungen und den Ergebnissen von Handlungen nachzuvollziehen.[237] Dies erhöht bspw. für den Empfänger von Informationen, dem Wissen über den Kontext fehlt, c.p. die Komplexität des Transfers an sich und stellt erhöhte Anforderungen an dessen Absorptionsfertigkeit, so dass sich auch in diesem Bereich Wirkungen für den Transfer stark kontextbezogenen impliziten Wissens ergeben können. Hiervon könnte u.a. die Qualität der zu erbringenden Dienstleistung berührt sein. Andererseits können

---

[235] Vgl. Heppner, K. (1997), S. 209.
[236] Die gemachten Ausführungen sind auch für den Spezialfall zu vermuten, dass diese Gruppe von Organisationsmitgliedern, die ein betriebswirtschaftliches Studium absolviert hat, sich auf den Bereich Personalarbeit und damit auf den Bereich der Personalfunktionen spezialisiert hat.
[237] Siehe hierzu insbesondere die Erläuterungen von Bendt, A. (2000) zum Konzept der kausalen Ambiguität.

auch zusätzliche Wissenstransferkosten entstehen, da der Transfer von Wissen wiederholt werden muss.

Als eine weitere Dimension des Könnens ist die Fertigkeit des Individuums zur (De-)Kodifizierung, d.h. der Umwandlung von Wissen in Information und umgekehrt, zu interpretieren. Mittels Kodifizierung erhält Wissen ein Format, welches den Transfer dieses Wissens ermöglicht. In Abhängigkeit vom Abstraktionsgrad des Wissens erfolgt die Kodifizierung in unterschiedlicher Form. Zeichnet sich Wissen durch einen hohen Abstraktionsgrad aus, was für explizite Wissensbestandteile zutrifft, werden Zahlen, Codes, Wörter und Texte zur Kodifizierung verwendet. Eine Kodifizierung gestaltet sich bei impliziten, durch einen geringen Abstraktionsgrad gekennzichnetem, Wissen schwieriger, da die Kodifzierung dieses Wissens einen komplexen Prozess der Generierung hypothetischen Handlungswissens voraussetzt.[238] Es kann aber argumentiert werden, dass unter Einsatz zusätzlicher Ressourcen solche Wissensbestandteile ebenfalls zu einem bestimmten Grad explizierbar sind.[239] Trotzdem ist es plausibel anzunehmen, dass zur Kodifizierung impliziten Wissens c.p. mehr Ressourcen aufgewendet werden müssen als zur Kodifizierung expliziten Wissens.

Fertgikeiten zur Kodifizierung können durch Übung verbessert und trainiert und durch Erfahrungen modifiziert werden, so dass über einen gewissen Zeitraum hinweg c.p. auch der Ressourceneinsatz bei der Kodifizierung impliziten Wissens reduziert werden kann,[240] weil sich die Fertigkeiten der Akteure aufgrund von Trainings- und Qualifizierungswirkungen verbessert haben.

Die Organisationsstruktur und die damit den Organisationsmitgliedern zugewiesene Rolle in der Organisation kann die Fertigkeiten der Individuen zur Kodifizierung[241] ebenfalls beeinflussen. So kann beispielsweise im Beschäftigungssystem des Internen Arbeitsmarktes nach Williamson/Wachter/Harris[242] Wissensweitergabe als elementarer und regelmäßiger Bestandteil betrachtet werden. Sowohl die Fertigkeiten zur Absorption und Artikulation sowie zur Kodifizierung können in entsprechenden Beschäftigungssystemen durch regelmäßige Übung zum Teil besser ausgeprägt sein und durch die Anreizsysteme gezielt gefördert werden.

---

[238] Vgl. Heppner, K. (1997), S. 206.
[239] Vgl. Schulz, M./Jobe, L.A. (1998), S. 2ff.
[240] Siehe hierzu auch Balconi, M. (1998), S. 76.
[241] Siehe hierzu weiter unten im Text.
[242] Vgl. Williamson, O.E./Wachter, M.L./Harris, J.E. (1975).

4.3.2 Dimension des Wollens

Die Funktionsfähigkeit des Wissenstransfers zwischen einem Unternehmen und einem Personaldienstleister ist eng mit der Bereitschaft der Akteure verbunden, ihr Wissen zu transferieren und auszutauschen. Der Mangel an einer entsprechenden Bereitschaft zum Wissenstransfer kann sich negativ auf den Transferprozess insgesamt auswirken, entweder weil nur bestimmte Wisssensbestandteile transferiert werden oder ein Wissenstransfer gar nicht zustande kommt.

Die Bereitschaft zum Transfer und damit zur Teilung von Wissen kann auf extrinsischer und intrinsicher Motivation beruhen und ist von verschiedenen Faktoren abhängig.[243] Mangelnde Teilungsbereitschaft kann u.a. auf Angst vor einem Machtverlust und Überlegenheitsdenken basieren.[244] Andere Einflussfaktoren können aus der Rolle des Senders und Empfängers von Wissen in der Organisation resultieren, die u.a. von der Organisationsstruktur bestimmt werden.

Ist der Transfer von Wissen regelmäßiger Bestandteil der Rolle und damit in Einklang mit den Rollenerwartungen, kann hieraus eine stärkere Bereitschaft zum Transfer von Wissen resultieren. So ist der Wissenstransfer in einer Meister-Lehrling-Beziehung selbstverständlicher Bestandteil der gegenseitigen Rollenerwartung. Aber auch für Arbeitnehmer, die Schnittstellenfunktionen zwischen Abteilungen oder in der Zusammenarbeit mit Dienstleistern und Zulieferern übernehmen, ist der Austausch von Informationen Bestandteil der von ihnen übernommenen Arbeitsplätze, was sich positiv auf die Bereitschaft, Wissen zu transferieren auswirken kann. So kann beispielsweise im Beschäftigungssystem des internen Arbeitsmarktes Wissensweitergabe als elementarer Bestandteil betrachtet werden. Die Bereitschaft zur Wissensweitergabe kann in diesem Umfeld höher sein und wird u.U. zusätzlich durch Anreizsysteme unterstützt.

Negative Effekte auf die Bereitschaft zum Wissenstransfer können daraus resultieren, dass Akteure sich durch die von ihnen eingenommene Rolle in viel stärkerem Maße als andere Akteure bewusst sind, welche Gefahren aus einer Weitergabe von Wissen resultieren und gleichzeitig von ihnen i.R. ihrer Rolle erwartet wird, dass sie Risiken eines Wissenstransfer im Rahmen ihrer Handlungen entsprechend antizipieren. Dies kann zu einer größeren Vorsicht beim Wissenstransfer und einem selekti-

---
[243] Vgl. Bendt, A. (2000), S. 141.
[244] Vgl. Bendt, A. (2000), S. 141.

veren Umgang mit Wissen angesichts potentieller Gefahren einer Wissensweitergabe einhergehen.

Geht der Transfer von Wissen über die Rollenerwartungen hinaus oder verändert er diese, kann die Bereitschaft zum Wissenstransfer geringer sein und ein erhöhter Ressourceneinsatz und eine stärkere Anreizsetzung für den Bereich des Wissenstransfers notwendig werden.[245] Dies ist z.B. der Fall, wenn ältere Arbeitnehmer i.R. einer Unternehmensstrategie der Sicherung von Erfahrungswissen zunehmend die Rolle eines Lehrers einnehmen. Einerseits könnten die vorhandenen Qualifikationen der älteren Arbeitnehmer nicht ausreichen, um Wissen weiterzugeben, so dass es zu einer Überforderung kommt. Um dieser Überforderung aus dem Weg zu gehen, können diese Arbeitnehmer versuchen, sich einer Wissensweitergabe zu entziehen und in geringerem Maße bereit sein, Wissen zu transferieren. Andererseits könnte auch aus Angst vor Ersetzbarkeit durch jüngere Arbeitnehmer die Bereitschaft zum Wissenstransfer bei den älteren Arbeitnehmern geringer sein.

Auch frühere Erfahrungen aus einem Wissenstransfer und mit Dienstleistern haben Einfluss auf die Bereitschaft zum Wissenstransfer, da diese vermutlich zu einer stark von diesen Erfahrungen geprägten Einschätzung hinsichtlich möglicher Probleme und Konsequenzen eines Wissenstransfers führen. Eng verbunden hiermit sind Fragen des Vertrauens, welches sich Sender und Empfänger von Wissen gegenseitig entgegenbringen. So kann Vertrauen die Bereitschaft der Akteure beeinflussen, sonst nicht transferierte Bestandteile von Wissen zu transferieren. Der Aufbau von Vertrauen wird von vorangegangen Interaktionen, aber auch stark von der Reputation des Interaktionspartners abhängen.

Das Wissen, welches sich Akteure im Unternehmen auf ihren Stellen aneignen, kann eine Machtquelle[246] sein. Macht kann als die Fähigkeit einer Person A bezeichnet

---

[245] Zunächst ist es hierbei wichtig, dass sich verändernde Rollenerwartungen in Bezug auf den Wissenstransfer positiv vom Unternehmen definiert werden und dies auch entsprechend kommuniziert wird. In diesem Sinne können veränderte Rollenerwartungen über eine hiermit verbundene Zunahme an Verantwortlichkeiten, Kompetenz und Entscheidungsbefugnis selbst motivierend wirken. Weiterer Anreiz kann die Zweiseitigkeit des Wissenstransfers an sich sein, bei dem Wissen getauscht wird und nicht im Sinne einer Einbahnstraßenkommunikation den Wissenszuwachs nur bei einem Akteur forciert. Anreize liegen hierbei in der zusätzlichen Generierung von Wissen auf beiden Seiten vor.

[246] Als wichtiges Element mikropolitischer Überlegungen kann die Macht der Akteure, durch die Konflikte oder Verhandlungen entschieden werden, an dieser Stelle festgehalten werden. Macht entsteht nur dann, wenn ein Akteur B von einem anderen Akteur A abhängig ist, wobei A i.d.R. Ressourcen kontrolliert, die für B bedeutsam sind oder einen hohen Nutzen haben. Des Weiteren

werden, das Verhalten einer Person B so zu beeinflussen, dass es dem Willen von A entspricht. Diese Definition beinhaltet ein Potential zur Machtausübung.[247] Wissen stellt eine besondere Machtquelle dar, weil es an eine Person gebunden ist, die den Zugang zu diesem Wissen kontrolliert. Damit können Probleme für einen Wissenstransfer entstehen[248], die sich in einer Erhöhung der Wissenstransferkosten niederschlagen.

Um sich vor einem Verlust dieser Machtbasis zu schützen und um zu verhindern, dass andere Akteure, wie bspw. Dienstleister, Aufgaben erledigen, können sich diese Akteure einem Wissenstransfer verweigern oder nur bestimmte Informationen weitergeben. Probleme äußern sich in der Art, dass die Wissensweitergabe komplett verweigert wird, dass Wissen nicht vollständig transferiert wird oder dass die Dokumentation von Wissen vermieden oder eine spezielle Sprache oder Symbolik i.S. von für die Empfänger unverständlicher Codes verwendet wird.[249] Das Verhalten bzw. die Aufgabenerfüllung durch andere Akteure könnte durch die Art und den Umfang der weitergegebenen Informationen bzw. durch die Drohung, bestimmte Informationen nicht oder in einer bestimmten Art und Weise weiterzugeben, beeinflusst werden.[250] Durch nicht transferierte Informationen entstehen Qualitätsprobleme bei der externen Erstellung von Leistungen. Bei einem Wissenstransfer können daher auch mikropolitische[251] Aspekte relevant sein.

Im Bereich organisationaler Faktoren sind ganz bestimmte Situationen und Kulturen politikfördernd. Allgemein können alle größeren organisationalen Umverteilungen von Ressourcen und Veränderungen in Organisationen, wie es auch die zwischenbetriebliche Arbeitsteilung personalwirtschaftlicher Aufgaben ist, die Wahrscheinlichkeit von Konflikten erhöhen.[252] In diesem Fall kann es durch die Umverteilung von Ressourcen z.B. vom Unternehmen zum Dienstleister angesichts des drohenden Entzugs dieser Ressourcen zu politischen Handlungen in Form von Aktivitäten der Be-

---

muss diese Ressource, hier Wissen, knapp und nicht-substituierbar sein. Vgl. hierzu Robbins, S.P. (2002), S. 417.
[247] Vgl. Robbins, S.P. (2002), S. 414.
[248] Vgl. Robbins, S.P. (2002), S. 416.
[249] Vgl. Pfeffer, J. (1981), S. 114.
[250] „[...] Skillful organizational politicians control the information flow and the knowledge that is made available to different people, they influence their perception of situations and hence the ways they act in relation to those situations. [...]", Mann, S. (1995), S. 10.
[251] Zu einer Definition von Mikropolitik siehe Brüggemeier, M./Felsch, A. (1992), S. 135.
[252] Siehe hierzu auch Rosenfeld, P.A./Giacatone, R.A./Riordan, C.A. (1995).

sitzstandswahrung kommen, was auch die Verweigerung der Weitergabe von Wissen und damit Ressourcen zur Erfüllung einer Aufgabe implizieren kann.[253]

Frühere Erfahrungen mit Dienstleistern und dem Transfer von Wissen können ebenfalls positiven, aber auch negativen Einfluss auf die Bereitschaft[254] der Akteure ausüben, Wissen zu transferieren. Durch eine immer wiederkehrende Zusammenarbeit mit einem Dienstleister und damit wiederkehrenden Transfers kann Wissen über Transferpartner generiert werden.[255] Durch häufige Interaktionskontakte lernen sich Unternehmen und die am Wissenstransfer beteiligten Akteure besser kennen, womit die Anzahl der Informationen, die man über den Interaktionspartner hat, steigt. Im Verlauf einer Interaktionsbeziehung nimmt die Informiertheit über den Interaktionspartner zu, so dass z.B. durch längere Beobachtungsphasen hinweg, auch Wissen über den Kontext des Interaktionspartners erworben werden kann. Dies kann auf Seiten des Senders das grundlegende Verständnis für den Empfänger erhöhen und den Transferprozess nachhaltig beeinflussen. So ist denkbar, dass stärker auf den Interaktionspartner zugeschnittene Kodifizierungsformen verwendet werden können, die einen reibungsloseren Wissenstransfer ermöglichen, aber auch die Möglichkeit bieten, implizite Wissensbestandteile zu transferieren. Der Wissenstransfer erfüllt an dieser Stelle die Funktion der Etablierung gemeinsamer Erfahrungen und gemeinsamer Codes.

Negative Erfahrungen können dazu führen, dass der im Hinblick auf eine zwischenbetriebliche Arbeitsteilung notwendige Wissenstransfer nicht erfolgt, weil in der Vergangenheit die Weitergabe von Wissen durch andere Transferpartner opportunistisch ausgenutzt wurde oder bspw. der in zwei Richtungen angestrebte Transfer von Wissen sich nur in eine Richtung vollzogen hat.

Die Bereitschaft, Wissen zu transferieren, ist auch abhängig vom Vertrauen[256], welches der Sender von Informationen dem Empfänger von Informationen entgegenbringt. Vertrauen bzw. eine gewisse Vertrauenshaltung resultieren u.a. aus der generellen Überzeugung und Bereitschaft einer Person oder eines Unternehmens zu ver-

---

[253] Vgl. hierzu ausführlicher Robbins, S.P. (2002), S. 428f.
[254] Zum Einfluss der Offenheit der Beteiligten auf den Wissenstransfer siehe auch Hamel, G./Doz, Y./Prahald, C.K. (1989) und Wathne, K./Roos, J./von Krogh, G. (1996).
[255] Dieser Aspekt kann auch Auswirkungen auf die Ebene des ‚Könnens' haben.
[256] Wird der Wissenssender vom Wissensempfänger nicht als vertrauenswürdig eingeschätzt, so erschwert dies den Wissenstransfer. Siehe hierzu Szulanski, G. (1996), S. 31.

trauen. Diese Einstellung ist zu einem gewissen Grad Resultat des unternehmerischen Kontextes, der über Normen und Werte die Vertrauenserwartungen der Unternehmensmitglieder beeinflusst und prägt.[257] Erfahrungen, die aus vergangenen Wissenstransferprozessen mit Interaktionspartnern gesammelt wurden, können ebenfalls Basis für Vertrauen zwischen Individuen oder Unternehmen sein. Hat sich beispielsweise der Interaktionspartner während der Interaktionsbeziehung als vertrauenswürdig erwiesen, so wird diese Erfahrung auch für zukünftige Interaktionsphasen handlungsleitend. Einschätzungen hinsichtlich der Vertrauenswürdigkeit eines Interaktionspartners können auch auf dessen Reputation,[258] der Mitgliedschaft in bestimmten Vereinigungen oder die Zertifizierung bestimmter Fertigkeiten beruhen.

Vertrauen entfaltet in Interaktionsbeziehungen unsicherheitsreduzierende Wirkung, was sich wiederum positiv auf die Bereitschaft, Wissen zu transferieren auswirkt, so dass c.p. die Kosten eines Transfers gesenkt werden können. Interaktionspartner, die sich gegenseitiges Vertrauen entgegenbringen, sind eher bereit, sich für die Interaktion zu öffnen und mit der Interaktionsbeziehung in Zusammenhang stehende Aufgaben zu erledigen.[259] Gleichzeitig kann auch der Transfer von Wissen zwischen Interaktionspartnern selbst als vertrauensbildender Prozess interpretiert werden. Der Transfer des Wissens signalisiert dem Empfänger, dass eine grundsätzliche Bereitschaft zum Wissenstransfer besteht und Interesse vorhanden ist, bestimmte Ziele gemeinsam im Rahmen einer Interaktionsbeziehung zu erreichen. Diese Wechselwirkung kennzeichnet Interaktionsbeziehungen vor allen Dingen im Dienstleistungsbereich.

Der Grad der Bereitschaft variiert auch in Abhängigkeit davon, welche Bedeutung das zu transferierende Wissen z.B. für die Personalabteilung eines Unternehmens oder für die mit der Personalarbeit betrauten Arbeitskräfte hat. Entstehen dem Unternehmen aus dem relevanten Wissen Wettbewerbsvorteile gegenüber Konkurrenten, wird die Bereitschaft, Wissen zu transferieren, c.p. eher gering sein. Die Gefahr, dass Wissen in die Hände der Wettbewerber gelangt, ist insbesondere bei explizitem Wissen gegeben, da dieses durch seine Kodifizierung im Vergleich zu implizitem Wissen leichter anderen Akteuren auch unabhängig vom Wissensträger zugänglich ist.

---

[257] Vgl. Woolthuis, R.K./Hillebrand, B./Nooteboom, B. (2002), S. 6.
[258] Vgl. Monsted, M. (1999) zitiert nach Woolthuis, R.K./Hillebrand, B./Nooteboom, B. (2002), S. 6.
[259] Vgl. Zand, D.E. (1972) zitiert nach Woolthuis, R.K./Hillebrand, B./Nooteboom, B. (2002), S. 5.

Ist das Vertrauen, welches die Interaktionspartner sich gegenseitig entgegen bringen eher gering, was insbesondere am Beginn der Interaktionsbeziehung zutreffen kann, wird der Transfer von Wissen, welches aufgrund seiner Explizität leicht anderen Akteuren zugänglich ist oder auch für andere Wettbewerber relevant ist, als risikoreich vom Sender wahrgenommen. Entsprechende Maßnahmen der Sicherung des Wissenstransfers, der Auswahl des Transfermediums und der Auswahl des zu transferierenden Wissens beeinflussen die Wirkungen eines Wissenstransfers.[260]

4.3.3 Zwischenfazit

Aufbauend auf einer stark akteurszentrierten Sichtweise wurden Einflussfaktoren auf den Prozess des Wissenstransfers und den hierfür anfallenden Kosten unter Berücksichtigung verschiedener Arten von Wissen, die Gegenstand des Transfers sein können und verschiedenen Arten von Transfermedien, die in unterschiedlicher Weise für den Transfer von Wissen geeignet sind, betrachtet. Mögliche Wirkungen dieser Einflussfaktoren wurden aufgezeigt sowie partiell auf den Transferprozess zwischen einem Unternehmen und einem Dienstleister übertragen.

Auf der Ebene des Könnens wurden die Artikulations- und Absorptionsfertigkeiten sowie die Kodifizierungsfertigkeiten der am Wissenstransfer beteiligten Akteure als Einflussfaktoren ermittelt. Die Rolle der am Wissenstransfer beteiligten Akteure, Machtaspekte sowie das Vertrauen, welches sich die interagierenden Akteure entgegenbringen, wurden auf der Ebene des Wollens als Einflussfaktoren betrachtet.

Insgesamt wird festgehalten, dass der Transfer impliziten Wissens, nicht zuletzt auch aufgrund der höheren Anforderungen an die am Transfer beteiligten Akteure c.p. mit höheren Wissenstransferkosten verbunden ist als der Transfer expliziten Wissens. Für die Auslagerung personalwirtschaftlicher Aufgaben impliziert dies, dass die Auslagerungsentscheidung vom Anteil für die Aufgabenerfüllung notwendigen expliziten und impliziten Wissen am insgesamt zur Aufgabenerfüllung notwendigen Wissen ab-

---

[260] So unterscheiden z.b. orientale und andere kollektivistische Kulturen beim Wissenstransfer zwischen Insidern und Outsidern und begrenzen den Zugriff auf implizites Wissen für Outsider. Dies könnte ein Hinweis auf nicht vorliegendes Vertrauen von kollektivistischen Kulturen gegenüber Outsidern sein, welches seine Ursachen im Mangel an gemeinsamen geteilten Erfahrungen haben kann. Weiter fanden Hamel, G./Doz, Y./Prahalad, C.K. (1989) heraus, dass westliche (europäische und nordamerikanische) Unternehmen sich dann besonders stark gegen Risiken aus opportunistischem Verhalten absichern, wenn zwischen ihnen und den Interaktionspartnern keine gemeinsam geteilten Normen und Werte vorliegen, die als Mechanismen fungieren können, die Gefahr opportunistischen Verhaltens zu reduzieren.

hängt. D.h. Personalfunktionen bzw. Teile von Personalfunktionen, deren Erfüllung auf einem hohen Anteil expliziten, zu geringen Kosten kodifizierbarem und transferierbarem Wissens basiert, können c.p. zu geringeren Wissenstransferkosten outgesourct werden als Personalfunktionen bzw. Teile von Personalfunktionen mit einem hohen Anteil impliziten Wissens.

Im folgenden Kapitel werden diese Überlegungen zu Wirkungen einzelner Einflussfaktoren auf den Wissenstransferprozess auf den Wissenstransfer übertragen, der die Auslagerung personalwirtschaftlicher Leistungen ermöglicht und hierfür notwendig ist. Basierend auf den hier identifizierten Einflussfaktoren werden konkrete Hypothesen zum Fremdbezug personalwirtschaftlicher Leistungen unter Wissenstransferaspekten abgeleitet.

5. Arbeitshypothesen über die Auslagerung personalwirtschaftlicher Funktionen unter besonderer Berücksichtigung von Wissenstransferaspekten

5.1 Vorüberlegungen

In den vorangegangenen Kapiteln wurde gezeigt, dass Wissenstransferkosten die Auslagerungsentscheidung beeinflussen. Es wird insbesondere davon ausgegangen, dass niedrige Wissenstransferkosten c.p. zu einer höheren Wahrscheinlichkeit der Auslagerung führen als hohe Wissenstransferkosten.[261]

Im Kapitel 4 wurde ausführlich dargestellt, welche Faktoren die Höhe der Wissenstransferkosten beeinflussen. Was dort gezeigt wurde, kann auch in Form folgender Funktion abgebildet werden:

Wissenstransferkosten = f (absoluter Umfang impliziten Wissens; absoluter Umfang expliziten Wissens; Können-Dimension; Wollen-Dimension)

Für die Funktion f gilt, dass der Faktor vor dem absoluten Umfang impliziten Wissens größer ist als der Faktor vor dem absoluten Umfang des expliziten Wissens. Über diesen Faktor besteht die Möglichkeit auszudrücken, dass der Transfer impliziten Wissens c.p. höhere Wissenstransferkosten auslöst als der Transfer expliziten Wissens. Vergleicht man (zwei) Personal(Teil-)funktionen mit dem gleichem Gesamtumfang an auszulagerndem Wissen, dann sind c.p. die Wissenstransferkosten für die Personal(Teil-)funktion kleiner, die den geringeren Anteil impliziten Wissens hat. Die Personalfunktion mit dem im Vergleich geringeren Anteil impliziten Wissens wird dann c.p. mit einer höheren Wahrscheinlichkeit ausgelagert.

Diese Vorüberlegungen sollen kurz an einem Beispiel illustriert werden: Betrachtet werden zwei Personalfunktionen A und B mit einem gleichen Gesamtumfang an auszulagerndem Wissen von 4 Einheiten aber unterschiedlichen Anteilen an explizitem und implizitem Wissen. Der Faktor für implizites Wissen soll 2 betragen während der Faktor für explizites Wissen 1 beträgt.

---

[261] Es wird von einem gleich hohen Nutzen der Auslagerung ausgegangen.

Die Funktion A hat einen absoluten Umfang expliziten Wissens von 3 Einheiten und einen absoluten Umfang impliziten Wissens von 1 Einheit. Die Können- und Wollen-Dimension verursachen jeweils Wissenstransferkosten von 1. Unter sonst gleichen Bedingungen und unter der Annahme eines additiven Zusammenhangs der einzelnen Einflussgrößen ergibt sich für die Wissenstransferkosten folgender Wert:

Wissenstransferkosten (A) = 1*2+3*1+1+1= 7

Die Funktion B hat einen absoluten Umfang expliziten Wissens von 1 Einheit und einen absoluten Umfang impliziten Wissens von 3 Einheiten. Die Können- und Wollen-Dimension verursachen jeweils Wissenstransferkosten von 1. Für die Funktion B ergibt sich unter sonst gleichen Bedingungen und unter der Annahme eines additiven Zusammenhangs der einzelnen Einflussgrößen für die Wissenstransferkosten der folgende Wert:

Wissenstransferkosten (B) = 3*2+1*1+1+1 = 9

Die Wissenstransferkosten sind unter sonst gleichen Bedingungen bei Funktion B, die einen höheren Anteil impliziten Wissens am insgesamt zu transferierenden Wissens umfasst, höher als bei Funktion A. Letzere wird aufgrund geringerer Wissenstransferkosten c.p. mit einer höheren Wahrscheinlichkeit ausgelagert.

Diese, auch hier am Beispiel gezeigten, Vorüberlegungen bilden die Basis für die sich anschließende Ableitung von Arbeitshypothesen zur Auslagerung personalwirtschaftlicher Aufgaben.

5.2 Dimension des Könnens

Im Kapitel 4.2 wurde formuliert, dass die Verfügbarkeit von Wissen zentral organisatorische Strukturen beeinflusst. So ist die externe Verfügbarkeit impliziten Wissens des Unternehmens und/oder einzelner Unternehmensakteure aufgrund höherer Wissenstransferkosten eingeschränkt oder nicht möglich. In einer ersten Arbeitshypothese wird daher folgender Zusammenhang formuliert:

H1: Je höher der Anteil impliziten Wissens am insgesamt an den Personaldienstleister zu transferierenden Wissen, desto geringer ist c.p. aufgrund höherer Wissenstransferkosten die Wahrscheinlichkeit, dass diese Personal(Teil-)funktionen Gegenstand zwischenbetrieblicher Arbeitsteilung sind.

Umgekehrt ist c.p. die Wahrscheinlichkeit einer zwischenbetrieblichen Arbeitsteilung umso höher, je höher der Anteil expliziten Wissens am insgesamt an den Personaldienstleister zu transferierenden Wissen ist.

Bei einer zwischenbetrieblichen Arbeitsteilung in Form einer Artenteilung[262] personalwirtschaftlicher Aufgaben übernehmen Personaldienstleister und die Personalabteilung des Unternehmens unterschiedliche Aufgaben, was mit einer Spezialisierung[263] einhergeht. Gleichzeitig entstehen durch diese Form der Arbeitsteilung Abstimmungs- und Koordinationsbedarfe. Entsprechende Bedarfe manifestieren sich auch in Form von Fragen über den Transfer von Wissen zwischen beiden Akteuren. Die Kosten des Transfers sind u.a. von den Fertigkeiten der Akteure zum Wissenstransfer abhängig. Diese Fertigkeiten sind grundsätzlich, wenn auch nur eingeschränkt, trainier- und erweiterbar.

Eine starke, bereits im Vorfeld der Auslagerung bestehende, Artenteilung im Unternehmen, insbesondere in der Personalabteilung, kann aufgrund von Trainings- und Übungseffekten bei den Akteuren des Unternehmens bereits in verbesserten Fertigkeiten zum Wissenstransfer, im Vergleich zu Akteuren anderer Unternehmen oder Abteilungen mit einer geringeren Form der Artenteilung, ihren Niederschlag gefunden haben. Ein hoher Grad an Artenteilung im Unternehmen begünstigt damit die Ausprägung von Wissenstransferfertigkeiten. Daher wird in der Arbeitshypothese H2a formuliert:

H2a: Ein hoher Grad innerbetrieblicher Artenteilung führt c.p. zu einer Verbesserung der Wissenstransferfertigkeiten der Unternehmensakteure.

---

[262] Bei der Artenteilung werden unterschiedlichen Organisationseinheiten von der Funktion her unterschiedliche Aufgaben zugeordnet, womit eine Spezialisierung dieser Einheiten einhergeht. Vgl. hierzu Alewell, D. (2004), Sp. 39. Picot, A./Dietl, H./Franck, E. (1997), S. 165.
[263] Vgl. hierzu Alewell, D. (2004), Sp. 39. Picot, A./Dietl, H./Franck, E. (1997), S. 165.

Hierdurch tritt c.p. eine Senkung der Wissenstransferkosten ein, aus der eine höhere Wahrscheinlichkeit der Auslagerung personalwirtschaftlicher Aufgaben resultiert, unabhängig vom Anteil expliziten und impliziten Wissens, welches an den Personaldienstleister transferiert werden muss.

Dieser Zusammenhang kann in folgender Arbeitshypothese formuliert werden:

H2b: Mit zunehmenden Grad innerbetrieblicher Artenteilung steigt c.p. die Wahrscheinlichkeit der Auslagerung personalwirtschaftlicher Aufgaben.

Der Grad der Artenteilung bzw. Spezialisierung im Unternehmen steht in einem engen Zusammenhang zur Unternehmensgröße. Nettelnstroth zeigt, dass ein stark positiver Zusammenhang zwischen der Unternehmensgröße und der Spezialisierung besteht.[264] Dieser Zusammenhang wird dabei darauf zurückgeführt, dass die Folgen einer Vergrößerung von Unternehmen eine stärkere Spezialisierung notwendig machen. Konsequenz einer Vergrößerung ist u.a. in der Handhabung größerer Informationsmengen zu sehen. Durch Artenteilung wird in dieser Situation sowohl der steigenden Belastung der Mitarbeiter durch die zunehmenden Informationsmengen als auch Spezialisierungsvorteilen Rechnung getragen.

Mit der Artenteilung einer geht die Bündelung von Informationen an verschiedenen Stellen im Unternehmen. Durch diese Informationsverteilung entstehen wiederum Koordinations- und Abstimmungsbedarfe im Hinblick auf die Erreichung der Ziele des Unternehmens. Hierzu gehört auch die Koordination und Abstimmung des Informationsaustausches zwischen den verschiedenen Stellen im Unternehmen. Der Austausch von Informationen ist an dieser Stelle essentiell, um die Funktionsfähigkeit der Organisation sicher zu stellen und zentraler Bestandteil des Organisationsalltags. Es wird daher davon ausgegangen, dass in großen Unternehmen die Fertigkeiten zum Wissenstransfer besser ausgeprägt sind als in kleinen Unternehmen. Die Mitarbeiter in größeren Unternehmen haben im Vergleich zu Mitarbeitern kleinerer Unternehmen mehr Übung im Wissenstransfer, was sich c.p. in einer Senkung der Wissenstransferkosten auswirkt. Dieser Zusammenhang wird wie folgt formuliert:

---

[264] Vgl. Nettelnstroth, W. (2003), S. 256. Die Ergebnisse von Nettelnstroth basieren dabei auf einer Studie von Pugh/Hickson (1971).

H2c: Mit zunehmender Unternehmensgröße steigt c.p. die Wahrscheinlichkeit der Auslagerung von Personal(Teil-)funktionen.

Auch im Zeitverlauf kann durch Übung eine Verbesserung der Fertigkeiten zum Wissenstransfer eintreten. Dies hat auch Implikationen für das Outsourcing von Personalfunktionen. Unter Berücksichtigung der Ausführungen zur begrenzten Absorptions-, Artikulations- und Kodifizierungsfertigkeit der Akteure in Kapitel 4.3 wird angenommen, dass Unternehmen, die zum ersten Mal ein Outsourcing im Personalbereich betreiben, zunächst gut strukturiertes explizites Wissen in Form von Wissen über Prozessabläufe, Standards etc., an den Personaldienstleister transferieren. Zu Beginn der Zusammenarbeit können dann zunächst solche personalwirtschaftlichen Aufgaben ausgelagert werden, für deren Bewältigung ein höherer Anteil expliziten Wissens an den Dienstleister transferiert werden muss. Dieser Transfer stellt c.p. geringere Anforderungen an die Fertigkeiten der Akteure und verursacht c.p. geringere Wissenstransferkosten als bei Aufgaben, bei denen ein höherer Anteil impliziten Wissens am Gesamtwissen an den Personaldienstleister transferiert werden muss. Hieraus kann folgender Zusammenhang abgeleitet werden:

H3: Unternehmen lagern mit einer höheren Wahrscheinlichkeit zunächst solche Personal(Teil-)funktionen aus, für die ein höherer Anteil expliziten Wissens am insgesamt zu transferierenden Wissen vom Unternehmen an den Personaldienstleister transferiert werden muss.

Mit zunehmender Erfahrung und Routine im Wissenstransfer bzw. einem gewissen Reifegrad der Beziehung zwischen Personaldienstleister und Unternehmen können sich die Transferfertigkeiten verbessern, so dass auch weniger gut strukturiertes, stärker erfahrungsgebundenes implizites organisationales und individuelles Wissen transferiert werden kann.[265] Damit können mit zunehmender Erfahrung im Wissenstransfer mit höherer Wahrscheinlichkeit auch personalwirtschaftliche Funktionen ausgelagert werden, für deren externe Erbringung c.p. ein höherer Anteil impliziten Wissens am insgesamt zu transferierenden Wissen an den Personaldienstleister transferiert werden muss, da Unternehmen und Akteure mit Erfahrungen im Wissens-

---

[265] „[...] Studies have shown [...] that as link duration increases, a buyer and supplier develop relation-specific routines so they become better to share hard to transfer knowledge. [...]" Kotabe, M./Martin, X./Domoto, H. (2003), S. 296. Siehe hierzu insbesondere Cowan, R./Foray, D. (1997).

transfer „[...] efficient procedures for codifying and transferring tacit knowledge [...]"[266] entwickeln.

Das Outsourcing von Personalfunktionen wird daher in Prozessstufen[267] verlaufen, beginnend mit Personalfunktionen, zu deren Erbringung ein höherer Anteil expliziten Wissens am ingesamt zu transferierenden Wissen an den Personaldienstleister transferiert werden muss. Je länger die Beziehung zwischen Personaldienstleister und Unternehmen besteht, umso mehr Kenntnisse über den Transferpartner können generiert werden. Hierzu gehören auch Kenntnisse über den Kontext, an welchen implizites Wissen in stärkerem Maße gebunden ist als explizites Wissen. Kenntnisse über den Kontext ermöglichen eine bessere Anschlussfähigkeit impliziten Wissens an bestehende Wissensbestände. Gleichzeitig tragen zusätzliche Kenntnisse über den Kontext auch zu einer Verbesserung der Transferfertigkeiten bei. So wirken Kontextkenntnisse positiv auf die Absorptionsfertigkeiten, da insbesondere kontextabhängige Wissensbestandteile verstanden und als relevant für den Empfänger interpretiert werden. Darüber hinaus können sich auch positive Wirkungen auf die Artikulations- und Kodifizierungsfertigkeiten, bspw. in Form von besser auf die Bedürfnisse des Transferpartners abgestimmten Kodifizierungsformen, einstellen. Diese Wissenszunahme auf beiden Seiten führt c.p. dazu, dass aufgrund verbesserter Wissenstransferfertigkeiten in zunehmendem Maß auch implizite, schwer zu transferierende Wissensbestandteile transferiert werden können, da der kostenträchtige Transfer impliziten Wissens von zusätzlichen Transferkosten durch einen Transfer kontextrelevanter Variablen entlastet werden kann.[268] Damit erhöht sich c.p. die Wahrscheinlichkeit der Auslagerung dieser Funktionen mit zunehmender Dauer der Beziehung zwischen Personaldienstleister und Unternehmen.

Auf Basis dieser Argumentation wird folgende Arbeitshypothese abgeleitet:

H4: Je länger die Beziehung zwischen Personaldienstleister und Unternehmen besteht, desto höher ist c.p. die Wahrscheinlichkeit, dass auf-

---

[266] Vgl. Kogut, U./Zander, B. (1992) zitiert nach Pedersen, T./Petersen, B./Sharma, D. (2003), S. 73.
[267] Zur Frage eines stufenweisen Outsourcings von Personalfunktionen siehe insbesondere Adler, P.S. (2003), S. 53.
[268] „[...] For [...] staff to be able to [...] access this kind of tacit knowledge, they will need not only the language skills but they [...] need to become ‚insiders' of the social communitiy in order to acquire its particular viewpoint. Such relationship cannot be established quickly. It requires the gradual building up of personal contacts and networks which can be costly and time consuming. [...]" Lam, A. (1998a), S. 33.

grund gesunkener Wissenstransferkosten auch Funktionen mit einem höheren Anteil impliziten Wissens ausgelagert werden.

Ähnlichkeiten zwischen Kontexten können den Wissenstransfer insbesondere den Transfer von implizitem Wissen entlasten und die Voraussetzungen für eine zwischenbetriebliche Arbeitsteilung verbessern. Bestehen Ähnlichkeiten sind die Anforderungen an die Akteure hinsichtlich ihrer Fertigkeiten zur Artikulation und Absorption geringer, da das Wissen besser an bereits bestehendes Wissen anschlussfähig ist oder Wissensbestandteile über den Kontext nicht transferiert werden müssen. So können, bspw. über verschiedene Unternehmen einer Branche hinweg, Ähnlichkeiten im unternehmensspezifischen Kontext bestehen, die auf die Branchenzugehörigkeit zurückgeführt werden können. Ähnlichkeiten hinsichtlich des Kontextes bestehen auch zwischen Personaldienstleistern und anderen Dienstleistungsunternehmen. Ein solcher Brancheneffekt kann u.a. ein ähnliches Verständnis bezüglich der Kundenorientierung, aber auch bezüglich der Bedeutung und der Notwendigkeit eines Wissenstransfers sowie Erfahrungen im Transfer von Wissen hervorrufen. Folge hiervon können einerseits besser ausgeprägte Fertigkeiten zum Wissenstransfer im Vergleich zu Unternehmen anderer Branchen sein. Diese führen c.p. zu einer Senkung der Wissenstransferkosten und erhöhen damit c.p. die Wahrscheinlichkeit der Auslagerung von Personalfunktionen, auch für die Personalfunktionen, für die ein höherer Anteil impliziten Wissens am insgesamt zu transferierenden Wissen an den Personaldienstleister transferiert werden muss.

Andererseits muss kontexterklärendes Wissen gar nicht oder nur in geringerem Umfang an den Personaldienstleister transferiert werden, um die Anschlussfähigkeit impliziter Wissensbestandteile zu ermöglichen. Damit wird insbesondere der Transfer impliziter Wissensbestandteile vom Transfer zusätzlichen kontexterklärenden Wissens entlastet. Der Umfang expliziten und impliziten Wissens über den Kontext, welches zwischen Personaldienstleistern und Dienstleistungsunternehmen transferiert werden muss, ist geringer, da kontexterklärendes Wissen bei den Personaldienstleistern bereits vorhanden ist. Damit können c.p. auch die Wissenstransferkosten für Aufgaben mit einem höheren Anteil impliziten Wissens c.p. sinken und bei Dienstleistungsunternehmen für diese Aufgaben geringer sein als bei Unternehmen anderer Branchen. Aufbauend auf dieser Argumentation werden folgende Zusammenhänge formuliert:

H5a: Dienstleistungsunternehmen fragen c.p. mit einer höheren Wahrscheinlichkeit Personaldienstleistungen nach als Unternehmen aus anderen Branchen.

H5b: Dienstleistungsunternehmen fragen mit einer höheren Wahrscheinlichkeit Personaldienstleistungen nach, zu deren Erbringung c.p. ein höherer Anteil impliziten Wissens am insgesamt zu transferierenden Wissen an den Personaldienstleister transferiert werden muss.

Zur Dienstleistungserstellung notwendiges Wissen kann ein Personaldienstleister auch durch Spezialisierung und die wiederholte Übernahme von Tätigkeiten u.a. für bestimmte Arten von Unternehmen oder Arten von Humanressourcen erwerben. Innerhalb von Branchen sind bspw. bestimmte Gruppen von Arbeitskräften beschäftigt, für die, folgt man den Überlegungen zu Beschäftigungssystemen, unterschiedliche Ausgestaltungsalternativen der Personalarbeit vorteilhaft sind.[269] Ein Beschäftigungssystem ist eine spezielle Kombination bestimmter Ausprägungen personalpolitischer Regelungen.[270] Für bestimmte Gruppen von Arbeitskräften, die nur im Ausnahmefall die gesamte Belegschaft eines Unternehmens umfassen, gelten diese personalpolitischen Regelungen. Innerhalb eines Beschäftigungssystems haben personalwirtschaftliche Aufgaben im Vergleich zu anderen Beschäftigungssystemen jeweils eine bestimmte Ausprägung und Bedeutung. D.h. auch, dass einige personalwirtschaftliche Aufgaben in bestimmten Beschäftigungssystemen nicht ausgeprägt werden.

Diesen Zusammenhang können Personaldienstleister nutzen und über das Angebot von Personaldienstleistungen für bestimmte Branchen Spezialisierungsvorteile generieren. Über die Spezialisierung auf eine oder mehrere ausgewählte Branchen geht die Spezialisierung auf ein oder mehrere Beschäftigungssysteme einher. Mittels dieser Spezialisierung erwerben Personaldienstleister sowohl explizites als auch impliziertes Wissen über Besonderheiten des Beschäftigungssystems i.S. der Bedeutung bestimmter personalwirtschaftlicher Aufgaben, den Anforderungen an die (erfolgreiche) Erfüllung der Aufgaben etc. Dieses Wissen muss dann bei jeder zukünftigen Dienstleistungserstellung nicht mehr transferiert werden. So kann der Wissenstransfer vom

---

[269] Vgl. Alewell, D. (1993), S. 13 sowie Ostermann, P. (1987).
[270] Vgl. Alewell, D. (1993), S. 4.

Transfer von Anforderungen an personalwirtschaftliche Maßnahmen entlastet werden, insbesondere dann, wenn diese nur unter hohen Kosten explizit formuliert werden können. Damit reduziert sich der Umfang des zu transferierenden expliziten und impliziten Wissens. Dies wirkt sich c.p. positiv auf die Wissenstransferkosten aus. Weiter können Spezialisierungen auf bestimmte Bereiche oder Fragestellungen im Rahmen der Tätigkeit als Mitarbeiter eines Personaldienstleister dazu führen, dass hier besondere Kenntnisse erworben werden.[271] Es kann daher sinnvoll sein, dass sich Personaldienstleister - auch intern - auf bestimmte Personaldienstleistungen oder Gruppen von Nachfragern spezialisieren,[272] da hier der Wissenstransfer zwischen dem Mitarbeiter des Personaldienstleisters und dem Personalverantwortlichen für eine bestimmte Personalfunktion reibungsloser verlaufen kann.

Dieser Zusammenhang wird in folgender Arbeitshypothese formuliert:

H6: Unternehmen fragen Personaldienstleistungen c.p. mit einer höheren Wahrscheinlichkeit bei Personaldienstleistern nach, die sich auf bestimmte Branchen, Unternehmenstypen und Personaldienstleistungen spezialisiert haben.

Spezialisierungs- und Professionalisierungsvorteile[273] des Personaldienstleisters können sich positiv auf die Qualität der für das Unternehmen erbrachten Personaldienstleistungen auswirken.[274] Daher können erhoffte Qualitätsverbesserungen durch die Nachfrage nach Personaldienstleistungen bei spezialisierten Dienstleistern

---

[271] Diese können beispielsweise darin bestehen, dass durch die Anwendung bestimmter Methoden in verschiedenen Unternehmen, in verschiedenen Branchen etc. Wissen darüber erworben werden konnte, welche Methode sich für welche Arten von Unternehmen oder welche Branchen besonders eignet.

[272] In einer Studie zum deutschen Personaldienstleistungsmarkt konnten Ernst & Young (2004) zeigen, dass sich Personaldienstleister auf einzelne Branchen aber auch auf bestimmte Tätigkeitsbereiche, bestimmte Personaldienstleistungen, spezialisieren. Aus den Ergebnissen dieser Studie kann darüber hinaus abgeleitet werden, dass insbesondere die auf bestimmte Branchen und Funktionsbereiche spezialisierten Personaldienstleister von dieser Spezialisierung langfristig profitieren werden. Vgl. hierzu Ernst & Young (2004), S. 5. Föhr (1995) zeigt für das Beispiel der Personalberatung, von einer speziellen Personaldienstleistung, dass diese gerade deswegen erfolgreich ist, da sie aus Arbeitsteilung resultierende Spezialisierungsvorteile nutzen kann. Siehe hierzu Föhr, S. (1995), S. 142. Johst, D. (2002) stellt ebenfalls heraus, dass sich Personaldienstleister spezialisieren. Spezialisierungsmöglichkeiten liegen v.a.D. im Bereich der Personalfunktion, der Branche und bestimmten Formen von Humankapital. Vgl. hierzu Johst, D. (2002), S. 5.

[273] Siehe hierzu auch Sertl, W./Andeßner, R.C. (1995), S. 157. Branchenkenntnisse und Spezialkenntnisse professioneller Dienstleister sind besonders wichtig bei der Auswahl der Dienstleister. Siehe hierzu Lynn, S. (1988), S. 166 und Kießling, V. (1999), S. 65 und S. 174.

[274] Hendrix, U./Abendroth, C./Wachtler, G. weisen darauf hin, dass insbesondere wissensintensive Bereiche im Unternehmen, zu denen auch der Personalbereich gehört, weniger aus Gründen der Kostenersparnis als vielmehr wegen der Nutzung von Spezialisierungsvorteilen outgesourct werden. Vgl. Hendrix, U./Abendroth, C./Wachtler, G. (2003), S. 74.

als wichtiges Motiv der Nachfrage nach Personaldienstleistungen interpretiert werden.

Eine Möglichkeit, Fertigkeiten zum Wissenstransfer zu trainieren, liegt in der Regelmäßigkeit des Transfers von Wissen. Ist der Wissenstransfer integraler Bestandteil der Tätigkeit eines Akteurs, können dessen Transferfertigkeiten auch im Bereich impliziten Wissens besser trainiert sein als bei Akteuren, deren Tätigkeit sich durch einen in geringerem Umfang notwendigen Wissenstransfer auszeichnet. Erstere werden häufiger in dezentral geführten Unternehmen anzutreffen sein, weil hier von einer gewissen Regelmäßigkeit des Wissenstransfers ausgegangen werden kann.[275] Damit wirkt der Zentralisationsgrad eines Unternehmens auf die Wissenstransferfertigkeiten, wobei mit zunehmender Dezentralisation c.p. eine Verbesserung dieser Fertigkeiten einhergeht. Dieser Zusammenhang wird in folgender Arbeitshypothese formuliert:

H7a: Wenn Unternehmen dezentral organisiert sind, dann sind Wissenstransferfertigkeiten der Akteure c.p. besser ausgeprägt als in zentral organisierten Unternehmen.

Bessere Fertigkeiten zum Wissenstransfer haben c.p. einen positiven Effekt auf Wissenstransferkosten und führen c.p. zu einer Senkung der Wissenstransferkosten. Die Auswirkungen auf die Wahrscheinlichkeit einer zwischenbetrieblichen Arbeitsteilung werden in folgender Arbeitshypothese formuliert:

H7b: Dezentral organisierte Unternehmen lagern aufgrund besserer Wissenstransferfertigkeiten der Akteure c.p. mit einer höheren Wahrscheinlichkeit personalwirtschaftliche Funktionen aus.

Nettelnstroth (2003) konnte zeigen, dass der Zentralisationsgrad negativ mit der Unternehmensgröße korreliert. Danach steigt mit zunehmender Unternehmensgröße der Grad der Dezentralisation.[276] Unter Berücksichtigung dieses Zusammenhangs kann folgende Arbeitshypothese formuliert werden:

---

[275] Siehe hierzu auch Daft, R.L./Lengel, R.H. (1984).
[276] Vgl. Nettelnstroth, W. (2003), S. 256.

H7c: In großen Unternehmen können aufgrund besserer Transferfertigkeiten Wissensbestandteile c.p. zu geringeren Transferkosten an Personaldienstleister transferiert werden, so dass im Vergleich zu kleinen und mittleren Unternehmen mit einer höheren Wahrscheinlichkeit Personal(Teil-)funktionen ausgelagert werden.

Die Arbeitshypothese H7c beschreibt damit einen ähnlichen Zusammenhang wie die Arbeitshypothese H2b. In letzterer wurde über das Strukturmerkmal der Spezialisierung argumentiert. Im Gegensatz dazu stellt die Arbeitshypothese H7c auf den Zusammenhang zwischen dem Zentralisationsgrad und den Wissenstransferkosten bzw. den Fertigkeiten der Akteure zum Wissenstransfer ab. Bei einer Prüfung der Arbeitshypothesen sollte deshalb auch untersucht werden, welcher Zusammenhang zwischen dem Strukturmerkmal der Spezialisierung und dem Strukturmerkmal des Zentralisationsgrades besteht.

5.3 Dimension des Wollens

Nicht nur Aspekte des Könnens wirken über die Akteure auf den Wissenstransfer, sondern auch Wollens-Aspekte. So wurden bspw. für die Bereitschaft der Transferpartner zum Wissenstransfer entsprechende Einflüsse auf den Transferprozess sowie die hierbei anfallenden Kosten abgeleitet.

Unter der Annahme eines positiven Zusammenhangs zwischen dem Vertrauen, welches sich Akteure im Wissenstransfer entgegenbringen und der Bereitschaft zum Wissenstransfer, kann eine Zunahme von Vertrauen zwischen den Transferpartnern c.p. in einer zunehmenden Bereitschaft für den Transfer von Wissen resultieren. Dies führt c.p. zu einer Verringerung der Wissenstransferkosten. „[...] Trust seems to make knowledge more easily transferable through the development of a subjective feeling of an easier sharing process when the business units trust each other. [...]"[277] Der Aufbau von Vertrauen ist ein langwieriger Prozess, so dass die Möglichkeit der Entwicklung einer Vertrauensbasis vor allen Dingen in langfristigen Interaktions- bzw. Vertragsbeziehungen mit positiven Interaktionserfahrungen gegeben ist. Dabei wird

---

[277] Kogut, U./Zander, B. (1992) zitiert nach Pedersen, T./Petersen, B./Sharma, D. (2003), S. 73.

der Aufbau von Vertrauen u.a. durch zunehmende Kenntnisse über den Transferpartner forciert.

Betrachtet man zwei Aufgaben mit einem unterschiedlich hohen Anteil impliziten Wissens so führt eine zunehmende Bereitschaft zum Wissenstransfer unter sonst gleichen Bedingungen zu einer Senkung der Wissenstransferkosten für den Gesamtumfang an Wissen von beiden Aufgaben, welches an den Personaldienstleister transferiert werden muss. Auch für die Aufgabe mit einem höheren Anteil impliziten Wissens erhöht sich damit c.p. die Wahrscheinlichkeit der Auslagerung. Für die Aufgabe mit dem geringeren Anteil impliziten Wissens kann sich c.p. nicht nur die Wahrscheinlichkeit der Auslagerung erhöhen. Wird diese Aufgabe bereits von einem Personaldienstleister extern erstellt, kann durch eine zunehmende Bereitschaft und die hierdurch c.p. eintretende Senkung der Wissenstransferkosten auch der mengenmäßige Umfang der Auslagerung steigen. So kann die Nachfrage einer Personaldienstleistung auf die Erbringung dieser Dienstleistung für eine weitere Produktionsstätte oder einen weiteren Betriebsteil ausgedehnt werden.

Auch im Hinblick auf die Ausführungen in 4.3 können folgende Arbeitshypothesen formuliert werden:

H8a: Der Umfang der ausgelagerten personalwirtschaftlichen Aufgaben erhöht sich c.p. mit zunehmender Dauer der Interaktion zwischen Personaldienstleister und Unternehmen.

H8b: Die Wahrscheinlichkeit der Auslagerung personalwirtschaftlicher Aufgaben mit einem höheren Anteil impliziten Wissens am insgesamt an den Personaldienstleister zu transferierenden Wissen nimmt c.p. mit zunehmender Dauer der Interaktion zwischen Personaldienstleister und Unternehmen zu.

Unter der Annahme einer langfristigen Gewinnerzielungsabsicht werden Personaldienstleister ein Interesse an der Kommunikation ihrer Vertrauenswürdigkeit und am Aufbau einer Reputation als vertrauenswürdiger und qualitativ hochwertiger Dienstleister haben. Hierdurch kann einerseits für bestehende Kundenbeziehungen ein Signal der Vertrauenswürdigkeit gesendet werden und andererseits Transferkosten, insbesondere auch für implizites Wissen, reduziert werden, mit dem Ziel, dass bereits vorhandene Kunden weitere Personaldienstleistungen nachfragen, aber auch, um neue Kunden zu akquirieren. Für den Personaldienstleister besteht in langen Interaktionsbeziehungen die Möglichkeit, dass Unternehmen weitere Personalfunktionen, insbesondere auch Personalfunktionen mit einem höheren Anteil implizitem Wissen, auslagern. Daher ist es im Interesse der Unternehmen, Kunden auch über einen längeren Zeitraum zu binden. Kundenbindung bei Dienstleistungen erfolgt i.d.r. über Qualitäts- und Verhaltensaspekte[278] wie der Signalisierung von Vertrauen[279] und guter Qualität. Dienstleistungsanbieter können ihren (potentiellen) Kunden die Qualität ihrer Leistungen oder aber auch ihre Eigenschaften mit Hilfe verschiedener Marktsignale bzw. ökonomischer Institutionen kommunizieren. So versuchen Finanzdienstleister bspw. mit Gütesiegeln und Zertifizierungen die Objektivität ihrer Beratungsleistung und damit die Qualität des Angebotes zu signalisieren. Zertifziert sind dabei u.a. die Aus- und Weiterbildung der Mitarbeiter des Dienstleisters sowie Prozesse der Dienstleistungserstellung.[280]

Betrachtet werden zu einem Zeitpunkt t=0, zu welchem keine Signale auf dem Markt für Personaldienstleistungen angewendet werden, zwei Aufgaben mit einem gleichen Gesamtumfang zu transferierenden Wissens, aber mit unterschiedlichen Anteilen impliziten Wissens, welches transferiert werden muss. Zu diesem Zeitpunkt sind die Wissenstransferkosten c.p. für die Aufgabe mit dem geringeren Anteil impliziten Wissens niedriger und damit c.p. die Wahrscheinlichkeit, dass diese Aufgabe ausgelagert wird, größer.

Betrachtet man jetzt einen Zustand t=1, in welchem Signale auf dem Markt für Personaldienstleistungen angewendet werden und entsprechende Wirkung entfalten, dann führt dies c.p. zu einer zunehmenden Bereitschaft zum Wissenstransfer. Diese zunehmende Bereitschaft resultiert c.p. in einer Senkung der Wissenstransferkosten für beide Aufgaben und damit c.p. zu einer höheren Wahrscheinlichkeit der Auslagerung beider Aufgaben.

---

[278] Vgl. Hillemanns, R.M (1995), S. 94.
[279] Auf dem Markt für Personaldienstleistungen findet man als Signal der Vertrauenswürdigkeit beispielsweise Zertifizierungen oder die Mitgliedschaft in einer Berufsvereinigung (BDU, BZA). Johst (2002) konnte in einer Studie zum Angebot von Personaldienstleistungen in Deutschland zeigen, dass Personaldienstleister vielfältige Instrumente zur Qualitätssicherung und zur Signalisierung ihrer Vertrauenswürdigkeit einsetzen. Vgl. Johst, D. (2002), S. 165-190. Zu einem ähnlichen Ergebnis kamen Föhr/Vosberg (2001), die in einer vergleichenden Untersuchung für die Personaldienstleistungsmärkte in den USA und Deutschland feststellten, dass 85,9% der amerikanischen und 46,7% der deutschen Personaldienstleister die Mitgliedschaft in Verbänden nutzen, um die Qualitätsunsicherheit bei den Nachfragern zu reduzieren.
[280] Vgl. Nissen, V. (2005), S. 34.

Resultat sind damit Nachfrageänderungen in unterschiedlicher Form. Bei Unternehmen, die bereits Personaldienstleistungen nachfragen, können folgende Veränderungen auftreten. Für Aufgaben mit einem höheren Anteil expliziten Wissens kann es zu einer Ausweitung der Nachfrage in Form eines höheren mengenmäßigen Volumens der Auslagerung dieser Aufgabe kommen. Für die Aufgabe mit dem höheren Anteil impliziten Wissens erhöht sich c.p. die Wahrscheinlichkeit der Auslagerung. Bis zu diesem Zeitpunkt noch nicht nachgefragte personalwirtschaftliche Leistungen mit einem höheren Anteil impliziten Wissen werden jetzt aufgrund gesunkener Wissenstransferkosten c.p. mit einer höheren Wahrscheinlichkeit am Markt nachgefragt. Für Unternehmen, die bis zum Zeitpunkt t=1 noch keine personalwirtschaftlichen Aufgaben ausgelagert haben, führt die Signalisierung der Vertrauenswürdigkeit und Qualität c.p. zu einer Senkung der Wissenstransferkosten. Damit erhöht sich c.p. die Wahrscheinlichkeit für die Auslagerung personalwirtschaftlicher Leistungen. Unter der Annahme weniger gut trainierter bzw. begrenzter Wissenstransferfertigkeiten bei der erstmaligen Nutzung von Outsourcing, werden diese Akteure zunächst Aufgaben mit einem im Vergleich zu anderen Aufgaben höherem Anteil expliziten Wissen auslagern.

Signale für Vertrauenswürdigkeit und Qualität sind damit sowohl Instrumente der Kundenbindung aber auch der Kundenakquise.

Aufbauend hierauf werden folgende Arbeitshypothesen abgeleitet:

H9a: Eine Zertifizierung[281] und die Mitgliedschaft in einer Berufsvereinigung fungieren auf dem Markt für Personaldienstleistungen als Signal für Qualität und Vertrauenswürdigkeit.

H9b: Eine Zertifizierung und die Mitgliedschaft in einer Berufsvereinigung erhöhen c.p. die Bereitschaft der Individuen zum Wissenstransfer und führen c.p. zu einer Senkung der Wissenstransferkosten.

H9c: Eine Zertifizierung und die Mitgliedschaft in einer Berufsvereinigung erhöhen c.p. die Wahrscheinlichkeit der Nachfrage nach Personaldienstleistungen.

---

[281] Zertifizierungen können für die Qualifizierungsmaßnahmen der Mitarbeiter des Dienstleisters aber auch deren Prozesse der Dienstleistungserstellung bestehen.

Die Bereitschaft der Transferpartner zum Wissenstransfer kann auch dadurch beeinflusst werden, inwieweit ein Schutz vor einem unkontrollierten Wissensabfluss besteht, insbesondere dann, wenn es sich um sensible Wissensbestandteile handelt, für die bspw. die Gefahr besteht, dass bei einer Weitergabe an Wettbewerber der Wettbewerbsvorteil des Unternehmens vernichtet wird. Im Bereich impliziten Wissens, dessen Anwendung nur im Ergebnis ‚sichtbar' wird, ist die Gefahr eines unkontrollierten Wissensabflusses geringer, da erstens anderen Akteuren (Nicht-Wissensträgern) häufig der genaue Zusammenhang zwischen eingesetztem Wissen und Ergebnis verborgen bleibt und die Aufgabenerfüllung bzw. die Erbringung der Dienstleistung selbst damit schwer nachvollziehbar ist. Zweitens sind die Kosten der Kodifizierung dieses Wissens häufig so hoch, dass diese nicht vorgenommen wird. Damit bleiben wichtige Voraussetzungen für einen kostengünstigen Transfer unerfüllt und andere Individuen können leicht von der Nutzung dieses Wissens ausgeschlossen werden. Ein Schutz vor einem unkontrollierten Abfluss von Wissen ist ohne weitere vertragliche Sicherungsklauseln eher im Bereich impliziten als im Bereich expliziten Wissens möglich.

Wird explizites Wissen kodifiziert, gestaltet sich ein Nutzungsausschluss schwieriger, da dieses Wissen, auch unter Nutzung personenunabhängiger Medien, entgeltlich aber auch unentgeltlich, einer Vielzahl von Personen zugänglich ist. Damit ist auch die Kontrolle des Transfers expliziten Wissens schwieriger. Im Gegensatz zu implizitem Wissen lassen sich beim Transfer expliziten Wissens, aufgrund der kostengünstigeren Artikulier- und Kodifizierbarkeit dieses Wissens leichter explizite Sicherungsmaßnahmen einsetzen, wie z.B. Patente, Geheimhaltungsklauseln oder die Kodifizierung von Wissen in sachlich gut sichtbarer Form, bspw. in Form von Zugriffsrechten.[282] Existieren explizit durchsetzbare Regeln, kann die Bereitschaft zum Wissenstransfer verbessert werden, da diese Regeln vor Gericht einklagbare Rechte und damit ein gewisses Drohpotential darstellen.

Daher wird folgender Zusammenhang in einer Arbeitshypothese festgehalten:

H10: Der Transfer expliziten Wissens zwischen Personaldienstleister und Unternehmen wird in Form expliziter, institutionell durchsetzbarer Vereinbarungen wie Verträgen, Patenten oder Geheimhaltungsklauseln abgesichert.

---

[282] Vgl. Alewell, D./Bähring, K./Canis, A./Thommes, K. (2005), S. 180.

Wissen, welches der Akteur selbst oder das Unternehmen besitzt, kann eine Machtquelle darstellen, die ein „Wettbewerbsvorteil" bzw. Wissensvorsprung des Unternehmens/des Akteurs gegenüber dem Personaldienstleister darstellt. Dieser Wissensvorsprung ist bei implizitem Wissen stärker geschützt als bei explizitem Wissen. Wenn explizites Wissen kostengünstig auch anderen Akteuren zugänglich ist, besteht die Gefahr der Reduzierung der Machtquelle und damit des Einflusses des Individuums. Dieser Gefahr können die handelnden Akteure auch mit mikropolitischem Verhalten begegnen.

Besitzt das Unternehmen oder die interne Personalabteilung bzw. deren Akteure Macht hinsichtlich bestimmter Wissensbestandteile für bestimmte personalwirtschaftliche Funktionen, entsteht eine Situation der Abhängigkeit des externen Personaldienstleisters von der internen Personalabteilung oder dem Unternehmen. Eine Abhängigkeitssituation resultiert insbesondere daraus, dass die Dienstleistungserstellung an die Integration des externen Faktors gebunden ist. Für den Inhaber des Wissens besteht die Gefahr, sich mit einem, für die Auslagerung von Personalfunktionen notwendigen Wissenstransfer überflüssig zu machen, da er den Personaldienstleister mit dem Wissenstransfer in die Lage versetzen kann, vormals selbst bewältigte Aufgaben zu erbringen. Die Gefahr ist umso größer, je höher der Anteil expliziten Wissens zur Erbringung der Personalfunktion ist, der an den Dienstleister transferiert werden muss. Bei explizitem Wissen[283] ist aufgrund dessen kostengünstigen Transferierbarkeit die Machtbasis viel anfälliger für eine Erosion. Daher könnten Akteure bei der geplanten Auslagerung von personalwirtschaftlichen Funktionen mit einem hohen Anteil expliziten Wissens c.p. viel stärker versuchen, ihre Macht zu schützen bzw. durch verschiedene Maßnahmen versuchen, Widerstand gegen eine zwischenbetriebliche Arbeitsteilung zu leisten. Bei Funktionen mit einem hohen Anteil impliziten Wissens, für die über ein Outsourcing nachgedacht wird, werden Akteure c.p. weniger Widerstand leisten, weil die Gefahr der eigenen Ersetzbarkeit geringer ist und/oder weil das zur Erfüllung der Funktion notwendige Wissen gar nicht oder nur in begrenztem Umfang zu hohen Transferkosten an den Dienstleister transferiert werden kann.

Zu erwarten sind Widerstände, die sich in verschiedenartigen Störungen des Transferprozesses widerspiegeln. So können Unternehmensakteure versuchen, dem ex-

---

[283] Personalwirtschaftliches Wissen in Form von Fachwissen, welches in expliziter Form vorliegt und in einem institutionalisierten Transfer erworben wurde, so dass man davon ausgehen kann, dass dieses Wissen bei allen Personaldienstleistern und den Unternehmen vorhanden ist, stellt keine Machtquelle an sich dar.

ternen Personaldienstleister den Einblick in den Tätigkeitsbereich zu verweigern oder es vermeiden, den Personaldienstleister präzise zu unterweisen. Auch besteht die Gefahr, dass Unternehmensakteure durch eine Verweigerung der Wissensweitergabe oder durch eine bestimmte Sprache, die zur Weitergabe genutzt wird und die der Empfänger nicht ohne zusätzliche Informationen erschließen kann, die Einbeziehung des externen Faktors Wissen zu erschweren. Darüber hinaus kann der Akteur auch über eine selektive Wissensweitergabe Einfluss auf den Wissenstransferprozess ausüben, was c.p. zu einer Erhöhung der Wissenstransferkosten führt.[284]

Hieraus wird folgender Zusammenhang abgeleitet und in einer Arbeitshypothese formuliert:

H11: Je höher der Anteil expliziten Wissens am insgesamt an den Personaldienstleister zu transferierenden Wissen ist, desto mehr besteht c.p. für die Unternehmensakteure die Gefahr, sich durch einen Wissenstransfer „überflüssig" zu machen und desto größer ist c.p. der Widerstand gegen eine zwischenbetriebliche Arbeitsteilung.

Diese Widerstände sind sowohl für den Personaldienstleister, aber auch für das Unternehmen von Nachteil. Zum Beispiel können aufgrund fehlender Informationen über das Anforderungsprofil neue Mitarbeiter, die von einem externen Personaldienstleister beschafft wurden, nicht geeignet für das Unternehmen sein, was mit Produktivitätsverlusten auf Seiten des Unternehmens einhergeht. Hier muss u.U. ein neuer Beschaffungsprozess in Gang gesetzt werden. Gleichzeitig besteht für den Personaldienstleister die Gefahr, dass sich solch eine Minderleistung im Markt herumspricht und sein Ansehen und seine Marktreputation beschädigt. Es ist daher davon auszugehen, dass sowohl das Unternehmen als auch der Personaldienstleister Anreize[285] setzen, die die Wissensweitergabe unterstützen.

---

[284] Gleichzeitig entstehen auch Kosten für Anreizmechanismen oder Nachbesserungen bei entstehender Minderleistung.

[285] Unter der Annahme, dass ein Wissenstransfer ein wechselseitiger Prozess ist, kann für Akteure ein Anreiz darin bestehen, neues Wissen zu erwerben und damit kontinuierlich die eigene Qualifikation zu verbessern. Hiermit verbunden kann eine Verbesserung der Aufstiegsmöglichkeiten im Unternehmen sein. Aber auch erweiterte Entscheidungskompetenzen, die aus einem Wissenszufluss resultieren können, können motivierende Wirkungen entfaltet. Nicht zuletzt kann die Bereitschaft zum Wissenstransfer auch in eine Personalbeurteilung einfließen, die ihrerseits Grundlage für die Entgeltfindung sein kann.

Andererseits transferieren auch die Personaldienstleister in ihren Dienstleistungen, die sie für ein Unternehmen erbringen, Wissen. Auch hier können machtpolitische Überlegungen eine Rolle spielen. So kann der Personaldienstleister versuchen, den Transfer solchen Wissens zu verhindern oder zu verteuern, welches das Unternehmen in die Lage versetzt, die Personaldienstleistungen nach einer Phase des Lernens selbst zu erstellen, um damit seiner eigenen Ersetzbarkeit vorzubeugen. Dabei ist die Kontrolle des Transfers expliziten Wissens schwieriger, da dieses Wissen viel leichter duplizierbar ist. Wird Wissen bspw. über den Lösungsweg oder Lösungsmethoden in expliziter Form vom Personaldienstleister an das Unternehmen weitergegeben und vom Unternehmen internalisiert, kann dies dazu führen, dass das Unternehmen die Personal(Teil-)funktion ggf. wieder selbst erbringen kann [286] oder bisher unternehmensintern erfüllte personalwirtschaftliche Aufgaben effizienter lösen und die Qualität der eigenen Aufgabenerbringung verbessert werden kann. Hierin kann ein wichtiges Motiv für Unternehmen zur Nachfrage nach Personaldienstleistungen bestehen. Dies könnte insbesondere für kleine und mittlere Unternehmen zutreffen. Diese sind in vielen Bereichen auf externe Ressourcen angewiesen. Unternehmen dieser Größenklasse verfügen in vielen Fällen nicht über das notwendige Wissen und die notwendigen Fähigkeiten zur Erfüllung einer bestimmten Aufgabe.

H12: Je höher der Anteil expliziten Wissens des Personaldienstleisters bei der Dienstleistungserstellung ist, desto größer ist c.p. die Wahrscheinlichkeit der Internalisierung dieses Wissens durch das nachfragende Unternehmen.

Zeichnet sich das bei einem Personaldienstleister zur Bewältigung personalwirtschaftlicher Aufgaben notwendige Wissen durch einen hohen Anteil intuitiver und daher impliziter Bestandteile aus, die nicht abschließend beschrieben werden können, kann dieses Wissen nicht ohne weitere Erläuterungsanstrengungen vom nachfragenden Unternehmen internalisiert werden. Damit ist insbesondere die Voraussetzung dafür gegeben, dass implizite individuelle Wissensbestandteile, die einen Wettbe-

---

[286] Siehe hierzu auch die Überlegungen zu den Kostenwirkungen verschiedener Wissensarten. Es ist aber davon auszugehen, dass der Personaldienstleister seine Fixkosten der Leistungserbringung auf eine große Zahl von Nachfragern verteilen kann und daher der Kostenvorteil des Personaldienstleisters erhalten bleiben wird.

werbsvorteil für den Personaldienstleister darstellen können,[287] nicht oder nur schwer vom nachfragenden Unternehmen internalisiert werden können, so dass der Wissensvorsprung des Dienstleisters im Bereich impliziten Wissens erhalten bleibt. Personaldienstleister, die sich gegen den unkontrollierten Abfluss ihres Wissens an ihre Kunden und damit vor ihrer eigenen mittelfristigen Ersetzbarkeit schützen wollen, können dies – ohne weitere vertragliche Sicherungsklauseln – eher im Bereich von implizitem individuellem Wissen. So wird bspw. im Rahmen der Personalbeschaffung durch Dienstleister implizites Wissen über effiziente Suchwege und Kontaktpersonen, in der Regel durch die Personaldienstleister, vor einem Wissenstransfer ins auftraggebende Unternehmen geschützt. Es ist daher zu vermuten, dass die Wissensvorteile der Personaldienstleister v.a.D. im Bereich impliziten, durch Erfahrung in verschiedenen Unternehmen und Branchen, erworbenen Wissens liegen.[288] Daraus ergibt sich folgende Arbeitshypothese:

H13: Je höher der Anteil impliziten Wissens beim Personaldienstleister bei der Dienstleistungserstellung ist, desto besser kann c.p. dessen Wettbewerbsvorteil vor Imitation durch den Kunden geschützt werden.

---

[287] Siehe hierzu Winter, S.G. (1987), Hall, R. (1993) sowie Grant, R.M. (1996). Für diese Autoren repräsentiert implizites Wissen „[...] the principal source of sustainable competitive advantage in an increasingly dynamic und turbulent business environment. [...]" Zitiert nach Lam, A. (1998b), S. 1.
[288] Vgl. Alewell, D./Bähring, K./Canis, A./Thommes, K. (2005), S. 180.

6. Operationalisierung der Wissensarten

6.1 Problemstellung

Die in den Kapiteln 5.2 und 5.3 abgeleiteten Arbeitshypothesen sollen im Fortgang der Arbeit einer ersten empirischen Prüfung unterzogen werden. Eine empirische Prüfung der entwickelten Arbeitshypothesen setzt voraus, dass begründete Aussagen darüber gemacht werden können, ob zur Erbringung einer personalwirtschaftlichen Aufgabe ein höherer Anteil expliziten oder impliziten Wissens notwendig ist und an den Dienstleister transferiert werden muss.

Aufgabe ist es daher zunächst, ein geeignetes Mess- und Beurteilungskriterium für die Implizität respektive Explizität von Inputwissen zu finden, um Wissensstrukturen abzubilden. Die Erhebung und Abbildung von Wissensstrukturen kann u.a. mittels Befragungen und Beobachtungen erfolgen. Die hiermit verbundenen Probleme machen eine Erhebung und Abbildung von Wissensstrukturen, insbesondere eine Abbildung impliziten Wissens schwierig.[289] Daher wird in einem ersten Schritt im Hinblick auf die Analyse von Wissensstrukturen versucht, ein Ersatzkriterium zu definieren, mit dessen Hilfe Strukturen des zur Bewältigung von Aufgaben notwendigen Wissens operationalisiert werden können. Für die Ermittlung dieses Ersatzkriteriums wird auf den in der Literatur formulierten engen Zusammenhang zwischen den Charakteristika einer Aufgabe, insbesondere dem Merkmal der Aufgabenkomplexität, und dem zur Bewältigung der Aufgabe notwendigen Input-Wissen, zurückgegriffen.[290] "[...] Research suggests that knowledge may interact with task complexity [...]".[291] Dieses Verhältnis wird in der Literatur in Form eines Abhängigkeitsverhältnisses modelliert. Dabei wird angenommen, dass die Struktur des zur Erfüllung der Aufgabe notwendigen Wissens von der Art der Aufgabe bzw. bestimmten Aufgabencharakteristika abhängt. „[...] Yet it has been often accepted that information [and knowledge] needs [...] depend on worker's tasks [...]".[292] Daher kann man sich einer Sichtbarmachung von Wissensstrukturen durch die Betrachtung von Charakteristika einer Aufgabe nähern, die damit als Ersatzkriterium fungieren können, um Wissensstrukturen für die hier zu beantwortende Frage zu beschreiben.

---

[289] Vgl. Hagemeyer, J./Rolles, R. (1998), S. 47, Herbig, B. (2000), S. 138 sowie Herbig, B./Büssing, A. (2003), S. 45ff.
[290] Vgl. hierzu u.a. Ashton, R.H. (1990).
[291] Tan, H./Ng, T./Mak, B. (2002), S. 82.
[292] Byström, K./Järvelin, K. (1995), S. 1. Siehe hierzu auch Ingwersen, P. (1992) und empirische Untersuchungen von O'Reilly, C.A. (1982) und Tiamiyu, M.A. (1993).

Erste Überlegungen hierzu wurden bereits im Zusammenhang mit der Darstellung der für diese Arbeit relevanten Wissensarten vorgenommen. Dort wurde bereits auf den Zusammenhang zwischen der Strukturiertheit einer Aufgabe und dem zur Bewältigung der Aufgabe notwendigen Wissen hingewiesen. Die geringe bzw. schlechte Strukturiertheit einer Aufgabe resultiert aus einem höheren Anteil impliziten Wissens am Gesamtwissen, welches zur Erfüllung der Aufgabe eingesetzt wird. Folgt man Campbell, so ist die Strukturiertheit einer Aufgabe ein Kriterium, um die Komplexität von Aufgaben zu beschreiben.[293] „[...] [Structure] [is] a consequence of the more basic task characteristics. That is, tasks having multiple paths that are imprecisely linked to several desired but conflicting outcomes are likely to be unstructured, ambigous, and difficult. Thus, if a task involves one or more of the basic complexity attributes, it also is likely to possess one or more of these associated attributes. [...]".[294] Damit sind komplexe Aufgaben in dieser Perspektive im Vergleich zu nicht-komplexen Aufgaben schlechter strukturiert.[295]

Führt man die Aussagen von Campbell und die in der Literatur verarbeiteten Überlegungen zur Art des Wissens und der Strukturiertheit einer Aufgaben zusammen, so wird basierend darauf argumentiert, dass bei der Erfüllung komplexer Aufgaben der Anteil des impliziten Wissens im Vergleich zum Anteil expliziten Wissens höher ist. Ohne die anderen erklärenden Kriterien wie die Ambiguität und den Schwierigkeitsgrad einer Aufgabe en detail zu betrachten, erscheint es daher möglich, mittels des Kriteriums der Aufgabenkomplexität, Aussagen über die einer Aufgabe zugrunde liegenden Wissensstrukturen zu machen.[296] „[...] Task complexity, which describes the relationships between task inputs, will be an important determinant of human performance through the demands it places on the knowledge, skills, and resources of individual task performers. [...]"[297] In diesem Kontext kann die Komplexität von Aufgaben ein Hilfsmittel sein, um den Anteil des impliziten Wissens am insgesamt zur Erfüllung der Aufgabe notwendigen Wissen abzuschätzen.

---

[293] Campbell, D.J. (1988), S. 45.
[294] Campbell, D.J. (1988), S. 45.
[295] Vgl. Campbell, D.J. (1988), S. 45.
[296] Arbeiten, die den Zusammenhang zwischen der Komplexität einer Aufgabe und kognitiven Prozessen und Aktivitäten, wie z.B. der Lösung von Aufgaben und hierzu notwendigen Fähigkeiten und Kenntnissen verarbeitet haben, liegen bereits vor. Siehe hierzu u.a. March, J./Simon, H. (1958), Newell, A./Simon, H. (1972), DeLuca, J./Stumpf, S. (1981) sowie Tan, H./Ng, T./Mak, B. (2002).
[297] Wood, R. (1986), S. 66.

Bevor hierauf basierend eine Untersuchung der einzelnen personalwirtschaftlichen Aufgaben im Hinblick auf das zur Erfüllung der Aufgaben notwendige Wissen erfolgt, soll mittels einer literaturgeleiteten Analyse die Wahl des Ersatzkriteriums begründet werden.

Zunächst wird gezeigt, durch welche Charakteristika komplexe Aufgaben gekennzeichnet sind. Hierauf aufbauend wird eine für die Arbeit geeignete Definition von Aufgabenkomplexität abgeleitet, mit deren Hilfe man sich der Abbildung von Wissensstrukturen annähern kann. Um die Wahl des Ersatzkriteriums zu untermauern, werden Anknüpfungspunkte zwischen der Komplexität der Aufgabe und der Art des eingesetzten Wissens zur Bewältigung dieser Aufgabe aufgezeigt. Wissensstrukturen können dann dadurch abgebildet werden, dass das Vorliegen von Merkmalen komplexer Aufgaben für die einzelnen personalwirtschaftlichen (Teil-)Funktionen geprüft wird und basierend hierauf für die einzelnen personalwirtschaftlichen (Teil-)Funktionen Aussagen über deren Wissensstrukturen getroffen werden.

6.2 Das Konzept der Aufgabenkomplexität

6.2.1 Charakteristika komplexer Aufgaben

Campbell (1991) weist darauf hin, dass verschiedene Ansätze zur Beschreibung der Aufgabenkomplexität in der Literatur prinzipiell darin übereinstimmen, dass es sich dabei um ein mehrdimensionales Konstrukt handelt.[298] In der Literatur werden eine Vielzahl von Charakteristika vorgeschlagen, um die Komplexität von Aufgaben zu beschreiben,[299] wozu u.a.:

- "[...] multiplicity of possible actions (Terborg/Miller, 1978, Campbell, 1988)
- multiplicity of goals (Campbell, 1988)
- number of inputs (Wood, 1986)
- variety (Daft/Macintosh, 1981)
- analysability (Daft/Macintosh, 1981)
- number of cognitive and skill demands (MacMullin/Taylor, 1984, Campbell, 1988) [...]"[300]

gehören.

---

[298] Vgl. Campbell, D.J. (1991) zitiert nach Zempel, J. (2002), S. 205.
[299] Vgl. u.a. March, J./Simon, H. (1967), Van de Ven, A./Ferry, D. (1980), MacMullin, S.E./Taylor, R.S. (1984), Järvelin, K. (1986) sowie Campbell, D.J. (1988).
[300] Byström, K. (1999), S. 42.

March/Simon (1958) identifizieren das Vorliegen von nicht exakten oder auch unbekannten Ursache-Wirkungs-Zusammenhängen[301] als ein Aufgabenmerkmal, welches aus ihrer Sicht charakteristisch für komplexe Aufgaben ist.
Dieses Merkmal greifen Frost/Mahoney (1976), Terborg/Miller (1978) und Campbell (1988) in ihren Arbeiten auf.
So unterscheiden Frost/Mahoney (1976) zwischen Aufgaben, die sich durch „[...] prescribed and nonprescibed [...]"[302] Prozesse bzw. Prozessschritte charakterisieren lassen. Aufgaben mit ex ante nicht festgelegten Prozessabläufen werden als komplexe Aufgaben definiert und zeichnen sich u.a. dadurch aus, dass die Alternativen, die zu einer Erfüllung der Aufgabe vorliegen, häufig nicht wohldefiniert sind,[303] was dazu führen kann, dass Weg-Ziel-Relationen unklar sind.
Auch die Überlegungen von Terborg/Miller (1978) knüpfen an March/Simon an. Terborg/Miller definieren die Komplexität von Aufgaben im Hinblick auf die hierbei vorliegende Weg-Ziel-Vielfalt. Sie verstehen hierunter, dass verschiedene Wege existieren, die zur Erfüllung der Aufgabe führen. Die Autoren interpretieren dies als eine Form der Konzeptualisierung unbekannter Ursache-Wirkungs-Zusammenhänge.[304] In dieser Perspektive hat Komplexität zwei Ursachen. Zum einen [...] the multiple number of paths to the goals [...]; although there appear to be many possibilities, only one works [...]"[305] und zum anderen „[...] the task requires the individual to find the best or optimal path [...]"[306].
Ähnlich zu Terborg/Miller argumentiert auch Campbell (1988). Dieser identifiziert „[...] the presence of multiple potential ways to arrive at a desired end-state [...]" und "[...] the presence of uncertain or probabilistic links among paths and outcomes [...]"[307] als Merkmale komplexer Aufgaben. In seiner Arbeit ergänzt Campbell die bisher diskutierten Eigenschaften um zwei weitere Charakteristika. Diese beiden Merkmale sind: „[...] the presence of multiple desired outcomes to be attained [...]" sowie [...] the presence of conflicting interdependence among paths to multiple outcomes [...]"[308].

---

[301] Vgl. March, J./Simon, H. (1958), S. 148-149.
[302] Vgl. Campbell, D.J. (1988), S. 41.
[303] Campbell, D.J. (1988), S. 41.
[304] Vgl. Terborg, J./Miller, H. (1978) zitiert nach Campbell, D.J. (1988), S. 42.
[305] Campbell, D.J. (1988), S. 42.
[306] Vgl. Terborg, J./Miller, H. (1978) zitiert nach Campbell, D.J. (1988), S. 42.
[307] Campbell, D.J. (1988), S. 44.
[308] Campbell, D.J. (1988), S. 44.

Der Einfluss dieser Charakteristika auf die Komplexität von Aufgaben wird durch einen positiven Zusammenhang beschrieben.[309] Aufgaben, für die keines der von Campbell diskutieren Kriterien zutrifft, bezeichnet dieser als ‚simple tasks'.[310] Byström/Järvelin (1995) verstehen hierunter „[...] automatic information processing tasks [that] are apriori completely determinable so that, in principle, they could be automated. [...]"[311]. Beispielhaft nennen die Autoren die Entgeltabrechnung in Unternehmen als eine solche Aufgabe.

Betrachtet man die Ausführungen der hier genannten Autoren so fällt auf, dass unsichere oder unklare Zweck-Mittel- bzw. Weg-Ziel-Relationen von allen übereinstimmend als ein wesentliches Merkmal komplexer Aufgaben bezeichnet werden. Unsicherheit hinsichtlich Weg-Ziel-Verknüpfungen liegt vor, wenn Verbindungen zwischen potentiellen Wegen bzw. Alternativen zur Zielerreichung und Zielen nicht mit Sicherheit existieren. So können bei der Bewältigung einer Aufgaben zwar die Alternativen, die möglichen Umweltzustände und die Ergebnisse bei der Wahl einer bestimmten Alternative und der Eintritt eines bestimmten Umweltzustandes bekannt, die Eintrittswahrscheinlichkeit der Umweltzustände aber unbekannt sein. In diesem Fall sind die Auswirkungen der Auswahl einer der zur Verfügung stehenden Alternativen nicht vollständig bekannt.

Unsicherheit kann auch darin bestehen, dass die Wirkungen der Handlungsalternativen nicht vollständig bekannt sind, da neue Handlungsalternativen Bestandteil des Alternativensets sind und die Akteure über diese Handlungsalternativen erst Kenntnis erlangt haben. Andererseits kann Unsicherheit resultieren, da Handlungsalternativen bis jetzt noch nicht angewendet wurden und daher Erfahrungen mit der Anwendung sowie hinsichtlich der Wirkungen dieser Alternativen fehlen. Es ist daher a priori schwierig einzuschätzen, ob mit einer Handlung ein angestrebter Zielzustand erreichbar ist und welche, auch indirekten, Wirkungen die Wahl einer Alternative auf andere Handlungen und die Erreichung eines Zieles entfaltet.

Umweltzustände stellen dabei exogene Größen dar, die vom Entscheider häufig nicht beeinflusst werden können. Bei der Erfüllung personalwirtschaftlicher Aufgaben kann Unsicherheit z.B. durch unterschiedliche Gruppen im Unternehmen bzw. deren Verhalten in bestimmten Situationen ausgelöst werden, wenn diese durch personalwirt-

---

[309] Als Ausnahme von diesem aufgestellten Zusammenhang formuliert Campbell den Fall, dass die Ergebnisse positiv korelliert sind. Siehe hierzu Campbell, D.J. (1988), S. 44.
[310] Vgl. Campbell, D.J. (1988), S. 46.
[311] Vgl. Byström, K./Järvelin, K. (1995), S. 7.

schaftliche Aktivitäten betroffen sind. Umweltzustände sind nicht immer wohldefiniert bzw. vollständig explizit beschreibbar. Wenn sich z.b. die Unzufriedenheit eines Betriebsratsmitgliedes auf einen Verteilungskonflikt in einer bestimmten Tonlage seiner Stimme äußert, können Probleme bestehen, diese stimmliche Reaktion exakt zu verbalisieren. Man müsste mit einem Dritten gemeinsam, diese stimmliche Reaktion beobachten und den Dritten darauf hinweisen, dass dies der Ausdruck der Unzufriedenheit dieses Betriebsratsmitgliedes ist. Eine Verbalisierung und ein personenunabhängiger Transfer dieser Informationen sind schwierig und resultieren c.p. in höheren Wissenstransferkosten.

Aufgabenkomplexität resultiert hier in der Notwendigkeit eines situationsangepassten Verhaltens auf Basis der Wahrnehmung verschiedener Situationsparameter. Beim Eintritt von bestimmten Umweltzuständen ist ein ex ante bestimmtes Vorgehen u.U. nicht zielführend und Akteure müssen schnell mit anderen Handlungsalternativen auf den Eintritt eines bestimmten Umweltzustandes reagieren. Komplexität entsteht dadurch, da Zustandsbewertungen in nicht vorhersehbaren, auch „chaotischen" Situationen erfolgen und Situationen bewältigt werden müssen, die durch eine Vielzahl sich auch gegenseitig beeinflussender Prozessparameter über deren kombinatorische Wirkung ebenfalls Unsicherheit herrschen kann, gekennzeichnet sind.

Probabilistische Verknüpfungen zwischen Aktivitäten zur Aufgabenbewältigung und Zielen sind dadurch gekennzeichnet, dass diese nicht streng kausal sind. Zweck-Mittel-Relationen beruhen in diesem Fall auf einer statistischen Wahrscheinlichkeit,[312] die der Erfahrung entstammt. Es handelt sich bei probabilistischen Weg-Ziel-Relationen damit um erfahrungsbasierte Verflechtungen von Aktivitäten und Ergebnissen, die insbesondere von den Spezifika der Situationen, in der die Erfahrungen gemacht wurden, und von komplexen Wahrnehmungen über mehrere Sinne sowie Zusammenhangswahrnehmungen[313], abhängen. Damit sind Verallgemeinerungen und die Ableitung von kausalen Zusammenhängen schwierig. Die Menge an einflussnehmenden Faktoren ist teilweise so groß, dass a priori keine sinnvollen Aussagen über Zweck-Mittel-Relationen und damit für die Bewältigung von Aufgaben getroffen

---

[312] Tritt bei n Versuchen ein Ereignis k-mal auf und nähert sich mit zunehmender Anzahl der Versuche, die relative Häufigkeit k/n einer festen Zahl, wird diese als statistische Wahrscheinlichkeit des Ereignisses bezeichnet. Statistische Wahrscheinlichkeiten lassen sich erst dann angeben, wenn genügend viele Versuche zu ihrer Ermittlung durchgeführt werden. Man spricht bei dieser Form der Wahrscheinlichkeit auch von a posteriori-Wahrscheinlichkeit. Vgl. hierzu Zöfel, P. (2003), S. 37 sowie Schira, J. (2005), S. 221.

[313] Vgl. Herbig, B./Büssing, A. (2003), S. 42.

werden können. Komplexität ergibt sich hierbei insbesondere aus der Verarbeitung einer Vielzahl von oft nicht genau definierten und definierbaren Sinneseindrücken.[314] Für Wood, der unterschiedliche Arten von Aufgabenkomplexität unterscheidet, erhöht sich durch diese Aufgabeneigenschaft die koordinative Komplexität. Mit zunehmender koordinativer Komplexität entfernt sich die Struktur der Aufgabe von einer Linearkombination der einzelnen Komponenten und ist stärker durch deren Nichtlinearität gekennzeichnet. „[…] When confronted with nonlinear relationships […] an individual will require knowledge about the turning points in the function in order to regulate his or her performance of the task. […]"[315] Dies resultiert insbesondere deswegen in einer höheren Aufgabenkomplexität, da Wechsel-, Fern- und Nebenwirkungen einzelner Komponenten und Störgrößen, wie z.b. situative Parameter (,turning points'), berücksichtigt und in die Wahl geeigneter Handlungsweisen zur Zielerreichung einbezogen werden müssen. Das Individuum muss verschiedene Wege und damit auch verschiedene Informationen berücksichtigen, die selbst inkonsistent und widersprüchlich sein können. Für das Individuum ergeben sich hieraus Anforderungen hinsichtlich der Evaluierung von Informationen und Wegen zur Zielerreichung und der Frage, welche dieser Informationen mit welcher Gewichtigung in die Beurteilung einzubeziehen sind.

Insgesamt führen unklare oder unsichere Weg-Ziel-Relationen dazu, dass in geringerem Umfang a priori Programme, Regeln und Strukturen zur Bewältigung der Aufgabe existieren und damit die Tätigkeiten bezüglich der zu vollziehenden Arbeitsschritte, insbesondere für Dritte, unstrukturiert und interpretationsbedürftig sind. Inputs in Form von Wissen, die kombiniert werden müssen, sind z.T. widersprüchlich und schwer kodifizierbar und stellen dadurch höhere Anforderungen an die kognitiven Fertigkeiten der Akteure.[316]

6.2.2 Ableitung einer Definition des Ersatzkriteriums der Aufgabenkomplexität

Nach diesem kurzen Überblick über verschiedene Merkmale komplexer Aufgaben, ist nach einer für die Arbeit geeigneten Definition von Aufgabenkomplexität und deren Bestandteilen zu fragen, die als Hilfsmittel fungiert, um Aussagen über den Anteil im-

---

[314] Vgl. Herbig, B. (2000), S. 42.
[315] Wood, R.E. (1986), S. 70.
[316] Vgl. Campbell, D.J. (1988), S. 42.

pliziten Wissens am für die Aufgabenerfüllung notwendigen Wissen zu generieren bzw. diesen Anteil abzuschätzen. Bereits am Beginn des Kapitels wurde hierzu formuliert, dass der Anteil impliziten Wissens zur Erbringung von Aufgaben bei komplexen Aufgaben höher ist.

Als ein Merkmal komplexer Aufgaben wird das Vorhandensein einer Vielzahl von Alternativen zur Erreichung eines definierten Zieles betrachtet. Komplexität resultiert in der Perspektive von Campbell hierbei daraus, dass bei der Entscheidung für das Vorgehen zur Erfüllung der Aufgabe mehrere Alternativen berücksichtigt und evaluiert werden müssen, um den besten Weg zu finden.[317] Die Anzahl der Alternativen ist aber im Hinblick auf die Abschätzung des Anteils impliziten Wissens kein geeignetes Merkmal der Aufgabenkomplexität. Ausschließlich aufgrund eines umfangreicheren Alternativensets benötigt das Individuum zur Erfüllung der Aufgabe nicht zwingend einen höheren Anteil erfahrungsbasierten und kontextbezogenen Wissens. Hat das Individuum in seinem wahrgenommenen Alternativenset eine Anzahl von Alternativen größer 1, dann kann das Individuum diese benennen und zählen, d.h., es kann in einer Art Checkliste festlegen, welche Alternativen zur Zielerreichung in Frage kommen und diese bewerten.

Für die Frage der Komplexität von Aufgaben und der Abbildung von Wissensstrukturen besitzt dieses Merkmal dann Relevanz, wenn die Beziehung zwischen den einzelnen Alternativen des Alternativensets und dem angestrebten Ergebnis der Handlung unsicher und unklar sind. Eine Evaluation der Alternativen ist schwierig weil für einzelne Alternativen geprüft werden muss, unter welchen Umweltkonstellationen, diese Alternativen das gewünschte Ergebnis hervorbringen. Liegt in diesem Bereich des Eintritts von Umweltzuständen aber Unsicherheit vor, dann ist eine Evaluation schwierig, da a priori Einschätzungen nur schwer möglich sind. Unter diesen Bedingungen wird ad hoc bzw. nach Eintritt des Umweltzustandes entschieden. Hierbei entfaltet Wissen Vorteile, welches ad hoc verschiedene Weg-Ziel-Relationen simulieren kann.

Eine Evaluation verschiedener Vorgehensweisen wird zudem dann erschwert, wenn Unsicherheit hinsichtlich der Wirkungen der verschiedenen Alternativen sowie Interdependenzen bzw. Konflikte zwischen den Wirkungen vorliegen. Im Rahmen der Entscheidungsfindung müssen nicht nur die Wirkungen einer Alternative evaluiert wer-

---

[317] Vgl. Campbell, D.J. (1988), S. 46.

den, sondern die Wirkungen verschiedener Alternativen. Wirkungen können unter Unsicherheit abhängig vom Eintritt bestimmter Umweltzustände sein. Gleiches kann auch für Konflikte zwischen Wirkungen zutreffen. Für in der Art gelagerte Entscheidungssituationen entfaltet der Einsatz von Wissen Vorteile, welches kurzfristig die Simulation verschiedener, auch verschwommener Handlungsparameter zulässt sowie Ähnlichkeiten und Muster zwischen Entscheidungssituationen erkennt und hierauf aufbauend eine effiziente Alternativenwahl zulässt.

Als weiteres Kriterium der Komplexität von Aufgaben wird das Vorliegen multidimensionaler Ziele genannt. Komplexität resultiert hier daraus, dass für jedes Teilziel geeignete Maßnahmen gefunden und Interdependezen sowie Konflikte zwischen den einzelnen Wegen und Zieldimensionen berücksichtigt werden müssen. Komplexität wird hierbei i.S. eines zunehmenden Umfangs von Informationen interpretiert, die verarbeitet werden müssen. Hieraus resultieren höhere Anforderungen an die kognitiven Fähigkeiten der Akteure. Diese liegen primär im Bereich von Anforderungen, die sich aus der Menge von Informationen ergeben, die verarbeitet werden müssen und weniger darin, dass unterschiedliche Arten von Wissen für die Aufgabenbewältigung genutzt werden. Basierend auf dem Vorliegen multidimensionaler Ziele allein kann nicht geschlussfolgert werden, dass zur Erfüllung einer Aufgabe ein höherer Anteil impliziten Wissens notwendig ist.

Für die Frage der Komplexität von Aufgaben und der Abbildung von Wissensstrukturen besitzt dieses Merkmal aber dann Relevanz, wenn unklare und unsichere Zweck-Mittel-Relationen vorliegen. Mit dem Eintritt bestimmter Umweltzustände können ganz unterschiedliche Wirkungen von Alternativen auf einzelne Zieldimensionen verbunden sein. Für eine Entscheidungsfindung in dieser Art von Entscheidungssituationen entfaltet Wissen, welches Vorteile hinsichtlich der Simulationen von unterschiedlichen Prozessparametern und Wirkungen von Alternativen hat, positive Wirkungen.

Unsichere und unklare bzw. nicht streng kausale Weg-Ziel-Kombinationen sind weiteres Merkmal komplexer Aufgaben. Dieses Merkmal manifestiert sich z.T. in erfahrungsbasiertem Wissen, was in direkter Auseinandersetzung mit einer bestimmten Situation bzw. einem bestimmten Gegenstandsbereich erworben wurde. Eine angemessene Verbalisierung solchen Wissens, so dass Weg-Ziel-Kombinationen auch von anderen Akteuren nachvollzogen werden können, die die in Frage stehenden Erfahrungen nicht gemacht haben, ist häufig nicht vollständig oder nur zu hohen Kosten möglich.[318] Diese Zweck-Mittel-Beziehungen sind sehr stark situations- bzw. kontextbezogen, von der bestimmten Ausprägung eines Umweltzuständes abhängig. Die Alternativenwahl macht daher eine Orientierung an der Ausprägung situationsspezifischer Parameter notwendig. Vorteile entfaltet hierbei Wissen, was einen entsprechenden Kontextbezug aufweist sowie die Simulation verschiedener Prozessparameter zulässt. Hierzu kann gerade im Hinblick auf personalwirtschaftliche Funktionen Wissen über Verhaltensweisen von Unternehmensakteuren gehören, welches sich auf die Interaktion mit Individuen im Unternehmen bezieht. Wissen über Verhaltensweisen, welches häufig in direktem Umgang mit einem bestimmten Gegenstandsbereich erworben wurde, drückt sich bei der Bewältigung von Aufgaben z.B. in gruppenspezifischen Moderationstechniken oder Verhandlungsgeschick aus. Dieses Wissen kann sehr stark personen-, kontext- und erfahrungsgebunden sein. Es ist u.U. schwer verbalisierbar, was auf implizites Wissen verweist und den Transfer dieses Wissen c.p. verteuert. Durch die Einbindung des Wissens in eine direkte Erfahrungssituation kann auch die Artikulation und die Absorption dieses Wissens Probleme bereiten, da der Wissenssender zusätzliche Informationen über die Erfahrungssituation transferieren muss, die dem Empfänger von Wissen fehlen. Ohne diese zusätzlichen Informationen kann letzterer erfahrungsgebundenes Wissen nur zu hohen Kosten absorbieren. Beides resultiert c.p. in höheren Wissenstransferkosten.

Unklare oder unsichere Weg-Ziel-Relationen bei Aufgaben können Auslöser dafür sein, dass implizites Wissen Vorteile bei der Erbringung von Aufgaben hat, die dieses Merkmal tragen und ein höherer Anteil impliziten Wissens zur effizienten Bewältigung der Aufgabe eingesetzt wird.
Unsichere und unklare Mittel-Ziel-Relationen werden in dieser Arbeit daher als das Merkmal komplexer Aufgaben betrachtet, welches einen Hinweis auf implizites Wissen liefert und damit Abschätzungen über den Anteil impliziten Wissens zulässt. In dieser Arbeit werden daher komplexe Aufgaben als Aufgaben definiert, die sich durch unsichere oder unklare Zweck-Mittel-/Weg-Ziel-Relationen auszeichnen. Die Zahl möglicher Alternativen zur Bewältigung einer Aufgabe, konfliktionäre Beziehun-

---

[318] Vgl. Morrison, D.L./Lee, P. (1998) zitiert nach Herbig, B. (2000), S. 27.

gen zwischen den Alternativen und multidimensionale Ziele sind Begleitdimensionen, die die Komplexität der Aufgabe verstärken.[319]

In Arbeiten, die sich mit dem Konstrukt der Aufgabenkomplexität auseinandersetzen, wird darauf hingewiesen, dass der wahrgenommene Grad der Komplexität der Aufgaben von den Kenntnissen des Individuums abhängt, welches die Aufgabe bewältigen muss. So wird sich die Wahrnehmung der Komplexität einer Aufgabe eines Experten oder eines Mitarbeiters der schon länger im Unternehmen beschäftigt ist, von der eines neu ins Unternehmen kommenden Individuums unterscheiden. Des Weiteren unterscheiden sich auch die Kosten und erzielbaren Nutzenwirkungen, die bei beiden Akteuren bei der Bewältigung der komplexen Aufgaben anfallen, in ihrer Höhe. So sind Einarbeitungs- und Bewältigungskosten in Bezug auf die in Frage stehende Aufgabe bei einem Experten geringer als bei einem Novizen.[320] Daher lässt sich das Konstrukt der Komplexität von Aufgaben nicht vollständig objektiv beschreiben. Für die zu treffenden Einschätzungen im Hinblick auf die Komplexität einzelner personalwirtschaftlicher Aufgaben wird daher von einer Normperson ausgegangen, die als Experte charakterisiert wird, der mindestens zwei Jahre Berufserfahrung in diesem speziellen Bereich der Aufgabenausführung hat. Grundsätzlich muss daher ein gewisses Maß an Subjektivität auch für die Analyse personalwirtschaftlicher Aufgaben akzeptiert werden.

6.3 Zusammenhang zwischen der Aufgabenkomplexität und den Wissensarten

Um die Wahl des Aufgabencharakteristikums der Aufgabenkomplexität als Ersatzkriterium für die Operationalisierung der hinter einer Aufgabe liegenden Wissensstrukturen zu begründen, werden im Folgenden Zusammenhänge zwischen der Aufgabenkomplexität und implizitem Wissen unter Rückgriff auf die Definition des Komplexitätsbegriffes verdeutlicht.

Basierend auf theoretischen Überlegungen und empirischen Untersuchungen der Kognitionspsychologie, der Arbeitspsychologie und der Pädagogischen Psychologie wird implizites Wissen in engem Zusammenhang mit Erfahrung und Erfahrungswis-

---

[319] Vgl. Campbell zu Aussagen hinsichtlich der Verstärkung der Komplexität von Aufgaben durch unsichere und unklare Weg-Ziel-Relationen. Vgl. Campbell, D.J. (1988), S. 48.
[320] Vgl. u.a. Tan, H./Ng, T./Mak, B. (2002), S. 82.

sen gesehen.[321] Empirische Untersuchungen zeigen eine Verknüpfung zwischen Erfahrung bzw. Arbeitserfahrung und einem Wissen, welches diffus und schwierig zu benennen ist. Charakteristische Aussagen für diesen Typ von Wissen finden sich u.a. bei Carus/Nogala/Schulze (1992). Diese Aussagen zeigen das folgende Muster: „[...] Ein erfahrener Arbeiter weiß oder fühlt, dass etwas schief läuft. Und er weiß, was er zu tun hat, um weitere Probleme zu vermeiden, aber er kann nicht erklären, welche Informationen ihm den Eindruck gaben, dass irgendetwas nicht stimmt. [...]"[322]. Wesentliche Parallelen liegen bei Expertise und implizitem Wissen in ihrer mangelnden Verbalisierbarkeit. Weitere Ähnlichkeiten sind hinsichtlich der Art des Erwerbs sowie der mentalen Repräsentation des Wissens vorhanden.[323] Sowohl implizites Wissen als auch Erfahrungswissen werden meist über die Dauer der Ausübung einer Tätigkeit bestimmt und vor allem in konkreten Arbeitssituationen generiert.[324]

Morrison/Lee (1998), Herbig (2000) sowie Herbig/Büssing (2003) leiten daraus ab, dass implizites Wissen wesentlicher Bestandteil von Erfahrungswissen ist.[325] Die zu dieser Frage vorliegenden empirischen Untersuchungen zeigen, dass in Situationen, in denen primär auf implizitem Wissen beruhendes, erfahrungsgeleitetes Handeln von zentraler Bedeutung ist, deutliche Leistungsunterschiede zwischen Experten und Novizen existieren.[326] Im Allgemeinen wird angenommen und weitgehend akzeptiert, dass erfahrene Akteure oder Experten aufgrund ihrer Erfahrung[327] besser mit komplexen Situationen umgehen[328] können und bei der Bewältigung komplexer Aufgaben präziser und effizienter arbeiten,[329] da ihre Wissensstrukturen für die in Frage stehende Aufgabe einen höheren Anteil impliziten Wissens umfassen. "[...] The performance superiority of more experienced participants over less experienced participants has been found to be greater on more complex tasks than on less complex

---

[321] Vgl. Herbig, B. (2000), S. 7.
[322] Carus, U./Nogala, D./Schulze, H. (1992) zitiert nach Herbig, B. (2000), S. 8.
[323] Vgl. Herbig, B./Büssing, A. (2003), S. 43f.
[324] Vgl. Herbig, B./Büssing, A. (2003), S. 44.
[325] Vgl. Herbig, B. (2000), S. 27.
[326] Vgl. Büssing, A./Herbig, B./Ewert, T. (2001), S. 175 sowie Kluwe, R.H. (1997).
[327] Für die Genese impliziten Wissens ist Erfahrung in Form einer wiederholten, aktiven Auseinandersetzung mit einer Situation unerlässlich. Dies bedeutet, dass Akteure notwendigerweise darauf angewiesen sind, mindestens schon einmal in einer ähnlichen Situation gewesen zu sein, um dann auf implizites Wissen als handlungsleitendes Wissen zurückgreifen zu können. Für das explizite Wissen ist Erfahrung hingegen keine notwendige Bedingung.
[328] Vgl. hierzu auch Dörner, D./Schölkopf, J. (1991) und Zimmer, K./Krems, J. (1997).
[329] Vgl. Herbig, B. (2000), S. 23.

tasks. [...]"[330] Bonner (1994) zeigt z.B., dass mit zunehmendem Grad der Aufgabenkomplexität „[...] the effect of expertise on performing the task increases [...]"[331]. „[...] Extant research indicates that experience mitigates the effects of task complexity [...]".[332]
Aufbauend auf diesen Überlegungen wird angenommen, dass zur effizienten Erfüllung komplexer Aufgaben c.p. ein höherer Anteil erlernten und sich auf persönlicher Erfahrung entwickelten impliziten Wissens notwendig ist.

Implizites Wissen besteht in der Fertigkeit, Distinktionen und Selektionen weitestgehend intuitiv zu treffen und diese in praktische Handlungen umzusetzen. Die Besonderheit innerhalb dieser Prozesse der Distinktion und Selektion ist darin zu sehen, dass implizites Wissen diese kontinuierlich ermöglicht und hervorbringt, angepasst an die Forderungen, die sich durch ständig ändernde Konstellationen und Situationen dem ausführenden Akteur stellen. Diese sind durch multiple Situationsfaktoren gekennzeichnet, die sich einer vollständigen expliziten Erfassung und Wiedergabe entziehen. Akteure entscheiden in derartigen Situationen „aus Erfahrung" und „intuitiv", um Unsicherheit zu absorbieren.[333] Hierauf aufbauend sind Individuen besser in der Lage, eine kontextspezifische Einschätzung von Situationen vorzunehmen.[334] Implizites Wissen umfasst hierbei ganzheitliche und flexible Antizipationscharakteristika, d.h. Vorstellungen darüber, wie eine Situation aussehen sollte. Diese Soll-Vorstellungen werden bei der Aufgabenbewältigung mit der Ist-Situation verglichen. Bei diesem Vergleich wird ein Ähnlichkeitsprinzip genutzt. Implizites Wissen umfasst hier das Vermögen, Situationen als gleichartig zu erkennen.[335] Diese Vorgehensweise spiegelt sich im Sinne des Erkennens von Mustern und hierauf aufbauend situationsangemessenem Verhalten wider. Im Gegensatz dazu wird bei der Anwendung expliziten Wissens das Identitätsprinzip genutzt. Die Unterschiede zwischen diesen beiden Vorgehensweisen sollen kurz an einem Beispiel verdeutlicht werden. Das Beispiel stammt aus der medizinischen Diagnostik. Hier kann das Identitätsprinzip z.B. bedeuten, dass ein Arzt eine Erkrankung nur dann erkennt, wenn bestimmte definier-

---

[330] Tan, H./Ng, T./Mak, B. (2002), S. 82. Siehe hierzu auch Earley, P.C. (1985), Chang, C.J./Ho, J.L.Y./Liao, W.M. (1997).
[331] Bonner, S.E. (1994) zitiert nach Tan, H./Ng, T./Mak, B. (2002), S. 84.
[332] Tan, H./Ng, T./Mak, B. (2002), S. 82. Siehe hierzu u.a. auch Abdolmohammadi, M./Wright, A. (1987), Chang, C.J./Ho, J.L.Y./Liao, W.M. (1997).
[333] Vgl. Schwaninger, M. (2000), S. 4.
[334] Vgl. Zempel, J. (2000), S. 70.
[335] Vgl. Herbig, B. (2000), S. 24.

te Werte deutlich außerhalb eines Normbereiches liegen. Beim Ähnlichkeitsprinzip würde im Gegensatz dazu die Erkrankung auch erkannt, wenn eine Reihe verschiedener Werte ein „Abweichungsmuster" aufweisen, in dem die einzelnen Werte zwar nicht außerhalb des Normbereiches liegen und damit auffällig sind, der Arzt jedoch aufgrund von Erfahrungen mit einer bestimmten Erkrankung dieses Muster wiedererkennt.[336] Impliztes Wissen ermöglicht gerade in solchen Situationen die Auswahl und Anpassung von Vorgehensweisen, die sich bei ähnlichen Aufgaben als effektiv erwiesen haben.[337]

Mittels des Ähnlichkeitsprinzips ist die Simulation verschiedenster, auch diffuser Variablen, die auf verschiedenen Sinneseindrücken beruhen, möglich.[338] Sinneseindrücke können auf visueller, auditiver sowie auf olfaktorischer Wahrnehmung basieren.[339] Denkt man z.B. an die unterschiedlichen Abstufungen eines Geräusches, welches beim Einsatz einer Maschine auftritt, ist es leicht einsichtig, dass Sinneseindrücke teilweise nur unter hohen Kosten vollständig expliziert und transferiert werden können, was gleichzeitig auch Auswirkungen auf die Beschreibung der Variablen oder Situationsparameter hat, die spezifische Handlungen auslösen. Die Verarbeitung von nicht genau definierten, verschwommenen Eindrücken und deren mögliche Wirkungen auf die Situation wird durch Wissensstrukturen erleichtert, die von ihrer Struktur her ähnlich sind und flexibel Neukombinationen von Eindrücken und Verknüpfungen zulassen.[340] Implizites Wissen erleichtert die Verarbeitung diffuser, verschwommener Informationen und zeichnet sich durch solche Verarbeitungsleistungen aus.[341] Auf implizitem Wissen beruhendes Arbeitshandeln ermöglicht die Wahrnehmung von nicht eindeutig und exakt definierten „Informationen", von schema-inkonsisten Bestandteilen und erlaubt aufgrund ganzheitlicher Vorstellungsbilder, eine zeitkritische Bildung von Strategien und Zustandsbewertungen, insbesondere in nicht vorsehbaren, chaotischen Situationen, wie sie bei unsicheren und unklaren Zweck-Mittel-Relationen auftreten können.[342] So erleichtert implizites Wissen die Wahrnehmung der von Wood identifizierten „turning points". Akteure können basierend hierauf erkennen, wann bestimmte Vorgehensweisen nicht mehr geeignet sind und angepasst

---

[336] Vgl. Herbig, B./Büssing, A. (2003), S. 43.
[337] Vgl. Zempel, J. (2000), S. 212.
[338] Vgl. Herbig, B./Büssing, A. (2003), S. 43.
[339] Vgl. Herbig, B. (2000), S. 42.
[340] Vgl. Zempel, J. (2000), S. 70.
[341] Vgl. Herbig, B. (2000), S. 42.
[342] Vgl. Herbig, B. /Büssing, A. (2003), S. 43.

werden müssen. Damit besitzen Experten einen Leistungsvorteil, wenn eine Situation nicht nur aufgrund von ex ante definierten Strukturen bewältigt werden kann[343] und sind in der Lage, Regeln so zu beherrschen, dass Situationen erkannt werden, in denen die Anwendung dieser ex ante definierten Strukturen u.U. nicht angebracht bzw. zielführend ist.[344] Aus dieser Erfahrung weiß der Akteur auch, welche Prozessparameter bei einem erneuten Auftreten der Situation kritisch sind und beobachtet werden müssen. Je umfangreicher implizites Wissen zur Erfüllung der Aufgabe vorliegt und eingesetzt wird, umso besser kann c.p. das Vorgehen bei der Aufgabenbearbeitung auf Situationsanforderungen abgestimmt werden.[345]

Insgesamt kann festgestellt werden, dass ein enger Zusammenhang zwischen dem Wissen, welches zur Erfüllung von Aufgaben notwendig ist und den Charakteristika einer Aufgabe vorliegt. Dieser kann insbesondere als ein positiver Zusammenhang zwischen der Komplexität der Aufgabe und der Implizität des zur Bewältigung der Aufgaben notwendigen Wissens beschrieben werden.
D.h. wenn eine Aufgabe i.S. dieser Arbeit als komplex bezeichnet wird, kann man unter der Annahme des Ziels einer effizienten Erbringung dieser Aufgabe darauf schließen, dass Wissen zur effizienten Erfüllung dieser Aufgabe c.p. einen höheren Anteil impliziten Wissens umfasst als bei nicht komplexen Aufgaben. Komplexe Aufgaben sind damit die Aufgaben, bei denen c.p. ein höherer Anteil impliziten Wissens am Gesamtwissen notwendig ist und an den Personaldienstleister zur effizienten Erfüllung der Aufgabe transferiert werden muss. So müsste bspw. Wissen über Prozessparameter sowie deren unterschiedliche Ausprägung, d.h. Wissen über sämtliche Sinneseindrücke transferiert werden, die von den Individuen z.T. auch unterschiedlich wahrgenommen werden. Will das Unternehmen personalwirtschaftliche Aufgaben auslagern und strebt für deren Erbringung eine gleiche Effizienz an, dann muss dieses implizite Wissen der Experten neben explizitem Wissen auch extern verfügbar sein.

---

[343] Vgl. hierzu auch Schulze, H./Carus, U. (1995) zitiert nach Büssing, A./Herbig, B./Ewert, T. (2001), S. 175. In Bezug auf die Lösung komplexer Aufgaben konnten Campbell/Gingrich (1986) zeigen, dass diese höhere kognitive Anforderungen an die Individuen stellen. Die von ihnen identifizierten ‚high cognitive demands' können in der Kombination bzw. Neu-Kombination von Wissen insbesondere auch Erfahrungswissen liegen. Hierzu ist ein gewisses Maß an Kreativität notwendig, da Aufgaben nicht einfach durch die Anwendung von Regeln oder strukturierte Vorgehensweisen gelöst werden können. Vgl. hierzu insbesondere Campbell, D.J./Gingrich, K. (1986) zitiert nach Campbell, D.J. (1988), S. 42.
[344] Vgl. Büssing, A./Herbig, B./Ewert, T. (2001), S. 175.
[345] Vgl. Zempel, J. (2000), S. 213.

6.4 Schlussfolgerungen

Die dargestellten Kriterien, die in ihrer Ausprägung dazu führen, dass eine Aufgabe als komplex bezeichnet werden kann, liefern, so konnte gezeigt werden, Anknüpfungspunkte zwischen dem Konstrukt der Aufgabenkomplexität und der Wissensart des impliziten Wissens. Damit liegt ein starker inhaltlicher Zusammenhang zwischen der Komplexität einer Aufgabe und der zur Bewältigung der Aufgabe notwendigen Art des Wissens vor.[346] Implizites Wissen hat als Inputfaktor Vorteile bei der Bewältigung komplexer Aufgaben und kommt in größerem Maße hierbei zum Einsatz.[347] Wenn Akteure für die Bewältigung personalwirtschaftlicher Aufgaben des Unternehmens unterschiedliche Wissensarten mitbringen, dann sind interne und externe Akteure in unterschiedlichem Maße geeignet, komplexe Aufgaben zu lösen bzw. zu bewältigen. Unterschiede hinsichtlich der Eignung der Akteure können zum Beispiel mittels Leistungs-, Qualitäts- und Kostenunterschieden verdeutlicht werden.

Es erscheint daher vielversprechend, die einzelnen personalwirtschaftlichen Teilfunktionen mit Hilfe des Kriteriums der Komplexität von Aufgaben im Hinblick auf ihren Komplexitätsgrad zu untersuchen. Hieraus können dann Aussagen über die für die Erbringung der personalwirtschaftlichen Teilfunktionen dominierende Wissensart abgeleitet werden und eine Antwort auf die Frage formuliert werden, mit welcher Wahrscheinlichkeit einzelne personalwirtschaftliche Teilfunktionen Gegenstand zwischenbetrieblicher Arbeitsteilung sind.

---

[346] Vgl. Byström, K./Järvelin, K. (1995), S. 30.
[347] Vgl. Zempel, J. (2002), S. 214.

7. Wissensstrukturen personalwirtschaftlicher Funktionen – eine Analyse anhand der Komplexität von Aufgaben

7.1 Vorüberlegungen

Die Prüfung der in den Kapitel 5.2 und 5.3 formulierten Zusammenhänge erfordert ein Sichtbarmachen von Wissensstrukturen einzelner personalwirtschaftlicher Aufgaben. Da Wissensstrukturen schwer abbildbar sind, wurde mit der Komplexität von Aufgaben ein Ersatzkriterium definiert, welches die Möglichkeit bietet, sich Wissensstrukturen einzelner Aufgaben anzunähern. Daher werden im Folgenden die im Kapitel 2.1.2.2 identifizierten personalwirtschaftlichen Funktionen hinsichtlich ihrer Komplexität analysiert und hierauf aufbauend Aussagen für das zur Erfüllung der Aufgabe notwendige Wissen abgeleitet.

Es ist ohne weitere Ausführungen einsichtig, dass personalwirtschaftliche Aufgaben Teilprozesse bzw. einzelne Arbeitsschritte umfassen, die unterschiedlich komplex sind. So geht bspw. der Auswahl geeigneter Vertragspartner eine Bewertung und Feststellung der Eignung anhand bestimmter Kriterien voraus. Die Einschätzung über die bei einem Bewerber vorliegenden Eigenschaften und deren Vergleich mit den vom Unternehmen erwünschten Eigenschaften kann hohe Anforderungen an die Fertigkeiten der Akteure stellen, die sich an dieser Stelle u.a. aus der Erledigung von Bewertungs- und Wahrnehmungsaufgaben im Hinblick auf beim Bewerber vorliegende Eigenschaften ergeben. Aufbauend auf unterschiedlich wahrgenommenen Informationen werden Rückschlüsse auf das Verhalten des Individuums bei der Erledigung der Aufgaben gezogen. Diese Schlussfolgerungen können dabei auch erfahrungsbasierten Kausalzusammenhängen erwachsen, so dass Entscheidungen für Dritte nicht vollständig nachvollziehbar sein können. Auf Grundlage des Vorliegens solcher probabilistischer Verknüpfungen zwischen beobachtetem Merkmal und der Einschätzung des Individuums bzw. der Entscheidung über die Beschäftigung des Bewerbers, ist die Eignungsfeststellung im Rahmen der Personalauswahl eine komplexe Aufgabe. Im Gegensatz dazu ist bspw. die Ausfertigung eines Arbeitsvortrages nicht komplex i.S. dieser Arbeit und kann in Anlehnung an die Ausführungen von Byström/Järvelin als „simple task" betrachtet werden.

Aussagen in Form eines Globalurteils über die Aufgabe der Suche und Auswahl geeigneter Vertragspartner sind daher weder sinnvoll noch zielführend. Es wird hier angenommen, dass dies auch für die anderen in Kapitel 2.1.2.2 identifizierten personalwirtschaftlichen Funktionen zutrifft. Aus diesem Grund wird auf einer tieferen Ebene, der Ebene einzelner personalwirtschaftlicher Teilfunktionen, eine Analyse vorgenommen und die Wissensstrukturen einzelner personalwirtschaftlicher Teilfunktionen sichtbar gemacht.

7.2 Personalbeschaffung (Suche und Auswahl geeigneter Vertragspartner)[348]

7.2.1 Ermittlung des Personalbedarfs

Ziel dieser Teilaufgabe ist die Bestimmung des quantitativen sowie qualitativen Netto-Personalbedarfs eines Unternehmens oder eines Unternehmensbereiches.

Der **quantitative Netto-Personalbedarf** ergibt sich aus der Differenz von quantitativem Brutto-Personalbedarf und dem quantitativen Personalbestand. Für die Ermittlung eines quantitativen Brutto-Personalbedarfs können mathematische Berechnungsformeln z.B. nach Rosenkranz und Doeringer/Piore/Scovillle aber auch Schätz- und Prognoseverfahren wie die Indikatormethode, Trendextrapolation und die Delphi-Befragung eingesetzt werden.[349] Aus dem Stellenplan des Unternehmens bzw. des Unternehmensbereiches, für den der quantitative Netto-Personalbedarf bestimmt werden soll, kann durch Auszählen die quantitative Personalausstattung[350] ermittelt werden. Als Ergebnis erhält man den quantitativen Netto-Personalbedarf, der je nach Ausprägung eine Personalbeschaffung oder Personalfreisetzung indizieren kann.

Hinsichtlich der Frage nach der Komplexität dieser personalwirtschaftlichen Teilaufgabe wird folgendes festgehalten.
Die Struktur der Ermittlung eines quantitativen Netto-Personalbedarfs ergibt sich aus dem grundlegenden Verständnis, dass es sich hierbei um eine Differenzgröße handelt. Ausgehend von einer quantitativen Bruttogröße wird in Abhängigkeit vom ver-

---

[348] Unter Suche und Auswahl geeigneter Vertragspartner werden an dieser Stelle alle Aktivitäten des Arbeitgebers verstanden, die ausgehend von der Feststellung eines Personalbedarfs das Ziel verfolgen, Personal in qualitativer, quantitativer, örtlicher und zeitlicher Hinsicht zu beschaffen sowie die Eignung von Bewerbern festzustellen. Aufbauend auf der Eignungsprüfung trifft der Arbeitgeber seine Auswahlentscheidung und fixiert diese vertraglich. Vgl. hierzu auch Kompa, A. (1989), Raststetter, D. (1996), Jung, H. (1997), Olfert, K./Steinbuch, P.A. (2001).
[349] Vgl. zu den einzelnen Verfahren insbesondere Wittlage, H. (1995).
[350] Personalaustattung ist die zu einem bestimmten Zeitpunkt zur Verfügung stehende Zahl von Arbeitskräften. Zu einer Definition vgl. Kossbiel, H. (1990), S. 1067ff.

wendeten Verfahren durch Subtraktion einer Personalbestandsgröße der quantitative Netto-Personalbedarf bestimmt.

Die Zahl der Alternativen zur Bewältigung der Aufgabe der Bestimmung eines quantitativen Brutto-Personalbedarfs wird zunächst durch die Zahl der Verfahren zur Bestimmung beeinflusst. Für den einzelnen Anwendungsfall ist der Alternativenraum durch die Anwendungsvoraussetzungen der Verfahren eingeschränkt. So ist der Einsatz von Verfahren z.B. auf bestimmte Arten von Tätigkeiten und bestimmte Branchen begrenzt bzw. haben sich bestimmte Verfahren als Standard in bestimmten Branchen und für bestimmte Arten von Tätigkeiten etabliert.[351] Die Anwendungsvoraussetzungen können dabei als Umweltzustände interpretiert werden, in denen ein bestimmtes Verfahren geeignet und ein anderes Verfahren ungeeignet ist. Die Umweltzustände sind zum Zeitpunkt der Ermittlung des Personalbedarfs bereits eingetreten und in Abhängigkeit vom vorliegenden Umweltzustand wird über den Einsatz eines Verfahrens entschieden und dieses angewendet. Mit den Verfahren zur Berechnung des quantitativen Brutto-Personalbedarfs, respektive des quantitativen Netto-Personalbedarfs, liegen damit a priori Programme bzw. Strukturen zur Bewältigung dieser Aufgabe vor. Die Anwendung der Verfahren ist bezüglich der zu vollziehenden Arbeitsschritte daher nicht komplex.

Für Prognose- und Schätzverfahren kann die Komplexität des Vorgehens aber höher sein als für die Anwendung von Berechnungsformeln. Bei ersteren kann die Kombination des Inputfaktors Wissen z.T. auch unbewusst erfolgen sowie erfahrungsbasierte Wissensbestandteile bspw. die Einschätzung von Experten der Delphi-Befragung das Ergebnis beeinflussen. Bei letzteren werden primär explizierte individuelle Wissensbestandteile in Form von Kenntnissen relevanter Verfahren und explizierte organisationale Wissensbestandteile in Form von zur Ermittlung des Brutto-Personalbedarfs notwendigen Unternehmensdaten miteinander verknüpft.
Insgesamt wird die Bestimmung des quantitativen Netto-Personalbedarfs als „simple task" betrachtet, die in Abhängigkeit vom eingesetzten Verfahren relativ automatisiert abläuft und die Anwendung primär expliziter Wissensbestandteile notwendig macht.

---

[351] So wird die von Rosenkranz entwickelte Formel zur Berechnung des Brutto-Personalbedarfs nur zur Bestimmung eines kurzfristigen Personalbedarfs bei stark repetitiven Aufgaben, bei denen Zeitstudien sinnvoll sind, eingesetzt.

Für die Ermittlung eines **qualitativen Netto-Personalbedarfs** werden aus dem Leistungsprogramm des Bereiches im Unternehmens, auf den sich die Bedarfsermittlung bezieht, Qualifikationsanforderungen abgeleitet.

Wird eine bereits im Unternehmen vorhandene Stelle neu- bzw. wiederbesetzt, kann der qualitative Netto-Personalbedarf aus der Stellenbeschreibung dieser Stelle abgeleitet werden. Zusätzlich kann eine Anforderungsanalyse, die bspw. den vorherigen Stelleninhaber einbezieht, die qualitative Personalbedarfsermittlung ergänzen.

Bei einer neu geschaffenen bzw. neu zu schaffenden Stelle im Unternehmen kann zur Ermittlung des qualitativen Netto-Personalbedarfs ausgehend vom Leistungsprogramm und den Aufgaben der Stelle eine Anforderungsanalyse[352] durchgeführt werden, aus welcher der qualitative Personalbedarf abgeleitet wird. Mittels Arbeitsanalyseinstrumenten[353] z.b. dem REFA-Schema[354] kann vom Stelleninhaber, vom Vorgesetzten oder einer neutralen Stelle unter Konsultation des Arbeitsplatzinhabers und dessen Vorgesetzten[355] die Stellenanalyse durchgeführt werden. Hierdurch erfolgt eine Sammlung und Analyse arbeitsplatzbezogener Informationen[356] sowie die Beschreibung der Aufgaben und Anforderungen, die von dieser Aufgabe an Personen ausgehen. Anforderungen werden tätigkeits- oder personenbezogen formuliert. Bei einem personenorientierten Vorgehen erfolgt die Beschreibung des Arbeitsplatzes über Charakteristika der Stelleninhaber, welche für die Aufgabenbewältigung als erforderlich betrachtet werden. So wird z.B. für Tätigkeitselemente die mutmaßliche Bedeutung von prinzipiell arbeitsrelevanten Personenmerkmalen durch Experten eingestuft. Eine andere Möglichkeit besteht in der Analyse von Tätigkeiten einer Stelle.

---

[352] Im Rahmen der Stellenanalyse bzw. Anforderungsanalyse, die auch als schriftlich fixierte Darstellung einer Stelle betrachtet werden kann, in der eine Stelle mit Hilfe einer verbalen Auflistung von Stellenkomponenten abgebildet wird, sollen Kenntnisse über die zu bewertende Tätigkeit und die Arbeitssituation erlangt werden. Synonym kann hierzu auch der Begriff der Arbeitsplatzanalyse verwendet werden. Die Stellenanalyse erfüllt im Rahmen der Personalbeschaffungsaktivitäten eines Arbeitgebers zwei wesentliche Ziele. Erstens werden individuelle Eignungsmerkmale identifiziert, die zu einer erfolgreichen Bewältigung der Aufgabe notwendig sind. Zweitens sollen Auswahlkriterien entwickelt und ausgewählt werden, um die Eignung von Bewerbern festzustellen. Sie ist wichtige Grundlage für die Stellenbeschreibung und die Stellenausschreibung und ist der erste Schritt im Hinblick auf eine Definition und Konstruktion von unterscheidbaren Arbeitsanforderungen und individuellen Voraussetzungen im Rahmen der Personalbeschaffung. Daher stellen die Anforderungen des Betriebes bzw. der Arbeitplätze oder Aufgaben immer den Ausgangspunkt zu Bewertung von Qualifikationen dar. Vgl. hierzu Kompa, A. (1989), S. 44f.
[353] Vgl. Gerum, E. (1985), S. 493. Siehe zu einzelnen Verfahren auch Frieling, E./Hoyos, C. Graf (1978).
[354] Vgl. hierzu u.a. Maier, W. (1988), S. 47ff.
[355] Durch die Einbeziehung mehrerer Personen in die Anforderungsanalyse soll die Objektivität dieses Verfahrens erhöht werden. Vgl. Gerum, E. (1985), S. 493.
[356] Vgl. Schuler, H./Funke, U. (1995), S. 237, Rastetter, D. (1996), S. 66.

Hierzu wird bspw. die Critical Incidents Technique (CIT) eingesetzt, bei welcher zentrale Verhaltensbereiche einer Stellenart identifiziert und zu Verhaltensclustern zusammengefasst werden.[357]

Ausgehend von der Stellenanalyse werden Erfolgskriterien abgeleitet, die das erwünschte Leistungsverhalten abbilden, welches der Stelleninhaber im Unternehmen zeigen soll, um die unternehmerischen Ziele zu erfüllen. Diese Erfolgskriterien sind nicht in jedem Fall objektiv erfassbar. So kann bspw. die Zahl der verkauften Schuhe objektiv gemessen werden. Die Einschätzung der Freundlichkeit des Verkäufers gegenüber den Kunden wird bei verschiedenen Beurteilern aber zu verschiedenen Ergebnissen führen.[358]

Aufbauend auf den Erfolgskriterien wird abgeleitet, welche Anforderungen die Durchführung der Aufgabe an die arbeitende Person stellt bzw. welche Voraussetzungen eine Person benötigt,[359] um eine bestimmte Aufgabe zu erledigen. Hierzu werden Plausibilitätshypothesen[360] in der Form aufgestellt, dass angenommen wird, dass für bestimmte Aufgaben bestimmte Qualifikationen notwendig sind.[361] Diese Hypothesen sind nur selten wissenschaftlich validiert[362] und können auch Ergebnis impliziter Theorien der Akteure im Unternehmen sein. Die Güte der Konstruktion und Ableitung personaler Merkmale hängt u.a. davon ab, wie detailliert und eindeutig die Anforderungen der Stelle und Leistungskriterien definiert sind. Sind bspw. Vorstellungen über Leistung bzw. Erfolgskriterien und deren Beschaffenheit bzw. Ausprägung stark von der Unternehmenskultur oder den Erfahrungen der Akteure im Unternehmen geprägt, dann kann die explizite Formulierung dieser Kriterien fallweise nur ein verkürztes Bild des relevanten Kriteriums darstellen. Hieraus kann eine stark rudimentäre Definition und Abbildung des Erfolgskriteriums resultieren. Dies kann sich im weiteren Verlauf

---

[357] Vgl. Rastetter, D. (1996), S. 67.
[358] Vgl. Rastetter, D. (1996), S. 66.
[359] Die Verknüpfung zwischen der beschriebenen Arbeitstätigkeit und den korrespondierenden Personenmerkmalen ist eine der größten Schwierigkeiten, mit der sich die Eignungsdiagnostik konfrontiert sieht. Vgl. hierzu Hoyos, C. Graf (1986).
[360] Da die theoretische Ableitung von Personenmerkmalen aus Anforderungen der Aufgaben aber nicht sauber möglich ist, sondern eher auf der Basis von Vermutungen und Plausibilitätszusammenhängen besteht, wird und sollte die Verwendung bestimmter Verfahren zur Messung dieser personalen Merkmale zumindest empirisch auf ihren möglichen Korrelationszusammenhang zu den Kriterienmaßen hin untersucht werden.
[361] Je präziser dabei die Aufgabeninhalte bekannt sind, desto besser können die personalen Voraussetzungen bestimmt werden, und desto besser können die Erfolgskriterien die auf die konkret erforderlichen Aufgaben bezogen werden. Darüber hinaus unterstützt eine präzise Darstellung und Analyse der Aufgabeninhalte die Entwicklung und Wahl geeigneter Auswahlinstrumente. Vgl. Kompa, A. (1989), S. 7 sowie Raststetter, D. (1996), S. 66.
[362] Vgl. Rastetter, D. (1996), S. 173.

auf die Ableitung bzw. Konstruktion des personalen Merkmals oder mehrerer personaler Merkmale auswirken, die dann ebenfalls nur sehr abstrakt und verkürzt definiert werden können.[363] Abstraktheit meint hier die Entfernung des zu messenden Konstruktes vom konkreten beobachtbaren Verhalten. Je weiter die Entfernung ist, umso schwieriger sind diese Kompetenzdimensionen zu erfassen. Hierdurch ergeben sich für die spätere Beurteilung Interpretationsspielräume.[364] Größere Abstraktheit liegt häufig bei globalen Kompetenzdimensionen wie „Änderungsbereitschaft", „Ambiguitätstoleranz" vor.[365] Globale Kompetenzdimensionen sind Bestandteile von Qualifikationen, die sehr breit und weich definiert sind. Für diese Qualifikationsbestandteile ist zu erwarten, dass diese auch von den Entscheidungsträgern im Unternehmen bzw. vom Unternehmen und vom Personaldienstleister unterschiedlich interpretiert werden. Hier wird davon ausgegangen, dass sich die Entscheidungsträger im Unternehmen dessen bewusst sind, dass dies eher „weiche" Begriffe sind, die der Personaldienstleister anders füllt. Die abgeleiteten Qualifikationen stellen den qualitativen Netto-Personalbedarf dar.

Auf die Frage nach der Komplexität dieser personalwirtschaftlichen Teilaufgabe wird an dieser Stelle folgende Antwort formuliert.
Ziel dieser personalwirtschaftlichen Teilaufgabe ist die Ermittlung eines qualitativen Netto-Personalbedarfs. Zur Bestimmung dieser Nettogröße wird die Differenz zwischen dem qualitativen Bruttopersonalbedarf und dem qualitativen Personalbestand gebildet.
Die hier vorzunehmende Stellenanalyse impliziert die Erhebung von Daten und Informationen über die Stelle mit dem Ziel, diese zu beschreiben. Die Instrumente zur Stellenanalyse repräsentieren die systematische und konzeptionelle Grundlage zur Erfüllung dieser Aufgabe. Die hierbei verwendeten Anforderungsschemata können als Regeln und Strukturen interpretiert werden, die den Arbeitsablauf im Hinblick auf zu beachtende Anforderungsarten, zu beobachtende Sachverhalte und hieraus abzuleitende Qualifikationsanforderungen strukturieren. Diese Strukturen zeichnen sich durch einen hohen Grad an Allgemeinheit aus. Dadurch bietet sich die Möglichkeit,

---

[363] Damit dürften Unterschiede im Rahmen der Ableitung von Kriterien zu erwarten sein, in Abhängigkeit davon, ob bspw. ein Dritter die Ableitung von Kriterien auf Basis expliziter Bestandteile vornimmt oder ob bspw. ein Mitarbeiter der Personalabteilung eine Ableitung von Kriterien auch auf Basis nicht oder nur schwer explizierbarer Wissensbestandteile durchführt.
[364] Vgl. Raststetter, D. (1996), S. 77.
[365] Vgl. Iles, P.A./Salaman, G. (1995), S. 218 zitiert nach Raststetter, D. (1996), S. 77.

dass Akteure mit einer unterschiedlichen Nähe zur Arbeitstätigkeit eine entsprechende Analyse durchführen können. Über die Vorgabe bestimmter Dimensionen, bspw. durch Arbeitsanalyseverfahren, die bei der Anforderungsanalyse analysiert und in die Bewertung einfließen sollen, werden den Anwendern der Instrumente Hinweise gegeben, welche Aspekte während der Stellenanalyse bewertet werden müssen. Die Einschätzungen über Anforderungen bzw. die beobachteten Aspekte basieren in Teilen auch auf erfahrungsbasierten Wissensbestandteilen. Dies kann z.b. Erfahrungswissen darüber sein, welche unterschiedliche Bedeutung einzelne Tätigkeitselemente für eine Aufgabe haben. Einschätzungen darüber, welche Tätigkeitselemente kritisch sind, können zudem von exogenen Größen bzw. von den Umweltzuständen zum Zeitpunkt der Beobachtung beeinflusst sein. Beim Eintritt anderer Umweltzustände können die zu einem Zeitpunkt t=1 als kritisch identifizierten Tätigkeitselemente weniger kritisch sein. D.h. in Abhängigkeit vom Beobachtungszeitpunkt können Einschätzungen hierüber variieren. Hierdurch wird eine Interpretation und Definition von Anforderungen erschwert.

Die Konstruktion personaler Merkmale ist u.a. davon abhängig, wie gut Akteure Vorstellungen über Zusammenhänge zwischen Kriterium und personalem Merkmal formulieren können. Davon wird auch die Festlegung des erwünschten Grades der Ausprägung des personalen Merkmals beeinflusst. Je stärker Zusammenhänge auf impliziten Theorien bzw. Erfahrungen einzelner Akteure des Unternehmens beruhen, umso weniger ist die Konstruktion personaler Merkmale von Dritten nachvollziehbar und interpretationsbedürftig. Diese unklaren Ursache-Wirkungs-Zusammenhänge sind das Ergebnis impliziter erfahrungsgeleiteter Vorstellungen über den Zusammenhang zwischen Kriterium und personalem Merkmal. Die Aufgabe der Ableitung personaler Merkmale ist daher teilweise komplex.

Der Einsatz von Experten aus dem Unternehmen i.S. von Stelleninhabern, direkten Vorgesetzten etc. ist an dieser Stelle mit Vorteilen verbunden, die bspw. in einer detaillierteren, stärker an den unternehmens- und/oder abteilungs- und/oder arbeits platzspezifischen Erfordernissen orientierten Ermittlung des qualitativen Netto-Personalbedarfs liegen. Darüber hinaus sind Stelleninhaber oder direkte Vorgesetzte, die den Arbeitnehmer und dessen Arbeitsausführung kontinuierlich beobachten können, in der Lage, über die vorgegebenen Anforderungen hinaus, Auskunft über weitere

Anforderungen zu geben. Dies kann sich insgesamt positiv auf den Auswahlprozess auswirken, obwohl Erfahrungen u.U. nicht oder nur schwer verbalisierbar sind.

7.2.2 Beschaffung von geeigneten Vertragspartnern (Personalakquisition)

Im Rahmen der Beschaffung von Personal werden geeignete Bewerber vom Unternehmen „angesprochen". Die Aufgabe der Beschaffung umfasst dabei die Auswahl geeigneter Wege der Ansprache und die Durchführung der Ansprache.

Um das benötigte Humankapital in qualitativer, quantitativer, zeitlicher und örtlicher Hinsicht bereitzustellen, kann das Unternehmen zwischen verschiedenen Formen der Ansprache wählen. Die Entscheidung für eine oder ggf. auch für eine Kombination von Wegen der Ansprache hängt u.a. von der Art der gesuchten Qualifikationen, aber auch von anderen Faktoren wie der Dringlichkeit der Arbeitsnachfrage sowie der Situation auf dem Arbeitsmarkt ab.

Im Unternehmen werden im Rahmen der Personalakquisition verschiedene Auswahlentscheidungen getroffen. Die erste Auswahlaufgabe umfasst die Entscheidung, ob Vertragspartner extern und/oder intern beschafft werden.[366] Im Rahmen einer zweiten Teilaufgabe werden Instrumente der Ansprache ausgewählt. Hier unterscheiden sich die interne und externe Beschaffung von Qualifikationen hinsichtlich der angewendeten Instrumente.[367] Bei beiden Formen der Personalbeschaffung finden weit verbreitete, weitgehend standardisierte Beschaffungsinstrumente Anwendung, deren wesentlicher Bestandteil die ermittelten Qualifikationsanforderungen sind. So müssen

---

[366] Diese unterscheiden sich im Wesentlichen darin, dass sie sich entweder auf die Aufnahme einer Mitgliedschaftsbeziehung zu einer Organisation oder auf die Positionsänderung innerhalb der Organisation beziehen, der der Mitarbeiter bereits angehört. Die breitere Auswahlbasis und damit ein Bewerberpool, der sich in seiner Größe von dem eines internen Bewerberpools unterscheidet, kann als Vorteil des externen Marktes herausgestellt werden. Bei der internen Beschaffung erweisen sich vor allen Dingen die besseren Kenntnisse über die Bewerber, und damit der geringere Grad an Informationsasymmetrien zwischen Bewerber und Unternehmen, als Vorteil. Vgl. Rastetter, D. (1996), S. 116f. sowie zu einer Übersicht zu Vorteilen und Nachteilen der innerbetrieblichen und außerbetrieblichen Personalbeschaffung siehe u.a. Kompa, A. (1989), S. 25.

[367] Nutzt die innerbetriebliche Personalbeschaffung vor allen Dingen interne Stellenausschreibungen, Personalentwicklungsmaßnahmen und Versetzungen als Instrumente, um Qualifikationen zu akquirieren, so bedient sich die außerbetriebliche Personalbeschaffung Stellenanzeigen in regionalen und überregionalen Zeitungen, Online-Jobbörsen, der staatlichen und privaten Arbeitsvermittlung, Kontakten zu Ausbildungsinstitutionen sowie der gezielten und persönlichen Ansprache durch das Unternehmen. Externe Personalbeschaffungsmaßnahmen zeichnen sich in der Regel durch einen größeren Aktionsradius aus. Vgl. hierzu Freitag, M. (1998), S. 58. Zur Nutzung verschiedener Anwerbungsmethoden bei der Zielgruppe der Führungskräfte vgl. Pullig, K.-K. (1995), S. 92.

bspw. für eine Stellenanzeige Qualifikationsanforderungen aufgenommen und ein u.U. dem Trägermedium angepasstes Layout entworfen werden.

Hinsichtlich der Komplexität dieser personalwirtschaftlichen Teilaufgabe werden folgende Aspekte festgehalten. Ziel dieser personalwirtschaftlichen Teilfunktion ist die Ansprache von Bewerbern und damit die Gewinnung eines Bewerberpools zur Befriedigung eines Netto-Personalbedarfes. Hierzu wird eine Form der Kontaktaufnahme (Wahl der Anwerbungskanäle) veranlasst, die so gestaltet sein muss, dass sich die geeigneten Personen beim Unternehmen bewerben. Dazu stehen grundsätzlich zwei alternative Beschaffungswege zur Verfügung. Innerhalb dieser beiden Beschaffungsalternativen gibt es verschiedene Instrumente der Ansprache und damit auch verschiedene Alternativen des Vorgehens. Unter Berücksichtigung der gesuchten Qualifikationen wird eine Auswahl der Beschaffungsinstrumente vorgenommen, die für die entsprechende Situation geeignet sind.

Zwischen der Nutzung und Ausgestaltung entsprechender Instrumentarien, den gesuchten Qualifikationen sowie verschiedenen Umweltzuständen (Angebot an Qualifikationen auf dem Arbeitsmarkt, wirtschaftliche Lage), liegen z.T. gut beschreibbare Weg-Ziel- bzw. Ursache-Wirkungs-Zusammenhänge vor[368], die bestimmte Formen der Akquise besonders geeignet für bestimmte Bewerberpopulationen machen.[369] Relevante Umweltzustände sind zum Zeitpunkt der Entscheidungsfindung über ein bestimmtes Verfahren bereits eingetreten und daher weniger mit Unsicherheit behaftet. Diese relativ klaren Zusammenhänge unterstützen den Auswahlprozess und damit die Nachvollziehbarkeit der Auswahl bestimmter Verfahren. Es handelt sich hier um eine Aufgabe mit geringer Komplexität, für die entsprechend wenig bis gar kein implizites Wissen vom Unternehmen an den externen Dienstleister transferiert werden muss.[370]

---

[368] Vgl. Olfert, K./Steinbuch, P.A. (2001), S. 128.
[369] Vgl. Olfert, K./Steinbuch, P.A. (2001), S. 128f.
[370] Vielmehr hat der Personaldienstleister in Form expliziten aber auch impliziten Wissens Vorteile, weil er bestimmte Teilarbeitsmärkte besser kennt und Akquiseinstrumente unter dieser Kenntnis spezifisch ausgestalten und einsetzen kann. Darüber hinaus ist auch zu vermuten, dass der Personaldienstleister bestimmte Wege der Akquise aufgrund seiner Erfahrung, auch innerhalb bestimmter Branchen, gegenüber anderen Instrumenten bevorzugt.

7.2.3 Personalauswahl

Ziel der Personalauswahl ist es, die Eignung von Bewerbern festzustellen und darauf aufbauend eine Selektions- und Einstellungsentscheidung zu treffen.

Eignung wird als das Zusammenwirken personaler Merkmale und Präferenzen mit den Merkmalen der Arbeitstätigkeit bezeichnet.[371] Bei der Feststellung der Eignung von Bewerbern wird daher ein Abgleich zwischen den Anforderungen des Arbeitsplatzes und den Qualifikationen der Bewerber vorgenommen.

Ausgangspunkt hierfür sind die im Rahmen der Stellenanalyse abgeleiteten Qualifikationen, die eine Person benötigt, um bestimmte Aufgaben erfolgreich im Sinne definierter Kriterien zu bewältigen.[372] Es handelt sich hierbei um Erfolgskriterien, die zum Zeitpunkt der Personalauswahl noch nicht realisiert sind, so dass personale Merkmale definiert werden, die als Eignungsvoraussetzungen zur Erbringung erwünschter Leistung betrachtet werden[373] und mittels verschiedener Verfahren erfasst und gemessen werden, um die Eignung von Bewerbern festzustellen.

Aufbauend auf den bei der qualitativen Netto-Personalbedarfsbestimmung abgeleiteten personalen Merkmalen werden geeignete Verfahren gesucht, mit denen diese Merkmale erfasst werden können. Verfahren können ein oder mehrere personale Merkmale erfassen. Eigenschaftsbezogene Verfahren erfassen menschliche Eigenschaften und Verhaltensweisen, welche Voraussetzungen für Leistung sein sollen (Intelligenz, Konzentrationsfähigkeit). Demgegenüber können mittels tätigkeitsbezogener Verfahren durch eine Auswahl von Aufgaben, die repräsentativ für die Aufgaben am zukünftigen Arbeitsplatz sind (Arbeitsprobe, z.T. AC), das Verhalten bei der Bewältigung typischer Arbeitsaufgaben bewertet werden. In Abhängigkeit davon, was gemessen werden soll, kommen unterschiedliche Verfahren zum Einsatz.

Die Konstruktion eigener Tests zur Messung personaler Merkmale durch die Unternehmen soll hier nicht betrachtet werden.[374] Unternehmen greifen in der Personal-

---

[371] Vgl. Schuler, H./Funke, U. (1989), S. 281 zitiert nach Rastetter, D. (1996), S. 50.

[372] Hier greift das schon besprochene und erwähnte Problem des Übergangs zwischen der aufgabenbezogenen und der personenbezogenen Ebene der Definition von Anforderungen.

[373] Das sind jene individuellen Eigenschaften und Merkmale, von denen man annimmt, dass sie Voraussetzung für Leistung sind. Diese Eignungsvoraussetzungen sind gedankliche Konstrukte, die mittels Prädiktoren gemessen werden. Prädiktoren sind Verfahren zur Erfassung von personalen Eignungsvoraussetzungen. Diese umfassen alle Verfahren, mit denen personale Merkmale getestet werden, wobei diese Verfahren wissenschaftlich fundiert sein können, wie z.B. standardisierte Tests oder wissenschaftlich nicht fundiert sind wie z.B. das traditionelle Bewerberinterview. Vgl. Guion, R.M. (1987), S. 200.

[374] Vgl. zur Vorgehensweise bei der Konstruktion eignungsdiagnostischer Tests insbesondere Grubitzsch, S. (1991), S. 128ff.

auswahl häufig auf bereits vorliegende Testverfahren zurück, die unter Kenntnis der personalen Merkmale und deren inhaltlichen Spezifizierung für den jeweiligen Beschaffungsprozess von Entscheidern im Unternehmen ausgewählt und gestaltet werden.[375]

Die Durchführung der Personalauswahl kann ein mehrstufiger Prozess sein,[376] der i.d.R. mit der Vorselektion anhand der Bewerbungsunterlagen beginnt. Hierbei werden nach dem Prinzip der Negativauslese eindeutig ungeeignete Bewerber ausgeschlossen.[377] Dies geschieht anhand des Abgleichs von Mindestanforderungen bspw. hinsichtlich Kenntnissen, relevanter Berufserfahrung etc. Personale Merkmale, die bereits mittels Noten oder einem Ausbildungsabschluss, Arbeitszeugnissen oder Referenzen erhoben wurden, werden in dieser Phase nicht noch einmal gesondert ermittelt. Entsprechende Informationen werden „nur" verarbeitet[378] und mit den Mindestanforderungen des Unternehmens verglichen.

In einer zweiten Phase werden häufig eignungsdiagnostische Verfahren eingesetzt, um weitere personale Merkmale zu beobachten und deren Ausprägung zu messen. Die einzelnen Verfahren legen zu beurteilende personale Merkmale fest und sind damit für die Beurteiler beobachtungsleitend.

Merkmale oder „Daten", die nicht oder nur schwer mittels eignungsdiagnostischer Tests erfasst werden können, können in einer weiteren Auswahlphase erhoben werden. Im Allgemeinen wird versucht, diese personalen Merkmale im Rahmen von Interviews mit den bis dahin bestgeeignetsten Kandidaten zu erheben. Im Interview lassen sich die Übereinstimmung der Werte Loyalität, Sympathie, ganzheitlicher Eindruck oder das Vorliegen einer Grundlage für eine gute Zusammenarbeit und „Passung" besser prüfen, als mit anderen Verfahren. Gerade die Passfähigkeit oder dass die Akteure im Unternehmen sich vorstellen können, mit bestimmten Kandidaten zusammenzuarbeiten, lässt sich kaum anders als im persönlichen Kontakt erfassen, da sich hierbei verdeckt auch Merkmale einbeziehen lassen, die mit anderen Verfahren nicht oder nur schwierig erfasst werden können.[379] Die Erhebung und Messung dieser „Daten" stützt sich primär auf Erfahrungen der Akteure und Kenntnisse der Un-

---

[375] So sind bspw. in Abhängigkeit von kritischen Arbeitssituationen für verschiedene Arbeitsplätze unterschiedliche Übungen bei Assessment Centern sinnvoll und werden auf Basis vorliegender Informationen über die Stelle und Qualifikationsanforderungen gestaltet.
[376] Vgl. Rastetter, D. (1996), Schwarb, T. (1996), S. 108.
[377] Vgl. Schwarb, T. (1996), S. 21.
[378] Siehe hierzu auch Byström, K./Järvelin, K. (1995).
[379] Vgl. Rastetter, D. (1996), S. 259.

ternehmenskultur. Intuition und Bauchgefühl sind hier wichtige Entscheidungsparameter.

Hinsichtlich der Frage der Komplexität dieser personalwirtschaftlichen Teilaufgabe werden folgende Aspekte festgehalten.

Die Feststellung der Eignung eines Bewerbers wird anhand der Beobachtung und Messung verschiedener personaler Merkmale erzielt. Für den Prozess der Personalauswahl liegen eignungsdiagnostische Verfahren vor.[380] Für diesen Arbeitsschritt werden ein geeignetes oder mehrere geeignete Verfahren zunächst ausgewählt. Personale Merkmale können unterschiedlich gut durch den Einsatz von Auswahlverfahren erfasst und beurteilt werden, weil bspw. das Merkmal nicht exakt definiert werden kann oder sich einer direkten Messung entzieht. Ein strukturiertes Vorgehen zur Erfassung entsprechender Merkmale ist dann nur schwer oder gar nicht möglich, so dass auch Entscheidungen, die auf Basis solcher Merkmale getroffen werden, für Dritte nicht per se nachvollziehbar sind.

Verfahren sind zur Messung bestimmter personaler Merkmale unterschiedlich valide. So weist der biographische Fragebogen bei verschiedenen Kriterien der Berufsbewährung einen Validitätskoeffizient von 0,6 auf, kognitive Fähigkeitstests bei Berufserfolg eine Validitätskoeffizienten von 0,45 und bei Ausbildungserfolg als personalem Merkmal einen Koeffizienten von 0,54.[381] Diese Werte repräsentieren Weg-Ziel-Relationen, indem sie Informationen über die Güte von Tests von bestimmten Merkmalen liefern und Aussagen über die Eignung verschiedener Verfahren zur Erfassung verschiedener personaler Merkmale machen.

Komplexitätsreduzierende Wirkung für diesen Auswahlprozess entfalten u.a. Anwendungsvoraussetzungen einzelner Verfahren aber auch Faktoren wie die Phase der Personalauswahl, in der das Verfahren eingesetzt werden soll, der Umfang der Bewerberpopulation, die gesuchten Qualifikationen, die Güte der Verfahren etc. Auswahlverfahren können dabei als Programme oder Strukturen beschrieben werden, die die Durchführung der Personalauswahl beeinflussen und festlegen, welche Kriterien zu bewerten sind, in welcher Reihenfolge Merkmale zu bewerten sind, wie Beo-

---

[380] Vgl. Grubitzsch, S. (1991), S. 271. Siehe insbesondere auch einen Überblick über Selektionsinstrumente und deren Anwendungsbereich bei Grubitzsch, S. (1991), S. 274f.
[381] Für einen Überblick über die prognostische Validität verschiedener Auswahlverfahren vgl. Rosenstiel, L. (2000), S. 147f.

bachtungen interpretiert werden und zu einem Gesamtergebnis zusammengefasst werden sollen.

Das Vorliegen von Interpretationsspielräumen hinsichtlich verschiedener personaler Merkmale hat ebenfalls Einfluss auf die Komplexität der Aufgabe. Spielräume existieren dann, wenn keine Regeln oder Strukturen vorliegen, die festlegen, wie bestimmte Merkmale zu bewerten sind. Insbesondere im Hinblick auf personale Merkmale, mittels derer die Kongruenz von Werten und Normen von Individuum und Organisation festgestellt werden soll, gilt, dass diese einzelnen Zielkriterien schlecht verbalisierbar und formulierbar sein können. Dies betrifft so Iles/Salaman (1995) vor allen Dingen globale Kompetenzdimensionen.[382] Spielräume ergeben sich gerade hier aufgrund der häufig mangelnden Definierbarkeit und Spezifizierbarkeit dieser Merkmale, die von Entscheidungsträgern im Unternehmen und Personaldienstleistern unterschiedlich interpretiert werden, z.b. unter stärkerem Rückgriff auf die Unternehmenskultur und die Erfahrungen der Akteure. Die Struktur und der Beurteilungsvorgang im Hinblick auf solche Merkmale sind daher im Vorfeld viel weniger strukturiert und festgelegt und daher komplex i.S. dieser Arbeit.

Bei der endgültigen Entscheidung für einen und gegen andere Bewerber werden i.d.R. die personalen Merkmale „getestet", die nicht mittels eignungsdiagnostischer Verfahren erfasst werden können. Diese Feinauswahl enthält im Vergleich zur Vorselektion einen höheren Anteil impliziten organisationalen und individuellen Wissens, welches hier relevant und qualitätsentscheidend ist und dazu führt, dass die Personalauswahl nicht vollständig ausgelagert werden kann. Insbesondere bei der endgültigen Entscheidung für oder gegen einen Bewerber spielen implizite Wissensbestandteile des Entscheiders eine große Rolle. Dies sind z.B. stark erfahrungsbasierte Vorstellungen darüber, welche Eigenschaften bzw. welches Verhalten welchen Zielzustand hervorruft.

Vergleicht man die einzelnen Prozessschritte der Personalauswahl kann man daher von einer kontinuierlich zunehmenden Komplexität dieser Aufgabe sprechen.

7.2.4 Gestaltung und Abschluss des Arbeitsvertrages

Vor der Unterzeichnung des Arbeitsvertrages werden die Inhalte dieses Vertrages zwischen den Verhandlungspartnern spezifiziert. Insbesondere werden in dieser

---

[382] Vgl. Iles, P.A. /Salaman, G. (1995), S. 218.

Phase Fragen nach der Form und Höhe der Kompensation sowie der Gewährung anderer Formen materieller und immaterieller Vergütung beantwortet. Der Arbeitgeber verpflichtet sich mit dem Arbeitsvertrag zur Zahlung eines vorher definierten Lohnes, wohingegen der Arbeitnehmer sich zur Leistung und zur Entgegennahme von Anweisungen des Arbeitgebers in einem bestimmten Rahmen verpflichtet. Bestimmte Mindestinhalte des Arbeitsvertrages sind gesetzlich vorgeschrieben. Gemäß § 2 Abs. 1 Nr. 1-10 NachwG sind u.a. folgende Vertragsbestandteile schriftlich niederzulegen: Name und Anschrift der Vertragsparteien, Beginn des Arbeitsvertrages, eine kurze Charakterisierung oder Beschreibung der vom Arbeitnehmer zu leistenden Tätigkeit, die Zusammensetzung und Höhe des Arbeitsentgelts einschließlich der Zuschläge, Zulagen, Prämien und Sonderzahlungen sowie anderer Bestandteile des Arbeitsentgelts und deren Fälligkeit sowie die Dauer des jährlichen Erholungsurlaubs etc. Die Gestaltung eines Arbeitsvertrages ist i.d.R. eine einfach strukturierte Tätigkeit, in deren Rahmen häufig Standard-Arbeitsverträge genutzt werden, die nur um die entsprechenden Spezifika der Situation erweitert werden. Zu beachtende gesetzliche Regelungen können hierbei als Strukturen und Regeln interpretiert werden, die Mindestinhalte des Arbeitsvertrages und die am Prozess des Vertragsabschlusses beteiligten Akteure festlegen. Erhöhte Ansprüche an die kognitiven Fähigkeiten der Akteure, wie sie z.B. in Bewertungs- und Wahrnehmungsaufgaben zu beobachten sind, werden hier nicht gestellt, so dass die Aufgabe auch als ‚simple task' bezeichnet wird. Diese, den Prozess der Personalbeschaffung abschließende Funktion, wird daher als Aufgabe mit geringer Komplexität betrachtet.[383]

7.2.5 Fazit

Die Frage nach der potentiellen Externalisierung dieser personalwirtschaftlichen Teilaufgabe unter Wissensaspekten wird basierend auf den gemachten Ausführungen wie folgt beantwortet.

Die Ermittlung des quantitativen Netto-Personalbedarfs, die Personalakquisition,[384] sowie die Konstruktion von Testverfahren können durch einen externen Dienstleister

---

[383] Der Personaldienstleister kann aber hier im Bereich administrativer Tätigkeiten die Abwicklung dieser Aufgabe übernehmen und in Form arbeitsrechtlicher Beratung unterschiedliche Formen von Arbeitsverträgen empfehlen und deren Ausgestaltung überwachen.
[384] Vgl. Kühlmann, T. et al. (1994), S. 8.

übernommen werden,[385] wobei diese i.d.R. auf vorliegende Verfahren zurückgreifen, die dann auf die zu besetzende Stelle zugeschnitten werden. Vollständig kann auch die Vorselektion der Bewerber sowie die Ausarbeitung und Formulierung des Arbeitsvertrages ausgelagert werden. Der Abschluss des Arbeitsvertrages ist aber an den Arbeitgeber[386] und den Arbeitnehmer gebunden, so dass diese Aufgabe trotz geringer Komplexität nicht vollständig an einen externen Dienstleister fremdvergeben werden kann.

Für die Ermittlung eines qualitativen Netto-Personalbedarfs kann die Frage der Auslagerung nur in Abhängigkeit von der Tätigkeit, für die das Anforderungsprofil erstellt werden soll, beantwortet werden. Tendentiell kann eine Auslagerung stattfinden, aber eine enge Zusammenarbeit zwischen Unternehmen und Personaldienstleister oder die Erfüllung der Aufgabe durch das Unternehmen selbst kann notwendig werden, insbesondere dann, wenn es um die Ableitung globaler Kompetenzdimensionen geht.

Die Auswahl geeigneter Arbeitskräfte und damit die Anwendung eignungsdiagnostischer Verfahren kann nur zum Teil an einen Personaldienstleister vergeben werden. Insbesondere „Informationen", die mit eignungsdiagnostischen Instrumenten nur rudimentär oder gar nicht erfasst werden können, wie z.B. Sympathie, ganzheitlicher Eindruck, das Vorliegen einer Grundlage für eine positive Beziehung etc., können es erforderlich machen, dass ein Unternehmensmitglied bzw. ein Akteur, der die Kultur des Unternehmens sehr gut kennt, die Bewertung durchführt. Hier wird die Passfähigkeit des Bewerbers zum Unternehmen auf Basis primär impliziter Wissensbestandteile festgestellt, die insbesondere über die Bewertung fachlicher Qualifikationen hinausgeht. Auf dieser Basis treffen die Unternehmen ihre endgültige Einstellungsentscheidung. Diese Aufgabe, insbesondere die endgültige Auswahlentscheidung, sollte im Unternehmen verbleiben, da sie primär auf Basis impliziter Bestandteile getroffen wird.[387]

---

[385] Vgl. Kühlmann, T. et al. (1994), S. 8.
[386] Ist der Arbeitgeber eine juristische Person, so sind weisungsbefugte Führungskräfte unterschriftsberechtigt.
[387] Auch bei der Nutzung von Zeitarbeit, bei der Zeitarbeitnehmer durch das Verleihunternehmen für einen bestimmten Einsatz ausgewählt werden, verbleibt die endgültige Beschäftigungsentscheidung im entleihenden Unternehmen, da das Unternehmen ein Rückgaberecht hat.

7.3 Personalentwicklung[388]

7.3.1 Ermittlung des Personalentwicklungsbedarfs[389]

Im Rahmen der Personalentwicklungsbedarfsanalyse geht es um das Sichtbarmachen von Defiziten und unbefriedigter Bedarfe im Bereich von Qualifikationen der Organisationsmitglieder.[390] Um den Personalentwicklungsbedarf zu ermitteln, werden bestehende Qualifikationen der Individuen im Unternehmen erfasst und im Hinblick auf zukünftige Veränderungen und neue Erfordernisse etc. bewertet.

Zur Ermittlung eines Personalentwicklungsbedarfes wird ein Soll-Ist-Vergleich[391] zwischen den Ist-Qualifikationen der Arbeitnehmer und den Anforderungen der Aufgabe oder zukünftiger Aufgaben bzw. den hieraus abgeleiteten zukünftigen Qualifikationen durchgeführt. Hierbei werden (zukünftige) arbeitsplatzbezogene Anforderungsmerkmale und persönlichkeitsbezogene Befähigungsmerkmale gegenübergestellt.

Als Hilfsmittel zur Bestimmung des Personalentwicklungsbedarfes kommen verschiedene Verfahren[392] zur Anwendung. Zusammengefasst werden hierbei derzeitige Anforderungen, verankert in Stellenbeschreibungen und Anforderungsprofilen und derzeitige Qualifikationen der Arbeitnehmer, die sich in Personalunterlagen, Mitarbeiterbeurteilungen[393], Hinweisen des Vorgesetzten und Ergebnissen von Entwicklungsgesprächen finden, mit künftigen Anforderungen, die u.a. mittels arbeitsplatzbezogener Beobachtungen, empirischer Studien, berufsbildungsbezogener Informationen gewonnen wurden und daraus abgeleitet künftigen Qualifikationen kontrastiert. Weiter können Experten und Betroffene befragt werden, die Arbeitsdurchführung beobachtet und aus Fehlern und Störungen Bedarfe abgeleitet werden.

---

[388] Die Personalentwicklung umfasst Aufgaben, im Rahmen derer die Qualifikationen von Mitarbeitern erfasst, bewertet und durch Lernprozesse aktiv verändert bzw. Veränderungen angeregt werden. Vgl. Derriks, N. (2003), S. 12.

[389] Personalentwicklungsbedarf kann aufgrund betrieblicher Veränderungen, Veränderungen der tarifvertraglichen und/oder gesetzlichen Regelungen, der ökonomischen sowie gesellschaftlichen Entwicklung entstehen. Darüber hinaus besteht dann Bedarf an Personalentwicklungsmaßnahmen, wenn ein Arbeitnehmer den derzeitigen Anforderungen seines Aufgabenbereiches nicht gerecht wird und/oder künftig neue Anforderungen und Einsatzgebiete auf ihn zukommen, auf die eine entsprechende Vorbereitung notwendig ist. Vgl. Hölterhoff, H./Becker, M. (1986), S. 80, Staehle, W.H. (1999), S. 878f.

[390] Vgl. Neuberger, O. (1991), S. 169, Hölterhoff, H./Becker, M. (1986), S. 83.

[391] Vgl. Hölterhoff, H./Becker, M. (1986), S. 83.

[392] Bronner, R./Schröder, W. (1983) führen 28 Verfahrensgruppen zur Ermittlung eines Personalentwicklungsbedarfes an. Personalentwicklungsbedarf kann demzufolge aus Personalstrukturanalysen, der Analyse von Produktionsmängeln (Menge, Termine, Qualität) und Interviews mit Vorgesetzen, Mitarbeitern etc. abgeleitet werden. Vgl. hierzu Neuberger, O. (1991), S. 170.

[393] Vgl. Neuberger, O. (1991), S. 170f.

Aus verschiedenen Informationsquellen und damit verschiedenen Wissensbestandteilen resultieren damit Aussagen über bestehende Qualifikationen, Orientierungen, Einstellungen und Haltungen von Individuen, die verändert werden sollen.

Problematisch ist hierbei, dass zwar der grundsätzliche Bedarf abgeleitet wird, aber häufig aus diesen vorgelagerten Planungsentscheidungen nicht klar zugeordnet werden kann, welche Qualifikationen konkret zu entwickeln oder zu verbessern sind. Die Lösung kann für den Fall der Qualifizierung im Bereich einer bestimmten Software relativ einfach sein. Diffiziler kann die konkrete Ableitung dann sein, wenn bspw. die Frage zu beantworten ist, welche Qualifikationen ein Arbeitnehmer A benötigt, um die Nachfolge eines Arbeitnehmers B anzutreten. Wird z.b. Durchsetzungsfähigkeit als notwendige Qualifikation des Nachfolgers analysiert und hier entsprechend Entwicklungsbedarf gesehen, können hinter diesem Qualifikationsbedarf verschiedene Qualifikationsbestandteile liegen, so dass die Frage beantwortet werden muss, welche Bestandteile im Rahmen von Personalentwicklungsmaßnahmen angesprochen werden. So kann eine Verbesserung der Durchsetzungsfähigkeit durch den Erwerb von Fachwissen erzielt werden oder auch durch eine verbesserte Argumentationsfähigkeit oder Ambiguitätstoleranz. Die Ableitung von Entwicklungsbedarf aus einem stärker multidimensionalen Qualifikationsbestandteil kann u.a. auch von den Erfahrungen der Individuen bzw. Attributionsmustern der Individuen, über den Zusammenhang zwischen erfolgreicher bzw. optimaler Durchsetzungsfähigkeit und hierzu notwendigen Qualifkationen abhängen.

Im Rahmen der Ermittlung eines Personalentwicklungsbedarfs wird weiter geprüft, in wieweit die vorhandenen Mitarbeiter entwicklungsfähig sind bzw. latente Qualifikationen bestehen. Bestehende Entwicklungspotentiale der Mitarbeiter werden erfasst und bewertet, wobei sich hierzu u.a. Potentialbeurteilungen[394] eignen. Probleme der Potentialbeurteilung sind mit der Ableitung der Ausprägung und der Bewertung personaler Merkmale z.T. ähnlich denen der Eignungsdiagnostik. Diese Probleme resul-

---

[394] Die Potentialanalyse ist eine besondere Form der Personalbeurteilung. Wesentliches Unterscheidungsmerkmal ist der zeitliche Fokus beider Verfahren. So steht im Gegensatz zur Personalbeurteilung bei der Potentialbeurteilung der Zukunftsaspekt der Qualifikationen im Vordergrund. Ziel ist es, mit Hilfe verschiedener Verfahren, Aufschluss darüber zu bekommen, ob und welche Qualifikationsmerkmale entwickelbar sind. An dieser Stelle soll nicht weiter auf die Potentialbeurteilung und deren Probleme eingegangen werden, die sich u.a. aus der Mehrdimensionalität des Qualifikationsbegriffes, Problemen, die ausgehend von der Person des Beurteilers bestehen und Problemen, die die Verfahren zur Potentialbeurteilung in sich tragen, ergeben. Siehe hierzu u.a. Becker, F. (1991).

tieren insbesondere aus der Multidimensionalität des Potentialbegriffs. Darüber hinaus legt das Unternehmen die zeitliche Weite und die inhaltlichen Bestandteile des Begriffs fest, was einen hohen Grad an Subjektivität impliziert.

Hinsichtlich der Frage der Komplexität dieser Teilaufgabe werden folgende Aspekte festgehalten.

Zentrale Aufgabe der Ermittlung des Personalentwicklungsbedarfes ist ein Soll-Ist-Vergleich zwischen aktuellen Qualifikationen der Mitarbeiter und prognostizierten Qualifikationen zu einem Zeitpunkt in der Zukunft. Damit ist das grundlegende Schema des Vorgehens im Rahmen der Bedarfsermittlung sowie dessen Bestandteile beschrieben. Die Bestimmung einzelner Bestandteile wie der Soll- und Ist-Qualifikationen zeichnet sich nicht immer durch klare Weg-Ziel-Relationen aus, wie z.B. die Ableitung von personalen Merkmalen zeigt.

Ist-Qualifikationen werden aus beobachtetem Verhalten, Zertifikaten etc. abgeleitet. Beim Rückschluss auf Ist-Qualifikationen wirken Attributionsmechanismen, die kausale Erklärungen bzw. Ursachezuschreibungen für Erfolge und Misserfolge darstellen. Diese Attributionsmuster beeinflussen die Fremdeinschätzung sowie Reaktionsweisen. Diese Kausalattribution findet unter Einbeziehung verschiedener sozialer und informationeller Faktoren statt, die dem Individuum nur z.T. direkt bewusst sind.[395] Dies hat Auswirkungen auf die Abbildung von Ist-Qualifikationen und die Ableitung von Soll-Qualifikationen. Die Informationsgewinnung bei Soll-Qualifikationen weist ähnliche Probleme wie die Gewinnung von Informationen über Ist-Qualifikationen auf. Damit wirken bei der Abbildung von Ist-Qualifikationen und der Ableitung von Soll-Qualifikationen auch probabilistische Ursache-Wirkungs-Zusammenhänge. Insgesamt werden zur Ableitung von Qualifikationsbedarfen verschiedene Sinneseindrücke verarbeitet, die sich hinsichtlich ihrer Formulierbarkeit unterscheiden können, was Auswirkungen auf die Nachvollziehbarkeit der Ableitung dieser Qualifikationsbedarfe hat. Hierdurch kann sich die Komplexität der Aufgabe erhöhen, da z.B. bei Beobachtungen situative Einflüsse mitwirken, die eventuell nicht bewusst wahrgenommen werden. Hieraus abgeleitete Bedarfe zu einen Zeitpunkt t=1 können bei wiederholter Beobachtung in t=2 unter der Wirkung anderer Einflussfaktoren eventuell auch ein anderes Ergebnis zu Tage fördern. Daher ist an dieser Stelle Wissen

---

[395] Vgl. Mitchell, T. (1995), Sp. 853f.

über die Wirkung verschiedener situativer Einflüsse von Vorteil. Beide Aufgaben werden daher i.S. dieser Arbeit als komplex betrachtet.

Stützt sich die Ableitung von Qualifikationsbedarfen ausschließlich auf explizierte Wissensbestandteile, kann dies dazuführen, dass Bedarfe nicht detailliert genug abgeleitet werden. Hieraus resultieren Probleme für die Auswahl und Gestaltung von Personalentwicklungsmaßnahmen. Die Ableitung eines konkreten Personalentwicklungsbedarfes durch einen Dritten kann sich dann von der Ableitung durch einen Experten aus dem Unternehmen unterscheiden. Wie in der Eignungsdiagnostik wird auch hier angenommen, dass Probleme bei der Ableitung von Bedarfen und deren inhaltlichen Spezifikation vor allen Dingen im Bereich globaler Kompetenzdimensionen, also sehr breit und weich definierter Qualifikationsbestandteile vorliegen. Daher ist die Bestimmung und Ableitung von konkreten Bedarfen im Vergleich zu fachlichen Anforderungen bei globalen Kompetenzdimensionen komplexer.

7.3.2 Deckung des Personalentwicklungsbedarfs

Zunächst geht es darum, Personalentwicklungsmaßnahmen auszuwählen und zu gestalten, aber auch Ort, Zeit und Entwicklungsadressaten festzulegen. Damit wird in einem ersten Schritt zunächst eine Auswahlaufgabe vom Unternehmen gelöst, im Rahmen derer unterschiedliche Maßnahmen und damit Alternativen der Bedarfsdeckung hinsichtlich ihrer Eignung für die Befriedigung ermittelter Bedarfe geprüft werden. Hierzu wird Wissen über den Personalentwicklungsbedarf mit Kenntnissen über verschiedene Maßnahmen, vermittelbare Inhalte, benötigtem Zeitbedarf sowie Kosten kombiniert.[396]

In der theoretischen und praxisorientierten Literatur zur Personalentwicklung werden eine Vielzahl möglicher Personalentwicklungsmaßnahmen und hierbei angewandte Lehr- und Lernmethoden hinsichtlich ihrer Eignung für die Deckung bestimmter Bedarfe diskutiert[397] und gezeigt, dass sich bestimmte Lehr- und Lernmethoden und damit Maßnahmen für die Vermittlung bestimmter Inhalte eignen.[398] Diese können z.T. als erprobte und allgemein akzeptierte Weg-Ziel-Beschreibungen betrachtet werden,

---
[396] Vgl. Drumm, H.-J. (1995), S. 339.
[397] Vgl. Neuberger, O. (1991), S. 180f. sowie Derriks, N. (2003), S. 12, Holtbrügge, D./Berg, N. (2005), S. 134ff.
[398] Vgl. Derriks, N. (2003), S. 12.

die den Auswahlprozess im Unternehmen unterstützten, da sie dessen Komplexität reduzieren. Neuberger argumentiert, dass, je klarer Kriterien wie der Beherrschungsgrad einer Fremd- oder Computersprache definiert sind, desto einfacher sind die Entscheidungen für eine bestimmte Personalentwicklungsmaßnahme.[399] So wird u.a. formuliert, dass die Stärken der Personalentwicklung ‚on-the-job' in der Entwicklung sozialer Fähigkeiten, Fähigkeiten zu motivieren oder zu führen und in der Bildung neuer Einstellungen liegen. Die Stärken der Personalentwicklung ‚off-the-job', die traditionell die wichtigste Methode ist,[400] liegen in der Vermittlung spezifischer Lerninhalte in komprimierter und abstrakter Form. Ein Beispiel hierfür ist die Vermittlung von Fachwissen allgemeiner und spezifischer Art im Hinblick auf das Unternehmen und den Arbeitsplatz.[401]

Teilweise liegen bei den Akteuren aber auch subjektive Einschätzungen darüber vor, welche Maßnahmen zur Vermittlung und Entwicklung welcher Qualifikationen am besten geeignet sind. Einschätzungen hierüber werden z.T. aus Erfolgen oder Misserfolgen der Nutzung bestimmter Methoden zur Befriedigung des Entwicklungsbedarfs aus der Vergangenheit gewonnen. Damit ist die Wahl einer Methode nie nur rational bestimmt.[402]

Des Weiteren werden Aspekte der personellen, zeitlichen, sachlichen und methodischen Voraussetzungen für die Umsetzung des Konzeptes geprüft. Hierzu gehört u.a. die Festlegung der Entwicklungsadressaten, wobei Personen, bei denen identische oder ähnliche Personalentwicklungsbedarfe festgestellt wurden, Adressaten einer bestimmten Maßnahme sind.[403]

Weiter erfolgen hier auch die Wahl und damit die Feststellung der Eignung der Akteure, die die Vermittlung und Entwicklung der Qualifikationen durchführen.[404] Bei der Wahl wird abhängig vom Personalentwicklungsbedarf eine unterschiedliche Anzahl von Alternativen bzw. in Frage kommende Personen berücksichtigt. Müssen bspw. für den Einsatz und die Benutzung einer spezifisch für ein Unternehmen entwickelten Maschine die Mitarbeiter entsprechend trainiert werden, übernimmt in der

---

[399] Vgl. Neuberger, O. (1991), S. 182.
[400] Vgl. Holtbrügge, D./Berg, N. (2005), S. 135.
[401] Vgl. Holtbrügge, D./Berg, N. (2005), S. 135.
[402] Vgl. Neuberger, O. (1991), S. 179.
[403] Die Entscheidung hierüber muss aber auch anderen Anforderungen genügen, die unter Nutzung entsprechender Informationen geprüft werden müssen. Aspekte der Gleichbehandlung sind ebenfalls mögliche Einflussfaktoren wie Seniorität oder festgestellte Potentiale und Budget.
[404] Hierbei werden neben den fachlichen bzw. inhaltlichen Kenntnissen auch pädagogische Kenntnisse und Erfahrungen der Akteure berücksichtig. Vgl. Jung, H. (1997), S. 273.

betrieblichen Praxis häufig der Hersteller dieser Maschine die Personalentwicklung der Mitarbeiter.[405] Für die gewählte(n) Personalentwicklungsmaßnahme(n) werden darüber hinaus administrative Aufgaben wie u.a. die Festlegung des Zeitpunktes der Maßnahmen, die Teilnehmerzahl, Ort, Unterbringung der Teilnehmer, Erstellung der Seminarunterlagen und Ablaufplänen etc. erbracht.

Die Durchführung der Personalentwicklung ist abhängig von der gewählten Maßnahme und damit von der in der Maßnahme verankerten Methode. Jede Methode impliziert ein bestimmes Vorgehen.[406] Nimmt man an, dass entsprechende Empfehlungen berücksichtigt werden, dann sind die Alternativen zur Durchführung einer bestimmten Personalentwicklungsmaßnahme begrenzt, da eine bestimmte Methode ein ganz bestimmtes Vorgehen nutzt, was a priori festgelegt ist.

Gleichzeitig sind mit der Durchführung von Personalentwicklungsmaßnahmen auch Wahrnehmungs- und Beobachtungsaufgaben hinsichtlich des Entwicklungsgrades der Teilnehmer, deren Lernfortschritte etc. verbunden, auf denen aufbauend auch Modifikationen im geplanten Vorgehen notwendig werden können.

Hinsichtlich der Frage der Komplexität dieser Aufgabe sind folgende Aspekte relevant.

Jede einzelne Personalentwicklungsmaßnahme kann hinsichtlich einer Vielzahl von Kriterien bewertet und eingestuft werden. Die Bewertung der Methodeneignung muss berücksichtigen, dass die Güte einer Personalentwicklungsmaßnahme von zahlreichen Einflussgrößen abhängt. Dies sind neben fremdbestimmten Restriktionen wie Personen, Ort und Kosten der abgeleitete Personalentwicklungsbedarf, aber auch andere Kriterien, die sich z.B. aus Erfahrung mit Personalentwicklungsmaßnahmen speisen. In der Praxis wird häufig vieles ausprobiert und die Methode, welche erfolgreich ist, wird praktiziert.[407] Hierdurch können vielfältige Erfahrungen generiert werden, so dass der Grad der Unsicherheit über bestimmte Maßnahmen und damit unsichere Weg-Ziel-Relationen durch die Häufigkeit der Anwendung reduziert werden.

Je eindeutiger die Bewertungskriterien definiert sind, wie z.B. der Beherrschungsgrad einer Fremdsprache, desto einfacher ist die Entscheidung für ein bestimmtes Vorgehen. Wenn aber Kriterien vorliegen, die schlecht definiert und nicht individuell zure-

---

[405] Vgl. Hölterhoff, H./Becker, M. (1986), S. 184.
[406] Vgl. Neuberger, O. (1991), S. 180f.
[407] Vgl. Neuberger, O. (1991), S. 182.

chenbar sind, was charakteristisch für globale Kompetenzdimensionen ist, werden bei der Auswahl von Methoden auch mehrdimensionale, mehrdeutige, widersprüchliche und instabile Bewertungskriterien berücksichtigt.[408] Stellen diese explizit formulierten Bedarfe nur einen Teil der Vorstellungen der Individuen über die zu entwickelnde Qualifikation dar, weil ein anderer Teil aufgrund erfahrungsbasierter Wissensbestandteile stumm bleibt, dann kann eine Ableitung von Maßnahmen nur auf Basis explizierter Wissensbestandteile erfolgen. Experten aus dem Unternehmen beziehen, laut der hier verwendeten Definition, unbewusst, für Dritte „unsichtbare" Wissensbestandteile, in ihre Entscheidung ein und können dann u.U. zu anderen Ergebnissen kommen als Akteure, die auf Basis explizierter Wissensbestandteile Maßnahmen auswählen. Nimmt man an, dass Experten aus dem Unternehmen die Auswahl vornehmen, die aufgrund ihrer Nähe zum Arbeitsplatz mehr Dimensionen erfassen können und daher auch mehr Dimensionen der Qualifikation ihrer Entscheidung für eine Maßnahme zugrunde legen, kann der Auswahlprozess für Dritte widersprüchlich und schwer nachvollziehbar sein.[409] Entscheidungen auf der Basis für Dritte scheinbar irrationaler Vorlieben oder Einschätzungen, aber auch Traditionen im Unternehmen können ebenfalls beobachtet werden.[410]

Die Methoden, die in den jeweiligen Maßnahmen Anwendung finden, bestimmen und strukturieren das Vorgehen im Rahmen der Durchführung der Personalentwicklungsmaßnahme. Darüber hinaus ist die Durchführung von Maßnahmen auch durch zu vermittelnde Lerninhalte strukturiert. In Abhängigkeit von den Entwicklungsadressaten bspw. deren Lerngeschwindigkeit oder dem Gruppenverhalten der Teilnehmer, können methodische Anpassungen des geplanten Vorgehens notwendig und damit die ex ante Struktur der Durchführung durchbrochen werden. Dies setzt voraus, dass entsprechend situative Faktoren beobachtet und wahrgenommen werden und mit entsprechenden Modifikationen reagiert wird. Im Sinne von Wood bedeutet dies, dass Akteure bei der Durchführung Vorteile haben, die sogenannte ‚turning points' erkennen und mittels Analogieschluss Modifikationen des Vorgehens vornehmen können.

---

[408] Vgl. Neuberger, O. (1991), S. 173.
[409] Vgl. Neuberger, O. (1991), S. 182.
[410] Vgl. Drumm, H.-J. (1995), S. 340.

7.3.3 Evaluation der Zielerreichung[411]

Bei der Evaluation der Personalentwicklungsmaßnahmen werden definierte Ziele i.S. von Soll-Bedarfen mit dem erreichten Zustand der Ist-Qualifikationen der Arbeitnehmer verglichen sowie Abweichungen aufgedeckt und mögliche Erklärungen hierfür gesucht. Eine Kontrolle des Lernerfolges kann auf Grundlage der vorgegebenen Lernziele nach Abschluss oder während der Bildungsmaßnahme bspw. durch Befragungen, Prüfungen und Tests[412] erfolgen. Evaluationskriterien und Methoden liegen auf verschiedenen Ebenen vor. Kirkpatrick (1986) identifiziert vier Ebenen der Evaluation und zugehöriger Evaluationskriterien. Auf der ersten Ebene steht die Evaluation der Reaktionen der Teilnehmer (Zufriedenheit, Nutzenbewertung) im Vordergrund. Hier soll die subjektive Bewertung der Maßnahme durch die Teilnehmer erfasst werden. Zweite Ebene bilden Lernerfolge (Wissen, Fertigkeiten, Einstellungsveränderungen). Mittels sogenannter Lernkriterien wird hier der Lernerfolg im Anschluss an die Personalentwicklungsmaßnahme durch Wissens- und Verhaltenstests festgestellt. Die Überprüfung der Umsetzung des Gelernten am Arbeitsplatz (Transfer) stellt eine weitere Möglichkeit der Evaluation dar. Eine Evalution kann hier mittels einer Vorgesetzen- und Mitarbeiterbeurteilung stattfinden. Auf einer vierten Ebene werden organisationale Resultate wie z.B. Produktivität, Kundenzufriedenheit, Qualität der Arbeitsleistung, Kosten und Nutzen der Maßnahme etc. evaluiert.[413]

In der Praxis werden nach Arthur et al. (2003) in stärkerem Maße Reaktionskriterien und Lernkriterien evaluiert.[414] Eine Begründung hierfür kann in Fragen der Messbarkeit bzw. der eindeutigen Definition von Evaluationskriterien liegen.

In einer ökonomischen Perspektive wird Personalentwicklung als Investition in Humankapital botrachtet, bei der zunächst Aufwendungen getätigt werden, die später zu realisierenden Erträgen gegenüberstehen. Zu den Aufwendungen gehören u.a. Honorare der Trainer, Kosten für Sachmittel, administrative Aufwendungen und die Ertragsminderung aufgrund weiterlaufender Gehaltskosten der Mitarbeiter. Die Erfassung der Kosten einer Personalentwicklungsmaßnahme ist weit weniger problema-

---

[411] Die Evaluation einzelner Maßnahmen im Rahmen der Personalentwicklung vereint unterschiedliche Funktionen in sich, wie z.b. die Legitimation der genutzten Maßnahmen, die Entscheidungsfindung für zukünftige Maßnahmen und deren Verbesserung. Vgl. Derriks, N. (2003), S. 12.
[412] Vgl. Hölterhoff, H./Becker, M. (1986), S. 197ff.
[413] Vgl. hierzu insgesamt Kirkpatrick, D.L. (1998).
[414] Vgl. Arthur, W./Bennett, W./Edens, P.S./Bell, S.T. (2003).

tisch als die Erfassung realisierter Nutzenpositionen bzw. des Erfolgs einer Maßnahme.[415] Der Nutzen aus Personalentwicklungsmaßnahmen kann häufig nur langfristig bewertet und nicht immer in Form von Kennzahlen, wie einem Rückgang der Zahl der Betriebsunfälle oder Ausschussquoten, gemessen werden. Darüber hinaus entziehen sich manche Erfolgsgrößen, wie bspw. die Steigerung der Kundenzufriedenheit und Verbesserung des Betriebsklimas, z.T. einer direkten Messbarkeit, so dass Ersatzkriterien oder Indikatoren bestimmt werden, von denen man annimmt, dass deren Ausprägungen Schlussfolgerungen hinsichtlich anderer Erfolgsgrößen zulassen. Für die Evaluation der Personalentwicklungsmaßnahmen bedeutet das, dass messbare Indikatoren beobachtet und bewertet werden und hieraus Rückschlüsse auf relevante Nutzenpositionen gezogen werden. Trotz einer realisierbaren standardisierbaren Erfassung von Nutzengrößen, sind Schlussfolgerungen hieraus häufig subjektiv und basieren auf impliziten Theorien der Akteure, weil Einschätzungen häufig durch Beobachtung des Individuums gewonnen werden.

Demgegenüber kann die Zufriedenheit der Entwicklungsadressaten mit den die Entwicklungsmaßnahme durchführenden Akteuren, Zeit, Ort etc. standardisiert abgefragt und ausgewertet werden, wobei hier eher keine Interpretationsmöglichkeiten hinsichtlich der Ergebnisse bestehen.

Im Hinblick auf die Beantwortung der Frage nach der Komplexität dieser Teilaufgabe werden folgende Punkte als relevant festgehalten.

In Abhängigkeit vom Evaluationsgegenstand stehen den Akteuren verschiedene Methoden der Evaluation zur Verfügung. Vor der Durchführung werden daher zunächst Verfahren ausgewählt und situationsspezifisch gestaltet. Hierzu gehört insbesondere die Formulierung zu messender Erfolgskriterien bzw. die Festlegung von Indikatoren bzw. Hilfskriterien bei schwer direkt messbaren Kriterien. Diese Kriterien strukturieren die Durchführung der Evaluation, in dem sie festlegen, welche Merkmale beobachtet bzw. eingeschätzt werden. Die Ableitung von Messkriterien ist eine Aufgabe mit unterschiedlicher Komplexität. So können bspw. Verbesserungen der Sprachkenntnisse von Akteuren mittels Vokabeltest erfasst werden. Im Gegensatz dazu werden, um Veränderungen in der Zusammenarbeit im Team zu messen, verschiedene Variablen abgeleitet werden müssen, da sich das zu messende Kriterium durch Multidimensionalität auszeichnet.

---

[415] Vgl. Jung, H. (1997), S. 298 sowie Olfert, K./Steinbuch, P.A. (2001), S. 459.

Die eingesetzten Evaluationsmethoden bestimmen den Ablauf der Evaluation im Einzelnen und legen fest, wie stark hiermit Beobachtungs- und Wahrnehmungsaufgaben verbunden sind oder ob nur eine Datenverarbeitung im Sinne der Prüfung der richtig eingesetzten Begriffe in einem Lückentext vorgenommen werden muss. Insgesamt kann der Komplexitätsgrad dieser Aufgaben in Abhängigkeit vom Evaluationsgegenstand variieren. Komplex kann insbesondere die Ableitung von Evaluationskriterien sowie die Evaluation der einzelnen Kriterien sein.

7.3.4 Fazit

Aubauend auf dieser Darstellung sind folgende Aspekte für die Frage des Outsourcings der einzelnen Teilaufgaben relevant.

Aus der Wissensperspektive ist es möglich, die Ermittlung des Personalentwicklungsbedarfs an einen externen Dienstleister zu vergeben. Einschränkungen können sich dadurch ergeben, dass die Ableitung bestimmter Bedarfe, insbesondere im Bereich globaler Kompetenzdimensionen, schwierig sein kann,[416] da Qualifikationsbedarfe aus diesen Bereichen unterschiedlich gut formuliert werden können. Daher kann die Ableitung von Qualifikationsbedarfen durch einen Personaldienstleister, der sich ausschließlich auf das an ihn transferierte explizite Wissen der Unternehmensakteure beruft, problematisch sein. Die Formulierung auf Basis dieser expliziten Bestandteile durch einen Personaldienstleister kann daher fallweise ungenau und nicht spezifisch auf das Unternehmen hin erfolgen. Daher kann die Bestimmung des Personalentwicklungsbedarfs nur in enger Zusammenarbeit mit dem Experten aus dem Unternehmen oder durch Experten des Unternehmens allein durchgeführt werden.

Die Auswahl und Konzeption von Programmen zur Personalentwicklung kann aus der Wissensperspektive an einen externen Dienstleister auslagert werden. Problematisch ist hierbei, dass der Personaldienstleister Maßnahmen nur auf Basis des ihm zur Verfügung stehenden expliziten Wissens über Bedarfe und Ziele auswählen und konzipieren kann. Dies führt fallweise v.a.D. bei globalen Kompetenzdimensionen zur Auswahl weniger geeigneter Maßnahmen und einer nicht auf die Bedürfnisse des Unternehmens abgestellten Gestaltung der Maßnahmen. Weniger problematisch ist

---

[416] Vgl. Neuberger, O. (1991), S. 182.

die Auswahl von Maßnahmen, wenn es um die Vermittlung von Fachkenntnissen, Fremdsprachen oder Computerkenntnissen geht. In diesen Bereichen können entsprechende Maßnahmen auch vom Personaldienstleister durchgeführt werden[417] wohingegen bei Maßnahmen ‚on-the-job' durch den Dienstleister häufig nur eine Begleitung der Maßnahme als Coach und die Konzeption der Maßnahme möglich ist, da sich hier die Vermittlung der Qualifikationen nur in direkter Aktion und Interaktion mit anderen Unternehmensmitgliedern vollziehen kann. Darüber hinaus geben die einzelnen Maßnahmen häufig selbst prozedurale Teilschritte zur Durchführung der Maßnahmen vor, so dass hierfür bestimmte Maßnahmen von der Existenz a priori strukturierter Arbeitsschritte ausgegangen wird.

Die Evaluation von Maßnahmen der Personalentwicklung kann in Abhängigkeit vom Evaluationsgegenstand ebenfalls outgesourct werden.[418] Qualifikationsmaßnahmen, deren Erfolg oder Grad der Zielerreichung nur langfristig sichtbar sind oder nur in der Beobachtung des Mitarbeiters im Arbeitsprozess oder in der Gruppe bewertet werden kann, können häufig nur mittels Personalbeurteilungen evaluiert werden, die vom Unternehmen aufgrund deren Komplexität selbst durchgeführt werden. Eine ähnliche Aussage kann für die Ableitung geeigneter Messgrößen getroffen werden, die evaluiert werden sollen. Auch hier kann es fallweise angeraten sein, diese Aufgabe intern zu erbringen.

Die Evaluation von Qualifikationen mittels „einfacher" und objektiv messbarer Größen sowie die Messung der Zufriedenheit mit Trainer, Ort und zeitlicher Gestaltung der Maßnahme kann ebenfalls auslagert werden.

Die administrative und organisatorische Abwicklung der Qualifizierung, die von der Suche nach geeigneten Trainern und Orten der Personalentwicklung bis hin zur Buchung der Unterkunft für die Teilnehmer und der Abrechnung der Reisekosten reicht, kann ebenfalls vollständig durch einen Personaldienstleister übernommen werden.

---

[417] Vgl. hierzu auch die Überlegungen von Kühlmann, T. et al. (1994), S. 18.
[418] Vgl. hierzu auch Kühlmann, T. et al. (1994), S. 18.

7.4 Verhaltens- und Handlungssteuerung von Personal (Personalführung)[419]

7.4.1 Ermittlung Personalführungsbedarf

Die Umsetzung der im Arbeitsvertrag fixierten Weisungsbefugnis in konkrete Arbeitsleistung zur Erreichung der Unternehmensziele ist wesentliche Aufgabe der Personalführung und wird mittels der Steuerung und Beeinflussung des Verhaltens der Mitarbeiter umgesetzt. An Personalführung besteht daher ein kontinuierlicher Bedarf.

Personalführungsbedarf ist insbesondere dann vorhanden, wenn die Zielerreichung des Unternehmens aufgrund des Verhaltens und/oder der Einstellungen der Mitarbeiter gefährdet ist oder die Mitarbeiter ihre Arbeitsleistung gar nicht oder nicht im kontrahierten Umfang erbringen.[420] Indikatoren hierfür sind Minder- und Mangelleistungen, die z.B. durch hohe Ausschussquoten im Produktionsbereich abgebildet werden können. Personalführungsbedarf kann sich auch aus der Auswertung verschiedener Daten aus dem Unternehmen wie Personalbeurteilungen, der Personalakte aber auch aus persönlichen Einschätzungen und Erfahrungen von Vorgesetzen und Führungskräften ergeben. Damit kann die Ermittlung eines konkreten Personalführungsbedarfes auf unterschiedlichen Arten von Wissen als Inputfaktor basieren, die miteinander verknüpft werden und auf Basis derer strukturelle Elemente der Personalführung gestaltet werden. Einschätzungen von Vorgesetzen speisen sich darüber hinaus aus deren Wahrnehmung und Beobachtung und können, wie in dieser Arbeit definiert, zu unterschiedlichem Grad expliziert werden. Welche konkreten Personalführungsbedarfe die Akteure hierbei ermitteln, kann daher auch abhängig von den Erfahrungen der Individuen sein sowie auf Attributionsprozessen beruhen. Die Zusammenhänge zwischen beobachtetem Verhalten, der Auswertung von Informationen und Personalführungsbedarfen basieren daher auf unterschiedlich stark probabilistischen Zusammenhängen. Daher ist die Ermittlung eines Personalführungsbedarfes zu einem unterschiedlichen Grad eine komplexe Aufgabe i.S. dieser Arbeit.

---

[419] Unter dem Begriff der Verhaltens- und Handlungssteuerung werden in dieser Arbeit alle Maßnahmen des Arbeitgebers subsumiert, die darauf abzielen, das Verhalten und die Handlungen des Mitarbeiters bzw. des potentiellen Mitarbeiters zu steuern bzw. Einfluss auf das Verhalten von anderen Personen im Unternehmen zu nehmen und gleichzeitig eine Umsetzung, der im Arbeitsvertrag vereinbarten Weisungsbefugnis des Arbeitgebers in konkrete Arbeitsleistung zu fördern.

[420] Entsprechende Ursachen wurden teilweise auch für das Bestehen eines Personalentwicklungsbedarfes abgeleitet. An dieser Stelle wird damit deutlich, dass beide personalwirtschaftlichen Funktionen in einem engen Verhältnis zueinander stehen. Einige Autoren bezeichnen daher Personalentwicklung auch als ein Instrument der Personalführung. Dieser Auffassung wird in dieser Arbeit nicht gefolgt und beide Funktionen als getrennte Aufgabenfelder beleuchtet.

7.4.2 Deckung des Personalführungsbedarfes

Personalführung beinhaltet sowohl eine strukturelle als auch interaktive Dimension.[421]

Interaktive Personalführung äußert sich durch eine direkte situationsbezogene Beeinflussung des Verhaltens des Mitarbeiters durch einen Vorgesetzen bzw. den Inhaber des vertraglich bestimmten Weisungsrechtes oder der Person, an die dieses Weisungsrecht delegiert wurde.

Der Bereich der interaktiven Personalführung wird an dieser Stelle nicht in die Betrachtung einbezogen, da hier die Verhaltensbeeinflussung direkt an den im Arbeitsvertrag genannten Weisungsberechtigten oder ein Organisationsmitglied gebunden ist, an den diese Weisungsbefugnis delegiert wird. Im Zentrum des Interesses steht hierbei die Einbindung des Weisungsgebers und -nehmers in den laufenden Arbeitsprozess innerhalb des Unternehmens. Diese Einbindung kann nur bei bestimmten Aufgaben, z.b. bei Aufgaben, die so klar definiert sind, dass sie bspw. auch per Telearbeit erledigt werden können, aufgegeben werden. Daher nimmt die interaktive Personalführung eine Sonderstellung im Hinblick auf die Fremdbezugs-/Eigenfertigungsentscheidung ein. So werden bpsw. im Rahmen der Beschäftigung von Interimsmanagern oder Zeitarbeitnehmern Weisungsbefugnisse externalisiert und diese durch den Interimsmanager oder Zeitarbeitnehmer für einen bestimmten Zeitraum situationsbezogen ausgeübt.

Die strukturelle Personalführung umfasst eine Vielzahl verschiedener Maßnahmen eines Arbeitgebers, insbesondere alle Formen von Anreizsystemen und Maßnahmen, die Arbeitnehmer im Sinne des Arbeitgebers zu sozialisieren. Hierbei erfolgt die gezielte Beeinflussung und Steuerung des Mitarbeiterverhaltens indirekt durch organisatorische Hilfsmittel.
Wie eine Deckung des Personalführungsbedarfs erfolgen kann, soll exemplarisch an zwei Beispielen gezeigt werden.

7.4.2.1 Beispiel 1: Entlohnung

Die Entlohnung im Unternehmen umfasst alle Maßnahmen, die mit der Bereitstellung finanzieller Leistungen eines Unternehmens an bzw. für seine Arbeitnehmer zusam-

---

[421] Vgl. Bartölke, K./Grieger, J. (2004), Sp. 778.

menhängen. Sie ist Gegenstand der Personalführung und übernimmt hierbei nicht nur die Funktion der Vergütung der Arbeitsleistung und ist damit zentraler Bestandteil des Arbeitsvertrages,[422] sondern erfüllt auch die Aufgabe eines Anreizes. Die erste Teilaufgabe besteht in der Entwicklung eines Entlohnungskonzeptes. Hierbei sind die Akteure im Unternehmen mit der Wahl einer Entgeltform konfrontiert. Die Wahl einer Entgeltform kann u.a. vom Aufgabenbereich, von der Arbeitsorganisation und der gewählten Produktionstechnologie,[423] den Kriterien, an denen die Entlohnung anknüpfen soll[424] sowie vom expliziten Personalführungsbedarf und der grundsätzlichen Haltung des Unternehmens gegenüber verschiedenen Formen der Entlohnung abhängen. Die Arbeitsorganisation, die Branche, aber auch die von den Individuen zu bewältigenden Aufgaben stellen dabei Umweltzustände dar. Zum Zeitpunkt der Wahl einer Entgeltform sind diese Umweltzustände bereits sicher eingetreten und können mit den Anwendungsvoraussetzungen verschiedener Lohnformen kontrastiert werden, so dass die Wahl einer Entlohnungsform auch für Dritte nachvollziehbar ist.

Im Auswahlprozess werden die Anwendungsvoraussetzungen prinzipiell möglicher Lohnformen mit den betrieblichen Voraussetzungen und Gegebenheiten und den Zielen der Personalführung und/oder dem aktuellen Personalführungsbedarf im Unternehmen kontrastiert. Dabei kann man die zu prüfenden Anwendungsvoraussetzungen auch als strukturgebend für den Auswahlprozess betrachten, da sie festlegen, welche Aspekte geprüft werden und welche Informationen zur Prüfung notwendig sind.

Grundsätzlich kann die Entlohnung durch verschiedene Entgeltformen erfolgen.[425] Aufgrund der Offenheit des Arbeitsvertrages ist zu erwarten, dass Arbeitgeber häufig eine leistungsorientierte Entlohnung anwenden, um die Umsetzung ihres vertraglich fixierten Weisungsrechtes in konkrete Arbeitsleistung zu sichern und sich gegen das Risiko opportunistischer nachvertraglicher Leistungszurückhaltung abzusichern.[426] Auch im Hinblick auf die Diskussion um leistungsabhängige Entlohnung in verschie-

---

[422] Die Entlohnung ist die Hauptpflicht des Arbeitgebers, die dieser im Rahmen des Arbeitsverhältnisses erbringen muss.
[423] Vgl. Zander, E. (1986), S. 289.
[424] So unterscheiden sich Entlohnungsformen hinsichtlich ihrer Eignung für bestimmte Unternehmensbereiche oder Aufgaben im Unternehmen. Bspw. sind für standardisierte Aufgaben mit einem gut messbaren Ergebnis andere Entlohnungsformen geeignet als für kreative Aufgaben, deren Ergebnisse multidimensional sind.
[425] Zu den Anwendungsvoraussetzungen dieser Lohnformen siehe u.a. Schettgen, P. (1996), S. 297ff.
[426] Vgl. Alewell, D. (2001), S. 365.

denen Bereichen werden hier Leistungslöhne, wie z.b. Akkord- und Prämienlöhne, als Personalführungsinstrument näher betrachtet.

Bei der Konzeption eines Leistungslohnsystems ist eine zentrale Frage, was als Leistung des Arbeitnehmers betrachtet wird. Nach Lazear (1986, 2000) können Input und Output eines Arbeitnehmers als Leistung betrachtet werden. Hinter dem Begriff der Leistung liegt daher ein weites Spektrum unterschiedlicher Kriterien, an denen die Entlohnung anknüpfen kann. Innerhalb der Konzeption muss die Frage beantwortet werden, anhand welches oder welcher Kriterien die Leistung des Arbeitnehmers gemessen werden soll. Bei der Wahl sind insbesondere Fragen der Messbarkeit (exakte, umfassende Erfassung) sowie der intersubjektiven zweifelsfreien Definition und Festellung der Kriterien relevant. Die Messbarkeit und zweifelsfreie Definition hängt von den Möglichkeiten der Beobachtung der Aufgabenbewältigung und von der Art der Aufgabe ab.

Liegt ein fest determinierter funktionaler Zusammenhang zwischen Input und Output vor, ohne dass weitere Inputfaktoren, exogene Einflüsse und Störgrößen hierauf Einfluss haben, dann ist eine Entlohnung auf Basis des Inputs oder Outputs möglich. Liegt kein fester funktionaler Zusammenhang vor, weil neben dem Input des Arbeitnehmers auch andere Faktoren den Output schlecht vorhersehbar machen, ist eine Entlohnung auf Basis des Inputs vorteilhaft. Dieser Vorteil muss den Messkosten für den Input gegenübergestellt werden. Ist eine Erfassung des Inputs nur unter hohen Messkosten möglich, der Output dagegen gut festellbar, rückt der Output als Leistungskennzahl in den Fokus der Betrachtung. Hier treten aber Probleme durch exogene Größen auf, die sich in free-riding, Fragen der Risikoallokation und multitasking widerspiegeln.[427] Um Leistungskennzahlen für die Entlohnung zu bestimmen, ist daher Wissen um diese Störgrößen relevant. Darüber hinaus müssen verschiedene Wirkungen des Leistungslohns z.B. auf ein mögliches Free-Riding im Team eingeschätzt werden. Hierzu sind wiederum Einschätzungen über Teammitglieder und deren Verhalten notwendig, da diese z.B. die Beurteilung hinsichtlich eines möglichen Free-Ridings beeinflussen. Diese Überlegungen beruhen z.T. auf probabilistischen Ursache-Wirkungs-Zusammenhängen der Akteure. Die Ableitung geeigneter Größen, an denen sich der Leistungslohn orientiert, ist daher teilweise komplex.

---

[427] Vgl. Alewell, D. (2001), S. 367.

Die Phase der konzeptionellen Gestaltung eines Lohnsystems wird des Weiteren durch gesetzliche Vorschriften beeinflusst. So hat der Betriebsrat ein Mitbestimmungsrecht bei der Aufstellung von Entlohnungsgrundsätzen und der Einführung neuer Entlohnungsmethoden, z.b. bei der Festsetzung von Akkordsätzen.

Im Hinblick auf die Komplexität dieser Teilaufgabe werden folgende Einschätzungen vorgenommen.

Das Vorgehen innerhalb des Auswahlprozesses wird durch die zur Verfügung stehenden Entgeltformen und deren Anwendungsvoraussetzungen strukturiert. Diese werden mit den betrieblichen Gegebenheiten und dem vorliegenden Personalführungsbedarf kontrastiert.

Das hierbei ausgewählte Lohnsystem besteht i.d.R. aus bestimmten Komponenten, die für die Nutzung im Unternehmen ermittelt werden, falls sie nicht bereits im Unternehmen vorliegen. Die Bestandteile des Lohnsystems können dabei als strukturgebende Variablen interpretiert werden, aus denen abgeleitet werden kann, welche Informationen zur Konzeption notwendig sind bzw. welche Arbeitsschritte, wie z.B. die Ermittlung der Normalleistung mittels Zeitstudien und die Festlegung der Lohnlinie im Hinblick auf die Konzeption eines Lohnsystems vollzogen werden müssen. Die Ableitung von Messgrößen ist in Abhängigkeit u.a. von der Aufgabe, von der Entlohnungsform sowie der betroffenen Personengruppe etc. schwierig und kann komplex sein, da Neben-, Fern- und Wechselwirkungen von Messgrößen berücksichtigt werden müssen.

Rechtliche Regelungen schreiben zusätzlich a priori vor, welche Akteure an der Konzeption von Entlohnungssystemen beteiligt sind und worin deren Aufgaben bestehen. Die Einbindung des Betriebsrates in die Aufstellung von Entlohnungsgrundsätzen führt dazu, dass sich der Anteil erfahrungsbasierten Wissens am insgesamt zur Bewältigung der Aufgabe notwendigen Wissen erhöht. So kann Wissen über den Betriebsrat oder Betriebsratsmitglieder und deren Handlungsweisen, aber auch über den Ablauf anderer, in der Vergangenheit stattgefundener, Verhandlungen mit dem Betriebsrat, auch erfahrungsbasiertes Wissen sein, welches nur schwer expliziert werden kann. Damit kann sich die Komplexität des Verhandlungsprozesses erhöhen und die Aufstellung einzelner Komponenten des Lohnsystems für Dritte interpretationsbedürftig sein.

Im Anschluss an die Konzeption eines Entlohnungssystems kann dieses im Unternehmen implementiert werden. Die **Einführung** einer neuen Form der Entlohnung erfolgt auf zwei Ebenen. Auf einer Ebene werden die technischen bzw. administrativen Voraussetzungen für die Erfassung der Leistung sowie der Überführung der Leistung in Entgeltgrößen geschaffen. Auf einer zweiten Ebene wird das neue Entlohnungssystem auf der Ebene der Mitarbeiter eingeführt. Verschiedene Maßnahmen stehen hierzu zur Verfügung. So können die Mitarbeiter bspw. in die Konzeptionsphase mittels Interviews einbezogen und zu möglichen Störgrößen, empfundenen Über- und Unterbelastungen befragt werden. In der Phase der Implementation kann in Informationsveranstaltungen, Gruppen- und/oder Mitarbeitergesprächen über das entsprechende System informiert werden.

Im Hinblick auf die Komplexität dieser Teilaufgabe werden folgende Einschätzungen vorgenommen.

Für die Implementation des Entlohngssystems auf Mitarbeiterebene eignen sich unterschiedliche Vorgehensweisen. Die Entscheidung für eine oder die Kombination von Möglichkeiten hängt u.a. von der Größe des Unternehmens oder der Unternehmenseinheit, von den betroffenen Mitarbeitern und Üblichkeiten im Unternehmen ab. So können sich bspw. Verfahren in Abhängigkeit von den betroffenen Mitarbeitergruppen gegenseitig ausschließen. Grundlage für diese Einschätzung können u.a. probabilistische Ursache-Wirkungs-Zusammenhänge sein, die auf den Erfahrungen der Individuen hinsichtlich der Eignung bestimmter Verfahren bei einer bestimmten Gruppe von Mitarbeitern unter bestimmten Situationsvariablen resultieren.

Des Weiteren sind Kenntnisse darüber relevant, wie der Betriebsrat einem neuen Lohnsystem gegenübersteht und wie sein Verhältnis zu einzelnen Unternehmensakteuren ist. Aber auch Kenntnisse über den Ausbildungsstand der Mitarbeiter, aktuelle Probleme und Gruppen im Unternehmen etc. sind zu berücksichtigende Faktoren. Diese Kenntnisse liegen nur zum Teil in expliziter Form vor. So ist z.B. für einen Dritten nur schwer zu erkennen, welche informellen Gruppen im Unternehmen vorhanden sind, die bei der Umsetzung betrieblicher Maßnahmen Einfluss ausüben können. An dieser Stelle wird daher auch erfahrungsbasiertes, durch Beobachtung gewonnenes Wissen zur Erfüllung der Aufgabe eingesetzt. Die Aufgabe der Implementation auf Mitarbeiterebene kann daher als komplex eingeschätzt werden. Sie zeichnet sich darüber hinaus im Vergleich zur Implementation auf einer technischen bzw. administrativen Ebene durch einen höheren Komplexitätsgrad aus.

Das entwickelte und im Unternehmen eingesetzte Lohnsystem kann im Zeitablauf Änderungen unterworfen sein, die in Folge technischer Veränderungen im Produktionsprozess, negativer Auswirkungen auf die Qualität der Produkte, zunehmender Zahl von Arbeitsunfällen etc. vorgenommen werden. Diese Veränderungen können einen Bedarf an **Modifikationen** im bestehenden System oder eine komplette Neugestaltung notwendig machen. Eine kontinuierliche Erfassung und Beobachtung entsprechender Veränderungen, aber auch der Anwendungsvoraussetzungen ist deshalb notwendig. Die Anpassung des Systems folgt je nach beobachteter Veränderung unterschiedlichen Zielsetzungen, wobei Veränderungsmöglichkeiten und damit auch die Bewältigung der Aufgabe im Hinblick auf ein bestimmtes Lohnsystem u.a. auf dessen zentrale Bestandteile beschränkt sind.

Ausgehend von der Darstellung sind folgende Aspekte für die Frage des Outsourcings der einzelnen Teilaufgaben aus der Wissensperspektive wichtig. Die Entwicklung eines Lohnsystems ist in Abhängigkeit von der Entlohnungsform, dem Anwendungsbereich der Entlohnung etc. eine komplexe Aufgabe. Eine Auslagerung ist dort möglich, wo ein fester funktionaler Zusammenhang zwischen Input und Output besteht. Eine Beteiligung des Betriebsrates muss gewährleistet sein. Bei näherer Betrachtung kann aber insbesondere durch die Einbeziehung des Betriebsrates der Entscheidungsprozess an Komplexität zunehmen, so dass eine vollständige Auslagerung der konzeptionellen Phase an einen externen Dienstleister schwierig ist. Im Rahmen der Implementation auf der Mitarbeiterebene spielt implizites Wissen über Akteure im Unternehmen und deren formellen und informellen Beziehungen eine Rolle. Dieses Wissen kann z.T. nur unter hohen Kosten transferiert werden, so dass erwartet wird, dass die Implementation auf Mitarbeiterebene im Unternehmen verbleibt. Ein Personaldienstleister kann u.a. Vorschläge für verschiedene Vorgehensweisen zur Implementation unter Berücksichtigung von Vor- und Nachteilen machen sowie die Durchführung des Prozesses durch das Angebot bzw. die Übernahme von Personalentwicklungsmaßnahmen im Bereich Gesprächsführung und Konfliktbewältigung unterstützen.

Aus der Wissensperspektive kann die Implementierung auf technischer Ebene vollständig auslagert werden, ebenso der administrative Aufwand, der bspw. durch die Erfassung der Leistung und Auszahlung des Entgeltes im Unternehmen anfällt.

7.4.2.2 Beispiel 2: Personalbeurteilung

Als weitere ausgewählte Maßnahme der strukturellen Personalführung wird die Mitarbeiter- bzw. **Personalbeurteilung** betrachtet. Unter Personalbeurteilung wird hier die geplante, formalisierte und standardisierte Bewertung von Organisationsmitgliedern im Hinblick auf bestimmte Kriterien, durch von der Organisation explizit damit beauftragte Personen auf der Basis sozialer Wahrnehmungsprozesse, verstanden.[428]

Die Vorgehensweise zur Nutzung einer Personalbeurteilung als Personalführungsinstrument ähnelt in ihrer grundlegenden Anlage der Vorgehensweise der Nutzung des Entgeltes als Personalführungsinstrument. So umfasst auch die Personalbeurteilung die Entwicklung und die Durchführung der Personalbeurteilung mittels eines Personalbeurteilungsformulars.

In der **Konzeptionsphase** werden Personalbeurteilungskriterien festgelegt, geeignete Verfahren zur Erhebung der Kriterien sowie Beurteiler und zu Beurteilende ausgewählt.[429]

Beurteilungskriterien stellen die inhaltlichen Bezugspunkte von Personalbeurteilungen dar,[430] hinsichtlich derer die Organisationsmitglieder eingeschätzt werden. Die Auswahl der Kriterien orientiert sich u.a. an den Anlässen der Personalbeurteilung und den Zielen des Unternehmens. Im Allgemeinen kann hinsichtlich verschiedener Betrachtungsgegenstände[431] oder inhaltlicher Bezugspunkte von Personalbeurteilungssystemen unterschieden werden, für die Kriterien abgeleitet werden.[432] Zur Ableitung von Kriterien sind unterschiedliche

---

[428] Vgl. Domsch, M./Gerpott, T.J. (2004), Sp. 1432.
[429] Vgl. Domsch, M./Gerpott, T.J. (2004), Sp. 1439. Siehe hierzu auch Gerpott, T.J. (1992), S. 250f.
[430] Vgl. Domsch, M./Gerpott, T.J. (2004), Sp. 1436.
[431] Vgl. Domsch, M./Gerpott, T.J. (2004), Sp. 1436.
[432] Dies sind zum einen die Persönlichkeit des Arbeitnehmers, wobei hier insbesondere das Vorhandensein bestimmter als relevant erachteter Verhaltensweisen und Eigenschaften bewertet wird. Als zweite Dimension kann die Art des Tätigkeitsvollzuges betrachtet werden. Ausgehend von spezifischen Anforderungen einer Tätigkeit wird beurteilt, in wieweit ein diesen entsprechendes

Wissensbestandteile notwendig. So sind z.B. für die Ableitung von Merkmalen zur Bewertung der Art des Tätigkeitsvollzuges Kenntnisse der Arbeitsinhalte relevant. Diese können zum einen aus der Stellenbeschreibung oder aus den Ergebnissen der Arbeitsanalyse gewonnen werden, aber auch durch direkte Beobachtung des Arbeitnehmers oder dessen Befragung.

Mit den Kriterien zu messende Betrachtungsgegenstände können von den Akteuren im Unternehmen nicht immer vollständig beschrieben werden und in gut messbare Größen überführt werden. Können bspw. die Anforderungen der Tätigkeit nicht vollständig expliziert werden, so ist auch die Ableitung als relevant erachteter Verhaltensweisen bzw. einer bestimmten Ausprägung einer Verhaltensweise schwierig bzw. kann nur auf Basis bereits explizierter Wissensbestandteile erfolgen. Hier besteht wie im Bereich der Eignungsdiagnostik und der Personalentwicklung das Problem, dass explizierte Kriterien z.T. nur einen Ausschnitt des eigentlich zu messenden Verhaltens widerspiegeln. Dies führt dazu, dass in Abhängigkeit davon, ob ein Beurteiler nur auf Basis des explizierbaren Teil des Kriteriums oder auch unter Kenntnis der Wissensbestandteile, die einer Ableitung nicht zugänglich waren, unterschiedliche Einschätzungen und Ergebnisse erwartet werden können.

Für eine Bewertung der Kriterien muss das Unternehmen über ein geeignetes Beurteilungssystem, d.h. einen geeigneten Beurteilungsbogen verfügen.[433] Inhalt dieser Bögen bilden die Beurteilungskriterien. Verschiedene standardisierte Personalbeurteilungsverfahren[434] bzw. -instrumente können in Abhängigkeit von betrieblichen Erfordernissen, der Zielsetzung der Personalbeurteilung etc. Anwendung finden. Die Eignung bestimmter Verfahren für die Beurteilung bestimmter Sachverhalte sowie deren Anwendungsvoraussetzungen beeinflussen den Entscheidungsfindungsprozess.

Verhalten gezeigt wurde. In einer dritten Perspektive ist die Erreichung bestimmter vorher definierter Zielzustände von Interesse.

[433] Unternehmen können entsprechende Personalbeurteilungsbögen selbst entwickeln, ein in der Literatur veröffentlichtes System verwenden, Systeme von anderen Unternehmen übernehmen oder einer Unternehmensberatung den Auftrag für die Entwicklung eines entsprechenden Systems erteilen.

[434] In Abhängigkeit vom Beurteilungsverfahren werden die abgeleiteten Kriterien gewichtet. Die Gewichtung einzelner Kriterien erfolgt zum einen unbewusst durch die Art und Anzahl der Beurteilungskriterien. Da die Gewichtung kaum wissenschaftlich begründbar ist, orientiert man sich dabei häufig an vergangenen Erfahrungen. Verfahren können nach der Art des Urteilsvorganges, ihrem Grad der Standardisierung und nach der Anzahl der Kriterien klassifiziert werden. In der Praxis werden primär gebundene, analytische Einstufungsverfahren eingesetzt. Siehe hierzu Domsch, M./Gerpott, T.J. (2004), Sp. 1437.

Bei der Festlegung der Beurteiler wird in der Praxis vor allen Dingen von einer hierarchisch bedingten Rollenkonstellation ausgegangen.[435] Organisationsmitglieder werden daher primär von ihrem direkten Vorgesetzten beurteilt. Die Auswahl kann sich aber auch an anderen Kriterien orientieren. Hierzu gehören u.a. das Vorhandensein von Kenntnissen der Arbeitsziele und -anforderungen für den Beurteilten und die Frage, ob Gelegenheit zur Beobachtung des zu Beurteilenden besteht.[436] Darüber hinaus kann in dieser Phase des Prozesses auch eine Beurteilerschulung angesiedelt sein, innerhalb derer die Beurteiler mit Aufgaben, Zielen, dem zum Einsatz kommenden Verfahren und möglichen Problemen von Beurteilungen vertraut gemacht werden.

Hinsichtlich der Komplexität dieser ersten Teilaufgabe der Nutzung der Personalbeurteilung als Personalführungsinstrument werden folgende Aspekte festgehalten.
Als Hilfsmittel zur Konzeption von Personalbeurteilungen liegen in der Praxis bereits standardisierte Verfahren vor, wobei bei diesen bspw. hinsichtlich der Art des Urteilsvorgangs oder hinsichtlich der Anzahl der Kriterien differenziert wird. Für die in der Personalbeurteilung interessierenden Sachverhalte werden geeignete Verfahren ausgewählt. Diese Auswahlentscheidung wird u.a. durch Anwendungsvoraussetzungen sowie Vor- und Nachteile einzelner Verfahren beeinflusst und strukturiert.
Die Ableitung der Kriterien als weiterer Bestandteil der Konzeption ist im Vergleich dazu als komplex einzuschätzen. Merkmale können bspw. ausgehend von unterschiedlichen Betrachtungsebenen abgeleitet werden. Kriterien selbst stellen theoretische Konstrukte dar, die mehr oder weniger gut das zu messende Merkmal repräsentieren. Je stärker implizite Theorien der Akteure darüber vorhanden sind wie Merkmale aussehen sollen oder je stärker hierauf bspw. die Unternehmenskultur Einfluss hat, umso schwieriger ist deren explizite Formulierung.
Für die Ableitung von Beurteilungskriterien können ähnliche Probleme wie bei der Ableitung von Messkriterien bei Leistungslöhnen abgeleitet werden. Auch hier stehen Fragen der Definition, der Messbarkeit und Beobachtbarkeit von Kriterien im Fokus.

Bei der **Durchführung** der Beurteilung werden die Ausprägungen von Eigenschaften und Verhalten mit den abgeleiteten theoretischen Konstrukten verglichen.[437] Die ein-

---

[435] Vgl. Domsch, M./Gerpott, T.J. (1992), Sp. 1632.
[436] Vgl. Domsch, M./Gerpott, T.J. (2004), Sp. 1434.
[437] Vgl. Struck, O. (1998), S. 147.

zelnen Beurteilungsbögen sind Mittel der Strukturierung des Beurteilungsvorgangs,[438] indem sie u.a. festlegen, welche Kriterien anhand welcher Skalen bewertet werden.[439]

Hinsichtlich der Komplexität dieser Teilaufgabe sind folgende Aspekte relevant. Die Beurteilung der Organisationsmitglieder erfolgt auf Basis sozialer Wahrnehmungsprozesse. Im biologischen Sinne ist die Wahrnehmung eine Funktion, die einem Organismus mit Hilfe seiner Sinnesorgane ermöglicht, Informationen über seine Sinne aufzunehmen und zu verarbeiten. Zunächst können aufgrund der begrenzten kognitiven Fähigkeiten der Akteure nicht alle Informationen aufgenommen und verarbeitet werden. Für den Fall der Personalbeurteilung sind insbesondere die auditive (akustische) und die visuelle Wahrnehmung relevant. Die Beurteilung kann sich deshalb auf Informationen stützen, die in schriftlicher Form im Unternehmen vorhanden sind, Informationen, die aus Gesprächen mit Mitarbeitern, Gruppenmitgliedern, anderen Vorgesetzten gewonnen werden, aber auch durch eigenes Beobachten der Mitarbeiter im Arbeitsprozess erlangt werden. Eine Bewertung kann aber auch auf den in einem Unternehmen vorliegenden Daten wie Produktionsergebnisse, Umsatzzahlen, Fehlzeiten, Ausschussquoten etc. basieren. Damit gründet sich eine Beurteilung auf verschiedene Wissensbestandteile, die unterschiedlich strukturiert, weil unterschiedlich erworben, sind.[440] In Abhängigkeit davon, was bewertet werden soll, ist die Durchführung der Personalbeurteilung damit zu einem unterschiedlichen Grad eine Wahrnehmungs- und Beobachtungsaufgabe. Komplex ist die Beurteilung von Personal insbesondere dann, wenn nicht nur die Erreichung von objektiv messbaren Zielgrößen wie Ausschussquoten beurteilt werden soll, sondern Verhaltensweisen, das Potential oder das Vorliegen bestimmter Eigenschaften bewertet werden. So kann auf eigenschafts- und personenbezogenen Kriterien häufig nur durch die Interpretation beobachteter Sachverhalte geschlossen werden. Einschätzungen des Be-

---

[438] Vgl. Struck, Ö. (1998), S. 158.
[439] So werden bspw. bei summarischen Verfahren die Leistungen der Mitarbeiter als Ganzes bewertet. Im Gegensatz dazu werden bei analytischen Verfahren einzelne Kriterien der Persönlichkeit oder des Verhaltens oder der Zielerreichung eines Mitarbeiters getrennt bewertet und zu einem Gesamturteil aggregiert.
[440] Eine hinreichende Begründung hierfür ist darin zu sehen, dass sich die einzelnen Beurteiler durch individuell begrenzte kognitive Fähigkeiten beschreiben lassen, die die Erfassung von Merkmalen und deren Beschreibung und damit auch die Bewertung beeinflussen. Eng damit verbunden sind auch begrenzte diagnostische Beurteilungsfähigkeiten. Neben dieser Ebene des Könnens wird die Bewertung auch auf der Ebene des Wollens beeinflusst. So sind z.B. Beurteilungen immer auch von mikropolitischen Überlegungen durchdrungen. Daher wird jede Beobachtung durch Erwartungen, Interessen, Einstellungen, Vorerfahrungen und Fähigkeiten der Beurteiler beeinflusst, die auch durch das Unternehmen bzw. dessen Kultur geprägt sind.

urteilers resultieren hier auch aus der Verarbeitung bzw. durch die Einbeziehung erfahrungsbasierter Wissensbestandteile. Es werden unbewusst Interpretationen vor dem Hintergrund persönlicher, teilweise durch die Unternehmenskultur geprägter Einstellungen und Erfahrungen vorgenommen, die auch vom Begriffsverständnis und der Sprachkompetenz des Beurteilers abhängig sind. Diese Erfahrungen können sich in probabilistischen Ursache-Wirkungs-Zusammenhänge manifestieren.

Die Beurteilung erfolgt durch Personen, die direkt von der Organisation damit beauftragt werden. Daher kann die Beurteilung nicht ausschließlich an den Arbeitgeber[441] oder Mitglieder der Organisation gebunden sein, sondern diese Aufgabe kann auch delegiert werden. Dies ist möglich, da durch die in Beurteilungsbögen zu findenden Kriterien je nach Verfahren auf einer sehr abstrakten Ebene explizit vorgeben ist, was im Rahmen der Personalbeurteilung bewertet werden soll. Dies impliziert, dass mit den zu beurteilenden Kriterien, Regeln bzw. Strukturen existieren, die die Beurteilung steuern und damit auch strukturieren.[442]

Die Ergebnisse der Personalbeurteilung sind im Rahmen der Personalführung Grundlage für weitere Entscheidungen auf führungspolitischer oder personalpolitischer Ebene. So können je nach Zielsetzung aus den Beurteilungsergebnissen Entwicklungsbedarfe von Personen, aber auch Veränderungsbedarfe in der Arbeitsorganisation abgeleitet sowie Entscheidungen über Beförderungen, Entgeltzahlungen und Versetzungen fundiert werden.

Im Hinblick auf ein Outsourcing dieser Maßnahme der Personalführung wird unter Wissensaspekten folgende Einschätzung vorgenommen.
Die Konzeption von Beurteilungsbögen nimmt unter dem Fokus der wissensbasierten Betrachtung der Eigenfertigungs-/Fremdbezugsentscheidung eine ambivalente Position ein. So ist es insbesondere für die inhaltliche Definition der zu bewertenden Kriterien sinnvoll, dass der Personaldienstleister und Experten aus dem Unternehmen eng zusammen arbeiten, wohingegen die Gestaltung des Beurteilungsbogens sowie

---

[441] Ist der Arbeitgeber eine juristische Person, erfolgt die Beurteilung durch weisungs- und entscheidungsbefugte Akteure des Unternehmens.
[442] Vgl. Domsch, M./Gerpott, T.J. (2004), Sp. 1437.

die Integration der Kriterien in das Formular durch einen Personaldienstleister allein übernommen werden können.[443]

Aus der Wissensperspektive kann die Durchführung der Beurteilung im Rahmen der Personalführung aufgrund ihrer Komplexität häufig nicht an einen externen Dienstleister delegiert werden. Ausnahmen ergeben sich bspw. bei der Beurteilung, ob bestimmte vorher definierte Umsätze erreicht wurden oder Ausschussquoten um einen bestimmten Prozentsatz gesenkt werden konnten.

Leistungen wie die Schulung der Beurteiler im Hinblick auf den Einsatz der Personalbeurteilung können ausgelagert werden.

7.4.3 Fazit

Die Konzeption verschiedener Personalführungsinstrumente oder -systeme kann aus der Wissensperspektive häufig auslagert werden.[444] Eine enge Zusammenarbeit mit dem Unternehmen ist aber insbesondere dann erforderlich, wenn im Rahmen solcher Verfahren Kriterien bestimmt werden, für die eine eindeutige Definition problematisch ist und wenn die Beurteilung auf Beobachtung beruht und damit auf der Interpretation beobachteter Sachverhalte sowie beim Vorliegen unklarer Ursache-Wirkungs-Zusammenhänge.

Für die Aufgabe der Einführung bzw. Umsetzung verschiedener Personalführungsinstrumente kann hierbei die Vorbereitung in Form von Schulungen in Gesprächstechniken und Konfliktlösungsstrategien vom externen Dienstleister übernommen werden.

Umfasst der Einsatz von Personalführungsinstrumenten die Beurteilung oder Einschätzung von Arbeitnehmern, so sollte diese in Abhängigkeit von zu bewertenden Kriterien im Unternehmen verbleiben.

---

[443] Vgl. Meier, A. /Stuker, C./Trabucco, A. (1997), S. 140f.
[444] Siehe hierzu die Überlegungen von Kühlmann, T. et al. (1994), S. 18.

7.5 Personalfreisetzung[445]

7.5.1 Ermittlung Personalfreisetzungsbedarf

Personalwirtschaftliches Handeln im Bereich der Personalfreisetzung wird durch die Feststellung eines Freisetzungsbedarfs, d.h. Identifikation des Freisetzungsvolumens, ausgelöst.[446]

Freisetzungsbedarf[447] besteht dann, wenn ein negativer quantitativer und/oder qualitativer Netto-Personalbedarf ausgewiesen wird. Dieser ergibt sich aus der Differenz zwischen Brutto-Personalbedarf und Personalausstattung.

Personalbedarfsgrößen können mittels verschiedener Verfahren zur Personalbedarfsberechnung bestimmt werden. Die Vorgehensweisen zur Bestimmung eines quantitativen und qualitativen Netto-Personalbedarfs wurden bereits im Rahmen der Darstellung der Personalauswahl (Kap. 7.2.1) erläutert. So kann die quantitative und qualitative Ist-Personalausstattung aus dem Stellenplan ermittelt werden. Im Unternehmen vorliegende Ergebnisse von Personalbeurteilungen und Personaldaten etc. liefern ebenfalls Informationen zur Ermittlung einer qualitativen und quantitativen Ist-Personalausstattung. Die Ergebnisse von Personalbeurteilungen beruhen z.T. auf Beobachtungen und subjektiven Einschätzungen der Beobachter. Hieraus abgeleiteter Freisetzungsbedarf ist teilweise auch subjektiv, wenn es z.B. darum geht, ob das gezeigte Verhalten eines Akteurs den impliziten Vorstellungen des Unternehmens im Hinblick auf ein geeignetes Verhalten entspricht.

Hinsichtlich der Komplexität dieser Teilaufgabe kann folgendes festgehalten werden. Die grundlegende Struktur dieser Aufgabe ergibt sich daraus, dass zur Bestimmung eines qualitativen bzw. quantitativen Netto-Personalbedarfs die Differenz von Brutto-Personalbedarf und Personalausstattung ermittelt wird. In Abhängigkeit von den Ursachen der Entstehung des Freisetzungsbedarfes kommen unterschiedliche Verfahren der Bestimmung des Freisetzungsbedarfes zur Anwendung, deren Bestandteile

---

[445] Die Personalfreisetzung ist eine Form der Sanktionierung nicht vertragskonformen Verhaltens und umfasst gleichzeitig Maßnahmen zur Verhinderung einer Personalüberdeckung in Teilen des Unternehmens oder im Gesamtunternehmen. Sie umfasst dabei alle Maßnahmen, mit denen eine personelle Überdeckung in quantitativer, qualitativer, örtlicher und zeitlicher Hinsicht abgebaut wird oder Minderleistung durch den Austausch von Personal abgebaut wird. Vgl. Kammel, A. (2004), Sp. 1345.

[446] Ursachen für das Entstehen von Freisetzungsbedarfen können in unternehmensinternen, unternehmensexternen und mitarbeiterbezogenen Faktoren liegen. Vgl. Kammel, A. (2004), Sp. 1345f.

[447] Hier wird nur von dem Fall ausgegangen, dass ein negativer Netto-Personalbedarf Freisetzungsbedarf auslöst. Die Möglichkeit den Brutto-Personalbedarf, bspw. durch Insourcing, Zukauf etc. zu erhöhen, wird an dieser Stelle nicht betrachtet.

zu einem unterschiedlichen Grad klaren Ursache-Wirkungs-Zusammenhängen entstammen. Ein Beispiel hierfür ist die Bestimmung des Freisetzungsbedarfes auf Basis von Beobachtungen und Einschätzungen von Vorgesetzen. Die Nachvollziehbarkeit der Ermittlung kann im Vergleich zur Anwendung mathematischer Verfahren zur Ermittlung des Freisetzungsbedarfes geringer sein. In Abhängigkeit von der Freisetzungsursache ist diese Aufgabe damit eine komplexe Tätigkeit. In Abhängigkeit von der Freisetzungsursache ist eine Auslagerung dieser Aufgabe möglich.

7.5.2 Auswahl geeigneter Instrumente zur Personalfreisetzung

An dieser Stelle geht es um die zielorientierte Auswahl und Gestaltung von Personalfreisetzungsmaßnahmen. Diese Aufgabe umfasst i.d.R. zwei Auswahlentscheidungen.

Im Hinblick auf die Bewältigung dieser Teilaufgabe und damit auf die Befriedigung von Freisetzungsbedarfen kann zunächst über die Richtung der Freisetzung entschieden werden. Die interne Personalfreisetzung umfasst arbeitszeitverändernde Maßnahmen, Einstellungsstopps, Versetzungen, Änderungskündigungen etc. Die externe Personalfreisetzung umfasst Maßnahmen, bei denen eine quantitative Bestandsänderung auftritt. Hierzu gehören verschiedene Formen der Entlassung von Arbeitnehmern oder Gruppen von Arbeitnehmern, die Ausnutzung der Fluktuation und die Vereinbarung von Aufhebungsverträgen.[448]

Eine weitere Auswahlentscheidung beinhaltet die Entscheidung darüber, welche Maßnahme oder welches Maßnahmenbündel zur Freisetzung von Personal genutzt wird. Auch diese Entscheidung setzt die Prüfung einer Reihe von Informationen voraus. Hierzu gehören u.a. Informationen über die Freisetzungsursachen. Wird bspw. Freisetzungsbedarf eines Arbeitnehmers durch dessen vertragswidriges Verhalten ausgelöst, wird der Arbeitgeber häufig kein Interesse daran haben, den Arbeitnehmer weiter in seinem Unternehmen zu beschäftigen, so dass eher Maßnahmen in Betracht kommen, die auf den Ausschluss des Arbeitnehmers aus der Organisation abzielen. Bestehen Freisetzungsbedarfe nur kurzfristig, ist der Arbeitgeber aber langfristig auf die Qualifikationen des Arbeitnehmers angewiesen, werden hier eher Freisetzungsmaßnahmen zum Einsatz kommen, die nicht den Ausschluss des Arbeit-

---

[448] Vgl. Olfert, K./Steinbuch, P.A. (2001), S. 475f.

nehmers aus dem Unternehmen zur Folge haben. Dies können z.B. Kurzarbeit oder die Umwandlung einer Vollzeit- in eine Teilzeitstelle sein.

Für Maßnahmen aus dem Bereich der Produktions- und Absatzplanung werden darüber hinaus zahlreiche organisatorische Voraussetzungen geprüft. So ist die Frage zu klären, ob Produktdiversifikationen auch mit der im Unternehmen zu findenden Technologie möglich sind, ob diese auch am Absatzmarkt abgesetzt werden können oder ob die Qualifikationen im Unternehmen ausreichend sind, solche Produktdiversifikationen umzusetzen. Bei Versetzungen ist bspw. zu prüfen, ob und wie sich der zu versetzende Mitarbeiter in das neue Arbeitsteam integriert. Hierzu sind entsprechend Daten und Informationen aus den Fachabteilungen, aber auch aus Stellenbeschreibungen und Anforderungsanalysen zu analysieren sowie Einschätzungen hinsichtlich des Beziehungsgefüges des Unternehmens vorzunehmen.

Der Prozess der Entscheidungsfindung wird auch von gesetzlichen Regelungen beeinflusst. So gilt unter Voraussetzung der Anwendbarkeit des Kündigungsschutzgesetzes für ordentliche Einzelkündigungen das ultima-ratio-Prinzip. Darüber hinaus ist der Betriebsrat rechtzeitig und umfassend zu informieren und in Abhängigkeit von gesetzlichen Regelungen in den Entscheidungsprozess einzubeziehen.[449]

Hinsichtlich der Frage der Komplexität dieser Teilaufgabe wird folgende Aussage getroffen.

Der Auswahlprozess von Maßnahmen der Personalfreisetzung wird durch unterschiedliche Faktoren, wie rechtliche Regelungen, Anwendungsvoraussetzungen der Freisetzungsmaßnahmen, Freisetzungsursachen, Informationen verschiedenster Art aus und über das Unternehmen etc., beeinflusst. So bestimmen Anwendungsvoraussetzungen einzelner Maßnahmen, welche Aspekte geprüft und welche Informationen verarbeitet werden. Rechtliche Regelungen geben der Entscheidungsfindung in der Art Struktur, dass von diesen in bestimmten Situationen gefordert wird, nicht nur eine Alternative der Personalfreisetzung zu prüfen. Diese Aspekte sprechen dafür, dass die Aufgabe eine eher geringe Komplexität aufweist.

Andererseits werden verschiedene Arten von Inputwissen verarbeitet und kombiniert, wobei diese Kombination durch die Akteure mehr oder weniger bewusst vorgenommen wird. Hier kann der Einsatz von Experten aus dem Unternehmen zur Bewälti-

---

[449] Vgl. Olfert, K./Steinbuch, P.A. (2001), S. 481.

gung der Aufgabe sinnvoll sein, da dieses Wissen über betriebliche Üblichkeiten, informelle Strukturen des Betriebsrates etc. besitzen, welches häufig nicht vollständig expliziert werden kann. Des Weiteren ist bspw. auch die Entscheidung ob eine Versetzung möglich ist von unterschiedlichen Informationen abhängig, die z.t. über die Kenntnis der Qualifikationen des Arbeitnehmers und der formalen Anforderungen eines neuen Arbeitsplatzes hinausgehen. So müssen eventuell auf Basis der Kenntnisse über das Beziehungsgefüge besser geeignete Maßnahmen zu gunsten anderer Maßnahmen verworfen und Veränderungen des Beziehungsgefüges abgeschätzt werden. Diese Einschätzungen können von verschiedenen Faktoren abhängen, wie z.B. den betroffenen Akteuren, der wirtschaftlichen Situation des Unternehmens sowie der Situation auf dem Arbeitsmarkt. Einschätzungen hierzu beruhen teilweise auf beobachtetem Verhalten und probabilisitischen Ursache-Wirkungs-Beziehungen.

Aufgrund dieser Aspekte hat die Auswahl geeigneter Freisetzungsmaßnahmen im Hinblick auf ihrer Komplexität eine ambivalente Struktur, so dass eine enge Zusammenarbeit mit dem Personaldienstleister oder die Erbringung der Aufgabe durch das Unternehmen allein notwendig sind.

7.5.3 Durchführung von Maßnahmen zur Personalfreisetzung

Häufig ergibt sich die Struktur für die Durchführung der Personalfreisetzung aus den gewählten Maßnahmen. So ist gesetzlich definiert, welche Akteure im Unternehmen an den ausgewählten Maßnahmen der Personalfreisetzung beteiligt sind, wie einzelne Maßnahmen ablaufen sollten bzw. welche Teilschritte in welcher Reihenfolge durchzuführen sind sowie welche Fristen einzuhalten und in welcher Form bestimmte Maßnahmen zu dokumentieren sind.

Am Beispiel der Entlassung eines Arbeitnehmers[450] soll der Ablauf einer Personalfreisetzung kurz exemplarisch gezeigt werden.

---

[450] Andere Maßnahmen wie produkt- und absatzorientierte Maßnahmen werden im Allgemeinen nicht als personalwirtschaftliche Aufgaben betrachtet, die vom Arbeitgeber oder von ihm beauftragten Personen zu erbringen sind. Kompetenzen hierfür liegen stärker in Fachabteilungen. Daher sollen für diese Maßnahmen an dieser Stelle keine Aussagen hinsichtlich deren Komplexität und Möglichkeiten der Auslagerung getroffen werden. Aus produkt- und absatzorientierten Maßnahmen ergeben sich aber wieder personalwirtschaftliche Aufgaben.

Im hier konstruierten Beispiel wird davon ausgegangen, dass im Rahmen einer Personalbeurteilung festgestellt wurde, dass das Verhalten eines Arbeitnehmers nicht dem von der Organisation erwünschten Verhalten entspricht und die Organisation unter den Geltungsbereich des Kündigungsschutzgesetzes fällt. Da es sich hier um eine verhaltensbedingte Kündigung handelt, muss zunächst eine Abmahnung erfolgen. Bei erneutem Fehlverhalten kann eine Kündigung hierfür ausgesprochen werden. Diese ist auf Zulässigkeit zu prüfen. Die Zulässigkeitsprüfung erfolgt anhand des im Kündigungsschutzgesetz definierten ultima-ratio-Prinzips.[451] Dies bedeutet, dass bevor eine Kündigung als Maßnahme zur Personalfreisetzung ausgewählt werden kann, erst alle anderen Alternativen, wie zum Beispiel die Versetzung des Arbeitnehmers und eine Weiterbeschäftigung auf einem anderen Arbeitsplatz zu prüfen sind. Dieses Prinzip definiert zu prüfende Sachverhalte und Maßnahmen, die realisiert werden müssen, bevor eine Kündigung ausgesprochen werden kann und löst die nachfolgenden Schritte des Unternehmens aus.

Über die Kündigung, den Kündigungstermin, die Kündigungsfrist und die von der Kündigung betroffene Person muss der Betriebsrat informiert werden. Dieser ist ebenfalls zum Kündigungsfall anzuhören, wobei die Anhörung des Betriebsrates vor dem Aussprechen der Kündigung erfolgen muss. Hier wird angenommen, dass der Betriebsrat sich geäußert und der verhaltensbedingten Kündigung zugestimmt hat, so dass der Arbeitgeber die Kündigung aussprechen kann.

Der Arbeitnehmer hat die Möglichkeit der Kündigungsschutzklage. Auch das Prozedere hierfür ist gesetzlich definiert. Die Kündigung bedarf grundsätzlich der Schriftform.[452] Zur Durchführung der Personalfreisetzung gehört auch das Verfassen eines Arbeitszeugnisses und die Übergabe der Arbeitspapiere an den Arbeitnehmer.

Hinsichtlich der Komplexität dieser Teilaufgabe werden folgende Punkte festgehalten.

Durch gesetzliche Regeln wird die Durchführung bestimmter Maßnahmen der Personalfreisetzung im Vorfeld festgelegt, aber auch die beteiligten Akteure definiert. Dies bedeutet, dass in diesen Fällen a priori definierte Regeln und Strukturen vorliegen,

---

[451] Die Kündigung ist immer das letztmögliche Mittel. Damit eine verhaltensbedingte Kündigung dem ultima-ratio-Prinzip entspricht, muss der Arbeitnehmer abgemahnt werden. Resultiert hieraus keine Veränderung seines Verhaltens, ist vor dem Ausspruch der Kündigung zunächst zu prüfen, ob andere Alternativen zu einer verhaltensbedingten Kündigung vorliegen.

[452] Dem Arbeitnehmer steht die Möglichkeit offen, gegen diese Kündigung Widerspruch einzulegen und zu klagen. Dies soll hier aber nicht weiter betrachtet werden.

die den Ablauf und Inhalt der personalwirtschaftlichen Teilaufgabe festlegen. Alternativen zur Durchführung einer gewählten Maßnahme bestehen aufgrund dieser definierten Strukturen häufig nicht oder nur in geringem Maße. Die hier zu vollziehenden Arbeitsschritte sind daher i.s. der Arbeit als strukturiert zu bezeichnen.

In den Aufgabenbereich der Personalfreisetzung fällt als eine zentrale Teilaufgabe die Kündigung von Arbeitnehmern oder Gruppen von Arbeitnehmern. Dieser Teilbereich ist stark von gesetzlichen prozeduralen Regeln determiniert, die der Erbringung dieser Aufgabe eine an Gesetzen orientierte Struktur geben und damit den Grad der Komplexität der Personalfreisetzung beeinflussen. Diese prozeduralen Regeln legen Wege zur Zielerreichung (Personalfreisetzung) fest. Das Vorgehen bei einer Kündigung kann komplex i.s. der zu berücksichtigenden Regelungen etc. sein, ist aber nicht komplex i.s. dieser Arbeit.

Die Durchführung der ausgewählten Maßnahmen wird von verschiedenen administrativen Prozessen begleitet. So müssen Versetzungen und Vertragsänderungen dokumentiert, Kündigungen und Arbeitszeugnisse geschrieben sowie alle Veränderungen in den Personalakten dokumentiert werden. Diese administrative Begleitung der Personalfreisetzung ist keine komplexe Aufgabe im Sinne dieser Arbeit.

7.5.4 Fazit

Hinsichtlich der Frage der Externalisierung dieser personalwirtschaftlichen Funktion unter Wissensaspekten werden für die einzelnen Teilfunktionen unterschiedliche Aussagen getroffen.

Die Feststellung des Freisetzungsbedarfes kann in Abhängigkeit von Freisetzungsursachen ausgelagert werden.

Die Auswahl geeigneter Freisetzungsmaßnahmen stellt sich als eine Teilaufgabe dar, die sowohl komplexe Bestandteile, als auch Bestandteile von geringer Komplexität umfasst. Unter Wissensaspekten kann die Beratung über verschiedene Freisetzungsmöglichkeiten, deren Voraussetzungen und deren Vor- und Nachteile durch einen externen Personaldienstleister vorgenommen werden.[453] Die Entscheidungsfindung selbst und damit die Prüfung relevanter Alternativen stützen sich aber nicht ausschließlich auf explizite Wissensbestandteile. Daher ist an dieser Stelle der Ein-

---

[453] Vgl. hierzu Kühlmann, T. et al. (1994), S. 8.

satz von Experten aus dem Unternehmen vorteilhaft sein. Diese Aufgabe kann aus diesem Grund nur begrenzt von einem Personaldienstleister allein erbracht werden. Die Durchführung von Maßnahmen der Personalfreisetzung ist häufig aufgrund gesetzlicher Regelungen an bestimmte Akteure gebunden, die entsprechende Maßnahmen ergreifen können. Daher kann diese Aufgabe aufgrund der Bindung an bestimmte Akteure nicht vollständig extern erbracht bzw. delegiert werden. Für diese Aufgabe ist von Seiten externer Dienstleister eine arbeitsrechtliche Beratung und Begleitung des Freisetzungsprozesses, bspw. in Form eines Outplacements,[454] möglich.

7.6 Sammlung, Auswertung und Aufbereitung von Informationen (Personalverwaltung)

Die Abwicklung der administrativen, routinemäßigen Aufgaben des Personalbereiches kann den einzelnen personalwirtschaftlichen Funktionen direkt zugeordnet werden oder auch in einer eigenständigen Funktion erfolgen.

Im Rahmen der bis an diese Stelle erfolgten Darstellung und Analyse einzelner personalwirtschaftlicher Funktionen wurde wiederholt darauf hingewiesen, dass die Entscheidungsfindung, die Auswahl von Methoden oder Verfahren, die Bewertung von Organisationsmitgliedern etc. auf Basis bestimmter im Unternehmen verfügbarer Daten erfolgt. Im Rahmen der Informationsaufgabe[455] stellt die Personalverwaltung entsprechend individuelle Informationen über einzelne Mitarbeiter, Gruppen von Mitarbeitern und/oder die Gesamtheit der Belegschaft zum Zweck der Entscheidungsfindung und Befriedigung externer und internen Informationsbedürfnisse zur Verfügung.

Weiter ist mit der Erbringung personalwirtschaftlicher Funktionen die Erfüllung einer Reihe administrativer Aufgabenbündel verbunden. So werden bspw. im Rahmen der Personalauswahl Bewerber eingeladen oder im Rahmen der Personalentwicklung der Ablauf einer Weiterbildungsveranstaltung koordiniert.

Die Abwicklung der administrativen und routinemäßigen Tätigkeiten des Personalbereiches ist eine weitere Teilaufgabe der Personalverwaltung. Zu diesen Abwicklungsaufgaben gehört die Durchführung der administrativen Tätigkeiten jeglicher personal-

---

[454] Inhaltlich weisen Aufgaben, die im Rahmen eines Outplacements anfallen, einen starken Zusammenhang zu Maßnahmen der Personalentwicklung auf. Es geht hier vor allen Dingen um die Aktivierung und Entwicklung allgemeiner Qualifikationen, die in Form von Weiterbildungsmaßnahmen vermittelt werden können.
[455] Vgl. Olfert, K./Steinbuch, P.A. (2001), S. 494.

bezogener Vorgänge wie Einstellungen, Versetzungen, Beförderungen.[456] Die Durchführung der Entgeltabrechnung, insbesondere unter Berücksichtigung sozial- und steuerrechtlicher Aspekte, ist ebenfalls Gegenstand der Personalverwaltung. Gleichzeitig werden im Rahmen der Überwachung Daten über Fluktuation, Krankenstand, Überstunden etc. erfasst und den Entscheidungsträgern zur Verfügung gestellt.

Zentral für diese personalwirtschaftliche Aufgabe ist die Erfassung, Verarbeitung und Aufbereitung von Daten[457] im Allgemeinen mittels Computertechnologie unter Verwendung von Personalverwaltungsmodulen. Grundsätzlich können mittels Computertechnologie Daten und Informationen verarbeitet werden, die durch die Einbindung in Handlungen zu Wissen werden. Formal steht hinter der Verarbeitung von Daten und Informationen mit Hilfe moderner Informationstechnologie eine Verarbeitung mittels definierter Routinen und Strukturen, die in Software ihren Ausdruck finden.

Zur Bewältigung dieser personalwirtschaftlichen Aufgaben werden in der Regel Computertechnologie und entsprechende informationsverarbeitende Programme eingesetzt. Mögliche Alternativen zur Erfüllung der Aufgabe sind im Allgemeinen nur durch unterschiedliche Software-Module gegeben. Computerprogramme geben durch ihre Gestaltung Regeln und Strukturen für die Bearbeitung der Aufgaben vor. Daher können die Aufgaben im Rahmen der Personalverwaltung bezüglich der zu vollziehenden Arbeitsschritte auch als in hohem Maße strukturiert bezeichnet werden. Gleichzeitig determinieren sie auch, welche Informationen und damit welches Wissen zur Bearbeitung der Aufgabe relevant und notwendig ist. Da implizites Wissen nur dann in Form von Daten verarbeitet wird, wenn es expliziert worden ist, ist diese Art von Wissen von geringer Relevanz für die Durchführung dieser Aufgabe. Die Personalverwaltung zeichnet sich vielmehr durch einen hohen Routinisierungsgrad und eine starke Abhängigkeit von Gesetzen und Verordnungen aus. Daher sind Leistungen im Rahmen dieser personalwirtschaftlichen Funktion i.S. dieser Arbeit nur wenig komplex, einfach strukturiert und standardisierbar.[458]

---

[456] Vgl. Olfert, K./Steinbuch, P.A. (2001), S. 494.
[457] Vgl. Olfert, K./Steinbuch, P.A. (2001), S. 500.
[458] Vgl. Byström, K./Järvelin, K. (1995), S. 7, Freitag, M. (1998), S. 57.

Im Hinblick auf die Frage der Externalisierung dieser personalwirtschaftlichen Aufgabe unter Wissensaspekten kann diese Aufgabe vollständig auslagert werden.

8. Überprüfung der Arbeitshypothesen anhand vorliegender empirischer Daten

Im Kapitel 5 wurden mögliche Zusammenhänge zwischen der Art des Wissens, den Wissenstransferkosten als besonderer Form der Transaktionskosten und der Entscheidung über eine zwischenbetriebliche Arbeitsteilung von Personalfunktionen abgeleitet und formuliert. Als zentrale These wurde dort festgehalten, dass Personal(Teil-)funktionen mit einem höheren Anteil expliziten Wissens am insgesamt zu transferierenden Wissen c.p. mit einer höheren Wahrscheinlichkeit ausgelagert werden. In Vorbereitung auf eine Absicherung dieser Überlegungen und einer ggf. notwendigen Modifikation und Präzisierung, die Ziel dieses Kapitels sind, wurde für die in dieser Arbeit identifizierten Personalfunktionen mittels des Ersatzkriteriums der Aufgabenkomplexität, Aussagen zu deren Wissensstrukturen abgeleitet (Kapitel 6 und 7). Hierdurch ist die Möglichkeit gegeben, die theoretisch abgeleiteten Zusammenhänge für einzelne Personal(Teil-)funktionen zu prüfen. Mit der Absicherung oder auch Modifikation dieser theoretisch abgeleiteten Zusammenhänge soll gleichzeitig die Grundlage für eine spätere empirische quantitative Untersuchung gelegt werden. Zur Erreichung dieser Zielstellung ist ein qualitatives exploratives Vorgehen geeignet, das hier als eine Art Vorstudie zur Vorbereitung einer danach folgenden Untersuchung zu sehen ist.[459] Damit ist dieses Kapitel stärker erkundend angelegt und von dem Grundgedanken geleitet, einen bisher gar nicht bzw. nur wenig beachteten Teilbereich der Eigenfertigungs- und Fremdbezugsentscheidung zu beleuchten.

8.1 Datengrundlage und Methoden

8.1.1 Vorüberlegungen zu einem qualitativen Vorgehen

Qualitative Forschung ist programmatisch durch verschiedene Prinzipien charakterisiert. Von besonderer Bedeutung für diese Arbeit sind die Grundsätze der Offenheit und Flexibilität.[460] Aufbauend auf diesen Prinzipien wird der Explorationscharakter[461]

---

[459] Vgl. Kromrey, H. (1998), S. 67.
[460] Die qualitative Sozialforschung verlangt eine grunsätzliche Offenheit des Forschers gegenüber Untersuchungspersonen, - situationen und -methoden, um auf unerwartete Umstände reagieren zu können. Das Prinzip der Flexibilität gilt für den Forschungsprozess allgemein, aber auch hinsichtlich der Methoden. Offenheit meint in dieser Perspektive „[...] den Wahrnehmungstrichter empirischer Sozialforschung so weit wie möglich offen zu halten, um auch unerwartete und dadurch instruktive Informationen zu erhalten. [...]" Lamnek, S. (2005), S. 21. Ähnlich ist das Prinzip der Flexibilität angelegt, wobei die Flexibilität qualitativen Vorgehens bedeutet, dass der Blickwinkel

in der qualitativen Forschung betont. Die Exploration[462] kann eine anbahnende Funktion für die quantitative Forschung haben, indem sie eine vorbereitende Erkundung des Forschungsfeldes vornimmt und als Ausgangspunkt für die Überprüfung von Hypothesen dient.[463]

Um den Prinzipien der Offenheit und Flexibilität Rechnung zu tragen und die Wirklichkeit in ihrer Breite und Vielfältigkeit zu erfassen, werden offene, unstrukturierte und flexible Erhebungsverfahren, die Raum für die subjektive Wirklichkeit der Akteure bieten, wie bspw. narrative Interviews und Verfahren der Inhaltsanalyse, im Rahmen der qualitativen Forschung und dieser Arbeit genutzt.[464] Akteure sind Untersuchungsobjekt und erkennendes Objekt zugleich. Sie können Aussagen über die Wirklichkeit in ihrer jeweiligen Perspektive machen und damit vielfältige Informationen zur Verfügung stellen. Der Akteur ist damit die Quelle verschiedener Sichtweisen, die auch bis jetzt noch nicht beachtete Sachverhalte sichtbar machen können und damit wichtige Hinweise für die Modifikation und Präzisierung bereits formulierter Zusammenhänge bzw. vorläufiger Überlegungen leisten können.

So ist bis jetzt die Rolle und Bedeutung von Wissen und Wissenstransferkosten insgesamt, aber auch im Rahmen der Transaktionskostentheorie nicht oder nur rudimentär beleuchtet worden. Damit verbunden ist eine fehlende Berücksichtigung dieser Aspekte im Hinblick auf die transaktionskostentheoretische Fundierung und Analyse von Make-or-Buy-Entscheidungen. Das neue und relativ unbekannte Forschungsgebiet der Wissenstransferkosten im Rahmen von Eigenfertigungs- und

---

der Untersuchung zunächst sehr weit gefasst ist und sich im Verlauf bzw. zum Ende der Untersuchung zuspitzt. Für eine ausführliche Darstellung dieser und weiterer Prinzipien siehe u.a. Lamnek, S. (2005), S. 20ff.

[461] Die in ihrem Vorgehen als flexibel und reflexiv zu betrachtende Exploration bezeichnet in dieser Perspektive das umfassende, in die Tiefe gehende Erkunden eines Forschungsfeldes. Es geht hierbei um das Sammeln möglichst vielfältiger und das ganze Spektrum von Sichtweisen repräsentierender Informationen.

[462] Hinsichtlich der Güte qualitativer Forschung ist ersichtlich, dass die Gütekriterien der quantitativen Forschung hier nicht angewendet werden können. Als übergeordnetes Gütekriterium kann allenfalls die ‚Angemessenheit' verwendet werden, wonach wissenschaftliche Methoden dann als angemessen bezeichnet werden können, wenn sie dem Erkenntnisziel des Forschers und den empirischen Gegebenheiten gerecht werden. Weitere Kriterien können in der Nachvollziehbarkeit, der Relevanz und der Plausibilität liegen und in reformulierten Kriterien wie einer prozeduralen Reliabilität im Sinne der Qualität der Aufzeichnung und Dokumentation oder einer prozeduralen Validität im Sinne einer Herstellung von Transparenz des Forschungsprozesses. Vgl. Lamnek, S. (1995), S. 155.

[463] Dies bedeutet aber nicht, dass in der qualitativen Sozialforschung keine Vorannahmen oder vorläufige Überlegungen bestehen, wie auch diese Arbeit zeigt, die entsprechend offen gelegt oder reflektiert werden müssen. Vgl. Strauss, A.L./Corbin, J. (1996), S. 569.

[464] Diese Verfahren eignen sich dazu, möglichst vielfältige Informationen und Sichtweisen verschiedener Akteure abzubilden.

Fremdbezugsentscheidung in der Personalarbeit muss daher zunächst in seiner Breite analysiert werden. Damit kommt der Entdeckung und Ausleuchtung des Forschungsfeldes eine besondere Bedeutung in dieser Arbeit zu.

Darüber hinaus liegen bisher keine theoretisch abgeleiteten Zusammenhänge zwischen Wissen, den Wissenstransferkosten und Eigenfertigungs-/Fremdbezugsentscheidungen von Unternehmen vor, die ggf. auch quantitativ geprüft werden können. Gesetzmäßigkeiten sollen für dieses Feld daher erst entdeckt werden, wobei die in dieser Arbeit formulierten Zusammenhänge einen möglichen, aber erweiterungsfähigen Rahmen von relevanten Sachverhalten abbilden und reflektierende Funktion haben.[465] Gleichzeitig stellen diese formulierten Zusammenhänge eine Quelle wesentlicher Sachverhalte dar, die frühzeitig an qualitativen Daten gespiegelt werden, mit dem Ziel, ein Set quantitativ überprüfbarer Hypothesen zu generieren.

Um eine breite und vielfältige Auseinandersetzung mit einem noch relativ unbekannten Forschungsfeld zu erreichen, wurden in dieser Arbeit Daten, die unterschiedlichen Erhebungsmethoden entstammen, genutzt, um die formulierten Zusammenhänge kritisch zu reflektieren. Diese Methoden der Erhebung und die Art der vorliegenden Daten betonen in ihrer Struktur den explorativen Charakter dieser Arbeit.

Zum einen wurden qualitative, teilstandardisierte, leitfadengestützte Experteninterviews im Rahmen eines SFB-Projektes[466], an dem die Verfasserin beteiligt ist, durchgeführt und deren Ergebnisse genutzt, um Modifikationsbedarf für die Arbeitshypothesen abzuleiten.

Andererseits bildeten Angebotsportfolios ausgewählter Personaldienstleister und die hieraus gewonnenen Informationen die Basis, um Rückschlüsse auf die Entscheidung der Nachfrager über eine zwischenbetriebliche Arbeitsteilung für die Personalarbeit zu ziehen.

Als dritte Säule wurden bereits vorliegende qualitative und quantitative Studien zum Outsourcing im Allgemeinen und zum Outsourcing von Personalfunktionen im Besonderen hinsichtlich der in der Arbeit formulierten Zusammenhänge ausgewertet. Hier-

---

[465] An dieser Stelle sei noch einmal darauf hingewiesen, dass auch auf Basis anderer theoretischer Zugänge wie bspw. der Transaktionskostentheorie, kernkompetenzbasierter Überlegungen etc. Zusammenhänge formuliert und Erklärungsbeiträge für die Eigenfertigungs-Fremdbezugs-Entscheidung resultieren.
[466] Das Projekt trägt den Titel „Die Nachfrage nach Personaldienstleistungen im Spannungsfeld von ökonomischen und rechtlichen Determinanten" und wird im Rahmen des SFB 580 an der Friedrich-Schiller-Universität Jena unter Projektleitung von Frau Prof. Dr. Dorothea Alewell geführt.

aus gewonnene Informationen wurden ebenfalls verwendet, um Modifikations- und Präzisierungsbedarf zu ermitteln und diese Bedarfe ggf. zu befriedigen.

8.1.2 Qualitative, teilstandardisierte, leitfadengestützte Experteninterviews

Ziel qualitativer Experteninterviews[467] ist die Exploration oder Vertiefung ausgewählter Problemstellungen, wobei für diese Arbeit die Frage der Eigenfertigung und des Fremdbezugs personalwirtschaftlicher Leistungen unter Wissensgesichtspunkten zentrale Problemstellung ist. Ziel ist es, Wissens- und Handlungsstrukturen der befragten Experten im Hinblick auf den interessierenden Sachverhalt offen zu legen. Durch die Befragung verschiedener Experten kann eine Problemstellung in entsprechender Breite, das ganze Spektrum von Sichtweisen repräsentierend, bearbeitet werden.

Ziel der hier durchgeführten Experteninterviews war es, vorläufige Überlegungen aus einem SFB-Projekt zur Nachfrage nach Personaldienstleistungen, an dem die Verfasserin dieser Dissertationsschrift beteiligt ist, frühzeitig an der Praxis zu spiegeln und ggf. Modifikationen hinsichtlich dieser Vorüberlegungen vorzunehmen. Die Fragestellung des SFB-Projektes ist dabei eng mit der Fragestellung der hier vorliegenden Dissertation verknüpft. Daher war es möglich, zum einen Fragestellungen der Dissertationsschrift in die Gestaltung des Leitfadens einfließen zu lassen. Zum anderen konnten die Ergebnisse der Experteninterviews für die eigene Forschungsarbeit ausgewertet werden, so dass diese Interviews weitere Einblicke in das Forschungsfeld der Verfasserin ermöglichten.

Die Art der hier genutzten Experteninterviews wird durch die Adjektive qualitativ, teilstandardisiert und leitfadengestützt näher beschrieben. In allen drei Merkmalen sind die Prinzipien der Offenheit und Flexibilität verankert.

---

[467] Zu Zielen qualitativer Experteninterviews siehe u.a. Mieg, H.A./Brunner, B. (2001). Die Definition des Begriffes Experte ist umstritten. Ob ein Akteur als Experte betrachtet wird, hängt i.d.R. vom jeweiligen Forschungsinteresse ab. Experten werden hier als Funktionsträger innerhalb eines organisatorischen oder institutionellen Kontextes betrachtet, die aus den damit verbundenen Zuständigkeiten, Aufgaben und Tätigkeiten exklusive Erfahrungen und Wissensbestände gewonnen haben.

Teilstandardisierte Interviews[468] werden im Gegensatz zu vollständig standardisierten Interviews dem explorativen Anspruch dieser Arbeit gerecht. Eine Teil-Standardisierung wurde durch einen Interviewleitfaden mit offenen Fragen erreicht, der aufbauend auf dem zu untersuchenden Sachverhalt des SFB-Projektes relevante Primär- und Sekundärfragen enthielt. Für die durchzuführenden Interviews stand damit ein vorbereiteter, aber flexibel einsetzbarer Fragenkatalog zur Verfügung, der ein mehr oder weniger grob strukturiertes Fragenschema beinhaltete. Diese Form der Analyse gewährt dem Interviewten die Möglichkeit, die teilweise offenen Fragestellungen umfassend und ausführlich zu beantworten.[469]

Für das Projekt als auch für die vorliegende Arbeit war die Ziehung der Stichprobe für die qualitative Befragung zentral. Legt man als Ziel einer qualitativen Befragung die Aggregation von Ideen fest, so sind alle für die Fragestellung des Projektes und damit auch für die Fragestellung dieser Arbeit relevanten Ideen als Grundgesamtheit zu betrachten. Für die eigene Arbeit sind das die Ideen der am Wissenstransfer beteiligten Akteure, wobei diese häufig identisch mit den Nachfragern und Anbietern von Personaldienstleistungen sind. Die gezogene Stichprobe selbst sollte eine möglichst repräsentative Zusammensetzung der Grundgesamtheit darstellen. In einem qualitativen Verständnis ist Repräsentativität[470] dann gegeben, wenn alle relevanten Interessenlagen abgedeckt sind und jede Idee durch mindestens eine Person repräsentiert wird. Die Auswahl der Experten[471] erfolgte daher auf Basis inhaltlicher Überlegungen. Auf der einen Seite wurde, um ein breit gefächertes Bild der Erfahrungen mit unterschiedlichen Personaldienstleistungen abzubilden, eine heterogene Gruppe von Experten betrachtet. Daher wurden Experten für alle am Markt beobachtbaren Personaldienstleistungen befragt. Andererseits wurden sowohl Experten auf der Angebotsseite als auch auf der Seite der Nachfrager ergänzt durch Experten von Verbänden

---

[468] Kriterien für die Qualität teilstandardisierter Interviews sind die Reichweite, die Spezifität, die Tiefe und der personale Kontext. Reichweite bedeutet, dass alle Fragen des Interviewleitfadens die Möglichkeit bieten, ausführlich und umfassend beantwortet zu werden. Das Qualitätskriterium der Spezifität impliziert, dass durch die Fragen die Möglichkeit gegeben sein muss, dass konkrete Sachverhalte und Gefühle geäußert werden können, gleichzeitig auch affektive, kognitive und wertbezogene Aspekte erhoben werden können (Kriterium der Tiefe). Schließlich muss hinsichtlich der Qualität geprüft werden, ob der Kontext, in dem die Äußerungen des Interviewten stehen, erfasst wird bzw. erfasst werden kann. Vgl. hierzu auch Lamnek, S. (2005), S.143.
[469] Vgl. hierzu den genutzten Fragebogen im Anhang dieser Arbeit.
[470] Das Gütekriterium der Repräsentativität wird hier in Anlehnung an die Vorstellungen der qualitativen Forschung modifiziert verwendet. Siehe hierzu auch Lamnek, S. (2005), S. 143.
[471] In der qualitativen Forschung wird in der Regel eine geringe Zahl von Probanden eingesetzt. Die Auswahl der zu untersuchenden Fälle erfolgt nicht nach dem Zufallsprinzip, sondern wird theoriegeleitet gezielt vom Forscher getroffen. Vgl. hierzu Lamnek, S. (2005), S. 143.

befragt, um die Beschreibung des hier interessierenden Sachverhaltes zu bereichern. Hierbei spielte ganz zentral die Überlegung eine Rolle, dass neben den Nachfragern nach Personaldienstleistungen auch die Anbieter sowie Verbandsvertreter ergiebige Aussagen zur Wirkungsweise der einzelnen Personaldienstleistungen machen können, da es zu deren zentralen Aufgaben im Rahmen ihrer Geschäftsüberlegungen gehört, sich über Faktoren, die die Nachfrage nach Personaldienstleistungen beeinflussen, Gedanken zu machen. Ferner wissen Anbieter von Personaldienstleistungen aus ihrer Zusammenarbeit mit ihren Nachfragern, welche Argumente und Erfahrungen bei der Nachfrageentscheidung der Kunden relevant sind.

Da im Rahmen der qualitativen Forschung im Vergleich zur quantitativen Forschung nur kleinere Datenmengen verarbeitet werden können, wurde bewusst eine relativ kleine Zahl von Experten ausgewählt. Insgesamt wurden 49 qualitative, teilstandardisierte, leitfadengestützte Interviews im Zeitraum von Februar 2005 bis Juni 2005 unter Beteiligung der Verfasserin dieser Dissertationsschrift geführt. Hierzu gehören 28 Interviews mit Anbietern[472] und 14 Interviews mit Nachfragern[473] von Personaldienstleistungen sowie 7 Interviews mit Verbandsvertretern.[474]

Zur Auswertung der mittels Tonband aufgezeichneten Experteninterviews wurden die Interviews mittels Transkription verschriftlicht[475] und damit einer nachfolgenden Analyse zugänglich gemacht. Hierzu wurde die Methode der qualitativen Inhaltsanalyse[476] genutzt. Aufbauend auf im Vorfeld definierten Kategorien wurde im Interviewtext nach Textpassagen, die in die jeweiligen Kategorien fallen, gesucht und diese

---

[472] Die Gruppe der Anbieter-Experten teilt sich wie folgt auf: 10 Personaldienstleister, die ihren Hauptumsatz mit der Personaldienstleistung Zeitarbeit erwirtschaften, 5 Komplett-Anbieter des Personalmanagements, 4 Unternehmensberatungen mit Bereich Human Resources, 4 Executive-Search-Beratungen, 3 Outplacementberatungen und 2 Interims-Managementagenturen. Es handelt sich hierbei sowohl um regional als auch überregional agierende Personaldienstleistungsunternehmen, die zum Teil auch international tätig sind.

[473] Es wurden primär Nachfrager aus den Bereichen Industrie/Produzierendes Gewerbe sowie dem Kredit- und Versicherungsgewerbe befragt, die sowohl regional als auch überregional bzw. international tätig sind.

[474] Es wurden Experten des Bundes Deutscher Unternehmensberater (BDU), der Dachgesellschaft Deutscher Interim Manager e.V. (DDIM), Bundesverband Personalvermittlung e.V. (BPV), Vereinigung Deutscher Executive-Search-Berater (VDESB), Mittelstandsvereinigung Zeitarbeit e.V. (MVZ) und Institut für Unternehmensberatung, Hamburg (ifu) befragt.

[475] Vgl. Lamnek, S. (2005), S. 403.

[476] Ziel dieser Form der Analyse ist die Interpretation der manifesten und latenten Inhalte des Materials in ihrem sozialen Kontext und Bedeutungsfeld. Vorteile der qualitativen Inhaltsanalyse liegen in der Möglichkeit zur Auswertung verbalen Materials und der Systematik der Analyse, die durch die im Vorfeld festgelegten Kategorien ermöglicht wird. Problematisch stellt sich unter Umständen der Aspekt dar, dass die gerade als Vorteil ausgewiesene Systematik bei stärker explorativen Untersuchungen eventuell hinderlich sein kann. Vgl. hierzu Lamnek, S. (2005), S. 723.

zugeordnet, d.h. kodiert.[477] Ziel dieses Vorgehens war es, die vorliegenden Daten zu verdichten. Die Zuordnung der Textpassagen zu einzelnen Kategorien wurde mittels der Analysesoftware MAXQDA vorgenommen, welches die Identifikation und Elaboration der relevanten Sachverhalte durch Kodierung anhand vorher festgelegter Codes bzw. Kategorien ermöglicht. Für das Forschungs- als auch Dissertationsprojekt wurden mehrere Kodierphasen durchgeführt, um das Ziel einer breiten Darstellung von Sichtweisen zu erreichen.

8.1.3 Angebotsportfolios ausgewählter Anbieter

Neben Interviews gibt es im Bereich der qualitativen Forschung auch andere Datenquellen, wie z.B. öffentliche Dokumente aller Art. Auch die Angebotsportfolios von Personaldienstleistern stellen solche öffentlichen Dokumente dar und liefern Informationen für den hier interessierenden Sachverhalt.

Die Entscheidung, eine Analyse der Angebotsportfolios durchzuführen, ist von folgendem grundlegenden Gedanken geleitet. Wenn in Unternehmen Bedarf an einer externen Abwicklung bestimmter personalwirtschaftlicher Aufgaben besteht, wird sich ein entsprechendes Angebot auf dem Markt etablieren. Dies bedeutet nichts anderes, als dass es möglich ist, durch die Beobachtung des Angebotes und der Angebotsentwicklung auf dem Markt für Personaldienstleistungen, Rückschlüsse auf den Bedarf zu ziehen. Für personalwirtschaftliche Aufgaben, für die es kein Angebot gibt, wird angenommen, dass verschiedene hemmende Faktoren existieren, die eine interne Erbringung vorteilhafter machen. Für die in dieser Arbeit postulierten Zusammenhänge und damit auch für die Eigenfertigungs- und Fremdbezugsentscheidung sind insbesondere Wissenstransferkosten[478], als besonderer Teil der Transaktionskosten, ein solcher hemmender Faktor.

Auch bei der Auswahl der Anbieter von Personaldienstleistungen war es Ziel, die Heterogenität der am Markt zu beobachtenden Personaldienstleistungen widerzuspiegeln.

---
[477] Die Qualität der Kodierung hängt maßgeblich von der Definition der Kategorien ab, d.h. nichts anderes, als dass die in Form von Kategorien intendierten Konstrukte genau definiert und die Individuen, die die Kodierung durchführen, mit diesen Definitionen vertraut sein müssen.
[478] Neben Wissenstransferkosten sind auch andere Faktoren als hemmende Faktoren bekannt, die aber hier aus der Analyse ausgeblendet werden. Vgl. zu weiteren hemmenden aber auch fördernden Faktoren u.a. Alewell, D./Bähring, K./Thommes, K. (2005) sowie Alewell, D./Bähring, K./Canis, A./Hauff, S./Thommes, K. (2006).

Bei der Auswahl von Anbietern wurde in einem ersten Schritt basierend auf vorliegenden Marktdaten die größten Anbieter für die jeweiligen Personaldienstleistungen identifiziert. Entsprechende Marktdaten liegen jedoch nicht für jede Personaldienstleistung in gleichem Umfang vor. Die relativ gute Datenlage im Bereich der Zeitarbeit, der administrativen Personalarbeit sowie dem Bereich der Personal- und Unternehmensberatung ermöglichte die Identifikation der fünf größten Anbieter in Deutschland, die mit ihrem Angebotsportfolio Bestandteil dieser Untersuchung sind. Für andere Personaldienstleistungen wurde zum Einen auf die Anbieter zurückgegriffen, die bereits im Rahmen der Experteninterviews befragt wurden. Eine entsprechende Breite der Informationen ist hierbei dadurch gewährleistet, da sich die Expertenauswahl daran orientierte, ein breit gefächertes und umfassendes, die Heterogenität des Marktes widerspiegelndes, Bild zu erzeugen. Zum anderen wurde über eine Stichwortsuche in verschiedenen Suchmaschinen im Internet Personaldienstleister herausgefiltert.

Insgesamt wurden 33 Anbieter ausgewählt und deren Portfolios ausgewertet. Alle durch den Internetauftritt der Unternehmen oder durch zugesandte Informationsbroschüren gewonnenen Informationen wurden im Hinblick auf die formulierten Zusammenhänge analysiert und Informationen entsprechend aggregiert und aufbereitet.

Die ausgewählten Anbieter[479] offerieren unterschiedliche Personaldienstleistungen und damit unterschiedliche personalwirtschaftliche (Teil-)Aufgaben und kombinieren teilweise verschiedene personalwirtschaftliche (Teil-)Aufgaben innerhalb ihres Portfolios. Tabelle 1 enthält eine überblicksartige Darstellung der angebotenen Personaldienstleistungen und der damit primär übernommenen personalwirtschaftlichen Funktionen.[480]

---

[479] Vgl. hierzu im Anhang eine überblicksartige Darstellung der analysierten Anbieter von Personaldienstleistungen.
[480] Die Definitionen der einzelnen personalwirtschaftlichen Funktionen orientieren sich dabei an den Definitionen im Kapitel 2 dieser Arbeit.

Tabelle 1: Überblick über die von Personaldienstleistern angebotenen Leistungen und dahinter liegende primäre personalwirtschaftliche Funktionen

Personaldienstleistung bzw. Anbieter von Personaldienstleistungen	Primär übernommene personalwirtschaftliche (Teil-)Funktion
Zeitarbeit (Zeitarbeitsunternehmen)	Personalbeschaffung, Personalentwicklung, Personaladministration
Interimsmanagement (Interimsmanagementagenturen)	Personalbeschaffung, Personalentwicklung, Personaladministration
Personalberatung/Headhunting	Personalbeschaffung[481]
Arbeitsvermittlung	Personalbeschaffung[482]
Unternehmensberatung im HR-Bereich	Personalbeschaffung, Handlungs- und Verhaltenssteuerung (Personalführung),[483] Personalentwicklung[484]
Outplacementberatung	Personalfreisetzung (arbeitsrechtliche Beratung)
Personalentwicklungs-Dienstleistungen (Weiterbildungsanbieter, Bildungsinstitute, Akademien)	Personalentwicklung
Personaladministration	Personaladministration/Personalverwaltung (Lohn- und Gehaltsabrechnung)
Komplett-Anbieter, Full-Service-Personaldienstleister	Personalbeschaffung, Verhaltens- und Handlungssteuerung (Personalführung), Personalentwicklung, Personalfreisetzung, Personaladministration

Quelle: Eigene Darstellung

8.1.4 Empirische Studien zum Outsourcing betrieblicher Aufgaben

Als weitere Datengrundlage dienen bereits vorliegende Ergebnisse der qualitativen sowie der quantitativen Forschung zum Outsourcing im Allgemeinen und zum Out-

---

[481] Vgl. Jochmann, W. (1995), S. 10.
[482] Vgl. Jochmann, W. (1995), S. 10.
[483] Vgl. Jochmann, W. (1995), S. 25.
[484] Vgl. Weingärtner, M. (1995), S. 25.

sourcing im Personalbereich im Besonderen. Einen Überblick über die verwendeten Studien liefert Tabelle 2:

Tabelle 2: Überblick über verwendete empirische Studien

Studie	Zentraler Inhalt	Methode/Stichprobe
Alewell, D. et al. (2007): Outsourcing von Personalfunktionen – Welche Unternehmen nutzen Personaldienstleistungen? Eine Charakterisierung von Nutzern und Nichtnutzern	Nutzer und Nicht-Nutzer von Personaldienstleistungen kategorisiert nach Strukturvariablen wie Größe und Tarifbindung des Unternehmens	CATI-Befragung
American Management Association (1997): Outsourcing: The AMA Survey	Outsourcing verschiedener Funktionsbereiche im Unternehmen, u.a. Human Resource Management	Befragung der Mitglieder der American Management Association, Auswertung von 619 Fragebögen
Bajpai, Nirupam, B./Sachs, J./Arora, R./Khurana, H. (2004): Global Services Sourcing: Issues of Cost and Quality	Folgen von Outsourcing, Spezialisierung von Dienstleistern	Quantitative Befragung von 45 Unternehmen verschiedener Branchen in den USA
BDU (Hrsg.) (2003): Personalberatung in Deutschland	Nachfrage nach Personalberatungsdienstleistungen in Abhängigkeit von der Unternehmensgröße und der Branche, Spezialisierung in der Branche der Personalberater	Befragung von ca. 1200 Führungskräften aus der Personalberatungsbranche im April/Mai 2004
BNA (Hrsg.) (2005): HR Department Benchmarks and Analysis	Outsourcing personalwirtschaftlicher Aufgaben, Motive für ein Outsourcing personalwirtschaftlicher Leistungen	Befragung von 588 amerikanischen Unternehmen

Studie	Zentraler Inhalt	Methode/Stichprobe
Borg, H. (2003): Outsourcing of Human Resources	Outsourcinggrad verschiedener personalwirtschaftlicher Funktionen	10 qualitative Interviews in den USA mit Anbietern und Nachfragern von Personaldienstleistungen, Unternehmensfallstudien
Clark, T./Mabey, C. (1994) The changing use of executive recruitment consultancies: 1989 – 1993	Outsourcinggrad der personalwirtschaftlichen Funktion der Personalbeschaffung	2 Befragungen (1989 und 1993) von 53 Nachfragerunternehmen aus den Times Top 100
Deloitte & Touche Consulting (Hrsg.) (2005): Calling a change in the outsourcing market	Widerstand gegen Outsourcing, Wahrscheinlichkeit von Outsourcing in Abhängigkeit von der Unternehmensgröße	Interviews mit Führungskräften von 25 internationalen Großunternehmen
DeRose, G. (1999): Outsourcing Training and Education	Auslagerung der Personalentwicklung	5 Fallstudien amerikanischer Unternehmen sowie Meta-Analyse einer Studie der Manufacturer's Alliance aus dem Jahr 1996
DIHK (Hrsg.) (2002): Industrie- und Dienstleistungsstandort Deutschland. Ergebnisse einer Unternehmensbefragung	Spezialisierung der Anbieter von Dienstleistungen, Nachfrage von Dienstleistungen durch Unternehmen	Unternehmensbefragung von 600 Unternehmen durch die IHKs
Dincher, R./Gaugler E. (2002): Personalberatung bei der Beschaffung von Fach- und Führungskräften	Dienstleistungsangebot von Personalberatungen, Spezialisierungen	Fragebogenbefragung von 478 Personalberatern in Deutschland
Ernst & Young (Hrsg.) (2004): Personaldienstleistungen in Deutschland. Auf zu neuen Größen	Zeitarbeit und Arbeitsvermittlung als klassische Geschäftsfelder der Anbieter von Personaldienstleistungen	Erfahrungsberichte aus der unternehmerischen Tätigkeit der Beratungsgesellschaft

Studie	Zentraler Inhalt	Methode/Stichprobe
Europressedienst & Comma Soft & Management Engineers (2003): Einsatz von Wissensmanagement in mittelständischen Unternehmen und Großunternehmen	Wissensmanagement in Unternehmen, Wissenstransferfertigkeiten in Abhängigkeit von der Unternehmensgröße	telefonische Befragung von 267 Unternehmen in Bayern und Baden-Württemberg
Föhr, S. (1998): Die Rolle der Personalberatung bei der Suche nach Führungskräften – Make or buy-Entscheidungen am Beispiel der Stellenanzeige	Einschaltungsgrad von Personalberatungen in Abhängigkeit von Unternehmensmerkmalen (Branche, Unternehmensgröße)	Qualitative und quantitative Analyse von 580 Stellenanzeigen aus der FAZ, der Süddeutschen Zeitung und einer regionalen Tageszeitung (1995-1996)
Föhr, S./Vosberg, D. (2001) Der Markt für Personaldienstleistungen in Deutschland und USA - Ergebnisse einer explorativen Studie	Spezialisierung von Personaldienstleistern, Bedeutung von Qualitätssicherungsmaßnahmen, Formen der Zusammenarbeit zwischen Anbietern und Nachfragern	2 explorative empirische Teilstudien aus Deutschland (1999) und den USA (2000); 93 deutsche Personaldienstleister und 81 amerikanische Personaldienstleister
Gainey, T.W./Klaas, B.S. (2005): Outsourcing relationships between firms and their training providers: The role of trust	Outsourcing der Personalentwicklung	Standardisierte Befragung mittels Fragebogen von 323 Mitgliedern der American Society for Training and Development (ASTD)
Gassner, E. (2004): Die Qualität des Angebotes von Personaldienstleistungen in Österreich aus Kundenperspektive	häufig ausgelagerte Personalfunktionen, Qualität extern angebotener Personalfunktionen	Quantitative Untersuchung von 107 Unternehmen in Österreich, u.a. Banken, Versicherungen

Studie	Zentraler Inhalt	Methode/Stichprobe
Gilley, K.M./Greer, C.R./Rasheed, A.A. (2002): Human resource outsourcing and organizational performance in manufacturing firms	Auslagerung der Lohn- und Gehaltsabrechung und der Weiterbildung und dessen Einfluss auf die Unternehmensleistung	Befragung der CEOs von 94 Unternehmen in den USA
Greer, C.R./Youngblood, S.A./Gray, D.A. (1999): Human resource management outsourcing. The make or buy decision	Bedeutung von Spezialisierung, Outsourcing der Personalarbeit in Abhängigkeit von Unternehmensgröße, Widerstand gegen das Outsourcing von Personalfunktionen	26 Experteninterviews
Hendrix, U./Abendroth, C./Wachtler, G., (2003): Outsourcing und Beschäftigung. Die Folgen betriebsübergreifender Kooperation für die Gestaltung von Arbeit	Outsourcing von Personalfunktionen nach Wirtschaftszweigen, Verbreitung von Outsourcing von Personalarbeit in KMU und Großunternehmen	1. Quantitative Betriebsbefragung von 418 Nachfragern nach Dienstleistungen; 2. 8 offene Leitfaden-Interviews mit betrieblichen Entscheidungsträgern und außerbetrieblichen Experten zum Thema Outsourcing
Hendrix, U./Wachtler, G. (2004): Grenzen überschreitende Unternehmensrationalisierung und ihre Auswirkung auf Beschäftigungsverhältnisse – dargestellt am Beispiel des Outsourcings	Nachfrager nach Outsourcing, Zusammenhang zwischen Outsourcing und Unternehmensgröße	1. Experteninterviews mit betrieblichen Entscheidungsträgern; 2. Online-Befragung von 59 deutschen Zeitarbeitsunternehmen; 3. schriftliche Befragung von 425 Unternehmen

Studie	Zentraler Inhalt	Methode/Stichprobe
IP Institut für Personalmanagement GmbH (2004): IP Personalmanagement Index 2003/2004	nachfragte Personaldienstleistungen nach Größenklassen, Outsourcing-Trends hinsichtlich verschiedener personalwirtschaftlicher Funktionen	Befragung von 80 Unternehmen und öffentlichen Verwaltungen in der Region Berlin-Brandenburg, 2003
Johst, D. (2002): Angebot an Personaldienstleistungen in Deutschland	Spezialisierung von Personaldienstleistern, Maßnahmen zur Reduzierung von Qualitätsunsicherheit, Zertifizierungen, Formen der Zusammenarbeit zwischen Anbietern und Nachfragern	Qualitative und quantitative Untersuchung von 94 Anbieter von Personaldienstleistungen in Deutschland
Kienbaum (Hrsg.) (2004): Outsourcing von Personalfunktionen in deutschen Großunternehmen	bereits ausgelagerte personalwirtschaftliche Funktionen, zukünftige Outsourcingbereiche, Einschätzungen über Personaldienstleister	Befragung von 40 Unternehmen in Deutschland (DAX-30 Unternehmen, M-DAX-Unternehmen, nicht börsengehandelte AGs und GmbHs mit Stammsitz in Deutschland, Tochtergesellschaften großer ausländischer Konzerne)
Kienbaum (Hrsg.) (2005): Outsourcing von Personalfunktionen in Österreichs TOP Unternehmen	bereits ausgelagerte personalwirtschaftliche Funktionen, zukünftige Outsourcingbereiche, Einschätzungen über Personaldienstleister	40 Unternehmen mit Sitz in Österreich sowie österreichische Niederlassungen ausländischer Konzerne
Kießling, V. (1999): Beschaffung professioneller Dienstleistungen. Eine empirische Untersuchung zum Transaktionsverhalten	stufenweises Outsourcing, Verbesserung von Wissenstransferfertigkeiten mit zunehmender Dauer der Interaktion zwischen Nachfragern und Anbietern von Dienstleistungen	Meta-Analyse verschiedener Studien

Studie	Zentraler Inhalt	Methode/Stichprobe
Kühlmann, T.M./Städtler, A./Stahl, G.K. (1994): Outsourcing von Personalarbeit: Ein Erfahrungsvergleich von Großunternehmen sowie kleinen und mittleren Firmen	Outsourcing von Personalarbeit in Abhängigkeit von der Unternehmensgröße	Standardisierte Fragebogenbefragung von Personalverantwortlichen von 28 Unternehmen in Deutschland (14 KMU und 14 Großunternehmen)
Laboratory for Human Resource Information (Hrsg.) (1999): Cranet Survey 1999	Outsourcing personalwirtschaftlicher Funktionen	Befragung von Personalverantwortlichen mittels Fragebogen in Israel
Lever, S. (1997): An analysis of managerial motivations behind outsourcing practices in Human Resources	Untersuchung von Personalfunktionen hinsichtlich deren Auslagerbarkeit und möglicher Wirkungen eines Outsourcings	Fragebogenbefragung von Personalverantwortlichen in 69 Unternehmen in den USA
Manufacturers Alliance (Hrsg.) (1996): Economic Report	Outsourcinggrad verschiedener personalwirtschaftlicher Funktionen	Mitgliederbefragung
Martin, A./Beherends, T. (1999): Empirische Erforschung des Weiterbildungsverhaltens von Unternehmen	Einfluss der Art des Beschäftigungssystems auf das Weiterbildungsverhalten von Unternehmen	IAB-Betriebspanel 1997
Meckl, R. (Hrsg.) (1999): Personalarbeit und Outsourcing	Erfahrungen mit dem Outsourcing personalwirtschaftlicher Aufgaben	Befragung von 450 Personalleitern in Deutschland, u.a. Maschinenbau, Elektrotechnik
Patry, M./Tremblay, M./Lanoie, P./Lacombe, M. (1999): Why firms outsource their human resources acitivities: an empirical analysis	Bedeutung früherer Outsourcingerfahrungen, Outsourcing idiosynkratischer Aufgaben, Outsourcing von Personalfunktionen und deren Bedeutung für das Beschäftigungssystem	Befragung mittels Fragebogen von 254 Unternehmen in Kanada (Quebec)

Studie	Zentraler Inhalt	Methode/Stichprobe
Promberger, M. (2006): Leiharbeit im Betrieb. Strukturen, Kontexte und Handhabung einer atypischen Beschäftigungsform	Nutzer von Leiharbeit nach Branche, Unternehmensgröße	Auswertungen auf Basis des IAB-Betriebspanels 1998-2004
R & P Management-Consulting (2004): Komplett-Outsourcing im Human-Resource-Management	Eignung verschiedener personalwirtschaftlicher Aufgaben für ein Outsourcing	Befragung von Geschäftsführern und Vorständen mittelständischer Unternehmen
Shared Services and Business Process Outsourcing (SBPOA) & Personalmagazin (Hrsg.) (2005)	Erbringung der Entgeltabrechnung und Personalentwicklung durch externe Dienstleister	Befragung von 39 Unternehmen, die Outsourcingdienstleistungen für das Personalmanagement anbieten
TDS (Hrsg.) (2005): Mehrwertdienste verändern die Personalarbeit in Unternehmen	Outsourcing der Lohn- und Gehaltsabrechnung und der Personalbeschaffung	Erfahrungsbericht eines Anbieters von IT-Outsourcing, HR-Services und IT-Consulting mit Fallbeispielen
The Conference Board (Hrsg.) (2004): HR Outsourcing: Benefits, Challenges and Trends	häufig outgesourcte Leistungen, stufenweise Auslagerung von Personalfunktionen	Befragung von 122 nachfragenden Unternehmen in Nordamerika und Europa
Wimmers, S./Hauser, H.-E./Paffenholz, G. (1999): Wachstumsmarkt Dienstleistungen. Marktzutritts- und Erfolgsbedingungen neuer unternehmensnaher Dienstleistungen in Deutschland	Nachfrager unternehmensnaher Dienstleistungen in Abhängigkeit von der Branche; Grundvoraussetzungen für die Erstellung unternehmensnaher Dienstleistungen	Fragebogenbefragung von 1271 Anbietern von unternehmensnahen Dienstleistungen in Deutschland

Studie	Zentraler Inhalt	Methode/Stichprobe
ZEW (Hrsg.) (2006): FAZIT-Unternehmensbefragung: Outsourcing von IT-Dienstleistungen	Umfang und Häufigkeit der Auslagerung von IT-Dienstleistungen an externe Anbieter	Befragung von 1.200 baden-württembergischen Unternehmen aus dem IT- und Mediensektor sowie aus anderen Branchen, die IT- und Medientechnologien einsetzen

Quelle: Eigene Darstellung

Schwerpunkte der hier aufgeführten empirischen Studien liegen auf den Personaldienstleistungen der Entgeltabrechnung, Training/Weiterbildung sowie Personalentwicklung und Personaldienstleistungen, deren zentraler Inhalt die Beschaffung von Arbeitskräften (Zeitarbeit, Personalberatung, Headhunting) ist. Fokussiert wird auf Motive für ein Outsourcing und Erfahrungen mit der Auslagerung betrieblicher Aufgaben. Know-how Fragen werden selektiv in die Betrachtung der Studien einbezogen. Überlegungen hierzu basieren i.d.R. darauf, dass in Unternehmen zur Erbringung einer bestimmten Aufgabe relevantes Wissen nicht zur Verfügung steht und daher diese Funktion extern nachgefragt werden muss. Vereinzelt befassen sich empirische Studien auch mit der Frage, welche Unternehmen betriebliche Aufgaben auslagern und stellen dabei strukturelle Aspekte wie die Größe oder die Branche des Unternehmens in den Mittelpunkt ihrer Betrachtung.

Insgesamt fällt aber auf, dass empirische Studien zur Auslagerung personalwirtschaftlicher Aufgaben im Vergleich z.B. zum empirischen Wissen über die Auslagerung von Aufgaben aus dem IT-Bereich, rar sind. Darüber hinaus weisen, bis auf die Studie von Clark/Mabey, alle Studien aus der Perspektive der hier interessierenden Aspekte das Defizit auf, dass Personalfunktionen und deren Auslagerung lediglich auf einem sehr stark aggregierten Niveau, einzelne personalwirtschaftliche Teilaufgaben außer Acht lassend, betrachtet werden. Insbesondere muss darauf hingewiesen werden, dass die empirischen Studien im Hinblick auf Fragen von Wissenstransferaspekten i.d.R. stumm bleiben und teilweise nur über Plausibilität auf den Einfluss von Wissenstransferfragen geschlossen werden kann, ohne das dies explizit von der Studie gezeigt wird.

Damit ist der Aussagegehalt der existierenden und damit auch der hier verwendeten Studien, für die hier verfolgte Zielsetzung als eher gering einzuschätzen. Dennoch enthalten die bereits vorliegenden empirischen Ergebnisse klärende und anregende Aspekte für die in dieser Arbeit betrachtete Fragestellung.

Insgesamt ist festzuhalten, dass die vorliegenden Studien und Experteninterviews und deren Ergebnisse eine vernünftige Ursachenanalyse für die Auslagerung personalwirtschaftlicher Aussagen nicht zulassen. In diesem Bereich besteht erheblicher Forschungsbedarf insbesondere im Hinblick auf die Erforschung expliziter Zusammenhänge zwischen Ursachen bzw. Einflussfaktoren und der Auslagerung personalwirtschaftlicher Aufgaben. Durch den Mangel an Ursachen ergibt sich andererseits auch Interpretationsoffenheit im Hinblick auf das vorliegende Datenmaterial. Diese wird hier genutzt, um abzuschätzen, ob das vorliegende Material kompatibel ist, die abgeleiteten Aussagen über den Zusammenhang zwischen Wissenstransfer(-kosten) und der Auslagerung personalwirtschaftlicher Aufgaben zu stützten.

8.2 Reflexion der Arbeitshypothesen anhand vorliegender Daten

Ausgewählte Arbeitshypothesen aus den Kapiteln 5.1 und 5.2 werden im Folgenden unter Nutzung der vorliegenden qualitativen und quantitativen Daten kritisch reflektiert und im Hinblick auf mögliche Modifikations- und/oder Präzisierungerfordernisse geprüft. Es soll gezeigt werden, welche deskriptiven Befunde für ausgewählte Zusammenhänge vorliegen. Zweitens werden die Arbeitshypothesen auf ihre Plausibilität geprüft. Ergibt sich aufgrund vorliegender deskriptiver Befunde Bedarf an einer Modifikation oder Präzisierung der Arbeitshypothesen, fließt dies in eine Neuformulierung der Zusammenhänge ein.

Unter Berücksichtigung der großen Anzahl der in dieser Arbeit formulierten Zusammenhänge werden sich die folgenden Überlegungen auf ein paar ausgewählte Arbeitshypothesen konzentrieren.

Diese Auswahl umfasst zum einen Arbeitshypothesen, die in einem direkten Zusammenhang zur grundsätzlichen Perspektive der Arbeit im Hinblick auf den Zusammenhang zwischen den Wissenstransferkosten und der Wahrscheinlichkeit der Auslagerung personalwirtschaftlicher Funktionen zu sehen sind. Hierzu gehören die Arbeitshypothesen 1, 3 sowie 7a. Als zweites werden ergänzend hierzu Zusammenhänge beleuchtet, die Mechanismen des Marktes für Personaldienstleistungen integrieren sowie Eigenschaften von Anbietern und Nachfragern näher beleuchten. Hierzu werden die Arbeitshypothesen 2, 6 sowie 9a näher betrachtet.

Die darüber hinaus vorliegenden Arbeitshypothesen, insbesondere zu Fragen der vertraglichen Gestaltung einer zwischenbetrieblichen Arbeitsteilung, der Länge der vertraglichen Beziehung und des Einflusses des Beschäftigungssystems auf die Frage, welche personalwirtschaftlichen Aufgaben ausgelagert werden können, werden in dieser Arbeit im Hinblick auf mögliche und notwendige Modifikationen nicht beleuchtet.

8.2.1 Arbeitshypothese H1 – Wahrscheinlichkeit der externen Nachfrage nach personalwirtschaftlicher Aufgaben

In einem ersten Schritt wird die Arbeitshypothese H1 betrachtet, die wie folgt lautet:

H1: Je höher der Anteil impliziten Wissens am insgesamt an den Personaldienstleister zu transferierenden Wissen, desto geringer ist c.p. aufgrund höherer Wissenstransferkosten die Wahrscheinlichkeit, dass diese Personal(Teil-)funktion Gegenstand zwischenbetrieblicher Arbeitsteilung ist.

Im Hinblick auf das Ziel einer ersten kritischen Reflexion sowie Modifikation und Präzisierung der Arbeitshypothese H1 wird eine Betrachtung jeder einzelnen in dieser Arbeit abgeleiteten personalwirtschaftlichen Funktion und deren Teilfunktionen vorgenommen.

8.2.1.1 Personalbeschaffung

Im Kapitel 7 wurde die Frage nach der Externalisierung dieser personalwirtschaftlichen Aufgabe unter Wissensaspekten wie folgt beantwortet.
Die Ermittlung des quantitativen Netto-Personalbedarfs, die Personalakquisition, die Vorselektion der Bewerber, die Entwicklung eignungsdiagnostischer Verfahren sowie z.T. auch deren Anwendung bzw. Durchführung und die Formulierung des Arbeits-

vertrages können vollständig an einen externen Personaldienstleister vergeben werden.

Für die Ermittlung eines qualitativen Netto-Personalbedarfs ist die Empfehlung nicht eindeutig, so dass nur Tendenzaussagen getroffen werden können. Die Frage kann u.a. in Abhängigkeit von der Tätigkeit bzw. den zu beschaffenden Qualifikationen beantwortet werden. Tendentiell kann diese personalwirtschaftliche Aufgabe ausgelagert werden, wobei aber eine enge Zusammenarbeit oder gemeinsame Erfüllung der Aufgabe durch das Unternehmen und den Personaldienstleister sinnvoll ist. Letzteres kann insbesondere für globale Kompetenzdimensionen als Bestandteil der Qualifikation eines Individuums zutreffen.

„Informationen", die mit standardisierten Instrumenten nur rudimentär oder gar nicht erfasst werden können, wie z.b. Sympathie, ganzheitlicher Eindruck, das Vorliegen einer Grundlage für eine positive Beziehung etc., machen es erforderlich, dass ein Unternehmensmitglied bzw. ein Akteur, der die Kultur des Unternehmens sehr gut kennt, die Bewertung durchführt. Hier geht es darum, die Passfähigkeit des Bewerbers zum Unternehmen auf Basis primär impliziter Wissensbestandteile festzustellen. Auf deren Basis treffen die Unternehmen ihre Einstellungsentscheidung. Diese Aufgabe sollte daher im Unternehmen verbleiben.

8.2.1.1.1 Empirische Studien

Hinsichtlich der Frage, welche personalwirtschaftlichen Teilaufgaben der Suche und Auswahl von Arbeitskräften im Einzelnen ausgelagert werden, liegt eine Untersuchung von Clark/Mabey (1994) vor.[485]

Die Autoren unterscheiden im Rahmen der Auslagerung der Personalbeschaffungsfunktionen zwei verschiedene Formen der Beschaffung. „ […] Search is the identification of candidates through direct and personal contact and tends to be proactive. Selection is the identification of potential candidates through responses to strategically placed recruitment advertisements; this is a more reactive recruitment method.[…]"[486] Clark/Mabey charakterisieren sieben personalwirtschaftliche Teilauf-

---

[485] Clark/Mabey untersuchen ausschließlich die Übernahme der Personalbeschaffungsfunktion durch Personalberatungen.
[486] Clark, T./Mabey, C. (1994), S. 45f.

gaben[487] der Personalbeschaffung und befragen Personalleiter von 53 Unternehmen in Großbritannien, welche dieser Aufgaben vollständig im Unternehmen, gemeinsam mit einem Personalberater oder komplett extern durch den Personalberater erbracht werden. Die von Clark/Mabey vorgenommene Aufspaltung der Personalbeschaffungsfunktion ist nicht vollständig gleichläufig mit den in dieser Arbeit identifizierten personalwirtschaftlichen Teilfunktionen, jedoch sind die hier definierten personalwirtschaftlichen Teilfunktionen zu wesentlichen Teilen auch in der Untersuchung von Clark/Mabey repräsentiert.[488]

Clark/Mabey stellen fest, dass die Analyse des Arbeitsplatzes sowohl im Bereich ‚Search' als auch im Bereich ‚Selection' von der Mehrheit der Unternehmen selbst durchgeführt wird. So führen im Bereich ‚Search' 55,2% und im Bereich ‚Selection' 76,6% der Unternehmen eine Arbeitsplatzanalyse selbständig ohne die Einschaltung eines externen Dienstleisters durch. Komplett wird diese Aufgabe nur von 3,4% (Search) bzw. von 2,3% (Selection) an einen externen Personaldienstleisters vergeben.[489]

Die Erarbeitung bzw. die Ableitung eines Anforderungsprofils aus der Arbeitsplatzanalyse erfolgt entweder vollständig intern oder wird, wie im Bereich ‚Search', von 70,7% der befragten Unternehmen gemeinsam mit einem Personalberatungsunternehmen erbracht.[490] Diese Ergebnisse gehen konform mit den Schlussfolgerungen in dieser Arbeit, die für diesen Bereich eher eine enge Zusammenarbeit zwischen Unternehmen und Personalberatungsunternehmen erwarten.

Die Stellenbeschreibung, so die befragten Personalleiter, wird mehrheitlich im Unternehmen erstellt.[491]

---

[487] Die in der Untersuchung erfassten personalwirtschaftlichen Teilfunktionen sind: job analysis, person specification, job description, identification of potential candidates, inital assessment of candidates, final assessment of candidates und job offer. Vgl. hierzu Clark, T./Mabey, C. (1994), S. 47.
[488] Nicht betrachtet werden in der Untersuchung von Clark/Mabey die Funktionen der Bestimmung des quantitativen Personalbedarfs, die Entwicklung eignungsdiagnostischer Instrumente und der Formulierung des Arbeitsvertrages. Weiter fehlt bei Clark/Mabey explizit die Funktion der Personalakquisition. Diese findet man nur in den von Clark/Mabey definierten Unterschieden zwischen ‚Search' und ‚Selection', die hier als unternehmerische Aufgabe der Personalberatung identifiziert werden, so dass angenommen wird, dass die Personalakquise vollständig von einem externen Personalberatungsunternehmen übernommen wird.
[489] Vgl. Clark, T./Mabey, C. (1994), S.45f.
[490] Vgl. Clark, T./Mabey, C. (1994), S.45f.
[491] So wird im Bereich ‚Search' die Stellenbeschreibung von 48,3% Unternehmen vollständig intern und von 50% der Unternehmen gemeinsam mit einen externen Personalberatungsunternehmen erbracht. Im Bereich ‚Selection' sind es 65,1% der Unternehmen, die diese Aufgabe vollständig intern erbringen und 32,6% der Unternehmen, die in diesem Bereich mit einem externen Personalberatungsunternehmen zusammenarbeiten. Vgl. hierzu Clark, T./Mabey, C. (1994), S. 47.

Die Identifikation potentieller Kandidaten und die Vorauswahl werden bei beiden Beschaffungswegen überwiegend vollständig vom Personalberatungsunternehmen übernommen. So vergeben im Bereich ‚Search' 74,1% der Unternehmen die Identifikation potentieller Kandidaten und 84,5% der Unternehmen die Vorselektion der Bewerber vollständig an ein externes Personalberatungsunternehmen. Ähnlich zu diesen Ergebnissen sind die Ergebnisse im Bereich ‚Selection'. Hier lassen 81,4% der Unternehmen die Identifikation und 88,4% der Unternehmen die Vorauswahl vollständig extern erbringen.[492] Die endgültige Auswahl des oder der geeigneten Kandidaten erfolgt bei über 70% der Unternehmen in beiden Bereichen komplett intern. Diese personalwirtschaftliche Aufgabe wird von keinem der befragten Unternehmen vollständig extern vergeben.[493]

Weitere Studien zur Auslagerung personalwirtschaftlicher Leistungen der Personalbeschaffung liegen von der American Management Association (1997) und Dincher/Gaugler (2002) vor. Hierin werden die Ergebnisse von Clark/Mabey bestätigt.[494] So bieten 96,4% der von Gaugler und Dincher befragten Personalberater die Vorauswahl von Kandidaten anhand der Bewerbungsunterlagen an. 52,6% der Befragungsteilnehmer organisieren Eignungstests und führen diese auch selbständig durch. 97% der Personalberater bieten ein Auswahlgespräch zur Vorauswahl an. 94% der befragten Personalberater offerieren den Unternehmen die Teilnahme an den Auswahlgesprächen. Beratungsleistungen bei der Gestaltung des Arbeitsvertrages werden von 78% der Personalberatungsunternehmen angeboten.[495]

8.2.1.1.2 Experteninterviews[496]

Weitere wichtige Hinweise im Hinblick auf die Frage der Modifikation und Präzisierung der Hypothese lassen sich aus den geführten Experteninterviews gewinnen.

---

[492] Vgl. Clark, T./Mabey, C. (1994), S. 47.
[493] Vgl. Clark, T./Mabey, C. (1994), S. 47.
[494] Vgl. AMA (1997) zitiert nach Cook, M.F. (1999), S. 11f.
[495] Vgl. Dincher, R./Gaugler, E. (2002), S. 74f.
[496] Meinungen und Äußerungen von Nachfragern werden im Folgenden mit einem ‚N' gekennzeichnet. Für Anbieter wird ein ‚A' und für Verbandsvertreter ein ‚V' als Kennzeichnung benutzt.

Aus der Perspektive der befragten Nachfrager nach Personaldienstleistungen ist die Prüfung der Passfähigkeit eines Bewerbers im Rahmen der Letztauswahl eine personalwirtschaftliche Aufgabe, die im Unternehmen verbleibt.[497] So argumentiert Nachfrager N15, dass Personalentscheidungen selbst durch das Unternehmen getroffen werden müssen. Für Nachfrager N7 sind personalwirtschaftliche Aufgaben im Bereich der Personalbeschaffung, in denen die Unternehmenskultur bzw. die Verwirklichung der Unternehmenskultur eine zentrale Rolle spielt, eher weniger für eine Auslagerung geeignet. Wie in dieser Arbeit definiert, gehört hierzu insbesondere die endgültige Auswahl der oder des geeigneten Kandidaten. Dies zeigen auch folgende Zitate:

„[...] Im Moment schalten wir da aber selber oder schalten in Kooperation dann eben eine Annonce und lassen die Vorauswahl machen und machen dann die Hauptauswahl immer selbst. Ich habe an der Stelle schlechte Erfahrungen, wenn andere Leute das Personal für uns auswählen. [...] Ich würde auch niemals die Rekrutierung [...] irgendwo so weit rausgeben, dass man dann nur sich den Letzten anguckt oder ja oder nein sagt. Das sollte man unbedingt, meines Erachtens, unbedingt im Unternehmen halten. [...] Ich denke mal, das ist selbstredend, dass man, wenn man eine gewisse Kultur erreichen will, es am einfachsten hat, wenn man die Leute erst mal hat dazu, da ist es wesentlich einfacher, als wenn man die, die man hat, umbiegen will. [...] Also in diesem Sinne, das ist bei uns, das bleibt auch bei uns, das würde ich auch nicht weggeben wollen. [...]" (N7, 13)

„[...] Und da haben wir einen Personalberater gehabt, [...] der die Suche durchgeführt hat. Der hat die Bewerbungen teilweise selbst mit beurteilt. Ja. Oder hat wie ein Personalreferent teilweise diese Unterlagen sich angeschaut, Auswahltage hier organisiert und so etwas [...]. Also da haben wir recht weitgehend Outsourcing betrieben, aber wir haben nie das Thema Entscheidung [...] aus der Hand gegeben, sondern [...] wir waren die Entscheider. [...]" (N1, 7)

In einer ähnlichen Art äußert sich der Verbandsexperte V5 zu diesem Sachverhalt.

---

[497] Siehe hierzu u.a. die Aussagen der Nachfrager N1, N15, N7, N17.

„[...] Ein Nachteil könnte sein, das habe ich eben schon indirekt angesprochen, dass man als externer Berater die Unternehmenskultur, die Chemie, die innerhalb eines Unternehmens gegeben ist zwischen den handelnden Personen, dass man die natürlich nicht so erfassen kann und nicht so kennt, wie jemand, der innerhalb dieser Kultur lebt. [...] Deshalb ist es die vornehmliche Aufgabe eines Personalberaters in den ersten Gesprächen mit dem Unternehmen, bevor der Auftrag erteilt wird, ein möglichst klares und umfassendes Bild über die Kultur und über die Art und Weise, wie in einem Unternehmen miteinander umgegangen wird, zu verschaffen und das bei der Auswahl der Personen zu berücksichtigen. Aber auch wenn man sich da als Personalberater Mühe gibt in dem Punkt, es ist klar, dass jemand, der 10 Jahre in so einem Unternehmen tätig ist, dass der das natürlich besser erfasst als ein Externer. Das könnte man als Nachteil sehen. [...] Das ist aus meiner Sicht ein Nachteil [...] für die Beurteilungsfacette. [...]" (V5, 27-29)

Die Erfassung impliziter Wissensbestandteile in Bezug auf die Unternehmenskultur stellt daher eine Schwierigkeit für die Auslagerung insbesondere der Beurteilungsfunktion im Rahmen der Personalauswahl dar.

Auch hinsichtlich der Auslagerung anderer Teilaufgaben der Personalbeschaffung sind die Meinungen der Experten recht homogen. So kann als Ergebnis festgehalten werden, dass die Ansprache geeigneter Kandidaten, deren Vorauswahl, insbesondere anhand der Bewerbungsunterlagen, aber auch das Führen erster Bewerbungsinterviews oder die Anwendung eignungsdiagnostischer Tests bereits fremd vergeben werden bzw. aus der Sicht der Nachfrager fremd vergeben werden können.[498]

„[...] Denn in unserem Metier, da kann man natürlich Tools, Werkzeuge anwenden, da kann man Testverfahren einsetzen, da kann man Referenzeinholungen vornehmen usw. das sind alles Mosaiksteine, die zur Beurteilung beitragen. [...]" (V5, 32-33)

„[...] Ich würde so wenig wie möglich Zeit aufwenden [...]. Ich möchte mich mit wenigen Kandidaten befassen, die [die] grundsätzlich das Anforderungs- und

---

[498] Vgl. hierzu Nachfrager N1 und Nachfrager N10 sowie A5.

Stellenprofil schon letztendlich erfüllen, das ich vorgegeben habe. Ich möchte sämtliche Bewerbervorarbeiten überhaupt nicht machen wollen. Das ist das erste, was ich erwarte, also eine kleine Auswahl an getesteten Berwerbern, die auf diese Stelle auf jeden Fall passen würden. [...] Ich erwarte, dass ich passgenaue Bewerber präsentiert bekomme. [...]" (V1, 19-21)

Von dieser Einschätzung grenzen die Experten ihre Erfahrungen hinsichtlich der Bestimmung eines qualitativen Netto-Personalbedarfs durch einen externen Dienstleister ab. Im Vergleich zu o.g. Aufgaben sehen sie durchaus Probleme, die mit einer Auslagerung dieser Aufgaben verbunden sein können und gegen eine Auslagerung bzw. für eine enge Zusammenarbeit zwischen Personaldienstleister und Unternehmen sprechen. Dies zeigt folgendes Zitat:

„[...] Jemand gibt mir ein Profil, brieft mich, ich gehe los und suche denjenigen, schicke das erste Profil hin, will den Kandidaten präsentieren und dann sagt mir aber [...] derjenige, der eigentlich die Entscheidung zur Einstellung trifft [bspw. der direkte Vorgesetzte], nein, der passt überhaupt nicht. [...] Das ist oft eine Situation, die schwierig ist, deswegen müssen wir uns immer sehr genau bei diesen Profilen aufhalten und sehr lange und sehr viel und da machen wir auch sehr viele Gespräche [...]. Oft ist es auch so, dass die Leute sich über das Profil eigentlich auch erst einmal klar werden müssen. [...]" (A5, 19)

„[...] Da bekommen wir dann ein Anforderungsprofil, Stellenprofil, wo wir auch teilweise selber noch mitarbeiten, weil viele Unternehmen machen den Fehler nämlich und das ist auch wieder ein Vorteil von uns, machen den Fehler, sie fokussieren das Stellenprofil auf den bisherigen Stelleninhaber und fokussieren das eigentlich nicht auf die eigentliche Aufgabe, wollen eigentlich was ganz anderes haben. Sie wissen aber, dass der bisherige Stelleninhaber verschiedene Dinge nicht erfüllen konnte. Und vergessen dann, uns das mitzuteilen, was sie eigentlich wollen. Das ist ein ganz wichtiger Aspekt, denn daran kann eine Neueinstellung dann letztendlich scheitern oder einer, der dann eingestellt worden ist, weil man hat uns nicht das richtige Profil genannt. [...] Also, wir versuchen Einblick in das Unternehmen zu bekommen, herauszufiltern, wer passt da rein, wer muss da hin, wie muss der beschaffen sein, um dann zielgerichtet zu suchen, abgesehen von den fachlichen Voraussetzungen. [...] Natürlich die Feinheiten, die nun in diesem Team herrschen, die können wir natürlich [...] nicht so schnell herausfinden. Das ist richtig. [...]" (V1, 17)

„[...] bei der Beauftragung da kann ich erst mal davon ausgehen, dass nach unserem Anforderungsprofil, das wir natürlich definieren und gemeinsam dann festlegen, diese Vorauswahl dort mit realisiert wird und selbst dann das angebotene Personal wird dann noch mal über diese Bewerbergespräche und über verschiedene andere Möglichkeiten dann versucht festzustellen, inwiefern dann ein Passfähigkeit gegeben ist für unser Unternehmen. [...]" (N10, 11)

Als Problem dieser Aufgabe betrachten es die Experten die Passfähigkeit der Bewerber bzw. die hierzu notwendigen Qualifikationen zu definieren. Mit den Begriffen Sympathie oder der Aussage, dass die „Chemie" zwischen Bewerber und Unternehmen bzw. Mitarbeitern des Unternehmens stimmen muss, sprechen die Experten Feinheiten der Qualifikation von geeigneten Kandidaten an, die nicht auf den ersten Blick herausgefunden werden können. Der Transfer von Wissen hinsichtlich dieser Feinheiten ist, so die Aussagen der Experten, langfristig angelegt. Daher erfolgt die qualitative Bedarfsbestimmung gemeinsam oder durch das Unternehmen allein. Der Grad der Interaktion ist in diesem Bereich unterschiedlich insbesondere in Abhängigkeit von der Qualifikationsart. Kommunikations- bzw. Wissenstransferprobleme können hierbei auftreten.

8.2.1.1.3 Angebotsportfolios

Bei der Analyse der Angebotsportfolios von Personaldienstleistern, die Personalbeschaffungsaufgaben erfüllen,[499] wird ein heterogenes Feld von Anbietern betrachtet. Hierzu gehören u.a. Zeitarbeitsunternehmen, Arbeitsvermittler, Personalberater/Headhunter, Interimsmanagement-Agenturen und Personaldienstleister, die die vollständige externe Erbringung aller personalwirtschaftlichen Funktionen anbieten.

Bei der Analyse der Angebotsportfolios der hier untersuchten Anbieter von Personalbeschaffungsdienstleistungen stellt man fest, dass keiner der betrachteten Anbieter die Ermittlung eines quantitativen Netto-Personalbedarfs für Unternehmen anbietet.

---

[499] Siehe hierzu auch Jochmann, W. (1995).

Dies würde der These widersprechen, dass diese Aufgaben leicht ausgelagert werden kann. Lediglich für eine der betrachteten Unternehmensberatungen konnte festgestellt werden, dass diese die Feststellung eines quantitativen Netto-Personalbedarfs als Dienstleistung nachfragenden Unternehmen anbietet. Diese Dienstleistung wird dabei insbesondere dann angeboten, wenn die Unternehmensberatung andere Projekte im Unternehmen betreut, die mit einer Veränderung des Personalbedarfes im Unternehmen einhergehen können.

Hinsichtlich der Übernahme der personalwirtschaftlichen Aufgabe der Bestimmung des qualitativen Netto-Personalbedarfes ergibt sich ein heterogenes Bild. Die Mehrzahl der betrachteten Angebotsportfolios beinhaltet die Erarbeitung eines Anforderungsprofils. Wie diese Aufgabe erbracht wird bzw. in welcher Art und Weise an dieser Stelle arbeitsteilig gearbeitet wird, ist jedoch unterschiedlich. Einige Anbieter von Personalbeschaffungsdienstleistungen entwickeln ein Anforderungsprofil auf Basis einer durch das Unternehmen erstellten Stellenbeschreibung, wohingegen andere Anbieter gemeinsam mit Entscheidungsträgern im Unternehmen die unternehmerische Situation, das Positionsumfeld und auch das Anforderungsprofil in Gesprächen erarbeiten und damit gemeinsam Anforderungen an potentielle Bewerber festlegen. Insgesamt bestehen damit Unterschiede hinsichtlich der Stärke der Interaktion zwischen Unternehmen und Personaldienstleister bei der Erbringung dieser Aufgabe.[500]

Die Akquise von Personal wird von allen hier betrachteten Personaldienstleistern übernommen. Hinsichtlich der eingesetzten Instrumente und Beschaffungswege gibt es zwischen den verschiedenen Anbietern Unterschiede. So können Zeitarbeitsunternehmen und Interimsmanagement-Agenturen häufig auf einen Pool von Personal zurückgreifen, so dass die Übernahme der Akquisefunktion häufig nicht direkt einem bestimmten Beschaffungsauftrag zugeordnet werden kann. Aufgaben, die alle Anbieter im Bereich der Akquisition oder Ansprache von Personal übernehmen, umfassen die Beratung zu geeigneten Rekrutierungswegen und Methoden der Ansprache, die Auswahl geeigneter Medien und die Anzeigenschaltung, Texten und Layouten von Anzeigen, die Suche in Datenbanken sowie die Durchführung der Direktansprache.

---

[500] Siehe hierzu auch die Ergebnisse von Clark, T./Mabey, C. (1994).

Ebenfalls vollständig übernehmen die Anbieter von Personalbeschaffungsdienstleistungen die Vorselektion von Bewerbern. Unterschiede liegen hier hinsichtlich der eingesetzten Instrumente aber auch hinsichtlich des Umfangs der Vorauswahl, die vom Anbieter übernommen wird, vor. Im Rahmen der Vorselektion werden vom Personaldienstleister eingehende Bewerbungen hinsichtlich der gestellten Anforderungen bewertet, aber auch erste Interviews oder Eignungstests durchgeführt. Hierzu notwendige Bewertungsinstrumente entwickeln die Personalbeschaffungsdienstleister häufig selbst. Die Vorselektion endet i.d.R. mit der Präsentation geeigneter Kandidaten vor Vertretern des Unternehmens.

Hieran schließt sich eine weitere Selektionsphase (Endauswahl) an, die die analysierten Personalbeschaffungsdienstleister häufig begleiten. So besteht von Seiten der Dienstleister das Angebot, dass Vertreter des Dienstleisters an weiteren Interviews mit den Kandidaten oder weiteren Testverfahren teilnehmen und den Prozess der Beurteilung unterstützen.

Die eigentliche Personalentscheidung, die Letztauswahl, wird nicht von externen Personaldienstleistern übernommen.[501]

Die hier betrachteten Anbieter von Personalbeschaffungsdienstleistungen bieten in der Regel ex post eine Betreuungsleistung in Form einer Beratung bezüglich der Vertragsgestaltung insbesondere im Bereich der Gestaltung des Vergütungsrahmens an. Zum Angebot der Personaldienstleister gehört im Rahmen der Personalbeschaffung auch die Übernahme administrativer Aufgaben wie bspw. die Bearbeitung der eingehenden Bewerbungen oder auch die Zurücksendung von Bewerbungsunterlagen.

Für die Arbeitshypothese H1 kann auf Basis der ausgewerteten deskriptiven Daten festgestellt werden, dass die hier formulierten theoretischen Zusammenhänge für die personalwirtschaftliche Funktion der Personalbeschaffung vom vorliegenden qualitativen Datenmaterial gestützt werden.

---

[501] Dies ist auch im Bereich der Zeitarbeit und bei Interimsmanagement-Agenturen der Fall. Der Personaldienstleister trifft auch hier nur eine Vorauswahl. Beim Unternehmen verbleibt die Entscheidung, welcher Arbeitnehmer im Unternehmen eingesetzt wird. Sollte die Passfähigkeit zum Unternehmen nicht gegeben sein, haben die Unternehmen sowohl bei Zeitarbeitsunternehmen als auch bei Interimsmanagement-Agenturen die Möglichkeit, Arbeitskräfte „zurückzugeben" bzw. einen Ersatz zu bekommen.

8.2.1.2 Personalentwicklung

Aus der Wissensperspektive kann die Bestimmung des Personalentwicklungsbedarfes nur in enger Zusammenarbeit mit dem Personaldienstleister oder durch das Unternehmen selbst durchgeführt werden. Einschränkungen können sich u.a. dadurch ergeben, dass die Ableitung bestimmter Bedarfe insbesondere im Bereich globaler Kompetenzdimensionen schwierig sein kann,[502] da Qualifikationsbedarfe aus diesen Bereichen unterschiedlich gut formuliert werden können. Eine Zielformulierung auf Basis dieser expliziten Bestandteile durch einen Personaldienstleister kann daher ungenau und nicht spezifisch auf das Unternehmen hin erfolgen. Dienstleistungen für das Unternehmen können in diesem Bereich darin bestehen, den Prozess der Ableitung von Bedarfen zu strukturieren und durch geeignete Möglichkeiten der Bedarfsableitung zu unterstützen.

Die Auswahl und Konzeption von Programmen zur Personalentwicklung kann aus der Wissensperspektive zunächst an einen externen Dienstleister auslagert werden. Problematisch ist hierbei, dass der Personaldienstleister Maßnahmen nur auf Basis des ihm zur Verfügung stehenden expliziten Wissens über Bedarfe und Ziele auswählen und konzipieren kann. Dies kann fallweise v.a.D. bei globalen Kompetenzdimensionen zur Auswahl weniger geeigneter Maßnahmen und einer nicht auf die Bedürfnisse des Unternehmens abgestellten Gestaltung der Maßnahmen führen. Daher ist in diesem Bereich eine Zusammenarbeit zwischen Unternehmen und Personaldienstleister oder die alleinige Übernahme dieser Aufgaben durch das Unternehmen selbst zu erwarten. Weniger problematisch ist die Auswahl von Maßnahmen, wenn es um die Vermittlung von Fachkenntnissen, Fremdsprachen oder Computerkenntnissen geht. In diesen Bereichen können entsprechende Maßnahmen auch vom Personaldienstleister durchgeführt werden,[503] wohingegen bei Maßnahmen ‚on-the-job' durch den Dienstleister häufig nur eine Begleitung der Maßnahme als Coach und die Konzeption der Maßnahme möglich ist, da sich hier die Vermittlung der Qualifikationen nur in direkter Aktion und Interaktion mit anderen Unternehmensmitgliedern vollziehen kann. Darüber hinaus geben die einzelnen Maßnahmen häufig selbst prozedurale Teilschritte zur Durchführung der Maßnahmen vor, so dass hier für bestimmte

---

[502] Vgl. Neuberger, O. (1991), S. 182.
[503] Vgl. hierzu auch die Überlegungen von Kühlmann, T. et al. (1994), S. 18.

Maßnahmen von der Existenz a priori strukturierter Arbeitsschritte ausgegangen werden kann.

Die Evaluation von Maßnahmen der Personalentwicklung kann in Abhängigkeit vom Evaluationsgegenstand ebenfalls outgesourct werden.[504] Qualifikationsmaßnahmen, deren Erfolg oder Grad der Zielerreichung nur langfristig sichtbar sind oder nur in der Beobachtung des Mitarbeiters im Arbeitsprozess oder in der Gruppe bewertet werden kann, können häufig nur mittels Personalbeurteilungen evaluiert werden, die vom Unternehmen aufgrund deren Komplexität selbst durchgeführt werden. Eine ähnliche Aussage kann für die Ableitung geeigneter Messgrößen getroffen werden, die evaluiert werden sollen.

Die Evaluation von Qualifikationen mittels „einfacher" und objektiv messbarer Größen kann ebenfalls auslagert werden sowie die Messung der Zufriedenheit mit Trainer, Ort und zeitlicher Gestaltung der Maßnahme.

Die administrative und organisatorische Abwicklung der Qualifizierung, die von der Suche nach geeigneten Trainern und Orten der Personalentwicklung bis hin zur Buchung der Unterkunft für die Teilnehmer und der Abrechnung der Reisekosten reicht, kann ebenfalls vollständig durch einen Personaldienstleister übernommen werden.

8.2.1.2.1 Empirische Studien

Der Umfang vorliegender empirischer Untersuchungen zur Auslagerung der Personalentwicklung ist gemessen an dem hier geforderten Detailgrad gering.
In einer Studie von Borg (2003) gaben 55% der Befragten an, dass die Personalentwicklung als personalwirtschaftliche Funktion nicht vollständig ausgelagert wird. „[...] the study depicts that training and development [...] are most outsourced partially. [...]"[505] In der Aufgabe der Konzeption von Personalentwicklungsmaßnahmen sehen die Mehrheit der von Borg befragten Experten eine Aufgabe, die sie nicht auslagern würden.[506]
Eine partielle Auslagerung im Bereich der Personalentwicklung ist auch das Ergebnis der Studie der American Management Association (1997). Die Ergebnisse dort zei-

---

[504] Vgl. hierzu auch Kühlmann, T. et al. (1994), S. 18.
[505] Borg, H. (2003), S. 29.
[506] Vgl. Borg, H. (2003), S. 30.

gen, dass im Wesentlichen die Durchführung von Maßnahmen der Personalentwicklung ausgelagert wird, wobei als häufig ausgelagerte Maßnahmen „[...] computer training [and] safety training [...]"[507] benannt wurden. In ähnliche Richtung weisen auch die Ergebnisse des Cranet Survey (1999), die sich auf den Bereich der Durchführung von Maßnahmen der Personalentwicklung, insbesondere aber von Weiterbildungs- und Fortbildungsmaßnahmen wie Sprachkursen, Sicherheitstrainings sowie Stress- und Zeitmanagement konzentrieren. Die im Rahmen dieser Studie befragten mehr als 3000 Unternehmen gaben die Fort- und Weiterbildung als beliebten Outsourcingkandidat an. 77 Prozent der befragten Unternehmen haben die Durchführung entsprechender Maßnahmen bereits ausgelagert.[508]

8.2.1.2.2 Experteninterviews

Wichtige Hinweise im Hinblick auf die Frage der Modifikation und Präzisierung der Arbeitshypothese H1 können aus den geführten Experteninterviews gewonnen werden.

Die Nachfrager formulieren, dass sie die operative Personalentwicklung für grundsätzlich auslagerbar halten bzw. in diesem Bereich bereits mit externen Personaldienstleistern zusammenarbeiten. Unter operativer Personalentwicklung verstehen die Nachfrager die Gestaltung von Personalentwicklungsmaßnahmen und die Durchführung von Trainings sowie die administrative Abwicklung der Personalentwicklungsaktivitäten.[509] Zu letzteren gehört die Erstellung der Einladungen, die Organisation der Veranstaltung, Erstellung eines Feedbackbogens etc.[510]

„[...] Aber Trainings durchzuführen [...] das kann ein Externer tun. [...]" (N1, 89)

„[...] die operative Personentwicklung haben wir [...] outgesourct. [...]" (N11, 7)

„[...] Also der [Kunde] kriegt natürlich die Einladungsschreiben und die [...] Teilnehmerliste, den Hotelbrief, den Ordner mit den Seminarunterlagen, das Schreibbrett, den Stift [...]." (A11, 22)

---

[507] Cook, M.F. (1999), S. 13.
[508] Vgl. Laboratory for Human Resource Information (1999) zitiert nach Cooke, F.L./Shen, J./McBride, A. (2005), S. 418.
[509] Vgl. hierzu die Experteninterviews von Nachfrager N1 und Nachfrager N11.
[510] Vgl. Anbieter A11.

Ein Anbieter von Personalentwicklungsdienstleistungen führt darüber hinaus Bildungsbedarfsabfragen durch, erhebt also den Personalentwicklungsbedarf für einzelne Mitarbeiter im nachfragenden Unternehmen. Die Übernahme dieser Aufgabe durch einen externen Personaldienstleister betrachtet der Nachfrager N1 im Gegensatz dazu kritisch und argumentiert, dass die Frage, wer sind Talente im Unternehmen, warum und wie diese gefördert werden sollen aus seiner Perspektive nie an einen Externen vergeben werden kann.[511]

„[…] wer sind Talente in unserer Bank, welche Leute wollen wir wie besonders fördern und warum und wie tauschen wir uns dazu mit unserer Konzernzentrale aus. Das würden wir nie einem Externen geben, das ist unser Job. […]" (N1, 89)

Ähnliche Vorstellungen liegen auch hinter der Argumentation von A11. Ein interner Personalentwickler, so Anbieter A11, ist häufig besser als ein Externer an das Thema Strategie angebunden und kann dementsprechend Personalentwicklungsmaßnahmen stärker daran orientieren sowie Personalentwicklungsbedarfe in Anlehnung daran ermitteln. Ähnliche Probleme ergeben sich für einen Externen im Vergleich zu einem internen Experten daraus, dass der Personalentwickler im Unternehmen interne Probleme und soziale Spannungen im Unternehmen häufig stärker erlebt und auch besser wahrnimmt, was Anbieter A11 folgend, ein weiterer Vorteil der internen Erbringung der Personalentwicklung, insbesondere aber der Frage der Bildungsbedarfsanalyse und der Einführung von Personalentwicklungskonzepten ist.
Diese Sichtweise spiegelt sich auch im folgenden Zitat wider:

„[…] Aber wenn ich über Personalentwicklung nachdenke und die komplett outsource und dass ich sage, ich gebe einem Externen die Aufgabe, meine Mitarbeiter hervorragend weiterzuentwickeln, dann ist es schon etwas schwieriger, weil sich der Externe dann intensiv einbringen muss in das, was in dem Unternehmen künftig an Anforderungen erfüllt sein muss und was die Mitarbeiter an Ist-Anforderungen aufzuweisen haben. Man muss dann auch die Auswahl treffen, wen fördere ich, wer ist denn in meinem Sichtfeld als besonders geeignet für bestimmte Aufgaben, für die ich ihn irgendwo im Hinterkopf habe. Da wird es

---

[511] Vgl. hierzu Nachfrager N1.

schon individueller. Da muss man sich schon individueller mit einzelnen Personen auseinandersetzen. Und damit auch schwerer outzusourcen. [...]" (V5, 92-93)

8.2.1.2.3 Angebotsportfolios

Zur Beantwortung der Frage, welche personalwirtschaftlichen Teilaufgaben der Personalentwicklung ausgelagert werden, wurden die Angebotsportfolios ausgewählter Personaldienstleister untersucht. Der Kreis, der in der Weiterbildungs- und Trainingsbranche tätigen Personaldienstleister schließt Unternehmensberatungen im Bereich Human Resources sowie (sonstige) private Unternehmen wie Weiterbildungs- und Trainingsinstitute und Personaldienstleister ein, welche die vollständige externe Erbringung der Personalarbeit für Unternehmen anbieten.

Für die Mehrheit der analysierten Angebotsportfolios kann festgestellt werden, dass die Bestimmung des Personalentwicklungsbedarfes durch externe Anbieter angeboten wird, wobei sich deren Vorgehensweisen zur Gewinnung entsprechender Informationen unterscheiden. Deutlich wird bei der Betrachtung, dass das Unternehmen selbst bzw. Vorgesetzte, Mitarbeiter etc. in den Prozess des Soll-Ist-Vergleichs von Qualifikationen und Anforderungen aktiv einbezogen werden. Dies geschieht bspw. durch den Einsatz von Potential-Assessments, Einzelgesprächen mit Führungskräften, Workshops[512] und Befragungen. An dieser Stelle wird also eine enge Zusammenarbeit zwischen den Mitarbeitern der Nachfrager und Anbieter praktiziert.

Alle hier untersuchten Anbieter von Personalentwicklungsdienstleistungen offerieren die Entwicklung von Personalentwicklungskonzepten, in denen ausgehend von Lern- und Entwicklungsbedarfen Maßnahmenbündel abgeleitet und konzipiert werden. Ferner wird vom Personaldienstleister selbst oder in enger Zusammenarbeit mit dem Unternehmen die Einführung eines Personalentwicklungskonzeptes vorgenommen. Zu den Aufgaben eines Personaldienstleisters können hier die Vorbereitung, die Durchführung und die Moderation entsprechender Maßnahmen der Implementation gehören.

---

[512] Die von Anbietern eingesetzten Methoden, um Bildungsbedarfe abzuleiten, erfüllen gleichzeitig die Funktion, den Prozess des Nachdenkens über Personalentwicklung, wesentliche Ziele einer Personalentwicklung etc. zu strukturieren und Möglichkeiten aufzuzeigen.

Bezüglich des Angebotes der Durchführung von Personalentwicklungsmaßnahmen gibt es u.a. hinsichtlich der zu vermittelnden Inhalte Unterschiede. Von Personaldienstleistern selbst oder in Zusammenarbeit mit anderen Personaldienstleistern oder freien Trainern durchgeführte Personalentwicklungsmaßnahmen umfassen vor allen Dingen Themen wie Präsentationstechniken, betriebswirtschaftliche Grundlagen, Fremdsprachenkenntnisse, aktuelle Trends und Entwicklungen im Berufsbild bspw. im Bereich Controlling (Balanced Scorecard, Customer Relationship Management), Selbstführung, Verhandlungstraining, Konfliktmanagement, Projektmanagement, Arbeitsrecht, Zeit- und Selbstmanagement etc. Es handelt sich hierbei primär um die Vermittlung überfachlicher, z.T. auch unternehmensunspezifischer Qualifikationen.

Personalentwicklung im Bereich des Einsatzes einer neuen, für das Unternehmen konzipierten Maschine oder Software wird von den Herstellern dieser Produkte selbst durchgeführt.[513]

Inhalte, für die in dieser Arbeit angenommen wird, dass sie in stärkerem Maße Betriebsspezifika vermitteln oder bei denen es direkt um die Vermittlung von Wissen geht, welches nur im Arbeitsprozess erworben werden kann, werden häufig durch Coaching-Maßnahmen oder andere begleitende Maßnahmen durch externe Personaldienstleister unterstützt,[514] aber eher nicht vom externen Personaldienstleister selbst durchgeführt.

Die Mehrzahl der Anbieter offeriert den nachfragenden Unternehmen darüber hinaus die Evaluation der durchgeführten Personalentwicklungsmaßnahmen.

Insgesamt kann auch für diese personalwirtschaftliche Funktion auf Basis der vorliegenden Informationen festgehalten werden, dass die formulierten Überlegungen zur Auslagerung der personalwirtschaftlichen Funktion der Personalentwicklung vom vorliegenden qualitativen Datenmaterial im Wesentlichen gestützt werden.

---

[513] Vgl. Hölterhoff, H./Becker, M. (1986), S. 184.
[514] Siehe hierzu auch die Argumentation von Thomas, D. (2005), der darauf hinweist, dass für eine Personalentwicklung, die stark von der Kultur des Unternehmens abhängt oder auch strategisch bedeutsame Kompetenzen fokussiert, eine Planung, aber auch Durchführung von Maßnahmen in enger Kooperation zwischen Unternehmen und Personaldienstleister erfolgt und in diesem Bereich der Outsourcinggrad minimal ist. Vgl. Thomas, D. (2005), S. 55.

8.2.1.3 Verhaltens- und Handlungssteuerung (Personalführung)

Ausgehend von den Überlegungen im Kapitel 7.4 zur Frage, welche einzelnen personalwirtschaftlichen Teilaufgaben im Bereich der Personalführung ausgelagert werden können, kann aus der Wissensperspektive die Konzeption verschiedener Personalführungsinstrumente ausgelagert werden.[515] Eine enge Zusammenarbeit mit dem Unternehmen ist aber insbesondere dann erforderlich, wenn im Rahmen der Konzeption Kriterien festgelegt werden, für die eine eindeutige Definition problematisch ist, weil bspw. die zu beurteilenden Eigenschaften und deren gewünschte Soll-Ausprägung nur mittels Beobachtung formuliert werden können und damit auf der Interpretation beobachteter Sachverhalte beruht sowie wenn unklare Ursache-Wirkungs-Zusammenhänge zwischen Beobachtung und zu evaluierendem Kriterium vorliegen. Daher kann insbesondere die inhaltliche Definition der zu bewertenden Kriterien eine enge Zusammenarbeit zwischen Dienstleister und Unternehmen oder die vollständig interne Erbringung dieser Aufgabe durch das Unternehmen notwendig machen.

Dies kann auch für die Aufgabe der Implementation verschiedener Personalführungsinstrumente zutreffen. Die Vorbereitung der Akteure im Unternehmen auf die Nutzung von Führungsinstrumenten in Form von Schulungen in Gesprächstechniken und Konfliktlösungsstrategien kann vom externen Dienstleister übernommen werden.

Aus der Wissensperspektive kann die Durchführung der Beurteilung im Rahmen der Personalführung häufig aufgrund ihrer Komplexität nicht an einen externen Dienstleister fremdvergeben werden. Ausnahmen bestehen bei der Beurteilung, ob bestimmte objektive Zielkriterien wie bspw. ex ante definierte Umsätze erreicht oder Ausschussquoten um einen bestimmten Prozentsatz gesenkt wurden. Umfasst der Einsatz von Personalführungsinstrumenten die Beurteilung oder Einschätzung von Arbeitnehmern, so sollte diese in Abhängigkeit von zu bewertenden Kriterien im Unternehmen verbleiben.

8.2.1.3.1 Empirische Studien

In der Studie von Borg (2003) wird die Personalbeurteilung als ein Bestandteil der personalwirtschaftlichen Funktion der Verhaltens- und Handlungssteuerung explizit beleuchtet. So führt Borg aus, dass die „[...] most interviewed HR executives [...]

---
[515] Siehe hierzu die Überlegungen von Kühlmann, T. et al. (1994), S. 18.

agreed that core activities such as [...] performance appraisal should be retained in-house. [...] This is because companies find them critical to business success [...] the key to maintaining a company's corporate culture, and needed to preserve the company's 'personal touch'. [...]"[516] Zum gleichen Ergebnis kommt auch die Studie der American Management Association (1997).

Die Aufgabe der Personalbeurteilung wird von den von Borg befragten Experten kritisch im Hinblick auf den Erhalt der Unternehmenskultur gesehen, da sie einen zentralen Beitrag hierfür leistet. Der Beitrag der Personalbeurteilung liegt hierbei darin, eine Bewertung der Organisationsmitglieder im Hinblick auf die Werte und Normen der Organisation durchzuführen, um hieraus ggf. auch Entwicklungsbedarf abzuleiten. Dies setzt voraus, dass zu beurteilende Kriterien im Hinblick auf die Unternehmenskultur definiert, aber auch wahrgenommen und interpretiert werden, was z.t. bewusst aber auch unbewusst erfolgt. Legt man Scheins Schichtenmodell[517] der Unternehmenskultur zugrunde, in welchem er ausführt, dass diese Schichten zu einem unterschiedlichen Grad bewusst wahrnehmbar sowie verbalisierbar sind, so ist auch die Ableitung von Kriterien, deren Wahrnehmung und Interpretation, wenn sie stark auf unternehmenskulturellen Vorstellungen beruhen, zu einem unterschiedlichen Grad für Dritte nachvollziehbar. Um die Unternehmenskultur zu bewahren bzw. zu verwirklichen, ist aber eine entsprechende Definition und Interpretation der Kriterien notwendig. Entsprechend müssten bei einer Auslagerung dieser Aufgabe auch die Inhalte aller Kontextschichten an den externen Dienstleister übertragen werden, um z.B. Kriterien abzuleiten oder auch um eine Bewertung durchzuführen.

Bei der Auslagerung dieser Aufgabe müssten diese Wissensbestandteile transferiert werden, was unterschiedliche hohe Wissenstransferkosten verursacht. Eine Auslagerung der Personalbeurteilung ist daher nicht in jedem Fall zielführend und effizient.

Demgegenüber, so die Studie der American Management Association (1997), kann die Entwicklung von Vergütungsprogrammen sowie das Training im Bereich von Vergütungssystemen für das Management oder Führungskräfte ausgelagert werden.[518] Diesen Aussagen stehen die Expertenaussagen der Studie von Borg (2003) entgegen. Hierin vertreten viele Experten die Meinung, dass sie die Konzeption von Vergü-

---

[516] Borg, H. (2003), S. 30.
[517] Vgl. Schein, E.H. (1995), S. 30.
[518] Vgl. AMA (1997) zitiert nach Cook, M.F. (1999), S. 11.

tungssystemen sowie die Anpassung von Vergütungssystemen nicht auslagern würden.[519] Eine Begründung hierfür fehlt jedoch.

8.2.1.3.2 Experteninterviews

- keine Aussagen vorhanden -

8.2.1.3.3 Angebotsportfolios

Zur Frage, welche personalwirtschaftlichen Teilaufgaben der Personalführung[520] ausgelagert werden können, wurden die Angebotsportfolios von ausgewählten Personaldienstleistern untersucht. Der Kreis der im Bereich Personalführung tätigen Personaldienstleister beschränkt sich im Wesentlichen auf Unternehmensberatungen im Bereich Human Resources sowie Personaldienstleister, die eine vollständig externe Erbringung der Personalarbeit eines Unternehmens anbieten.

Alle im Rahmen dieser Arbeit analysierten Anbieter von Dienstleistungen im Bereich Personalführung bieten den Nachfragern die Entwicklung unterschiedlicher Personalführungsinstrumente und Personalführungssysteme an. Hierzu gehört u.a. die Konzeption von Zielvereinbarungs-, Vergütungs- und Arbeitszeitmodellen sowie Personalbeurteilungssystemen.

Des Weiteren wird von externen Personaldienstleistern die Erbringung vorbereitender Maßnahmen für die Konzeption von Modellen wie die Erstellung von positionsspezifischen Soll-Profilen und Soll-Anforderungen übernommen. Für diese vorbereitenden Aufgaben geben die betrachteten Anbieter an, dass hierbei sehr eng mit den Unternehmen zusammengearbeitet wird, wobei der Prozess bspw. der Formulierung von Soll-Anforderungen vom Personaldienstleister lediglich moderierend begleitet wird. Ein Anbieter weist explizit darauf hin, dass im Hinblick auf die Erstellung von Personalbeurteilungskonzepten nur gemeinsam mit dem Unternehmen ein Katalog von Bewertungskriterien erarbeitet werden kann.

---

[519] Vgl. Borg, H. (2003), S. 30.
[520] Es wurde bereits im Kapitel 7.4 darauf hingewiesen, dass Aspekte der interaktiven Personalführung an dieser Stelle ausgeblendet werden. Diese Aufgaben könnten u.a. auch von Zeitarbeitnehmern und Interimsmanagern wahrgenommen werden.

Die Aufgabe der Implementation von Personalführungskonzepten wird nicht vollständig durch externe Dienstleister übernommen. Vielmehr führen diese hierbei planende, beratende, moderierende Aufgaben oder Aufgaben im Bereich der Schulung der Anwender dieser Systeme, also der Führungskräfte und Mitarbeiter, aus. Hierzu gehört u.a. das Angebot von Trainings und Coachings für Führungskräfte bei der Umsetzung von Vergütungs- und Beurteilungskonzepten wie z.b. die Unterstützung bei der Formulierung von Zielvereinbarungen sowie bei der Moderation und Mediation bei der Einführung von Personalführungskonzepten auf der Ebene der Mitarbeiter oder den betrieblichen Mitbestimmungsgremien.

Im Hinblick auf die Durchführung einer Mitarbeiterbeurteilung als einer Form eines Personalführungsinstrumentes weist ein Anbieter im Rahmen der Portfoliodarstellung explizit darauf hin, dass diese i.d.R. in einem persönlichen Gespräch zwischen Mitarbeiter und Führungskraft erfolgt, wobei dabei häufig auf einen von einem Personaldienstleister entwickelten standardisierten Beurteilungsbogen zurückgegriffen wird. Zum Angebot der Personaldienstleister gehören darüber hinaus auch eine Evaluation der Konzepte und die Umsetzung notwendiger Veränderungen der erstellten Konzepte.

Auch für diese personalwirtschaftliche Funktion kann festgehalten werden, dass die hier formulierten theoretischen Zusammenhänge für die personalwirtschaftliche Funktion der Personalführung vom vorliegenden qualitativen Datenmaterial in weiten Teilen gestützt werden.

8.2.1.4 Personalfreisetzung

Hinsichtlich der Frage nach der Externalisierung dieser personalwirtschaftlichen Funktion unter Wissensaspekten wurden für die einzelnen Teilfunktionen unterschiedliche Aussagen getroffen.
Die Feststellung des Freisetzungsbedarfes kann in Abhängigkeit von Freisetzungsursachen ausgelagert werden. Die Komplexität dieser Aufgabe schwankt in Abhängigkeit von der Freisetzungsursache. So ist z.B. bei verhaltensbedingten Kündigungen der Freisetzungsbedarf für einen Externen schwer zu bestimmen.

Unter Wissenstransferaspekten kann die Beratung über verschiedene Freisetzungsmöglichkeiten, deren Voraussetzungen und deren Vor- und Nachteile durch einen externen Personaldienstleister vorgenommen werden.[521] Die Entscheidungsfindung selbst und damit die Prüfung relevanter Alternativen stützt sich aber nicht ausschließlich auf explizite Wissensbestandteile. Daher kann an dieser Stelle der Einsatz von Experten aus dem Unternehmen vorteilhaft sein. Diese Aufgabe kann daher nur begrenzt von einem Personaldienstleister erbracht werden. Gründe hierfür können u.a. die bessere Kenntnis von Kommunikationsstrukturen und Handlungsstrukturen im Bereich der Betriebsratsarbeit oder der Zusammenarbeit mit dem Betriebsrat sein. Dies kann dazu führen, dass im Bereich der Auswahl geeigneter Personalfreisetzungsformen den externen Dienstleistern lediglich eine beratende Funktion zukommt und weniger eine durchführende Funktion. Diese Aufgabe kann deshalb nur begrenzt von einem Personaldienstleister erbracht werden.

Die Durchführung von Maßnahmen der Personalfreisetzung ist häufig aufgrund gesetzlicher Regelungen an bestimmte Akteure gebunden, die entsprechende Maßnahmen ergreifen können. Daher kann diese Aufgabe aufgrund der Bindung an bestimmte Akteure nicht vollständig extern erbracht bzw. delegiert werden. Für diese Aufgabe ist von Seiten externer Dienstleister eine arbeitsrechtliche Beratung und Begleitung des Freisetzungsprozesses, bspw. in Form eines Outplacements,[522] möglich.

8.2.1.4.1 Empirische Studien

In einer Untersuchung des Washingtoner Bureau of National Affairs im Jahr 2005 wurde die Personalfreisetzung als eine häufig ausgelagerte personalwirtschaftliche Funktion identifiziert.[523] Nicht deutlich wird aber in dieser Untersuchung, welche Aufgaben mit der Personalfreisetzung konkret verbunden sind.

---

[521] Vgl. hierzu Kühlmann, T. et al. (1994), S. 8.
[522] Inhaltlich weisen Aufgaben, die im Rahmen eines Outplacements anfallen, einen starken Zusammenhang zu Maßnahmen der Personalentwicklung auf. Es geht hier vor allen Dingen um die Aktivierung und Entwicklung allgemeiner Qualifikationen, die in Form von Weiterbildungsmaßnahmen vermittelt werden können.
[523] Vgl. BNA (2005).

Die Daten der Manufacturers' Alliance (1996) zeigen, dass die Personalfreisetzung nur in Teilen ausgelagert wird. So gaben 21% der Unternehmen an, zumindest einige Aspekte der Prozessbegleitung an externe Dienstleister fremd zu vergeben.[524] Diese empirischen Ergebnisse aus den USA sind vor dem Hintergrund der dortigen gesetzlichen Bestimmungen im Bereich des Arbeitsrechts zu bewerten. Eine teilweise Auslagerung kann daraus resultieren, dass in den USA zwar jede Partei ein unbefristetes Arbeitsverhältnis jederzeit – aus „gutem" Grund aber auch ohne Grund – kündigen kann. Eine Kündigung aus gutem Grund ist aber an bestimmte Voraussetzungen wie Pflichtverletzungen des Arbeitnehmers, fehlende Leistungsfähigkeit des Arbeitnehmers und den Wegfall von Arbeitsplätzen aufgrund einer unternehmerischen Entscheidung gebunden.[525] Die Feststellung dieser Tatbestände ist zu einem unterschiedlichen Grad delegierbar. Die Feststellung eines Freisetzungsbedarfes kann daher auch in den USA eine Aufgabe sein, die mit einer geringeren Wahrscheinlichkeit ausgelagert wird.

Das im Vergleich zu Deutschland eher geringe Niveau von gesetzlichen Vorschriften zu Kündigungen in den USA und die fehlende Bindung von Aufgaben der Personalfreisetzung an bestimmte Akteure, kann andererseits die Möglichkeiten und die Wahrscheinlichkeit der Delegation weiterer Aufgaben i.R. der Personalfreisetzung verbessern.

Die Abwesenheit von Betriebsräten und einer spezialisierten Arbeitsgerichtsbarkeit in den USA kann dazu führen, dass bestimmte betriebliche Erfordernisse wie Besonderheiten in der Zusammenarbeit mit dem Betriebsrat und deren Befindlichkeiten nicht berücksichtigt werden müssen, was die Komplexität der Aufgabe positiv beeinflussen kann.

Andere vorliegende Studien stellen i.d.R. nur auf einen Teilbereich der Personalfreisetzung ab. Intensiv wird hier die Nachfrage nach Outplacement betrachtet. Diese begleitenden und beratenden Aufgaben im Rahmen der Personalfreisetzung werden primär extern nachgefragt. 71% der in einer Umfrage der Manufacturers' Alliance befragten amerikanischen Unternehmen gaben an, dass sie die Begleitung von Entlassungen in Form von Outplacement vollständig an externe Dienstleister vergeben. Eine primär extern nachgefragte Begleitung der Personalfreisetzung mittels Outplacement zeigt auch die Studie der American Management Association.[526]

---

[524] Vgl. Bassi, L.J./Cheney, S./Van Buren, M. (1997), S. 52 und Manufacturers' Alliance (1996).
[525] Vgl. Kirstein, R./Kittner, M./Schmidtchen, D. (2000), S. 6.
[526] Vgl. AMA (1997) zitiert nach Cook, M.F. (1999), S. 12.

8.2.1.4.2 Experteninterviews

- keine Aussagen vorhanden -

8.2.1.4.3 Angebotsportfolios

Für die personalwirtschaftliche Funktion der Personalfreisetzung wurden die Angebotsportfolios einer Gruppe heterogener Anbieter analysiert. Hierzu gehören Dienstleister, die arbeitsrechtliche Beratung anbieten[527], Unternehmensberatungen im Bereich Human Resources[528] sowie Outplacementberatungsgesellschaften, die eine Beratungsdienstleistung im Rahmen der Entlassung von einem oder mehreren Mitarbeitern anbieten.

Unternehmensberatungen im HR-Bereich bieten den Unternehmen die Vorbereitung, Begleitung, Beratung und Unterstützung im Rahmen der Personalfreisetzung an. Hierzu kann zunächst die Übernahme der Feststellung und Bestimmung eines Personalfreisetzungsbedarfes gehören. Unternehmensberatungen übernehmen auch die sich daran anschließenden Aufgaben, wie die Beratung des Unternehmens hinsichtlich verschiedener Alternativen der Personalfreisetzung.

Die Dienstleistungen von Outplacementberatern setzten im Gegensatz zur Unternehmensberatung bei einer bestimmten Form der Personalfreisetzung, nämlich der Entlassung einzelner Mitarbeiter oder Gruppen von Mitarbeitern an. Outplacementberater übernehmen zunächst beratende Aufgaben i.S. der Auslotung der Möglichkeiten für ein Outplacement und der Frage, wie eine Outplacementberatung konkret ausgestaltet werden kann. Hierzu gehört auch die Vorbereitung der Personalverantwortlichen auf das Trennungsgespräch im Rahmen von Seminaren und Einzelgesprächen, die der externe Personaldienstleister durchführt. Er steht den Personalverantwortlichen hierbei als Coach zur Verfügung, ist häufig auch bei dem Trennungsgespräch anwesend.

Entscheiden sich das Unternehmen und der oder die Mitarbeiter für eine Begleitung des Personalfreisetzungsprozesses durch einen externen Dienstleister, so analysiert

---

[527] Dies kann zum einem durch Unternehmensberatungen erfolgen aber auch durch Rechtsanwälte und damit Dienstleister, die nicht als Personaldienstleister am Markt in Erscheinung treten.
[528] Unternehmensberatungen im HR-Bereich bieten u.a. die Feststellung des Personalfreisetzungsbedarfes, eine Beratung über Alternativen der Personalfreisetzung und die Durchführung von Outplacements an.

dieser die berufliche und persönliche Situation des/der Gekündigten. Anschließend trainieren und betreuen die Personaldienstleister die Betroffenen häufig so lange, bis diese einen neuen Arbeitsplatz gefunden oder sich selbständig gemacht haben. Damit handelt es sich bei entsprechenden Maßnahmen, die von verschiedenen Personaldienstleistern erbracht werden können, primär um flankierende Maßnahmen, die die Trennung von einem oder mehreren Mitarbeitern begleiten.

Dienstleister, die die Übernahme administrativer Aufgaben im Personalbereich anbieten sowie betrachtete Komplettanbieter von Personaldienstleistungen, offerieren den Unternehmen Dienstleistungen, die stärker die administrative Abwicklung einer Personalfreisetzung betonen. Hierzu gehört die Erstellung von Arbeitszeugnissen auf Grundlage von Informationen aus dem Unternehmen sowie die Abwicklung der Formalitäten bei Personalaustritt und die Pflege der Personalakten.

Auch für diese personalwirtschaftliche Funktion kann festgehalten werden, dass die hier formulierten theoretischen Zusammenhänge für die Personalfreisetzung vom vorliegenden qualitativen Datenmaterial in großen Teilen gestützt werden.

8.2.1.5 Personaladministration

Die Personaladministration zeichnet sich durch einen hohen Routinisierungsgrad und eine starke Abhängigkeit von Gesetzen und Verordnungen aus. Hinsichtlich ihres Komplexitätsgrades wurde im vorangegangen Kapitel argumentiert, dass diese personalwirtschaftliche Funktion nur wenig komplex, einfach strukturiert und standardisierbar ist.[529] Unter Wissensaspekten kann diese Aufgabe vollständig ausgelagert werden.

8.2.1.5.1 Empirische Studien

Personalwirtschaftliche Aufgaben der Personalverwaltung bilden häufig das erste Feld im Rahmen der betrieblichen Personalarbeit, welches durch Nachfrager exter-

---

[529] Vgl. Byström, K./Järvelin, K. (1995), S. 7 sowie Freitag, M. (1998), S. 57.

nen Dienstleistern zugänglich gemacht wird. Hiermit ist insbesondere auch die Auslagerung der Lohn- und Gehaltsabrechnung angesprochen.[530]
Zu einer ähnlichen Einschätzung kommt Borg, der darauf hinweist, dass „[...] specific HR processes such as payroll [...] have been partially or fully outsourced for many years. HR outsourcing started with recordkeeping. [...]"[531] Lever stellt in seiner Untersuchung bei 500 amerikanischen Unternehmen mit Outsourcingerfahrung fest, dass die Lohn- und Gehaltsabrechnung die am meisten ausgelagerte personalwirtschaftliche Funktion ist. 75 Prozent der befragten Organisationen haben diese personalwirtschaftliche Aufgabe ausgelagert.[532]
Im Bereich der Abwicklung der Lohn- und Gehaltsabrechnung weist die Studie der American Management Association ähnliche Ergebnisse aus. Im Gegensatz zu den Ergebnissen von Borg werden für ausgewählte administrive Bereiche in der Studie der American Management Association aber andere Aussagen getroffen. Diese Studie der AMA zeigt als Ergebnis der Befragung der Mitgliedsunternehmen, dass insbesondere „[...] personnel record keeping and maintenance of on-site personnel files [...]"[533] als personalwirtschaftliche Aufgaben intern erbracht werden sollten. Als Gründe werden hierbei Aspekte der Geheimhaltung und Sensitivität dieser Informationen genannt.

8.2.1.5.2 Experteninterviews

Die Auswertung der Experteninterviews im Hinblick auf die hier betrachtete Hypothese liefert ein recht homogenes Antwortbild.
Anbieter A16 bezeichnet diese Gruppe von Anbietern als klassische Personalservice-Dienstleister.[534]
Neben der Lohn- und Gehaltsabrechnung lagern die interviewten Nachfrager weitere Hilfsprozesse aus oder denken darüber nach, entsprechende Aufgaben auszulagern,[535] wie das nachfolgende Zitat zeigt.

---

[530] Vgl. TDS (2005), S. 18.
[531] Vgl. Borg, H. (2003), S. 18.
[532] Vgl. Lever, S. (1997), S. 42.
[533] AMA (1997) zitiert nach Cook, M.F. (1999), S. 13.
[534] Vgl. hierzu das Experteninterview von Anbieter A16.
[535] Vgl. hierzu die Experteninterviews von Nachfrager N1, N3 und N14.

„[...] Je einfacher, je schematisierter, je formalistischer Vorgänge zu bearbeiten sind, umso leichter kann man sie outsourcen. Eine Lohn- und Gehaltsabrechnung, die bedarf keiner sehr individuellen Betreuung, da muss ich die einschlägigen gesetzlichen Bestimmungen kennen, muss wissen, wohin Abgaben zu leisten sind usw. und muss den Algorithmus kennen, wie so eine Lohn- und Gehaltsabrechnung dem Mitarbeiter gegenüber aufgestellt sein muss. Da muss ich mich ja nicht individuell mit dem Mitarbeiter auseinandersetzen. Also da ist der Schritt, das nach Außen zu vergeben, relativ klein. [...]" (V5, 92-93)

„[...] Im Moment [ist] es die Lohn- und Gehaltsabrechnung, die ist sehr stabil und [läuft] sehr autark. Da sind die Prozesse auch ganz klar strukturiert. [...]" (A5, 11)

„[...] Eine Gehaltsabrechnung ist einfach nur eine standardisierte Aufgabe, da kann auch ein Externer sitzen [...] und das tun. [...]" (N1, 89)

8.2.1.5.3 Angebotsportfolios

Betrachtet man zunächst die Anbieter dieser personalwirtschaftlichen Aufgaben, so offerieren sowohl Komplettanbieter aber auch Personaldienstleister, die sich direkt auf die Lohn- und Gehaltsabrechnung sowie die Abwicklung administrativer Prozesse spezialisiert haben, die Übernahme entsprechender Aufgaben. Administrative Aufgaben wie die Lohn- und Gehaltsabrechnung werden auch von Zeitarbeitsunternehmen, aber nur für die angestellten Zeitarbeitnehmer, übernommen.

Das Angebot dieser Personaldienstleister umfasst häufig folgende Leistungen: Führung der Personalakten (Pflege, Archivierung), Arbeitsvertragsgestaltung, Übernahme der Einstellungs- und Austrittsformalitäten, Zeugniserstellung, arbeitsrechtliche Beratung, Stamm- und Lohndatenerfassung, Lohn- und Gehaltsabrechnung, Entgeltbestätigung, Unterstützung bei statistischen Erhebungen, Bewerbermanagement und Ausschreibungsmanagement. Hinzu können darüber hinaus Bescheinigungswesen, Pensionsabrechnung, Datenverwaltung, Dokumentation der Personalentwicklung, von Zielvereinbarungen und Mitarbeitergesprächen sowie die Zeiterfassung kommen.

Auch für diese personalwirtschaftliche Funktion kann festgehalten werden, dass die hier formulierten theoretischen Zusammenhänge für die personalwirtschaftliche Funktion der Personaladministration vom vorliegenden qualitativen Datenmaterial im Wesentlichen gestützt werden.

Für die einzelnen personalwirtschaftlichen Funktionen kann daher insgesamt festgehalten werden, dass die theoretisch abgeleiteten Zusammenhänge im Wesentlichen vom ausgewerteten empirischen Material gestützt werden. Auf Basis dieser Einzelergebnisse zu den einzelnen personalwirtschaftlichen Aufgaben wird die Arbeitshypothese H1 an dieser Stelle nicht modifiziert. Diese Einschätzung ist vor dem Hintergrund der Tatsache zu bewerten, dass in den existierenden und hier zitierten Studien häufig keine Hinweise darauf enthalten sind bzw. nicht deutlich wird, warum entsprechende Aufgaben ausgelagert werden. D.h. es gibt keine oder nur wenig Hinweise auf Gründe und damit auch auf Wissenstransferkosten als möglichen Einflussfaktor. Damit kann hier lediglich im Hinblick auf die Plausibilität von Zusammenhängen argumentiert werden, die mittels der Daten beobachtet wurden und sich entsprechend der Beobachtung auch mit Wissenstransferkosten erklären lassen.

8.2.2 Arbeitshypothese H2 - Nachfrage nach Personaldienstleistungen in Abhängigkeit von der Unternehmensgröße

In der Arbeitshypothese H2 wurde folgender theoretisch abgeleiteter Zusammenhang formuliert:

H2: Mit zunehmender Unternehmensgröße steigt c.p. die Wahrscheinlichkcit dor Auslagerung von Personal(Teil-)funktionen.

8.2.2.1 Empirische Studien

Betrachtet man im Hinblick auf diese Arbeitshypothese zunächst den Stand der Literatur, so findet man verschiedene Argumente, die eine Begründung für einen der Arbeitshypothese gegenläufigen Zusammenhang liefern. In der Literatur[536] wird argumentiert, dass die Ressourcenausstattung kleiner und mittlerer Unternehmen im Ver-

---
[536] Vgl. hierzu auch die empirischen Arbeiten von Weber, W./Kabst, R. (2001).

gleich zu großen Unternehmen geringer ist und kleine Unternehmen aus diesem Grund auf externe Ressourcen angewiesen sind.[537]

Empirische Studien, die die Nachfrage nach Personaldienstleistungen in Abhängigkeit von der Unternehmensgröße untersuchen, kommen zu unterschiedlichen Ergebnissen. In einer empirischen Untersuchung bestätigen Hendrix/Abendroth/Wachtler (2003) die Überlegungen in der Literatur und zeigen weiter, dass Kleinbetriebe mit 5-19 Beschäftigten einen überdurchschnittlichen Anteil (> 1/3) an der Nachfrage nach Personaldienstleistungen haben.[538] Sie geben an, dass Großbetriebe stärker ihre internen Kompetenzen ausschöpfen.[539]

Auch die Ergebnisse einer Studie von Deloitte & Touche (2005) fügen sich in diese Argumentation ein. So stimmten 48% der Teilnehmer der Interviews ganz oder teilweise zu, dass nur wenige Dienstleister größere Größenvorteile erzielen können als große Unternehmen. Weiter erklärten sich 43% der Teilnehmer der Untersuchung mit der Aussage einverstanden, dass „[...] large, well-run companies have resources, both technical and managerial, to efficiently run outsourced functions themselves [...]"[540].

In die gleiche Richtung weisen die Ergebnisse einer Studie von Kühlmann et al. (1994). Als Resultat dieser Studie kann festgehalten werden, dass befragt nach dem Gesamtumfang der Auslagerung gemessen am mengenmäßigen und zeitlichen Arbeitsanfall in der Personalabteilung, Outsourcing-Aktivitäten in klein- und mittelständischen Unternehmen mit mehr als 27% des Arbeitsanfalles im Personalbereich ein vergleichsweise höheres Gewicht als in Großunternehmen mit durchschnittlich 15% haben.[541]

Weiter konnten Greer/Youngblood/Gray (1998) als Ergebnis ihrer Experteninterviews zeigen, dass sich der Outsourcinggrad zwischen kleinen und großen Unternehmen unterscheidet mit einer leicht positiven, aber nicht signifikanten, Tendenz zu kleinen Unternehmen. Als einen moderierenden Faktor für diese Beobachtung sehen die von

---

[537] Vgl. hierzu z.B. Sertl, W./Andeßner, R.C. (1995), S. 158.
[538] Vgl. Hendrix, U./Abendroth, C./Wachtler, G. (2003), S. 64.
[539] Vgl. Hendrix, U./Wachtler, G. (2004), S. 109.
[540] Vgl. Deloitte & Touche (2005), S. 15.
[541] Vgl. Kühlmann, T.M./Städler, A./Stahl, G.K. (1994), S. 11.

den Autoren befragten Experten, dass kleine Unternehmen häufig einen relativ unterentwickelten Personalbereich haben.[542] Auch die Ergebnisse einer Studie der American Management Association (1997) bestätigen die Resultate anderer Untersuchungen zur Unternehmensgröße als outsourcingrelevanten unternehmensspezifischen Faktor: „[...] Smaller companies are more likely to outsource than larger ones (81% of companies employing fewer than 500 workers; compared with 69% of all others). [...]"[543]

Diesen Studien gemeinsam ist, dass die Auslagerung von Aufgaben mit der im Vergleich zu großen Unternehmen bei KMU geringeren Ressourcenbasis im Bereich der Personalarbeit begründet wird. Hinter den Ergebnissen steht damit ein Ressourcenargument und nicht Aspekte der Wissenstransferkosten.

Diesen Ergebnissen müssen die Resultate anderer empirischer Studien gegenübergestellt werden.

So konnte für IT-Dienstleistungen in einer Untersuchung durch das ZEW gezeigt werden, dass mit zunehmender Unternehmensgröße der Anteil an Unternehmen steigt, die IT-Dienstleistungen auslagern.[544]

Für Leiharbeit konnte Promberger (2006) auf Basis des IAB-Betriebspanels zeigen, dass Leiharbeit ein Großbetriebsphänomen ist. Betrachtet man den Verbreitungsgrad von Leiharbeit nach der Größe der Unternehmen, so stellt man fest, dass in 1,2% der Kleinbetriebe aber in 33% der Großbetriebe mit mindestens 500 Beschäftigten zum Stichtag 30.6.2003 Leiharbeit eingesetzt wurde.[545]

Auf Basis einer telefonischen Unternehmensbefragung im Jahr 2006 konnten Alewell et al. (2007) ebenfalls eine größenabhängige Nachfrage nach Personaldienstleistungen zeigen. Deutlich wird anhand dieser Ergebnisse, dass der Anteil der Unternehmen, die mindestens eine Personaldienstleistung nutzen, mit der Größenklasse der Unternehmen steigt. Nutzen nur 68% der Unternehmen mit weniger als 20 Mitarbeitern mindestens eine Personaldienstleistung, so sind es bei den Unternehmen mit mindestens 500 Mitarbeitern 96,5%.[546] Der empirische Befund einer intensiveren Nutzung von Personaldienstleistungen durch größere Unternehmen zeigt sich auch, wenn man in Abhängigkeit von der Unternehmensgröße untersucht, wie viele Perso-

---

[542] Vgl. Greer, C.R./Youngblood, S.A./Gray, D.A. (1999).
[543] AMA (1997) zitiert nach Cook, M.F. (1999), S. 10.
[544] Vgl. ZEW (2006), www.zew.de (Abrufdatum 12.04.2007).
[545] Vgl. Promberger, M. (2006), S. 59.
[546] Vgl. Alewell, D./Bähring, K./Canis, A./Hauff, S./Thommes, K. (2007), S. 5f.

naldienstleistungen die Unternehmen jeweils in Kombination miteinander nutzen. 22,3% der Kleinstunternehmen mit bis zu 20 Mitarbeitern nutzen nur eine Personaldienstleistung. Bei den Großunternehmen mit mindestens 500 Mitarbeitern beträgt dieser Anteil nur 1,2%. Die gleichzeitige Nutzung von fünf oder mehr Personaldienstleistungen konnte empirisch für 6,7% der Kleinstunternehmen und für 48,2% der Großunternehmen gezeigt werden. Überwiegend gilt dieser Befund auch auf der Ebene der einzelnen Personaldienstleistungen. Die Lohn- und Gehaltsabrechnung sowie die vollständige Auslagerung aller personalwirtschaftlicher Aufgaben aus dem Unternehmen, die jeweils von kleineren und mittleren Unternehmen zu höheren Anteilen als von großen Unternehmen genutzt werden, stellen Ausnahmen des ansonsten durchgängigen Befundes, dass mit der Größenklasse der Unternehmen auch jeweils der Anteil der Nutzer der jeweiligen Dienstleistung an allen Unternehmen der jeweiligen Größenklasse steigt, dar. Auf der Ebene deskriptiver Daten wird von Alewell et al. argumentiert, dass mit der Größe des Unternehmens auch die Wahrscheinlichkeit, dass ein Unternehmen Personaldienstleistungen nutzt und dass ein Unternehmen mehr als eine Personaldienstleistung nutzt, steigt.[547] Die deskriptiven Befunde hinsichtlich der Größe eines Unternehmens bestätigen sich auch im Rahmen multivariater Modellschätzungen. Hierbei wird deutlich, dass die Unternehmensgröße einen durchgehend positiven und signifikanten Einfluss auf die Nutzung von mindestens einer, aber auch der meisten einzelnen Personaldienstleistungen hat. Hiernach weisen größere Unternehmen ein größeres Chancenverhältnis auf die Nutzung von Personaldienstleistungen auf als kleinere Unternehmen. Ausnahmen bilden wie in den deskriptiven Daten bereits sichtbar, die Lohn- und Gehaltsabrechnung sowie die vollständige Auslagerung der personalwirtschaftlichen Aufgaben. Für diese Dienstleistungsarten zeigt der Größeneffekt eher in die andere Richtung. Die Ergebnisse zu diesem Effekt sind jedoch nur schwach oder gar nicht signifikant.[548]

8.2.2.2 Experteninterviews

Ähnlich wie die zitierten Ergebnisse ausgewählter Studien berichten die befragten Experten über die Relevanz von Größenaspekten bei der Frage nach einem Outsourcing von Personalfunktionen, wie folgende Zitate zeigen:

---

[547] Vgl. Alewell, D./Bähring, K./Canis, A./Hauff, S./Thommes, K. (2007), S. 5f.
[548] Vgl. Alewell, D./Bähring, K./Canis, A./Hauff, S./Thommes, K. (2007), S. 5f.

„[...] Großunternehmen, die haben ihre Personalabteilung, sehr große Unternehmen haben natürlich spezialisierte Personalabteilungen, die sich um die Rekrutierung [...] kümmern. Die sind natürlich sehr gut organisiert, die bedienen sich in der Regel eines Personaldienstleisters im Bereich der Beschaffung nur dann wieder bei den Highpotentials. [...]" (V1, 15)

„[...] macht Outsourcing im Personalbereich aus wirtschaftlichen Gründen Sinn oder macht es keinen Sinn. Ich meine, [...] es ist abhängig von der Betriebsgröße, dass das Sinn macht. Es macht sicherlich meines Erachtens keinen Sinn, wenn ich eine Betriebsgröße von 500 oder größer habe, vielleicht liegt da die Grenze schon weiter drunter. Da drüber denke ich nicht tiefer nach, weil ich weiß, dass bei einer Betriebsgröße, wo wir sind, kleiner 200, es auf alle Fälle günstiger ist, wenn ein Personaldienstleister das Spektrum anbietet. [...]" (N7, 17)

Diese Expertenaussagen, die u.a. über Spezialisierungsvorteile von Großunternehmen argumentieren, widersprechen damit der aufgestellten Arbeitshypothese. Im Kreis der befragten Experten finden sich andererseits aber auch Aussagen, die die Plausibilität des aufgestellten Zusammenhangs, insbesondere auch in Bezug auf ausgewählte Personaldienstleistungen, bestätigen, wie folgende Zitate zeigen:

„[...] es arbeiten weniger die kleinen Firmen mit Leiharbeit, sondern mehr die Großen. [...]" (N12, 23)

„[...] weil für die Großunternehmen ist es mittlerweile ein normales Instrument. Also ich würde einfach behaupten, es gibt keine Firma über 500 Mitarbeiter, die nicht irgendwann regelmäßig oder unregelmäßig an der einen oder anderen Stelle mal einen Mitarbeiter von einer Zeitarbeitsfirma einsetzt. [...]" (N12, 42)

„[...] In internationalen Konzernen ist das eine Selbstverständlichkeit, also da wird es schon vorgelebt aus anderen Ländern. In mittelständischen Betrieben, da sind wir ja am Arbeiten dran, dass man einfach hier diese Flexibilität auch vermitteln kann, die diese Betriebe dringend brauchen. In Kleinbetrieben hat es immer noch ein bisschen mit Loslassen zu tun und die Angst davor, jetzt sind es fremde Leute, die in mein Unternehmen kommen, so war es ja vor 20 Jahren in der Zeitarbeit grundsätzlich die Angst, die vorgeherrscht hat, oh, da kommen fremde Menschen in mein Unternehmen. [...]" (A20, 77)

„[...] Wir sprechen im Wesentlichen über Großunternehmen, weil wir der Meinung sind, in den kleinen Unternehmen ist der alte HR Generalist noch erforderlich, macht einen guten Job, denn, sag ich mal, bei denen ist das Thema Personal nicht ganz so kritisch, weil die die größeren Sprünge mit Neuerwerb von externen Kandidaten bewältigen werden. So dass es hier in der Tat nur um operative Abwicklung geht, wo man gegebenenfalls die Payroll outsourct. Wenn wir aber auf den globalen Markt schauen, und der treibt ja unser Geschehen, das Wachstum, schon allein aufgrund unserer Tagessätze, müssen wir ja eine gewisse Größe der Unternehmen ansteuern. [...]" (A18, 26)

„[...] Also es ist sicherlich einmal die kritische Masse im Personalbereich. Ich sage, wenn Sie ein kleines Unternehmen haben, wo Sie [einen] Personalbereich haben von ein bis zwei Mitarbeitern, wo der Chef quasi das noch nebenbei mitmacht, da wäre da zwar latent Bedarf, aber da ist der Stellenwert von Personal nicht ausreichend. Es muss schon von der Masse, also von der Anzahl der Mitarbeiter, muss man schon einen Personalbereich eben vorhalten, der eine gewisse kritische Masse haben muss. Ich sage 'mal, wenn Sie einen Personalbereich haben kleiner zehn Mitarbeiter, dann ist da normalerweise kein echter Beratungsbedarf da, dann ist eher die Fragestellung, mache ich dann alles selber oder kann ich nicht große administrative Blöcke nach draußen geben. [...]" (A16, 13)

8.2.2.3 Angebotsportfolios

– keine Aussagen zu erwarten –

Die Datenlage im Hinblick auf die Arbeitshypothese H 2 ist, betrachtet man die hier zitierten Studien und Expertenaussagen nicht eindeutig und spiegelt damit auch die unterschiedlichen Sichtweisen in der Literatur wieder. Festgestellt werden kann, dass man von einem größenabhängigen Nachfrageverhalten nach Personaldienstleistungen ausgehen kann. In welche Richtung die Nachfrage verläuft, muss in weiteren empirischen Studien insbesondere auch im Hinblick auf einzelnen Personaldienstleistungen untersucht werden.

8.2.3 Arbeitshypothese H7a – Wissenstransferfertigkeiten in Abhängigkeit vom Zentralitätsgrad

H7a: Wenn Unternehmen dezentral organisiert sind, dann sind Wissenstransferfertigkeiten der Akteure c.p. besser ausgeprägt, als in zentral organisierten Unternehmen.

Untersuchungen zum Zentralitätsgrad der Organisation unternehmerischer Aufgaben und den Wissenstransferfertigkeiten von Akteuren liegen bis jetzt nicht vor. Theoretische Überlegungen und zu einem geringen Grad auch empirisches Wissen liegen jedoch zum Zusammenhang der Unternehmensgröße und den Fertigkeiten der Individuen zum Wissenstransfer vor. Deshalb wird im Hinblick auf die Überprüfung der Plausibilität dieses Zusammenhangs auf die empirischen Ergebnisse von Nettelnstroth (2003) zurückgegriffen, der zeigt, dass der Zentralitätsgrad von Unternehmen negativ mit der Unternehmensgröße korreliert. Danach steigt mit zunehmender Größe des Unternehmens der Grad der Dezentralisation.[549] Die Variable Unternehmensgröße wird an dieser Stelle quasi als Hilfsvariable genutzt, um den in der Arbeitshypothese formulierten Zusammenhang an empirischen Daten zu spiegeln.

8.2.3.1 Empirische Studien

Die Studie des Europressedienstes aus dem Jahr 2003 beschäftigt sich mit der Frage des Einsatzes von Wissensmanagement in mittelständischen Unternehmen und Großunternehmen und beleuchtet hierbei auch Fragen zu Wissenstransferfertigkeiten der Akteure in unterschiedlichen Unternehmen.
Im Rahmen dieser Studie konnte gezeigt werden, dass Großunternehmen im Vergleich zu mittelständischen Unternehmen mit bis zu 500 Mitarbeitern bereits stärker

---
[549] Vgl. Nettelnstroth, W. (2003), S. 256.

Strukturen zur Informations- und Wissensübermittlung aufgebaut haben.[550] Verteilt nach Unternehmensgröße sind es insbesondere die Mitarbeiter in großen Unternehmen, die aktiv Wissen weitergeben. Daher könnten diese Mitarbeiter im Vergleich zu Mitarbeitern in kleinen Unternehmen bereits stärker Fertigkeiten im Bereich der Wissensweitergabe trainiert und entwickelt haben.

In der Untersuchung konnte darüber hinaus gezeigt werden, dass die Unternehmenskultur Einfluss auf den Wissensaustausch hat. Eine Kultur, die den Austausch von Wissen als wichtig betrachtet, ist demnach ein fördernder Faktor im Hinblick auf einen gezielten Wissensaustausch. Dabei, so die Ergebnisse der Untersuchung, korreliert eine in diese Richtung ausgestaltete Unternehmenskultur positiv mit zunehmender Mitarbeiterzahl.[551]

Diese Ergebnisse könnten dafür sprechen, dass Wissenstransferfertigkeiten aufgrund von Übungseffekten in Abhängigkeit von der Unternehmensgröße unterschiedlich ausgeprägt sind.

8.2.3.2 Experteninterviews

Die Frage nach größenabhängigen Wissenstransferfertigkeiten in den Unternehmen beschäftigt auch die in den Interviews befragten Experten. So argumentiert der Experte V1, dass im Vergleich zu KMU in großen Unternehmen Personalverantwortliche viel bessere und gezieltere Informationen an den Personaldienstleister transferieren und genauer formulieren können, welche Dienstleistung in welchem Umfang benötigt wird.[552] Ähnlich argumentiert auch der Experte V5, der aus seiner Erfahrung berichtet, dass v.a.D. bei mittelständischen Unternehmen die Aufträge gegenüber Personaldienstleistern recht undifferenziert formuliert und notwendige Informationen wenig zielgerecht transferiert und aufbereitet werden.[553]

8.2.3.3 Angebotsportfolios

- keine Aussagen zu erwarten -

---

[550] Vgl. Europressedienst (2003), S. 7.
[551] Vgl. Europressedienst (2003), S. 31.
[552] Vgl. Experte V1.
[553] Vgl. hierzu Experte V5.

Es finden sich im vorliegenden Material Hinweise darauf, dass die Wissenstransferfertigkeiten von Akteuren in größeren Unternehmen besser ausgeprägt sein können.[554] Diese Anhaltspunkte sind aber in der hier vorliegenden Form nicht eindeutig, da insbesondere aus den Aussagen der Experten nicht stringent darauf geschlossen werden kann, welche Ursachen hinter den unterschiedlichen Fertigkeiten zur Aufbereitung und dem Transfer von Informationen bestehen.[555] Unterschiede, die die Anbieter beobachten und nennen, können zum einen aus unterschiedlichen Wissenstransferfertigkeiten von Nachfragern aus Großunternehmen und KMU resultieren. Zum anderen aber auch auf mangelnden personalwirtschaftlichen Kenntnissen von Personalverantwortlichen in KMU basieren. An dieser Stelle besteht daher das Problem, dass nicht eingeschätzt werden kann, welche Triebfedern hinter den unterschiedlichen Beobachtungen der Experten stehen.

Nichtsdestotrotz können die dargestellten Unterschiede Einfluss darauf haben, welches Wissen zu welchen Kosten von den beteiligten Akteuren transferiert wird.

8.2.4 Arbeitshypothese H3 - Nachfrageverhalten von Unternehmen im Zeitverlauf

Die Arbeitshypothese H3 lautet wie folgt:

H3: Unternehmen lagern mit einer höheren Wahrscheinlichkeit zunächst solche Personal(Teil-)funktionen aus, für die ein höherer Anteil expliziten Wissens am insgesamt zu transferierenden Wissen vom Unternehmen an den Personaldienstleister transferiert werden muss.

In dieser Arbeitshypothese wird formuliert, dass Unternehmen ihr Nachfrageverhalten im Zeitablauf verändern, wobei mit einer höheren Wahrscheinlichkeit zunächst solche

---

[554] Siehe hierzu auch die Ausführungen zur Arbeitshypothese H2.
[555] Eine isolierte Betrachtung des Einflusses von Wissenstransferaspekten auf eine größenabhängige Nachfrage kann hier nicht vorgenommen werden. Weitere moderierende Faktoren, die eine größenabhängige Nachfrage erzeugen können, sind bspw. Branchenaspekte oder das Beschäftigungssystem eines Unternehmens. Insbesondere kann hierbei eine Rolle spielen, welche Personalfunktionen überhaupt in KMU im Vergleich zu Großunternehmen erbracht werden. So gelten kleine und mittlere Betriebe im Vergleich zu Großunternehmen als wenig weiterbildungsaktiv. Vgl. hierzu Weiß, (2000), S.27. In einer Untersuchung von Haak (2003) konnte für Deutschland und Dänemark festgestellt werden, dass zwar ein positiver Zusammenhang zwischen Weiterbildungsaktivitäten und zunehmender Betriebsgröße besteht aber sich in Dänemark die Anteile von kleinen Unternehmen, die betriebliche Weiterbildung anbieten, der 95%-Marke nähern. In Deutschland liegen die Werte in dieser Größenklasse bei nur etwa zwei Dritteln. Vgl. hierzu Haak, C. (2003), S. 23.

Personalfunktionen einem externen Personaldienstleister übertragen werden, die wenige oder gar keine impliziten Wissensbestandteile enthalten. Es wird eine im Zeitverlauf veränderliche Nachfrage nach Personaldienstleistungen erwartet, die darauf zurückgeführt wird, dass sich im Zeitverlauf der Interaktion zwischen Personaldienstleister und Unternehmen Wissenstransferfertigkeiten der Akteure im Unternehmen[556] verbessern und damit mit einer höheren Wahrscheinlichkeit auch implizite Wissensbestandteile an einen externen Personaldienstleister transferiert werden können.

8.2.4.1 Empirische Studien

Verschiedene empirische Untersuchungen zeigen, dass insbesondere die in dieser Arbeit als Personalfunktionen mit hohem Anteilen expliziten Wissen identifizierten personalwirtschaftlichen (Teil-)Aufgaben häufig den Beginn der Auslagerungsaktivitäten von Unternehmen im Personalbereich darstellen. Die Ergebnisse der empirschen Studien von Borg (2003) und der TDS (2005) verweisen darauf, dass die Lohn- und Gehaltsabrechnung und die Vorselektion von Bewerbern die ersten Schritte im Rahmen eines Outsourcings von Personalfunktionen markieren.[557]

DeRose (1999) macht deutlich, dass die Auslagerung personalwirtschaftlicher Aufgaben zeitlich versetzt in Stufen verläuft. „[...] The application of outsourcing to HR has taken place in stages. It was easiest to imagine its use in areas that had clear systems [...] such as outplacement, salary and benefits. And this was precisely where the first HR outsourcing efforts took place. [...] It was harder to envision accepting and applying outsourcing in areas that HR saw as affecting employee growth or organizational development. [...] The training and education function was clearly one of these. [...] A few innovators [...] improve service by turning over even these sensitive areas to external resources. That number is clearly growing. [...]"[558] DeRose bezieht sich bei dieser Einschätzung auf eine Studie der Manufacturer's Alliance aus dem Jahr 1996. Diese Studie "[...] revealed that, of the firms [...] surveyed, only 13 per-

---

[556] Auch auf Seiten des Personaldienstleisters kann es im Zeitverlauf zu einer Verbesserung der Wissenstransferfertigkeiten kommen. Dies soll an dieser Stelle aber nicht weiter betrachtet werden.
[557] Vgl. hierzu u.a. TDS (2005), S. 16-18 sowie Borg, H. (2003).
[558] DeRose, G.J. (1999), S. 5f.

cent delivered training entirely in-house. Eighty-three percent outsourced some aspects of their training and education function. [...]"[559]
DeRose verweist darauf, dass die Aufgaben, die einer klaren Systematik bzw. einem klaren Verfahren folgen, die ersten Aufgabengebiete waren, die ausgelagert wurden. Diese Feststellung kann ein Hinweis auf eindeutige Kausalketten sein, die diesen Aufgaben zugrunde liegen. Damit sind die in dieser Arbeit definierten nicht komplexen Aufgaben angesprochen, die zunächst von Unternehmen ausgelagert wurden.

In einer empirischen Studie über kanadische Unternehmen[560] konnte ferner gezeigt werden, dass Lernprozesse in der Zusammenarbeit zwischen Dienstleister und Unternehmen während eines Outsourcings stattfinden. Diese, so die Studie, führen zu einer Senkung der Kosten. Deutlich wird hierbei nicht, in welchen Bereichen sich diese Lernprozesse vollziehen und in welchem Bereichen Kostensenkungen auftreten. Lerneffekte können sich auf inhaltliche Aspekte beziehen, wie z.b. den Erwerb von Marktkenntnissen, aber auch auf die Abwicklung des Dienstleistungsprozesses. Nähert man sich einer Bewertung dieser Ergebnisse aus der hier in der Arbeit verwendeten theoretischen Perspektive, so können Lernprozesse hiebei auch im Bereich des Transfers von Wissen möglich sein. Kostensenkungspotentiale aufgrund der Verbesserung von Wissenstransferfertigkeiten können sich daher auch im Bereich des Transfers von Wissen befinden. Dies kann jedoch aus der vorliegenden Untersuchung nicht eindeutig abgeleitet werden.

Dass Lerneffekte auch im Bereich des Transfers von Wissen auftreten können, haben Gainey/Klaas (2005) in einer empirischen Untersuchung gezeigt. Durch häufige Kommunikation entsteht ein „[...] clearer understanding of each others' needs and capabilities [...]"[561] und Vertrauen zwischen den Akteuren kann aufgebaut werden. „[...] As managers gain experience in dealing with outside vendors, they will develop and refine their outsourcing-related knowledge, skills and abilities. [...]"[562]
Im Verlauf der Beziehung zwischen Unternehmen und Personaldienstleister können sich Transferfertigkeiten und auch die Bereitschaft zum Wissenstransfer verändern bzw. sogar verbessern. Damit können die Voraussetzungen geschaffen werden, im Verlauf der Beziehung zwischen Unternehmen und Personaldienstleister auch stär-

---
[559] DeRose, G.J. (1999), S. 6 sowie Manufacturer's Alliance (1996).
[560] Vgl. Patry, M./Tremblay, M./Lanoie, P./Lacombe, M. (1999).
[561] Gainey, T.W./Klaas, B.S. (2005), S. 18.
[562] Gainey, T.W./Klaas, B.S. (2005), S. 18.

ker implizite Wissensbestandteile zu transferieren. Dies ist wiederum die Voraussetzung für die Auslagerung von Personalfunktionen, für deren Erbringung ein höherer Anteil impliziten Wissens notwendig ist.

8.2.4.2 Experteninterviews

Betrachtet man die Aussagen der befragten Experten zum Sachverhalt, so wird deutlich, dass bei diesen durchaus ähnliche Vorstellungen dahingehend vorliegen, dass sich die Fertigkeiten der Nachfrager zum Transfer von Wissen, zur Explikation gewünschter Qualität und benötigtem Dienstleistungsumfang im Zeitverlauf verbessern. So weist der Anbieter A20 darauf hin, dass Nachfrager, die bereits Erfahrungen mit Personaldienstleistern gemacht haben, häufig präzisere Aussagen über Art und Umfang die Dienstleistung machen können. Anbieter A12 greift diesen Aspekt ebenfalls auf und berichtet, dass Unternehmen mit zunehmender Erfahrung wissen, welche Vertragsinhalte wichtig sind, wie man Leistung kontrollieren muss, aber auch wie Informationen dem Personaldienstleister zugänglich gemacht werden.[563]

Neukunden bzw. Unternehmen, die bisher noch keine personalwirtschaftlichen Aufgaben ausgelagert haben, wird daher häufig in einem ersten Schritt zunächst die Übernahme standardisierter und weniger komplexer Personalaufgaben angeboten. Hierdurch sollen sich Unternehmen und Personaldienstleister besser kennenlernen und Vertrauen mit dem Ziel aufbauen, dass vom nachfragenden Unternehmen im Zeitverlauf weitere Dienstleistungen in Anspruch genommen werden. Gleichzeitig kommt eine entsprechende zeitliche Variierung des Angebotes unter der Annahme der Möglichkeit der Entwicklung von Wissenstransferfertigkeiten auch den in einem Zeitpunkt t=0 noch rudimentär ausgebildeten Transferfertigkeiten der Akteure entgegenkommen. In diesem Zusammenhang sprechen die Experten häufig auch von einer „Anfütterungsstrategie".

Ähnlich hierzu, aber aus der Sicht der nachfragenden Unternehmen, argumentiert DeRose, dass Outsourcing ein dynamischer Prozess ist. „[...] Companies that begin by out-tasking a single course or function may use this limited experience as a test and then move to a much broader outsourcing effort. [...]"[564]

---

[563] Hierdurch sind Kenntnisse über geeignete Transfermedien und die adäquate Aufbereitung von Informationen angesprochen.
[564] DeRose, G. (1999), S. 7.

Anbieter A18 merkt dazu an, dass Unternehmen zunächst den Personalbereich nicht vollständig auslagern, weil hiermit Risiken verbunden sind, so dass ein Outsourcing im Personalbereich häufig ein mehrstufiger Prozess ist, welcher über mehrere Jahre erfolgt.

„[…] Auf der anderen Seite möchte man aber, wie die Erfahrung in England lehrt, nicht alles auf einmal outsourcen, weil das Risiko, dass die Leistungskriterien, die Sie eben ansprachen, nicht eingehalten werden, zu groß sind, so dass es dann über einen mehrstufigen Prozess über mehrere Jahre erfolgen wird, was wiederum die humane Seite des Outsourcens ist, dass also die Personalspezialisten dann über Zeit sich in neue Rollen, in neue Aufgaben bei Wettbewerbsunternehmen bewegen können. […]" (A18, 86-91)

8.2.4.3 Angebotsportfolios

– keine Aussage möglich –

Wie theoretisch vermutet, sprechen die Ergebnisse vorliegender Studien als auch die Ergebnisse der Experteninterviews dafür, dass ein stufenweises Outsourcing von Personalfunktionen stattfindet. Inwieweit hierfür aber Wissenstransferaspekte wie die Fertigkeiten zum Wissenstransfer relevant sind, kann aus den vorliegenden Daten nicht abschließend bewertet werden. Insgesamt wird aber festgehalten, dass sich die Voraussetzungen zum Transfer impliziter Wissensbestandteile, insbesondere im Bereich der Transferfertigkeiten der Akteure, im Zeitverlauf verbessern können. Damit ist die Voraussetzung dafür geschaffen, dass mit zunehmender Erfahrung mit der Auslagerung personalwirtschaftlicher Aufgaben in verstärktem Maße auch Aufgaben ausgelagert werden können, für deren Erbringung ein höherer Anteil impliziten Wissens notwendig ist.

8.2.5 Arbeitshypothese H6 – Auslagerung von Personalfunktionen an spezialisierte Personaldienstleister

Die Arbeitshypothese H6 fokussiert die Frage der Auswahl eines geeigneten Personaldienstleisters.

H6: Unternehmen fragen Personaldienstleistungen mit einer höheren Wahrscheinlichkeit bei Personaldienstleistern nach, die sich auf bestimmte Branchen, Unternehmenstypen und Personaldienstleistungen spezialisiert haben.

Eine Spezialisierung auf Seiten des Personaldienstleisters, so kann theoretisch und empirisch gezeigt werden, kann zur Realisierung von Produktionskostenvorteilen führen.[565] Gleichzeitig können aus der Wissensperspektive auch Wissensvorteile durch eine Spezialisierung des Personaldienstleisters entstehen. Dies kann bspw. explizites aber auch implizites Wissen über eine bestimmte Branche sein, so dass entsprechendes Wissen vom nachfragenden Unternehmen, insbesondere dann, wenn es schwer transferierbar ist, nicht vom Unternehmen an den Personaldienstleister transferiert werden muss. Der Wissenstransferprozess könnte an dieser Stelle entlastet werden.

8.2.5.1 Empirische Studien

In ihrer Untersuchung zum Angebot von Personaldienstleistungen in Deutschland zeigt Johst (2002), dass 45,6% bzw. 34,4% der Personaldienstleistungsunternehmen stark bzw. sehr stark spezialisiert[566] sind. Eine Erweiterung der Studie durch Föhr/Vosberg (2001) im Rahmen einer Untersuchung des Personaldienstleistungsmarktes in den USA und Deutschland zeigt, dass mehr als zwei Drittel der Unternehmen in den USA und in Deutschland als stark bzw. sehr stark spezialisiert eingestuft werden

---

[565] Siehe hierzu u.a. Vosberg, D. (2002), S. 158.
[566] Hierunter versteht Johst eine mögliche Spezialisierung auf Personalfunktionen, Branchen, Regionen, Positionen bzw. auf bestimmte Formen von Humankapital. Der Indikator für den Grad der Spezialisierung setzt sich in der Untersuchung additiv aus verschiedenen Spezialisierungsmöglichkeiten, z.B. der Zahl der angebotenen Personaldienstleistungen, der Branchenausrichtung sowie der regionalen Konzentration zusammen. Vgl. zur Zusammensetzung des Indikators Johst, D. (2002), S. 187.

können.[567] Es wird im Rahmen dieser Studie festgestellt, dass es starke Spezialisierungsbestrebungen auf dem Markt für Personaldienstleistungen hinsichtlich verschiedener Gesichtspunkte, insbesondere hinsichtlich der Branche, gibt. Dincher/Gaugler (2002) zeigen, dass 63,6% der von ihnen befragten Personalberatungen spezialisiert sind. Hierbei steht eine Spezialisierung auf Branchen im Vordergrund, insbesondere im Bereich IT, Finanzdienstleistungen sowie Industrie/Verarbeitendes Gewerbe.[568]

Hinweise auf die Einbeziehung spezialisierter Dienstleister bei der Auslagerung komplexer Aufgaben liefert eine Studie von Bajpai et al. (2004). Bajpai et al. (2004) kommen in ihrer Studie zu dem Ergebnis, dass bei steigender Komplexität[569] von Aufgaben, die von einem externen Dienstleister erbracht werden sollen, die Bedeutung von spezialisierten Dienstleistern steigt. Sie konnten zeigen, dass im Fall, dass „[...] more knowledge-based [upscale] work starts getting outsourced, the need for specialized service providers will increase. [...]".[570]

8.2.5.2 Experteninterviews

Im Rahmen der Experteninterviews finden sich Hinweise auf Spezialisierungsbestrebungen auf dem Markt für Personaldienstleistungen bzw. bei den Anbietern von Personaldienstleistungen. Sehr häufig werden Spezialisierungen im Bereich bestimmter Branchen genannt, wie auch diese Zitate von Anbietern zeigen:

„[...] Es gibt Spezialisierungen und es gibt [Personaldienstleister], die sich generalistisch bewegen. [...] Es gibt Spezialisten, die sich insbesondere auf Branchen konzentrieren, es gibt also weniger Unternehmen, die sagen, ich arbeite nur für Großunternehmen oder nur für KMUs. Diese Spezialisierung findet man selten. [...]" (V5, 10-17)

---

[567] Vgl. Föhr, S./Vosberg, D. (2001), S. 10.
[568] Vgl. Dincher, R./Gaugler, E. (2002), S. 33.
[569] Die Definition von Komplexität, die Bajpai, N. et al. (2004) verwenden, weist Ähnlichkeiten zur der in dieser Arbeit verwendeten Definition komplexer Aufgaben auf.
[570] Bajpai, N./Sachs, J./Arora, R./Khurana, H. (2004), S. 29.

„[...] Da sind wir so zu Hause, Optik und Hochtechnologie. Da kennen wir uns aus. [...] [Bei] den Firmenakademien [...] werden wir uns ebenfalls auf eine bestimmte Branche konzentrieren. [...]" (A11, 9)

„[...] Und der Trend ist sicherlich erkennbar seit einiger Zeit, dass es stärker in die Spezialisierung geht. [...]" (A25, 97)

8.2.5.3 Angebotsportfolios

Die Analyse der ausgewählten Angebotsportfolios ergab ähnlich zu den Einschätzungen der Experten primär eine Spezialisierung auf bestimmte Branchen, für die Personaldienstleistungen angeboten werden. Vergleicht man den Grad der Spezialisierung, indem man den Indikator von Johst (2002) anlegt, so wird deutlich, dass z.B. Personaldienstleister, die die Übernahme von Aufgaben im Bereich der Personaladministration anbieten, weniger stark spezialisiert sind als bspw. Anbieter von Personalentwicklungsdienstleistungen.

Mit Blick auf die Arbeitshypothese H6 wird deutlich, dass es Spezialisierungsbestrebungen auf dem Markt für Personaldienstleistungen gibt, die insbesondere auf Branchen ausgerichtet sind. Bei der Auslagerung welcher Personalfunktionen Unternehmen auf spezialisierte Dienstleister zurückgreifen, kann nicht abgeleitet werden. An dieser Stelle besteht weiterer Forschungsbedarf hinsichtlich der Frage, ob und wenn ja bei der Auslagerung welcher Aufgaben Unternehmen spezialisierte Personaldienstleister beauftragen.

8.2.6 Arbeitshypothese H9a – Bedeutung einer Zertifizierung und Mitgliedschaft in einer Berufsvereinigung auf dem Markt für Personaldienstleistungen

H9a: Eine Zertifizierung und die Mitgliedschaft in einer Berufsvereinigung fungieren auf dem Markt für Personaldienstleistungen als Signal für Qualität und Vertrauenswürdigkeit.

Aufgrund der Besonderheiten von Dienstleistungen, d.h. Immatrialität, uno-actu-Prinzip und der notwendigen Integration des Nachfragers in den Leistungserstellungsprozess, ergeben sich für den Nachfrager nach Dienstleistungen zahlreiche Probleme. Probleme existieren u.a. hinsichtlich der Feststellung der Qualität der erstellten Dienstleistung und der Vertrauenswürdigkeit des Dienstleisters bspw. im Hinblick auf die Zusicherung einer bestimmten Qualität. Personaldienstleistungen sind Erfahrungsgüter, deren Qualität erst nach Inanspruchnahme der Dienstleistung geprüft und eingeschätzt werden kann. Hieraus ergibt sich das Problem der ex ante aber auch ex post Qualitätsunsicherheit für den Nachfrager nach Dienstleistungen.

Weiter wird zwischen den Anbietern von und den Nachfragern nach Personaldienstleistungen im Sinne der Integration des Nachfragers Wissen des Nachfragers bspw. über das Unternehmen in den Prozess der Dienstleistungserstellung integriert und wird damit dem Anbieter von Personaldienstleistungen zugänglich gemacht bzw. an diesen transferiert.[571] Darüber hinaus kann der Personaldienstleister bei der Erbringung der Personaldienstleistung auch Einblick in andere Unternehmensbereiche erhalten. An dieser Stelle könnte es zu einem unkontrollierten Wissensabfluss kommen. Für den Nachfrager nach Personaldienstleistungen können sich hierbei Unsicherheiten im Hinblick auf den Wissenstransfer, insbesondere hinsichtlich des Abflusses von Wissen aus dem Unternehmen, ergeben.[572]

Die hier skizzierten Unsicherheitsbereiche verursachen Kosten bei den Nachfragern nach Personaldienstleistungen, so für die Suche nach vertrauenswürdigen Vertragspartnern, Dienstleistern mit guter Leistungsqualität und Kosten für die Absicherung des Wissenstransfers. Die hierbei entstehenden Kosten können als hemmender Faktor im Hinblick auf die Nachfrage nach Personaldienstleistungen betrachtet werden.

Ausgehend von der Arbeitshypothese ist hier nach der Bedeutung und Funktion von Zertifizierungen und einer Mitgliedschaft in einer Berufsvereinigung als Signal einerseits für Qualität und andererseits für die Vertrauenswürdigkeit des Personaldienstleisters zu fragen.[573]

---

[571] Ein Wissenstransfer kann auch in umgekehrter Richtung stattfinden.
[572] Vgl. Experteninterviews hier insbesondere A21, V5 sowie A8.
[573] Die befragten Experten stellen heraus, dass Vertrauen und Professionalität wichtige Funktionen auf dem Markt für Personaldienstleistungen zukommen. So vertrauen Nachfrager auf die Funktionsfähigkeit dieser Instrumente, so dass bei ihnen Gefahren aus einem möglichen Wissensabfluss eher geringen Einfluss auf ihr Nachfrageverhalten haben. Darüber hinaus können durch die Mitgliedschaft in einem Berufsverband die Informationskosten der Nachfrager hinsichtlich der Qualität und Vertrauenswürdigkeit des Personaldienstleisters reduziert werden.

8.2.6.1 Qualitätssignale

8.2.6.1.1 Empirische Studien

Einer empirischen Studie von Thom/Kraft (2000) folgend, kann die Intransparenz des Personalberatungsmarktes ein Auslöser für den Wunsch der Nachfrager nach Signalen sein, die die Kompetenz, damit verbunden auch die Qualität, aber auch Seriosität von Beratern erkennen lassen.

Ergebnisse anderer Untersuchungen zeigen, dass eine Zertifizierung bspw. des Leistungserstellungsprozesses,[574] der eingesetzten Instrumente des Personaldienstleisters oder der Qualifizierungmaßnahmen der Mitarbeiter Instrumente sind, um Qualitätsunsicherheit ex ante, aber auch ex post zu reduzieren.[575] So konnte Johst (2002) zeigen, dass der überwiegende Teil der befragten deutschen Personaldienstleister (62%) mehrere Maßnahmen bzw. 13% sehr viele Maßnahmen zur Qualitätssicherung ergreift.[576] Hierzu gehören neben Zertifizierungen auch die Aus- und Weiterbildung von Mitarbeitern, die entsprechend an die Nachfrager kommuniziert werden.

Eine Verbandsmitgliedschaft kann ebenfalls als Qualitätssignal[577] interpretiert werden, da mit dieser die Einhaltung von Qualitätsstandards verbunden ist. Darüber hinaus setzt die Mitgliedschaft häufig eine langjährige Berufserfahrung[578] voraus, der ebenfalls qualitätssignalisierende Wirkung zuerkannt wird.[579] Föhr/Vosberg zeigen in ihrer Studie, dass 46,7% der in Deutschland befragten Personaldienstleister eine Mitgliedschaft in einem Berufsverband anstreben. In den USA sind es 85,9% der be-

---

[574] Hier ist insbesondere eine Zertifizierung nach DIN EN ISO 9001f. interessant.
[575] Siehe hierzu u.a. die Ergebnisse von Johst, D. (2000), Föhr, S./Vosberg, D. (2001) und Vosberg, D. (2002).
[576] Zu ähnlichen Ergebnissen siehe Föhr/Vosberg (2001) und Vosberg (2002). Unternehmen, die mehrere Maßnahmen der Qualitätssicherung nutzen, führen 3 bis 5 Maßnahmen zur Qualitätssicherung durch. Werden 6 bis 7 Maßnahmen zur Qualitätssicherung durchgeführt, handelt es sich um sehr viele Maßnahmen.
[577] Vgl. Johst, D. (2000), S. 174. Glaubhaft sind diese Signale nur, wenn sie zu separierenden Signalisierungsgleichgewichten führen. Für ein Unternehmen, welches die entsprechende Qualität nicht anbieten kann, muss es im Vergleich zu den realisierbaren Erträgen zu teuer sein, entsprechende Qualitätssignale auszusenden. Eine Verbandsmitgliedschaft ist daher für ein Unternehmen nur lohnenswert, wenn die Aufnahmebedindungen so gestaltet sind, dass mit deren Erfüllung verbundene Aufwendungen, einhergehende Erträge nicht überkompensieren. Vgl. hierzu Spence, M. (1973).
[578] Mit einer mehrjährigen Berufserfahrung kann häufig auch eine Spezialisierung einhergehen. Vorteil einer solchen Spezialisierung ist, dass bspw. Lösungen für personalwirtschaftliche Probleme schneller gefunden werden, weil auf Seiten des Personaldienstleisters Routinen entwickelt wurden, aber auch die Möglichkeit, dass sich der Umfang des vom Unternehmen zu transferierenden Wissens an den Personaldienstleister reduziert und damit Wissenstransferkosten reduziert werden.
[579] Vgl. hierzu eine empirische Untersuchung von Thom, N./Kraft, T. (2000) zum Personalberatungsmarkt im deutschsprachigen Raum, die festhält, dass die Mitgliedschaft in einer Berufsvereinigung Kompetenz signalisiert.

fragten Personaldienstleister.[580] Eine mögliche Begründung für den höheren Anteil von Personaldienstleistern in den USA, die eine Verbandsmitgliedschaft anstreben, kann bspw. für den Bereich der Arbeitnehmerüberlassung darin liegen, dass amerikanische Personaldienstleister im Gegensatz zu ihren deutschen Pendant keiner zentralen Erlaubnispflicht unterliegen. Mittels einer Verbandsmitgliedschaft dokumentieren die Anbieter von Personaldienstleistungen das Einhalten bestimmter Standards. Über die Einhaltung bestimmter Standards kann an dieser Stelle der Leistungsaustausch trotz fehlender institutioneller Regelungen zustande kommen.

Aus den vorliegenden Daten kann darüber hinaus die hohe Relevanz eines weiteren Instrumentes zur Signalisierung von Qualität abgeleitet werden. Föhr/Vosberg zeigen, dass Empfehlungen anderer Nachfrager auf dem Markt für Personaldienstleistungen ein häufig genutztes, aber auch sehr glaubwürdiges Qualitätssignal[581] und wichtiges Instrument zur Kundengewinnung sind. Dem stimmen in der Untersuchung von Föhr/Vosberg 94,7% der deutschen Personaldienstleister und 87,5% der US-amerikanischen Personaldienstleister der Stichprobe zu.[582] Diese hohe Bedeutung von Empfehlungen als Signal für Qualität[583] macht eine Berücksichtigung in einer modifizierten Form der Arbeitshypothese notwendig.[584]

8.2.6.1.2 Experteninterviews

Eine Verbandsmitgliedschaft kann fehlende institutionelle Qualitätskontrollen im Sinne eines zertifizierten Berufsabschlusses teilweise kompensieren und damit den Leistungstausch erleichtern.[585] So ist in Deutschland, im Gegensatz zu anderen freien Berufen, für die Tätigkeit als Berater keine Eingangsqualifizierung notwendig.

---

[580] Vgl. hierzu Föhr, S./Vosberg, D. (2001). Eventuell durch gesetzliche Rahmenbedingungen entstehende Einflüsse auf die Anteile von Unternehmen, die eine Mitgliedschaft anstreben, werden hier nicht weiter betrachtet.
[581] Den großen Einfluss von Empfehlungen bei der Kontaktaufnahme zu potentiellen Kunden weisen auch Thom/Kraft (2000) für das Segment der Personalberatung nach.
[582] Vgl. Föhr, S./Vosberg, D. (2001), S. 11.
[583] Kunden von professionellen Dienstleistungen, wozu insbesondere Personalberatungs- und Unternehmensberatungsdienstleistungen gehören, nutzen häufig die Reputation eines Anbieters als Ersatzcode. Vgl. hierzu Vopel, O. (1999), S. 45. Damit orientiert der Kunde seine Erwartungen hinsichtlich der Leistungsfähigkeit des Dienstleisters an den vergangenen Erfahrungen anderer Kunden und kompensiert somit einen Teil seiner Unsicherheit.
[584] Siehe hierzu weiter hinten im Text.
[585] Vgl. Föhr, S./Vosberg, D. (2001), S. 12.

„[…] sie [haben] im Gegensatz zu vielen anderen freien Berufen keine Eingangsschwelle, um sich zu qualifizieren, einen Abschluss […] jeder, der in Deutschland ein Schild an die Tür schraubt und Beratung drauf schreibt, kann beraten. […]" (V6)

Hieraus könnte sich für einige Bereiche des Personaldienstleistungsmarktes durchaus der Bedarf an der Signalisierung von Qualität ergeben.

Die Experten äußern sich im Hinblick auf die Wirkung von Zertifikaten als Qualitätssignal eher skeptisch. Aus der Sicht eines Anbieters funktionieren Zertifikate im Bereich der Personaldienstleistungen nicht als Qualitätssignal:

„[…] Aber die Messbarkeit, die wir damit versucht haben nachzuweisen, da hapert's vorn und hinten. Ich will das mal kurz beschreiben. Wir haben seit dem Jahr, dass wir eine eigene Gesellschaft wurden, eine Zertifizierung nach ISO gemacht. Diese Zertifizierung war für uns ein Prozess, vorhandene Beschreibungen im Personalablauf - wie kann man nachweisen, dass wir auch Qualität machen - als Arbeitsabläufe zu beschreiben, zu definieren. Das haben wir in so einer Art Atlas der Personalarbeit gemacht. Haben den als Zertifizierungsgrundlage genommen, sind nach Dekra zertifiziert, alles fantastisch. Das Faszinierende: bisher hat kein einziger Kunde […] mal die Frage gestellt: Sind Sie zertifiziert? Das heißt dieser Kostenblock, den wir hatten, hat sich Null ausgezahlt in irgendeiner Form. […]" (A14, 29).

Ein wichtigeres Instrument, um den Nachfragern Qualität zu signalisieren, sind aus der Sicht eines weiteren Anbieters Empfehlungen durch Kunden:

„[…] Der Kunde erwartet des öfteren Referenzen. Das heißt, er fragt, ob wir ihm Unternehmen benennen können, in denen wir vergleichbare Positionen besetzt haben. Das gilt insbesondere dann auch für angestellte Geschäftsführer [....] und Personalleiter, die sich rechtfertigen müssen, warum sie uns gegen gutes Geld den Auftrag geben. Der Unternehmer selbst, der das mehr oder weniger in eigener Regie entscheidet, der fragt da nicht, der hat das Vertrauen an sich, aber so jemand, der über fremdes Geld entscheidet, also ein Angestellter, der versucht natürlich, sich in alle Richtungen abzusichern und fragt dann auch noch nach, das gilt im übrigen auch für Entscheidungsträger in diesem öffentlichen oder halböffentlichen Bereich, also wenn wir Stadtdirektoren oder Stadtwerkdirektoren oder Klinikdirektoren usw., die im öffentlichen, kommunalen Besitz sind, wenn wir die besetzen, auch da wird dann schon mal nach Referenzen gefragt. Da eigentlich am häufigsten. […]" (V5, 52)

„[…] Aber weil Sie eben fragten, das ist sicher was, was an Stellenwert gewinnt und natürlich auch die Frage nach Referenzen. Also zu sagen, o.k., wenn Ihr so was schon mal gemacht habt, kann ich da mal jemand anders anrufen, aus einem anderen Unternehmen, der mit Euch gearbeitet hat und der das, was Ihr mir jetzt erzählt in der Präsentation, auch tatsächlich bestätigen kann, ob es so ist. […]" (A16, 19)

Hierzu passt, dass in den geführten Interviews kein Nachfrager auf die Wirkung von Zertifikaten als Qualitätssignal eingeht. Diese scheinen bei der Outsourcingentscheidung und der Einschätzung der Qualität eine untergeordnete Rolle zu spielen.

8.2.6.1.3 Angebotsportfolios

Bei den analysierten Angebotsportfolios findet die Signalisierung von Qualität primär über den Verweis auf Zertifizierungen und/oder Gütesiegel statt. Insgesamt erfolgt aber der Hinweis auf vorliegende Zertifizierung lediglich bei einer Minderheit der betrachteten Anbieter. Maßnahmen einer Zertifizierung erscheinen daher für die analysierten Anbieter weniger relevant.

8.2.6.2 Vertrauenswürdigkeit

8.2.6.2.1 Empirische Studien

Ein Instrument, um Vertrauenswürdigkeit bereits vor dem Leistungstausch zu signalisieren ist der Studie von Johst folgend[586] die Mitgliedschaft in einem Berufsverband

---

[586] Signalwirkung wird auch hier wieder nur dann erzielt, wenn weniger vertrauenswürdige Personaldienstleister höhere Kosten haben, das Signal Verbandsmitgliedschaft zu erwerben.

oder in einer Berufsvereinigung.[587] Weiter kann die Mitgliedschaft in einer Berufsvereinigung den Prozess der Vertrauensbildung zwischen Nachfrager und Anbieter verkürzen und damit den zeitlichen Umfang der Investition in den Aufbau einer Vertrauensbeziehung reduzieren.

8.2.6.2.2 Experteninterviews

Als problematisch und bei den Kunden durchaus relevante Fragestellung bezeichnen die Experten Aspekte rund um den Wissenstransfer vom nachfragenden Unternehmen an den Personaldienstleister. Für die Auslagerungsentscheidung der Unternehmen ist hierbei insbesondere relevant, wie sich Unternehmen wirkungsvoll vor einem Wissensabfluss schützen können. Möglichkeiten sehen die Experten hier im Einsatz von Geheimhaltungsvorschriften, Sicherungsklauseln und non-disclosure-agreements.

Daneben stellt auch die Reputation der Anbieter einen wirkungsvollen Schutzmechanismus dar. Die Experten der Anbieterseite betonen den möglichen Schaden für die Reputation des Anbieters und langfristig damit auch für dessen Geschäftstätigkeit, wenn Informationen zum Schaden des jeweiligen Klienten bzw. nicht vertraulich verwendet würden:

„[...] Wenn wir das einmal machen würden, wären wir durch, und in der Region hier allemal. Das würde sich sofort rum sprechen [...], und das können wir uns nicht leisten. Die Angst gibt es [bei den Unternehmen], damit müssen wir umgehen, und wir tun das meistens offensiv. [...]" (A11, 24)

„[...] Sie brauchen ein großes Vertrauensverhältnis. Wenn Sie das einmal missbrauchen, sind Sie draußen aus dem Markt. [...]" (A16, 22-23)

„[...] Wenn Sie heute [...] Know-how bei ihren Kunden zapfen, im Sinne von HR-Prozessen, dann haben sie schon verloren, dann kommen Sie nämlich gar nicht erst zum Auftrag. [...]" (A18, 52-53)

[...] Und ich glaube auch, wir kommen an manche Themen einfach nur deswe-

---

[587] Vgl. Johst, D. (2000), S. 174-175 und die Ergebnisse einer empirischen Untersuchung von Thom, N./Kraft, T. (2000).

gen heran, weil jeder weiß, wir halten diese Dinge absolut vertraulich. Und es würde, wenn wir es einmal nicht täten, einfach unser Geschäftsmodell ruinieren, so dass wir das nie machen würden und alles zu verlieren hätten. [...] Ein kleiner Anbieter, der auch sehr gut ist, der muss sich erst über Jahre eine solche Glaubwürdigkeit erarbeiten. [...]" (A15, 44-45)

„[...] Na ja üblicherweise machst du so was wie einen Probelauf, gibst ihm eine Funktion, die auf dieser Ebene ist, das ist ganz klar. Ich sag, du besorgst mir, ich sag jetzt irgendwas, du besorgst mir den Filialleiter X, Y und sehen wir mal, wie die Zusammenarbeit funktioniert. Wie ist seine Performance, wie geht er das Thema an, wie liefert er und, und, und,..... Natürlich hast du dort, also du wirst nicht sagen, ich wähle jetzt aus 10 Headhuntern einen aus, um einen Konzernvorstand zu besorgen. Das ist eine Beziehung, die wächst über Jahre hinweg und damit qualifiziert er sich in Anführungsstriche für diese Sahnejobs. Aber (...) da hätte ich keine Bedenken (...) an der absoluten Vertraulichkeit, die wird da eingehalten. Es sei denn, der schießt sich selbst von der Bildfläche, nicht nur bei uns, sondern, Personaler haben ja eine Angewohnheit, die quatschen viel untereinander. Das sehen Sie ja bei jeder Arbeitgeberverbandssitzung oder bei welchen Tarifverhandlungen auch immer, und der weiß ganz genau, ein Flopp bei wem auch immer in der Branche, dann ist er in der Branche tot. Also das passiert auch. [...] " (N2, 35)

Zum Teil wird explizit deutlich bzw. es schwingt implizit in den Antworten mit, dass Vertrauen bzw. ein Vertrauensverhältnis zwischen Personaldienstleister und Unternehmen notwendig ist, insbesondere um auch die negativen Erwartungen des Nachfragers hinsichtlich eines möglichen Wissensabflusses aus dem Unternehmen zu entkräften.

„[...] Wissensabfluss in den anderen Bereichen über Personalvorgänge etc. kommt immer zustande [...] setzt Vertrauen zwischen Dienstleister und Kunden voraus. [...]" (A14, 34-39)

„[...] Sie brauchen ein großes Vertrauensverhältnis, wenn Sie das einmal missbrauchen, sind sie draußen aus dem Markt [...] Wir haben da eigentlich nicht das Problem, dass die Kunden da irgendwie Risiko scheuen, jetzt Know-how preiszugeben, sondern das ist eigentlich im Rahmen eines partnerschaftlichen Verhältnisses Gang und Gäbe, dass man mit notwendigen Informationen beidseitig sehr vertraulich und sehr diskret umgeht. [...]" (A16, 22-23)

„[...] Wir kommen an manche Themen einfach nur deswegen heran, weil jeder weiß, wir halten diese Dinge absolut vertraulich und es würde, wenn wir es einmal nicht täten, einfach unser Geschäftsmodell ruinieren, so dass wir das nie machen würden und alles zu verlieren hätten.[...]" (A15, 44-45)

„[...] Es muss ein Vertrauensverhältnis bestehen, ohne jeden Zweifel. [Missbraucht der Personaldienstleister das Vertrauen] würde ich sagen, mit dem Dienstleister wird es Zeit, dass man seine Zusammenarbeit beendet.[...]" (N7, 32-33)

Deutlich wird, dass dieses Vertrauensverhältnis offenbar dadurch gestützt wird, dass der Verlust von Vertrauen eines - und im Zeitablauf möglicherweise auch mehrerer – Kunden mit negativen Folgen für die Reputation eines Personaldienstleisters verbunden sein kann. Die Experten von der Angebotsseite stufen die Gefahr einer missbräuchlichen Nutzung von Wissen durch die Dienstleister als sehr gering ein. Zugleich weisen sie aber darauf hin, dass diese Sorge bei ihren Kunden durchaus besteht. Dies bestätigt sich auch in den Interviews, insbesondere für die Personaldienstleistungen, die mit dem Einsatz von externem Personal im Unternehmen einhergehen.

Aus den Antworten der Experten ist insgesamt ersichtlich, dass Vertrauen bzw. ein Vertrauensverhältnis zwischen Personaldienstleister und Unternehmen eine große Bedeutung hat, insbesondere um auch negative Wirkungserwartungen des Nachfragers hinsichtlich eines möglichen Wissensabflusses aus dem Unternehmen zu entkräften[588] bzw. die Gewichtung negativer Wirkungserwartungen hinsichtlich eines Wissensabflusses zu reduzieren.[589] Aufbauend hierauf ist es plausibel anzunehmen, dass auf Seiten der Anbieter Interesse bestehen kann, ihre Vertrauenswürdigkeit ex

---

[588] Siehe hierzu auch die Aussagen anderer Experten (V2, V3, V5, A11, A18) der Expertenbefragung.
[589] Ein Effekt einer solchen möglichen Reduzierung der Gewichtung negativer Wirkungserwartungen rund um einen Wissensabfluss bzw. Wissenstransfer ist, dass überhaupt die Entscheidung zugunsten einer zwischenbetrieblichen Arbeitsteilung getroffen wird. Andererseits können hierdurch auch Kosten für die Absicherung eines Wissenstransfers reduziert werden.

ante aber auch ex post zu signalisieren. Da der Aufbau von Vertrauen ein zeitintensiver Prozess ist, werden die Personaldienstleister ein Interesse daran haben, diesen Prozess zu verkürzen, aber auch bereits zum Zeitpunkt der Anbahnung der Dienstleistungsbeziehung Vertrauenswürdigkeit zu signalisieren. Hierdurch könnten neue Kunden gewonnen, aber auch Kosten für den Wissenstransfer und die Vereinbarung anderer Sicherungsinstrumente wie Geheimhaltungsklauseln oder non-disclosure aggreements reduziert werden.

Neben diesen Sicherungsinstrumenten, die gleichfalls auch Signalwirkung haben, werden von den befragten Experten keine weiteren Signale genannt. Insbesondere nicht die theoretisch abgeleiteten Signale der Zertifizierung und Mitgliedschaft in einer Berufsvereinigung. Aus Sicht der Experten kann Vertrauenswürdigkeit besser durch stabile und langfristige Geschäftsbeziehungen sowie eine über Jahre andauernde Präsenz am Markt für Personaldienstleistungen signalisiert werden. Auskunft über stabile und langfristige Geschäftsbeziehungen können häufig andere Nachfrager geben. Die Inhaltsanalyse der Experteninterviews zeigt dies sehr gut. Empfehlungen anderer Nachfrager[590] auf dem Markt für Personaldienstleistungen sind ein häufig genutztes, aber auch sehr glaubwürdiges Signal für Vertrauenswürdigkeit.[591] Insgesamt erscheint daher die Signalwirkung von Zertifikaten und Mitgliedschaften in Berufsvereinigungen auf dem Markt für Personaldienstleistungen eher gering. Es wird aber insbesondere deutlich, dass Empfehlungen anderer Nachfrager bzw. Referenzen sowie die hierdurch aufgebaute Reputation als vertrauenswürdiger und leistungsfähiger Personaldienstleister im Vergleich zu Zertifikaten und Mitgliedschaften stärkere Signalwirkung haben.

8.2.6.2.3 Angebotsportfolios

Die von den analysierten Unternehmen vorliegenden Informationen zeigen, dass Anbieter von Personaldienstleistungen häufig auf Referenzprojekte bei anderen Unternehmen verweisen. Hierdurch besteht für (potentielle) Nachfrager die Möglichkeit, zu Kunden von Personaldienstleistern Kontakt aufzunehmen und Informationen über den Dienstleister, die Qualität der Personaldienstleistung etc. zu erhalten.

---

[590] Dies können z.B. Geschäftspartner sein.
[591] Den großen Einfluss von Empfehlungen bei der Kontaktaufnahme zu potentiellen Kunden weisen auch Thom, N./Kraft, T. (2000) für das Segment der Personalberatung nach.

Die theoretisch abgeleiteten Mechanismen zur Signalisierung von Vertrauenswürdigkeit und Qualität werden zum Teil auf dem Markt für Personaldienstleistungen eingesetzt, entfalten aber in unterschiedlichem Umfang ihre theoretisch erwartete Wirkung. Auf Basis der empirischen Daten spielen z.T. andere, als die theoretisch erwarteten, Signale eine zentrale Rolle, so dass an dieser Stelle eine Modifikation der Arbeitshypothese sinnvoll und angezeigt ist. Unter Berücksichtigung dieser Ausführungen wird die Arbeitshypothese wie folgt modifiziert und neu formuliert:

H9a: Eine Zertifizierung, die Mitgliedschaft in einer Berufsvereinigung sowie die Empfehlungen anderer Nachfrager fungieren auf dem Markt für Personaldienstleistungen als Signal für Vertrauenswürdigkeit und Qualität.

Zusätzlich wird eine neue Arbeitshypothese H 9d formuliert.

H9d: Empfehlungen anderer Nachfrager und Referenzen haben im Vergleich zu Zertifikaten und Mitgliedschaften in einer Berufsvereinigung eine höhere Bedeutung als Signal für Vertrauenswürdigkeit und Qualität auf dem Markt für Personaldienstleistungen.

9. Fazit

Die vorliegende Arbeit verfolgte das Ziel, die wissenschaftliche Diskussion zu Wissen und dem Wissenstransfer für die Fragestellung des Outsourcings personalwirtschaftlicher Funktionen fruchtbar zu machen und Aspekte des Wissenstransfers stärker in den wissenschaftlichen Diskurs um eine Auslagerung personalwirtschaftlicher Aufgaben zu integrieren. Insbesondere sollte dabei basierend auf Aspekten des Wissenstransfers die Frage beantwortet werden, welche personalwirtschaftlichen Aufgaben ausgelagert werden können. Gleichzeitig war es Ziel durch die Anwendung von Wissenstransferüberlegungen auf die Frage nach der Auslagerung personalwirtschaftlicher Aufgaben das Feld relevanter Entscheidungskriterien aber auch Wirkungskategorien verbreitert werden.

Ausgangspunkt der Betrachtung bildete dabei die Ableitung und Beschreibung zentraler personalwirtschaftlicher Aufgaben, die im Hinblick auf ihre Auslagerbarkeit untersucht werden können. Im Ergebnis des Kapitels zwei wurden fünf Kernfunktionen der Personalarbeit im Unternehmen identifiziert.

Um den Anspruch der Arbeit, eine stärkere Einbeziehung von Wissens- und Wissenstransferaspekten in die Diskussion um die Auslagerung betrieblicher Aufgaben zu leisten, wurden zunächst im Sinne einer Status-Quo Betrachtung dominierende Ansätze der Outsourcingdiskussion kurz dargestellt und gezeigt, dass Wissensaspekte und Wissenstransferaspekte partiell von vorliegenden Erklärungsansätzen abgebildet werden können, dies aber bisher nicht in ausreichendem Maße geschehen ist. So können Wissenstransferkosten als besondere Form der Transaktionskosten betrachtet werden, die aber im Rahmen der Transaktionskostentheorie nicht explizit berücksichtigt werden. Zudem kann man zeigen, dass die Verfügbarkeit von Wissen aus und über das Unternehmen außerhalb des Unternehmens Voraussetzung für Arbeitsteilung in diesem Bereich ist und damit ein Wissenstransfer eine notwendige Voraussetzung für die Erstellung einer Dienstleistung außerhalb des Unternehmens ist. Auch aus dieser Perspektive wurde die stärkere Integration entsprechender Überlegungen in den hier interessierenden Sachverhalt begründet. Hierdurch wurden insbesondere Aknüpfungspunkte für den Diskurs um die Auslagerung betrieblicher Aufgaben gezeigt, mit der Möglichkeit, durch diese Darstellung die Diskussion facettenreicher zu gestalten bzw. neue Erkenntnisse zu generieren.

Der Wissenstransfer zwischen Unternehmen und Personaldienstleister verursacht bei den am Wissenstransfer beteiligten Akteuren verschiedenartige Kostenwirkungen, die in ihrem Umfang von unterschiedlichen Einflussvariablen bestimmt werden. Entsprechende Einflussvariablen, so wurde hier angenommen, wirken über erwartete Kosteneffekte u.a. auf die Entscheidung, welche personalwirtschaftlichen Aufgaben ausgelagert sowie in welchem Umfang sie von einem externen Dienstleister erbracht werden können.

Der Identifikation und Analyse relevanter Einflussfaktoren wurde dabei auf Basis kommunikationstheoretischer Überlegungen und Überlegungen zur verschiedenen Arten von Wissen nachgegangen. Dabei wurden Einflussfaktoren auf den Wissenstransfer und deren Wirkungen auf einer Ebene des Wollens und einer Ebene des Könnens identifiziert und hinsichtlich ihrer Wirkungen auf den Wissenstransfer und dessen Kosten analysiert. Die hier ermittelten Einflussvariablen und ihre Wirkungen bildeten den Ausgangspunkt für die Formulierung einer übergreifenden Perspektive für diese Arbeit. Hierin ist die Annahme verankert, dass Personalfunktionen, für deren Transfer ein höherer Anteil expliziten Wissens am insgesamt zu transferierenden Wissen an den Personaldienstleister transferiert werden muss c.p. mit einer höheren Wahrscheinlichkeit ausgelagert werden. Um diese übergreifende Perspektive mit Inhalt zu füllen, wurden Arbeitshypothesen zu Art und Umfang der Auslagerung personalwirtschaftlicher (Teil-)Funktionen, zur Beziehung zwischen den nachfragenden Unternehmen und einem Personaldienstleister sowie zu Marktmechanismen auf dem Markt für Personaldienstleistungen abgeleitet.

Diese Arbeitshypothesen integrieren mit Überlegungen zum Wissenstransfer und hieraus resultierenden Wirkungen Zusammenhänge, die bis jetzt gar nicht oder nur wenig in der Outsourcingdiskussion berücksichtigt wurden. Insbesondere bilden sie Überlegungen dazu ab, welche personalwirtschaftlichen Aufgaben für ein Outsourcing geeignet sind und adressieren damit eine grundlegende Herausforderung der wissenschaftlichen und praktischen Diskussion in diesem Bereich.

Eine Auswahl der theoretisch abgeleiteten Arbeitshypothesen wurde mit Hilfe vorliegender deskriptiver Befunde kritisch reflektiert und auf Plausibilität geprüft. Bei verschiedenen Aspekten können aufbauend auf empirischen Untersuchungen, Experteninterviews sowie den ausgewerteten Angebotsportfolios der Personaldienstleister die Plausibilität der aufgeführten Zusammenhänge zwischen Wissenstransferaspekten und einem Outsourcing von Personalfunktionen gezeigt werden. Partiell kann aber der Einfluss von Wissenstransferaspekten nicht isoliert von anderen Einflussfaktoren betrachtet bzw. dargestellt werden.

Ausgehend von der Kontrastierung der theoretisch abgeleiteten Zusammenhänge mit dem vorliegenden deskriptiven Material besteht weiterer Forschungsbedarf hinsichtlich verschiedener Fragestellungen, insbesondere, um die in dieser Arbeit abgeleiteten theoretischen Zusammenhänge im Rahmen einer stärker quantitativ angelegten empirischen Untersuchung zu prüfen:

Da in der Arbeit gezeigt werden konnte, dass Fragen des Wissenstransfers Einfluss auf Art und Umfang der Auslagerung personalwirtschaftlicher Funktionen, der Art der Beziehung zwischen Personaldienstleister und nachfragenden Unternehmen haben, ist eine stärkere Integration von Wissenstransferaspekten im Bereich der theoretischen und empirischen Forschung zum Outsourcing betrieblicher Funktionen notwendig. Verfügbare empirische Ergebnisse können häufig den Facettenreichtum vorliegender Einflüsse nicht abbilden und zwischen verschiedenen Einflüssen differenzieren, so dass ein expliziter Ursache-Wirkungs-Zusammenhang zwischen dem Faktor Wissen und dem Outsourcing bestimmter personalwirtschaftlicher Leistungen durch vorliegende empirische Ergebnisse nicht hinreichend klar abgebildet werden kann und damit Einschätzungen über entsprechende Zusammenhänge erschwert werden. In diesem Bereich besteht daher noch erheblicher Forschungsbedarf. Trotz dieser Tatsache finden sich im vorliegenden Datenmaterial zahlreiche Hinweise sowie Bestätigung für theoretisch abgeleitete Zusammenhänge zwischen Wissenstransferaspekten und der zwischenbetrieblichen Arbeitsteilung von Personalfunktionen. In diesem Sinne können die postulierten Zusammenhänge erste Beschreibungen über Funktionsmechanismen auf dem Markt für Personaldienstleistungen liefern und zeigen mit den Wissenstransferkosten eine weitere Einflussgröße auf die Arbeitsteilungsentscheidung von Unternehmen im Personalbereich auf, die stärker berücksichtigt werden sollte.

Zweitens ist im Hinblick darauf, dass die vorliegende Arbeit verdeutlicht, dass innerhalb von Personalfunktionen ein unterschiedlicher Grad von Arbeitsteilung zwischen Unternehmen und externen Dienstleister erwartet werden kann und unter Berücksichtigung der Auswertung der Angebotsportfolios ausgewählter Anbieter auch erfolgt, ein stärkerer Detailgrad der theoretischen und empirischen Forschung notwendig. Forschungsfragen und Forschungstätigkeit sollten sich daher nicht ausschließlich auf Globalaussagen beschränken. Vielmehr sollte stärker innerhalb einzelner personalwirtschaftlicher Funktionen gefragt werden, welche Teilfunktionen sich für eine Auslagerung eignen und dieser Frage auch empirisch nachgegangen werden. Hierdurch kann stärker auch der Sachverhalt beleuchtet werden, warum Unternehmen unterschiedliche Bündel personalwirtschaftlicher Aufgaben auslagern. Theoretische als auch empirische Arbeiten, die diesem Detailgrad genügen, fehlen bis zum heutigen Zeitpunkt weitestgehend.

Abschließend wird festgehalten, dass sich Wissenstransferaspekte als Ergänzung zu bestehenden Erkärungsansätzen für die Auslagerung betrieblicher, insbesondere auch personalwirtschaftlicher Aufgaben anbieten. Dem steht aber eine eher geringe Ausleuchtung des Forschungsgegenstandes sowohl in theoretischer als auch empirischer Perspektive gegenüber.

Anhang

Anhang 1: Fragebogen Teilstandardisierte Experteninterviews (Anbieter)..............232

Anhang 2: Analysierte Personaldienstleistungsunternehmen...................................242

Anhang 1: Fragebogen Teilstandardisierte Experteninterviews (Anbieter)

Friedrich-Schiller-Universität Jena
Wirtschaftswissenschaftliche Fakultät
Prof. Dr. D. Alewell

Die Nachfrage nach Personaldienstleistungen im Spannungsfeld von ökonomischen und juristischen Determinanten

Experteninterviews

Leitfaden (Anbieter)

Projektleitung:	Projektmitarbeiter:
Prof. Dr. Dorothea Alewell Lehrstuhl für Allgemeine Betriebswirt- schaftslehre, insbes. Personalwirtschaft und Organisation Friedrich-Schiller-Universität Jena Carl-Zeiß-Str. 3 D-07740 Jena Telefon: (0 36 41) 94 31 30 Telefax: (0 36 41) 94 31 32 E-Mail: d.alewell@wiwi.uni-jena.de	Dipl.-Kffr. Katrin Bähring (0 36 41) 94 50 48 katrin.baehring@wiwi.uni-jena.de Dipl.-Psych. Hendryk Böhme (0 36 41) 94 50 48 hendryk.boehme@wiwi.uni-jena.de Dipl.-Kffr. Anne Canis (0 36 41) 94 31 34 a.canis@wiwi.uni-jena.de Dipl.-Kffr. Kirsten Thommes (0 36 41) 94 50 48 kirsten.thommes@wiwi.uni-jena.de

1. Begrüßung und Abklärung wichtiger Aspekte

Gespräch mit: _____

Nr. in der Datenbank: _____

Unternehmen/Ort: _____

Datum/Uhrzeit: _____

Interviewer: _____

Ich möchte mich noch einmal bei Ihnen dafür bedanken, dass Sie uns als Experte für unsere Befragung zur Verfügung stehen. Wir haben Ihnen in der Vorbereitung auf unser Gespräch bereits vorab einige Informationen und Materialien zu unserem Forschungsprojekt zukommen lassen. Wie sie daher bereits wissen, untersuchen wir in unserem Projekt die Nachfrage nach Personaldienstleistungen und die ökonomischen und rechtlichen Determinanten, die diese Nachfrage beeinflussen. Unser Gespräch wird ab jetzt etwa 60 Minuten dauern.

Bevor wir nun mit unserem Interview beginnen, möchte ich Sie um Ihr Einverständnis bitten, das Gespräch auf Tonband aufzeichnen zu dürfen. Unser Gespräch wird später verschriftlicht werden. Um Ihnen den nötigen Datenschutz gewähren zu können, werden dabei alle Hinweise auf Ihre Person und Ihr Unternehmen anonymisiert. Das Band wird anschließend von uns vernichtet und wir sichern Ihnen zu, dass wir unsere Aufzeichnungen nicht an Dritte weitergeben werden. Wenn Sie es wünschen, geben wir Ihnen gern eine schriftliche Ausfertigung dieser Datenschutzzusicherungen.

Sind Sie damit einverstanden, dass wir das Gespräch aufnehmen?
Ich werde das Tonband jetzt einschalten. **Tonband einschalten**

Ich habe zunächst einige Fragen zu Ihrem Unternehmen:

1. Welche Personaldienstleistungen bieten Sie zurzeit an? Seit wann bieten Sie die einzelnen Personaldienstleistungen jeweils an? (Alternative: In welchen Geschäftsfeldern ist Ihr Unternehmen aktiv?)

2. Wie wichtig sind die einzelnen Geschäftsfelder für Ihr Unternehmen? (Ist eine Rangordnung möglich?) Welchen Anteil machen die einzelnen Geschäftsfelder an Ihrem Gesamtumsatz aus?

2. Geschäftsfeld 1_____

Sie haben bereits angedeutet, dass das Geschäftsfeld 1_____ ein wichtiges Geschäftsfeld für Ihr Unternehmen ist. Für die nächsten Fragen möchte ich mich auf dieses Geschäftsfeld konzentrieren.

3. Konzentrieren Sie sich bei der Akquise von Kunden für Geschäftsfeld 1 _____ auf bestimmte Kundengruppen (z.b. Größenklassen, Branchen, Regionen usw.)?

4. Welche Faktoren (z.b. Rahmenbedingungen, Unternehmensmerkmale) haben nach Ihrer Erfahrung Einfluss darauf, ob im Unternehmen überhaupt Bedarf nach personalwirtschaftlichen Leistungen aus Geschäftsfeld 1 _____ _____ besteht, unabhängig davon, ob diese intern oder extern erstellt werden?

5. Was können Sie nach Ihrer Einschätzung bezüglich Geschäftsfeld 1 _____ _____ besser als Ihre Kunden? Welche zentralen Vorteile bringt es einem Unternehmen, wenn es bei Ihnen Leistungen aus Geschäftsfeld 1 _____ nachfragt?

6. Gibt es aus Ihrer Sicht auch Nachteile oder besonders zu beachtende Aspekte in der Leistungserstellung, die den eben besprochenen Vorteilen entgegenstehen könnten, wenn ein Unternehmen bei Ihnen Leistungen aus Geschäftsfeld 1 _____ nachfragt?

Ihre eigenen Einschätzungen über mögliche Wirkungen und die Sichtweise Ihrer Kunden könnten aufgrund unterschiedlicher Erfahrungshintergründe auseinander fallen. Aufgrund Ihrer langjährigen Erfahrungen erlangen Sie viel Wissen über die Motive Ihrer Kunden bei der externen Nachfrage nach Personaldienstleistungen. Bitte versetzen Sie sich für die folgenden Fragen zu Geschäftsfeld 1 _____ _____ in die Lage Ihrer Kunden.

A: Erwartungen hinsichtlich der Wirkungen eines Outsourcings

Bei der Entscheidung Ihrer Kunden, die benötigten Personalfunktionen intern zu erstellen oder extern über Personaldienstleister zu beziehen, werden bestimmte Kos-

ten-Nutzen-Erwartungen/Wirkungserwartungen des externen Bezugs im Vergleich zu einer eigenen Erstellung eine Rolle spielen.

7. Welche zentralen Wirkungen erwartet Ihr Kunde durch den externen Bezug von Leistungen des Geschäftsfeldes 1_____?

8. Wie sind die genauen Wirkungszusammenhänge bei den von Ihnen genannten Wirkungen? (d.h. hier die *genannten* Wirkungen aufgreifen und im Detail nachfragen, z.B.

Flexibilität: Zeitlich oder kostenmäßig/Reduktion von Fixkosten?
Qualität: Welche Aspekte genau?
Know-How: Welches Know-How fließt von wem an wen? Wer konzentriert sich auf welche Kernkompetenz?
Welche Haltung entwickeln Betriebsräte? Die Belegschaft? Etc....

9. Spielen nach Ihrer Erfahrung auch Aspekte aus den folgenden Bereichen für die Outsourcing-Entscheidung eine Rolle? *(nur die bisher nicht genannten)*

Qualitätswirkungen (Qualität der Leistung, Qualität der Leistungserstellung, Flexibilität)

Know-how-bezogene Wirkungen, strategische Wettbewerbsvorteile, Kernkompetenzen

Wirkungen auf die Beziehung zu anderen Gruppen /Stakeholdern (Belegschaft, potenzielle Arbeitnehmer, Arbeitnehmer-Vertretungen, Kapitalgeber, Gesellschaft, Kunden) – Einstieg über Beispiele (Betriebsrat)

Monetäre Wirkungen (fixe Kosten, variable Kosten, Gesamtkosten, Haftungskosten)

Wirkungen rund um den Vertrag (-sabschluss) mit externen Dienstleistern, z.B. Kosten der Suche Vertragspartner, Probleme, die Qualität des Anbieters zu evaluieren, Vertragsabschluss, Kontrolle

10. Welche dieser möglichen Kosten-Nutzen-Erwartungen sind für Ihre Kunden die drei wichtigsten bei der Nachfrage nach dieser Personaldienstleistung 1? *(nur wenn bei 7. mehr als drei angeführt wurden)*

Gibt es einzelne Wirkungskategorien in Geschäftsfeld 1_____, die die gesamte Auslagerungsentscheidung Ihrer Kunden dominieren?

11. Wenn Sie jetzt alle möglichen Wirkungskategorien noch einmal betrachten: Haben wir alle Wirkungen erfasst, die bei der Entscheidung der Kunden über den externen Bezug von PDL von Bedeutung sein könnten oder fehlen noch Wirkungskategorien? *(wenn welche fehlen, dann nachfragen, welche)*

B: Determinanten der Wirkungserwartungen

Auf die soeben betrachteten Kosten-Nutzen-Erwartungen Ihrer Kunden hinsichtlich des externen Bezugs von PDL könnten bestimmte Faktoren Einfluss haben. Unternehmen könnten sich also systematisch in ihren Erwartungen und Bewertungen unterscheiden.

12. Welche Faktoren fallen Ihnen spontan ein und wie wirken diese auf die Kosten-Nutzenerwartungen der Kunden?

    - Welche Einflussfaktoren in der *Unternehmensumwelt* könnten nach Ihrer Erfahrung eine Rolle spielen? (Wie denken Sie wirken diese auf die Erwartungen ihrer Kunden hinsichtlich des Fremdbezugs? (Beispiele: Branchenüblichkeiten, Konjunkturelle Entwicklungen)

    - Welche *(strukturellen) Eigenschaften* des nachfragenden Unternehmens selbst haben einen Einfluss auf die Wirkungen, die das Unternehmen mit der externen Nachfrage verbindet? (Beispiele: Organisationsstruktur, Größe, Beschäftigungssystem)

    - Welchen Einfluss haben die eigenen *Fähigkeiten Ihrer Nachfrager im Personalbereich* auf die Kosten-Nutzen-Erwartungen? (Beispiele: vorhandene Kompetenz im Personalbereich)

    - Welche *Merkmale der auszulagernden Aufgaben* beeinflussen die Kosten-Nutzen-Erwartungen? (Beispiele: Standardisierungsgrad, Komplexität, Häufigkeit des Bedarfs, Anteile impliziten und expliziten Wissens....)

Welchen Einfluss haben vergangene Erfahrungen mit Outsourcing/mit externen Dienstleistern auf die Kosten-Nutzen-Erwartungen Ihrer Nachfrager mit Outsourcing?

3. Geschäftsfeld 2_____

Sie haben zu Beginn angedeutet, dass auch das Geschäftsfeld 2_____ ein wichtiges Geschäftsfeld für Ihr Unternehmen ist. Wir würden jetzt gerne die soeben diskutierten Zusammenhänge noch einmal kontrastierend für dieses Geschäftsfeld durchgehen, damit wir auch Unterschiede zwischen den Personaldienstleistungen analysieren können. Wir beginnen wieder mit Ihrer Perspektive als Anbieter.

13. Konzentrieren Sie sich bei der Akquise von Kunden für Geschäftsfeld 2 _____ auf die gleichen oder auf andere Kundengruppen (z.B. Größenklassen, Branchen, Regionen usw.) als in Geschäftsfeld 1?

14. Sind es nach Ihrer Erfahrung die gleichen Faktoren (z. B. Rahmenbedingungen, Unternehmensmerkmale) wie in Geschäftsfeld 1 _____ , die Einfluss darauf haben, ob im Unternehmen überhaupt Bedarf nach personalwirtschaftlichen Leistungen aus Geschäftsfeld 2 _____ besteht, unabhängig davon, ob diese intern oder extern erstellt werden?

15. Was können Sie nach Ihrer Einschätzung bezüglich Geschäftsfeld 2 _____ besser als Ihre Kunden? Welche zentralen Vorteile bringt es einem Unternehmen, wenn es bei Ihnen Leistungen aus Geschäftsfeld 2 _____ nachfragt?

16. Gibt es aus Ihrer Sicht auch Nachteile oder besonders zu beachtende Aspekte in der Leistungserstellung, die den eben besprochenen Vorteilen entgegenstehen?

Wir möchten auch hier wieder einen Perspektivwechsel vornehmen und nach den Motiven und Einschätzungen Ihrer Kunden hinsichtlich des externen Bezugs von Personaldienstleistungen fragen.

17. Erwartet Ihr Kunde bei einem externen Bezug von Leistungen aus dem Geschäftsfeld 2 _____ die gleichen Wirkungen des externen Bezugs wie bei Geschäftsfeld 1 _____ , oder unterscheiden sich diese Erwartungen in den einzelnen Geschäftsfeldern?

Sind einzelne Kosten- oder Nutzenkategorien für Geschäftsfeld 2 anders gewichtet/stärker relevant als für Geschäftsfeld 1? (Beispiele: Qualitätsverbesserungen

werden höher gewichtet, Kostensenkungen werden niedriger gewichtet; Unterschiede in den genauen Kostenwirkungen, die angestrebt werden, z.b. keine Senkung von variablen Kosten, dafür mehr Abbau von Fixkosten angestrebt oder erwartet) Gibt es Unterschiede in der Wirkungsrichtung? (Beispiele: Know-how-Zuflüsse versus Know-how-Abflüsse?)
Gibt es Unterschiede hinsichtlich der Einflussfaktoren, die die Wirkungserwartungen beeinflussen (Rahmenbedingungen, Strukturmerkmale der Unternehmen etc. z.b. Größe beeinflusst Nutzenerwartungen)

18. Gibt es Wirkungskategorien in Geschäftsfeld 2_____, die die gesamte Auslagerungsentscheidung ihrer Kunden dominieren? Sind das die gleichen wie in Geschäftsfeld 1_____?

Spielen Ihrer Meinung nach solche systematischen Kosten- und Nutzenüberlegungen bei Ihren Kunden eine Rolle oder folgt die Nachfrage nach (diesen) Personaldienstleistungen bei Ihren Kunden einer anderen Logik?

4. Clusterung der Personaldienstleistungen

Betrachten wir nun über die beiden besprochenen Personaldienstleistungen hinaus den gesamten Markt für Personaldienstleistungen, also das gesamte Spektrum von der Zeitarbeit über Arbeitsvermittlung und Interimsmanagement, Outplacement bis hin zu Lohn- und Gehaltsabrechnung und Personalverwaltungsaufgaben.

Gibt es bestimmte Personaldienstleistungen, die aus Sicht Ihrer Kunden ähnlich sind oder Substitute sind? (Beispiel: Wer Zeitarbeit einsetzt, bedient sich auch für andere Arbeitskräftegruppen des Interimsmanagements). Falls ja, welche Dienstleistungen sind das, die in der Sichtweise der Kunden offenbar zusammengehören? Nach welchen Kriterien wählen die Kunden diese Gruppen aus? Weshalb passen die Personaldienstleistungen in diesen Gruppen gut zusammen?

19. *Wenn Sie nun den gesamten Markt an Personaldienstleistungen aus Ihrer Sicht als Anbieter betrachten und das Angebot an Personaldienstleistungen in möglichst homogene Gruppen gliedern, wie müssten diese Gruppen Ihrer Meinung nach aussehen? Welche Kriterien liegen dahinter?*

20. Welche Personaldienstleistungen sehen Sie als untereinander substituierbar/ersetzbar an?

Wenn Sie Ihr eigenes Angebot an Personaldienstleistungen oder ihre Planungen für die Zukunft betrachten - bieten Sie eher ähnliche oder eher unterschiedliche Personaldienstleistungen an? Warum?
Gibt es eine bestimmte Systematik hinter der Gestaltung Ihres Leistungsportfolios, oder folgt diese z.B. eher bestimmten Pfadabhängigkeiten oder Zufälligkeiten in der Unternehmensentwicklung?

5. Offene Fragen zur Entwicklung auf dem Personaldienstleistungsmarkt

Gibt es ihrer Meinung nach auf dem Personaldienstleistungsmarkt bei den Anbietern einen Trend zur All-Personaldienstleistungsstrategie? (Wenn ja, warum? Wenn nein, warum nicht?)
Welche alternativen Typen von Unternehmen/Anbietern, die nicht explizit Personaldienstleister sind, aber trotzdem Personaldienstleistungen anbieten, agieren auf dem Markt? (wenn keine Antwort kommt, Bsp. Steuerberater, Banken vorgeben und diesbezüglich fragen) Wer sind mögliche Konkurrenten im „eigenen Feld"?
Was sind wichtige Zwischenformen zwischen der rein internen Personalarbeit und dem rein externen Bezug von Personaldienstleistungen? (erst einmal offen fragen; wenn keine/unzureichende Antwort kommt, Bsp. Shared-Service-Center virtuelle Personalabteilung, webbasierte LG_Abrechnung, Beschäftigungsgesellschaften, konzerneigene Arbeitnehmerüberlassungspools... vorgeben und fragen, ob Gesprächspartner auch eine Diversifikation in diese Richtung plant?)

6. Weiteres Vorgehen und Gesprächsende

21. Damit sind wir fast am Ende unseres Experteninterviews angelangt. Bevor wir das Gespräch schließen, würden wir gerne wissen, ob Sie noch Fragen, Anregungen oder Hinweise an uns haben?

22. Wir möchten unsere Auswertungen und einige Fallstudien noch in diesem Jahr in einem Expertenkolloquium in Jena vorstellen. Hätten Sie Interesse, daran teilzunehmen?

23. Möchten Sie die Ergebnisse unserer Studie erhalten?

Für uns sieht das weitere Vorgehen so aus, dass wir nach der Auswertung dieser Interviews im Jahr 2006 eine „großzahlige" telefonische Befragung von Nachfragern nach Personaldienstleistungen vornehmen wollen. Daher interessiert uns:

24. Wer ist Ihr direkter Ansprechpartner auf Kundenebene? (Alternativ: Auf welcher Unternehmensebene wird bei Kundenunternehmen nach Ihrer Erfahrung über den Bezug von Personaldienstleistungen entschieden?)

Tonband abschalten

Wir werden im Rahmen dieser Experteninterviews auch Experten von der Unternehmensseite befragen und suchen daher Ansprechpartner auf der Nachfrageseite, die viel Erfahrung mit dem Bezug von Personaldienstleistungen haben.

25. Können Sie uns Unternehmen/Ansprechpartner empfehlen, die Personaldienstleistungen nachfragen? Dürfen wir uns - dem Nachfrager gegenüber - auf Ihre Empfehlung berufen?

_____
_____
_____
_____
_____

Wir möchten Sie noch bitten, uns als Hintergrundinformation ein paar Daten zu Ihrer Person zu geben. Ob Sie wohl bereit wären, uns diesen Bogen auszufüllen?
Demografiefragebogen ausfüllen (lassen), notfalls hinterherschicken lassen.....

Dann bedanke ich mich bei Ihnen für das sehr informative Gespräch. Ich möchte Ihnen noch einmal zusichern, dass wir Ihre Angaben und Daten absolut vertraulich behandeln werden.

Anhang 2: Analysierte Personaldienstleistungsunternehmen

Zeitarbeitsanbieter in Deutschland

Anbieter	Umsatz 2003 (in Mio. Euro)	Umsatz 2002 (in Mio. Euro)	Zeitarbeitnehmer 2003	Zeitarbeitnehmer 2002
Randstad Deutschland	538	526	22.000	21.000
Adecco Personaldienstleistungen	360	425	12.500	15.000
Manpower	286	259	11.500	11.300
Persona Service	276	269	9.685	9.600
DIS Deutscher Industrie Service	218	232	5.070	5.290

Quelle: Lünendonk GmbH, 2004

Managementberatungen in Deutschland (teilweise geschätzt für den Bereich der Human Resource Managementberatung)

Unternehmen	Umsatz in Mill. Euro		Mitarbeiterzahl	
	2002	2001	2002	2001
McKinsey & Company	580,0	605,0	1812	1798
Roland Berger Strategy Consultants	526,0	504,0	1685	1650
The Boston Consulting Group	258,0	238,5	1100	1150
Deloitte Consulting GmbH	214,6	145,0	683	465
Droege & Comp. AG	128,2	111,0	345	315

Quelle: Lünendonk GmbH, 2003

Personalberatungen in Deutschland

Unternehmen	Umsatz 2003 (in Mio. Euro)
Kienbaum Executive Consultants GmbH	41,5
Egon Zehnder International GmbH	34,7
Ray Berndtson Unternehmensberatung	32,1
Korn/Ferry International GmbH	18,0
Deininger Unternehmensberatung GmbH	16,4

Quelle: Bund Deutscher Unternehmensberater (BDU), 2003

Weitere betrachtete Personaldienstleister

	Interimsmanagementagenturen	Anbieter Personalentwicklungsdienstleistungen	Anbieter Outplacementdienstleistungen	Lohn/Gehalt, administrative Personalarbeit	Fullservice-Anbieter
Unternehmen	Ludwig Heuse GmbH	Volkswagen Coaching	Mühlenhoff + Partner Gesellschaften	TDS	Kienbaum Executive Consultants
	Management Angels	Kienbaum Executive Consultants	Lee Hecht Harrison GmbH	ADP	Hewitt Associates
	ZMM Zeitmanager München	McKinsey Company	OBM	IBM	Accenture
	Butterfly Manager		Rundstedt & Partner	Accenture	Kempfer & Kolakovic Personalmanagement GmbH
	Brain Force AG		Right Coutts	Lohndirekt	

Quelle: Eigene Darstellung

Literaturverzeichnis

Abdolmohammadi, M./Wright, A. (1987): An examination of the effects of experience and task complexity on audit judgments, in: The Accounting Review, Vol. 62, No. 1, S. 1-13

Abraham, K.G. (1996): Firms use of outside contractors: theory and evidence, in: Journal of Labor Economics, Vol. 14, No. 3, S. 394-424

Ackermann, K.-F. (Hrsg.) (1998): Die kundenorientierte Personalabteilung: Ziele und Prozesse des effizienten HR-Management, Wiesbaden

Adler, J. (1996): Informationsökonomische Fundierung von Austauschprozessen: eine nachfrageorientierte Analyse, Trier

Adler, P.S. (2003): Making the HR Outsourcing Decision, in: MIT Sloan Management Review, Vol. 45, No. 1, S. 53-60

Adolph, B. (1986): Rationale Erwartungen, Arbeitsverträge und Wirtschaftspolitik, München

Ahlert, D./Kenning, P./Petermann, F. (2001): Die Bedeutung von Vertrauen für die Interaktionsbeziehungen zwischen Dienstleistungsanbietern und -nachfragern, in: Bruhn, M. (Hrsg.) (2001): Interaktionen im Dienstleistungsbereich, S. 279-298

Akerlof, G.A. (1970): The markets for lemons. Quality uncertainty and the market mechanism, in: Quarterly Journal of Economics, Vol. 84, No. 3, S. 488-500

Albert, M. (2001): Personal – Theorie, Politik, Gestaltung, Stuttgart

Albrecht, F. (1993): Strategisches Management der Unternehmensressource Wissen, Frankfurt/Main

Alchian, A.A./Demsetz, H. (1972): Production, Information Costs, and Economic Organization, in: American Economic Review, Vol. 62, No. 5, S. 777-795

Alchian, A.A./Picot, A, (1984): Specifity, specialization, and coalitions, in: Zeitschrift für die gesamte Staatswirtschaft, Band 140, Heft 1, S. 34-49

Alchian, A.A. /Woodward, S. (1988): The firm is dead; long live the firm. A review of Oliver E. Williamson's 'The economic institutions of capitalism', in: Journal of Economic Literature, Vol. 26, March, S. 65-79

Alewell, D. (1994): Informationsasymmetrien in Arbeitsverhältnissen: ein Überblick über Anwendungsmöglichkeiten der Informationsökonomie in der Personalwirtschaftslehre, in: Zeitschrift für Betriebswirtschaft, Bd. 64, Heft 1, S. 57-79

Alewell, D. (2001): Entlohnung, in: Jost, P.-J. (Hrsg.) (2001): Der Transaktionskostenansatz in der Betriebswirtschaftslehre, Stuttgart, S. 361-394

Alewell, D. (2004): Arbeitsteilung und Spezialisierung, in: Schreyögg, G./v. Werder, A. (Hrsg.) (2004): Handwörterbuch Unternehmensführung und Organisation, Sp. 37-45

Alewell, D./Hackert, B. (1998): Die betriebliche Personalpolitik im Lichte des Transaktionskostenansatzes - Überlegungen zum Erklärungspotential einer vertragstheoretischen Perspektive, in: Martin, A./Nienhüser, W. (Hrsg.) (1998): Personalpolitik - Wissenschaftliche Erklärung der Personalpraxis, München, Mering, S. 31-52

Alewell, D./Bähring, K./Thommes, K. (2005): Eine Theorie der betrieblichen Nachfrage nach Personaldienstleistungen, Discussion Paper 1, Sonderforschungsbereich 580, Jena

Alewell, D./Bähring, K./Canis, A./Thommes, K. (2005): Determinanten der Nachfrage nach Personaldienstleistungen durch Unternehmen – Überlegungen zur "strukturellen Stimmigkeit" der Personalarbeit, in: Spengler, T./Lindstädt, H. (Hrsg.) (2005): Strukturelle Stimmigkeit in der Betriebswirtschaftslehre. Festschrift für Prof. Dr. Hugo Kossbiel, München, S. 169-192

Alewell, D./Bähring, K./Canis, A./Hauff, S./Thommes, K. (2005): Die betriebliche Nachfrage nach Personaldienstleistungen - Bausteine eines Theorieentwurfs, Discussion Paper 8, Dezember 2005, Sonderforschungsbereich 580, Jena

Alewell, D./Bähring, K./Canis, A./Hauff, S./Thommes, K. (2007): Outsourcing von Personalfunktionen. Motive und Erfahrungen im Spiegel von Experteninterviews, München

Alewell, D./Bähring, K./Canis, A./Hauff, S./Thommes, K. (2007): Outsourcing von Personalfunktionen – Welche Unternehmen nutzen Personaldienstleistungen? Eine Charakterisierung von Nutzern und Nichtnutzern, erscheint als Discussion Paper, Sonderforschungsbereich 580, Jena

Al-Laham, A. (2003a): Die Analyse organisationalen Wissens, in: Das Wirtschaftsstudium, Bd. 32, Heft 11, S. 1383-1389

Al-Laham, A. (2003b): Organisationales Wissensmanagement. Eine strategische Perspektive, München

Al-Laham, A. (2004): Transfer organisationalen Wissens als Bestimmungsfaktor des internationalen Markteintritts, in: Wirtschaftswissenschaftliches Studium, Jg. 33, Heft 1, S. 2-7

Almeida, P./Kogut, B. (1997): The Exploration of Technological Diversity and the Geographic Localization of Innovation, in: Small Business Economics, Vol. 9, No. 1, S. 21-31

Ambrosini, V./Bowman, C. (2001): Tacit knowledge: some suggestions for operationalization, in: Journal of Management Studies, Vol. 38, No. 6, S. 811-829

Amelingmeyer, J. (2000): Wissensmanagement: Analyse und Gestaltung der Wissensbasis von Unternehmen, Wiesbaden

American Management Association (1997): Outsourcing: The AMA Survey, New York

Amit, R./Schoemaker, P. (1993): Strategic Assets and Organizational Rent, in: Strategic Management Journal, Vol. 14, No. 1, S. 33-46

Ancori, B. /Bureth, A./Cohendet, P. (2000): The economics of knowledge: the debate about codification and tacit knowledge, in: Industrial and Corporate Change, Vol. 9, No. 2, S. 255-287

Ang, S./Cummings, L.L. (1997): Strategic respons to institutional influences on information system outsourcing, in: Organization Science, Vol. 8, No. 3, S. 235-256

Ang, S./Straub, D.W. (1998): Production and Transaction Economies and IS Outsourcing: A study of U.S. Bankung Industry, in: Management Information System Quarterly, Vol. 22, No. 4, S. 535-552

Argyres, N. (1996): Evidence on the Role of Firm Capabilities in Vertical Integration Decisions, in: Strategic Management Journal, Vol. 17, No. 2, S. 129-150

Arnold, U. (1992): Personalwerbung, in: Gaugler, E./Weber, W. (Hrsg.) (1992): Handwörterbuch des Personalwesens, Stuttgart, Sp. 1815-1825

Arrow, K.J. (1985a): Informational Structur of the firm, in: American Economic Review, Papers and Proceedings, Vol. 75, No. 2, S. 303-307

Arrow, K.J. (1985b): The economics of agency, in: Pratt, J.W. (Hrsg.) (1985): Principal and agents: the structure of business, 1. Auflage, Boston, S. 37-51

Arthur, W./Bennett, W./Edens, P.S./Bell, S.T. (2003): Effectiveness of training in Organizations. A meta-analysis of design and evaluation features, in: Journal of Applied Psychology, Vol. 88, No. 2, S. 234-245

Asenkerschbaumer, S. (1987): Analyse und Beurteilung von technischem Know-how: Ein Beitrag zum betrieblichen Innovationsmangement, Göttingen

Atkinson, P. (1999): Outsourcing Human Resources, in: Management Services, Band 43, Heft 11, S. 20-23

Aubert, B.A./Rivard, S./Patry, M.(1996): A transaction cost approach to outsourcing behaviour. Some empirical evidence, in: Information & Management, Band 30, Heft 2, S. 51-64

Audretsch, D./Menkveld, A./Thurik, A. (1995): Asymmetric information, transaction cost and the decision between internal and external R&D, Amsterdam

Augier, M./Shariq, S.Z./Vendelo, M.T. (2001): Understanding context: its emergence, transformation and role in tacit knowledge sharing, in: Journal of Knowledge Management, Vol. 5, No. 2, S. 125-136

Azariadis, C. (1983): Employment with asymmetric information, in: Quarterly Journal of Economics, Vol. 98, No. 2, S. 157-172

Backes-Gellner, U./Wolff, B. (2001): Personalmanagement, in: Jost, P.-J. (Hrsg.) (2001): Die Prinzipal-Agenten-Theorie in der Betriebswirtschaftslehre, S. 395-437

Bajpai, N./Sachs, J./Arora, R./Khurana, H. (2004): Global Services Sourcing: Issues of Cost and Quality, The Earth Institute at Columbia University, CGSD Working Paper, No. 16

Balbach, E. (1996): Outsourcing: Die Zukunftsperspektive in der Personalarbeit, in: Lohn und Gehalt, Bd. 7, Heft 2, S. 17-22

Balconi M. (2002): Codification of technological knowledge, firm boundaries, and "cognitive" barriers to entry, DYNACOMP working paper series

Balconi, M. (1998): Technology, codification of knowledge and firm competences, in: Revue Internationale de Systémique, Vol .12, No. 1, S. 63-82

Bamberg, G./Spremann, K. (1987): Agency theory, information and incentives, Berlin

Barney, J.B. (1991): Firm Resources and Sustained Competitive Advantage, in: Journal of Management, Vol. 17, No. 1, S. 99-120

Barney, J.B. (1996): The Resource-based Theory of the Firm, in: Organization Science, Vol. 7, No. 5, S. 469

Bartölke, K./Grieger, J. (2004): Führung und Kommunikation, in: Gaugler, E./Oechsler, W. (Hrsg.) (2004): Handwörterbuch des Personalwesens, 3. Auflage, Stuttgart, Sp. 777-790

Bassi, L./Cheney, S./Van Buren, M. (1997): Training Industry Trends 1997, in: Training & Development, Vol. 51, No. 11, S. 46-59.

Baumhauser, H./Kuchler, M. (1997): Total-Outsourcing, in: Personalwirtschaft, Bd. 24, Heft 1, S.12-15

Baur, C. (1990): Make-or-buy-Entscheidungen in einem Unternehmen der Automobilindustrie – empirische Analyse und Gestaltung aus transaktionskostentheoretischer Sicht, München

BDU (Hrsg.) (2003): Personalberatung in Deutschland, Bonn

BDU (Hrsg.) (2005): Personalberater gehen wieder verstärkt auf die Suche nach Führungskräften und Spezialisten, Bonn

Bea, F.X. (2000): Wissensmanagement, in: Das Wirtschaftsstudium, Jg. 29, Heft 7, S. 362-367

Becker, F. (1991): Potentialbeurteilung - Eine kafkaeske Komödie?, in: Zeitschrift für Personalforschung, Jg. 5, Heft 1, S. 63-78

Becker, C./Jörges-Süß, K. (2002): Geringfügige Beschäftigung: Eine Analyse aus personalwirtschaftlicher Sicht, in: Martin, A./Nienhüser, W. (Hrsg.) (2002): Neue Formen der Beschäftigung – Neue Personalpolitik? Sonderband der Zeitschrift für Personalforschung, München und Mering, S. 121-151

Becker, U./Schade, C. (1995): Betriebsformen der Unternehmensberatung: eine Erklärung auf der Basis der Netzwerktheorie und der neuen Institutionenlehre, in: Zeitschrift für betriebswirtschaftliche Forschung, Jg. 47, Heft 4, S. 327-354

Beer, M. (1998): Outsourcing unternehmensinterner Dienstleistungen, Wiesbaden

Behme, W. (1993): ZP-Stichwort: Outsourcing, in: Zeitschrift für Planung, Jg. 4, Heft 3, S. 291-294

Behrends, T./Dietl, T./Koltermann, D. (2005): Personalrekrutierung im Mittelstand, in: Personalmagazin, Jg. 5, Heft 11, S. 66-68

Bendt, A. (2000): Wissenstransfer in multinationalen Unternehmen, Wiesbaden

Bernau, A. (2001): Wissensmanagement bei Kundenbeziehungen in internationalen Unternehmen, unveröffentlichte Diplomarbeit zur Erlangung des Grades einer Diplom-Kauffrau, Jena

Berthold, N. (1989): Implizite Kontrakte, in: Wirtschaftswissenschaftliches Studium, Bd. 18, Heft 18, S. 405-408

Bienzeisler, B. (2004): Interaktionskompetenz im Service-Kontakt. Eine konzeptionelle Annährung, Working Paper, Frauenhofer Institut Arbeitswirtschaft und Organisation, Juli 2004

Bierfelder, W.H. (1994): Innovationsmanagement, 3. Auflage, München, Wien

Birkinshaw, J./Nobol, R./Ridderstråle, J. (2002): Knowledge as a Contingency Variable: Do the Characteristics of Knowledge Predict Organization Structure?, in: Organization Science, Vol. 13, No. 13, S. 274-289

Blümle, G. (Hrsg.) (2004): Perspektiven einer kulturellen Ökonomik, Münster

BNA (Hrsg.) (2005): HR Department Benchmarks and Analysis, Washington

Bode, J. (1997): Der Informationsbegriff in der Betriebswirtschaftslehre, in: Zeitschrift für betriebswirtschaftliche Forschung, Jg. 49, Nr. 5, S. 449-468

Boemke, B. (1999): Schuldvertrag und Arbeitsverhältnis, München

Boisot, M.H. (1995): Information space: a framework for learning in organizations, institutions and culture, London

Boisot, M.H. (1998): Knowledge assets: securing competitive advantage in the information economy, Oxford

Bolten, J. (1999): Kommunikativer Stil, kulturelles Gedächtnis und Kommunikationsmonopole, in: Geißner, H.K. (Hrsg.) (1999): Wirtschaftskommunikation in Europa, Tostedt, S. 113-131

Bolten, J. (2001): Interkulturelle Kompetenz, Landeszentrale für politische Bildung, Thüringen

Bomß, W. (2002): Zwischen Erwerbsarbeit und Eigenarbeit, in: Arbeit, Jg. 11, Heft 14, S. 5-20

Bonner, S.E. (1994): A model of the effects of audit task complexity, in: Accounting, Organizations and Society, Vol. 19, No. 3, S. 213-234

Borchert, M./Roehling, T./Heine, S. (2003): Wissensweitergabe als spieltheoretisches Problem, in: Zeitschrift für Personalforschung, Jg. 17, Heft 1, S. 37-57

Borg, H.: Outsourcing of Human Resources, in: The Pause Scholarship foundation (Hrsg.) (2003): www.mah.se/upload/Omv%C3%A4rlden/Cerrio/Outsourcing%20of%20HR,%20Hakan%20Borg,20May%202003.pdf, (Abrufdatum: 02.11.2005)

Bortz, J. (1984): Lehrbuch der empirischen Forschung für Sozialwissenschaftler, Berlin

Bosch, G. (2001): Konturen eines neuen Normalarbeitsverhältnisses, in: WSI - Mitteilungen, Jg. 59, Heft 4, S. 219-230

Bounken, R.B. (2001): Transfer, Speicherung und Nutzung von Wissen bei Dienstleistungsunternehmen, in: Bruhn, M. (Hrsg.) (2001): Interaktionen im Dienstleistungsbereich, Wiesbaden, S. 206-221

Brand, D. (1990): Der Transaktionskostenansatz in der betriebswirtschaftlichen Organisationstheorie, in: Bronner, R. (Hrsg.) (1990): Schriften zur empirischen Entscheidungs- und Organisationsforschung, Bd. 12, Frankfurt/Main, S. 70-177

Brandon, D.P./Hollingshead, A.B. (2004): Transactive Memory Systems in Organizations: Matching Tasks, Expertise, and People, in: Organization Science, Vol. 15, No. 6, S. 633-644

Brandt-Husman, T. (2001): Efficiency in inter-organisational learning : a taxonomy of knowledge transfer costs, Working paper 4, Institut for Industriøkonomi og Virksomhedsstrategi

Branscomb, A.W. (1994): Who owns information?: from privacy to public access, New York

Bronner, R. /Schröder, W. (1983): Weiterbildungserfolg. Modelle und Beispiele systematischer Erfolgssteuerung, Bd. 6 des Handbuchs für die Praxis in Wirtschaft und Verwaltung, München

Bruch, H. (2000): Outsourcing. Konzepte und Strategien, Chancen und Risiken, Wiesbaden

Brüggemeier, M./Felsch, A. (1992): Mikropolitik, in: Die Betriebswirtschaft, Jg. 52, Heft 1, S. 133-136

Bruhn, M. (1991): Dienstleistungsqualität: Konzepte - Methoden - Erfahrungen, Wiesbaden

Buckland, M. (1991): Information and Information Systems, New York

Budäus, D. (Hrsg.) (1988): Betriebswirtschaftslehre und Theorie der Verfügungsrechte, Wiesbaden

Bühner, R./Tuschke, A. (1997): Outsourcing, in: Die Betriebswirtschaft, Jg. 57, Heft 1, S. 20-30

Büker, B. (1991): Qualitätsbeurteilung investiver Dienstleistungen. Operationalisierungsansätze an einem empirischen Beispiel zentraler EDV-Dienste, Frankfurt/Main

Bull, C./Ornati, O./Tedeschi, P. (1987): Search, hiring strategies, and labor market intermediaries, in: Journal of Labor Economics, Vol. 5, No. 4, S. 1-17

Bullinger, H.-J. (1998): Produktionsfaktor Wissen, in: Personalwirtschaft, Bd. 25, Heft 5, S. 22-26

Burr, W. (2003): Fundierung von Leistungstiefenentscheidungen auf der Basis modifizierter Transaktionskostenansätze, in: Zeitschrift für betriebswirtschaftliche Forschung, Jg. 55, Heft 2, S. 112-135

Büssing, A. (2003): Implicit Knowledge and Experience in Work and Organizations, in: International Review of Industrial and Organizational Psychology, Vol. 18, S. 239-280

Büssing, A./Herbig, B./Ewert, T. (2001): Implizites und explizites Wissen – Einflüsse auf Handeln in kritischen Situationen, in: Zeitschrift für Psychologie, Vol. 209, Nr. 2, S. 174-200

Byström, K. (1999): Task Complexity, Information Types and Information Sources: Examination of Relationships, Dissertation, Tampere

Byström, K./Järvelin, K. (1995): Task complexity affects information seeking and use, in: Information Processing & Management, Vol. 31, No. 2, S. 191-213, http://citeseer.ist.psu.edu/cache/papers/cs/26686/http:zSzzSzwww.info.uta.fiz SztutkimuszSzfirezSzarchivezSzKB20.pdf/bystrom95task.pdf (Abrufdatum: 14.09.2006)

Campbell, D.J. (1988): Task Complexity: A Review and Analysis, in: Academy of Management Review, Vol. 13, No. 1, S. 40-52

Caplin, A.S. (1992): Asymmetric information, adjustment costs and market dynamics; in: Discussion paper series: Department of Economics, Columbia University, 601, New York

Carpurro, R. (2000): Einführung in den Informationsbegriff, www.capurro.de/invovorl-kap1.htm (Abrufdatum: 12.02.2007)

Carlile, P.R. (2004): Transferring, Translating, and Transforming: An Integrative Framework for Managing Knowledge Across Boundaries, in: Organization Science, Vol. 15, No. 5, S. 555-568

Chang, C.J./Ho, J.L.Y./Liao, W.M. (1997): The Effects of Justification, Task Complexity and Experience/Training on Problem-Solving Performance, in: Behavioral Research in Accounting, Vol. 9, Supplement, S. 98-116

Chi, T. (1994): Trading in Strategic Resources: Necessary Conditions, Transaction Cost Problems, and Choice of Exchange Structure, in: Strategic Management Journal, Vol. 15, No. 4, S. 271-290

Clark, T./Mabey, C. (1994) The changing use of executive recruitment consultancies: 1989 – 1993, in: Journal of General Management, Vol. 20, No. 2, S. 42-54

Cohendet, P. (2001): The theoretical and policy implications of knowledge codification, in: Research policy, Vol. 30, No. 9, S. 1563-1592

Cohendet, P./Steinmueller, W.E. (2000): The Codification of Knowledge. A conceptual and empirical exploration, in: Industrial and Corporate Change, Vol. 9, No. 2, S. 195-210

Cohendet, P./Meyer-Krahmer, F. (2001): Special issue: Codification of knowledge : empirical evidence and policy recommendations, in: Research Policy, Vol. 30, No. 9, S. 1353-1613

Collins, C./Ericksen, J./Allen, M.(2004): A Qualitative Investigation of the Human Resource Management Practices in Small Businesses, Ithaca

Cook, M.F. (1999): Outsourcing human resources functions. Strategies for providing enhanced HR services at lower cost, New York

Cooke, F.L./Shen, J./McBridge, A. (2005): Outsourcing HR as a competitive strategy? A literature review and assessment of implications, in: Human Resource Management, Vol. 44, No. 4, S. 413-432

Conner, K.R. /Prahalad C.K. (1996): A Resource-based Theory of the Firm: Knowledge Versus Opportunism, in: Organization Science, Vol. 7, No. 5, S. 477-501

Conradi, W. (1983): Personalentwicklung, Stuttgart

Cowan, R. (2000): The explicit economics of knowledge codification and tacitness, in: Industrial and Corporate Change, Vol. 9, No. 2, S. 211-254

Cowan, R. (2001): Expert systems: aspects of and limitations to the codifiability of knowledge, in: Research Policy, Vol. 30, No. 9, S. 1355-1372

Cowan, R./Foray, D. (1997): The economics of codification and the diffusion of knowledge, in: Industrial and corporate change, Vol. 6, No. 3, S. 595-622

Crémer, J. (1993): Corporate Culture and Shared Knowledge, in: Industrial and Corporate Change, Vol. 2, No. 3, S. 351-386

Creplet, F. (2001): Consultants and experts in management consulting firms, in: Research Policy, Vol. 30, No. 9, S.1517-1536

Daft, R.L./Macintosh, N.B. (1981): A tentative exploration into the amount and equivocality of information processing in organizational work units, in: Administrative Science Quarterly, Vol. 26, No. 2, S. 207-224

Daft, R.H./Lengel, R.H. (1984): Information Richness: A new approach to managerial behaviors and organizational design, Springfield

Daft, R.H./Lengel, R.H. (1986): Organizational information requirements, media richness and structural design, in: Management Science, Vol. 32, No. 5, S. 534-571.

Davenport, T.H. (1998): From Data to Knowledge, in: Oracle Magazine, May 1998; URL=http://www. Oracle.com/oramag=oracle/98-May/ind2.html (Abrufdatum: 24.11.2004)

Davenport, T.H. /DeLong, D.W./Beers, M.C. (1998): Successful Knowledge Management Projects, in: Sloan Management Review, Vol. 39, No. 2, S. 43-57

Davenport, T.H./Prusak, L. (2000): Working Knowledge: How Organizations manage what they know, Boston

De Wit, D./Meyer, R. (1998): Strategy, Process, Content, Context – An international perspective, London

Deloitte & Touche Consulting (Hrsg.) (2005): Calling a change in the outsourcing market

DeLuca, J./Stumpf, S. (1981): Problem solving and decision making. A proposed differentiation, Paper presented at the meeting of the Academy of Management, San Diego

DeRose, G. (1999): Outsourcing Training and Education, Alexandria

Derriks, N. (2003): E-Learning als Instrument der Personalentwicklung, in: soFid Organisations- und Verwaltungsforschung, Jg. 13, Heft 2, S. 11-26, URL: http://www.gesis.org/Information/soFid/pdf/Organisation_2003-2.pdf, (Abrufdatum: 12.05.2006)

Deutsch, C. (1995): Insourcing: Zurück zum Kern, in: Wirtschaftswoche, Nr. 51, S. 84-87

Dibbern, J./Heinzl, A. (2000): Outsourcing der Informationsverarbeitung in mittelständischen Unternehmen: Teil 2: Test eines Kausalmodells, in: BF/M Spiegel, 2, S. 1-11

Dickson, C./Maiwald, H. (2003): An der Personalabteilung sparen, in: Personalwirtschaft, Bd. 30, Heft 3, S. 28-31

Dietl, H. (1995): Institutionelle Koordination spezialisierungsbedingter wirtschaftlicher Abhängigkeit, in: Zeitschrift für Betriebswirtschaft, Band 65, Heft 6, S. 569-585

Dietz, H. (2003): Marktnahe Arbeitsformen: eine ökonomisch-rechtliche Analyse, Berlin

DIHK (Hrsg.) (2002): Industrie- und Dienstleistungsstandort Deutschland, Ergebnisse einer Unternehmensbefragung

Dillmann, L. (1997): Die zunehmende Fremdvergabe pharmazeutischer Produktentwicklungsaufgaben an Contract Research Organisations – eine transaktionskostentheoretische Untersuchung, in: Zeitschrift für betriebswirtschaftliche Forschung, Jg. 49, Nr. 12, S. 1047-1065

Dincher, R./Gaugler, E. (2002): Personalberatung bei der Beschaffung von Fach- und Führungskräften, Mannheim

Dombois, R. (1999): Auf dem Wege zu einem neuen Normalarbeitsverhältnis?, 1. Auflage, Bremen

Domsch, M./Gerpott, T. (1992): Personalbeurteilung, in: Gaugler, E./Weber, W. (Hrsg.) (1992): Handwörterbuch der Personalwesens, Stuttgart, Sp. 1631-1639

Domsch, M./Gerpott, T.J. (2004): Personalbeurteilung, in: Gaugler, E./Oechsler, W. A./Weber, W. (Hrsg.) (2004): Handwörterbuch des Personalwesens, Sp. 1431-1441

Dörner, D./Schölkopf, J. (1991): Controlling complex systems: or expertise as „grandmother's know-how"., in: Ericsson, K. A./Schmidt, J. (Hrsg.) (1991): Toward a general theory of expertise, Cambridge, S. 218-239

Drumm, H.-J. (1995): Personalwirtschaftslehre, 3. Auflage, Berlin

Drumm, H.-J. (2000): Personalwirtschaftslehre, 4. Auflage, Berlin

Dyer, J.H. (1997): Effective interfirm collaboration: How firms minimize transaction costs and maximize transaction value, in: Strategic Management Journal, Vol. 18, No. 7, S. 535-556

Dyer, J.H./Chu, W. (2000): The determinats of trust in supplier-automaker relationships in the U.S., Japan and Korea, in: Journal of International Business Studies, Vol. 31, No. 2, S. 259-285

Early, P.C. (1985): Influence of information, choice and task complexity upon goal acceptance, performance, and personal goals, in: Journal of Applied Psychology, Vol. 70, No. 3, S. 481-491

Ebers, M./Gotsch, W. (1993): Institutionenökonomische Theorien der Organisation, in: Kieser, A. (Hrsg.) (1993): Organisationstheorien, Stuttgart, S. 199-249

Eck, C. (1997): Wissen – ein neues Paradigma des Managements, in: Die Unternehmung, Jg. 51, Heft 3, S. 155-180

Ehrmann, Th. (1990): Unternehmungen, Unternehmerfunktion und Transaktionskostenökonomie, in: Zeitschrift für Betriebswirtschaft, Jg. 60, Heft 8, S. 837-849

Eigler, J. (1996): Transaktionskosten als Steuerungsinstrument für die Personalwirtschaft, Frankfurt/Main

Eigler, J. (1997): Transaktionskosten und Personalwirtschaft. Ein Beitrag zur Verringerung der Ökonomiearmut in der Personalwirtschaftslehre, in: Zeitschrift für Personalforschung, Jg. 11, Heft 4, S. 5-29

Eigler, J. (2004): Aufgabenanalyse, in: Schreyögg, G./v. Werder, A. (Hrsg.) (2004): Handwörterbuch Unternehmensführung und Organisation, 4. Auflage, Stuttgart, Sp. 54-61

Eigler, J./Meckl, R. (1998): Outsourcing personalwirtschaftlicher Leistungen – aktuelle empirische Ergebnisse, in: Personal, Jg. 50, Heft 10, S. 476-479

Eisenhardt, K.M. (1985): Control. Organizational and economic approaches, in: Management Science, Vol. 31, No. 2, S. 134-149

Eisenhardt, K.M. (1989): Agency theory: an assessment and review, in: Academy of Management Review, Vol. 14, No. 1, S. 57-74

Emons, W. (2001): Information, Märkte, Zitronen und Signale, Zum Nobelpreis an George Akerlof, Michael Spence und Joseph Stiglitz, in: Wirtschaftsdienst Jg. 81, Heft 11, S. 664-668

Engelhardt, W. H. (1989): Dienstleistungsorientiertes Marketing: Antwort auf die Herausforderung durch neue Technologien, in: Adam, D. (Hrsg.) (1990): Integration und Flexibilität: eine Herausforderung für die allgemeine Betriebswirtschaftslehre, Wiesbaden, S. 269-288

Engelhardt, W.H. (1990): Direktvertrieb im Konsumgüter- und Dienstleistungsbereich: Abgrenzung und Umfang, Stuttgart

Engelhardt, W.H./Freiling, J. (1995): Die integrative Gestaltung von Leistungspotentialen, in: Zeitschrift für betriebswirtschaftliche Forschung, Jg. 47, Heft 10, S. 899-918

Engelhardt, W.H./Schwab, W. (1982): Die Beschaffung von investiven Dienstleistungen, in: Die Betriebswirtschaft, Bd. 42, Heft 4, S. 503-513

Engelhardt, W.H./Kleinaltenkamp, M./Reckenfelderbäumer, M. (1993): Leistungsbündel als Absatzobjekte: ein Ansatz zur Überwindung der Dichotomie von Sach- und Dienstleistungen, in: Zeitschrift für betriebswirtschaftliche Forschung, Jg. 45, Nr. 5, S. 395-426

Ernst & Young (Hrsg.) (2004): Personaldienstleistungen in Deutschland. Auf zu neuen Größen, Düsseldorf

Eschenbach, R./Güldenberg, S. (1996): Das Modell der lernenden Organisation, Wien

Europressedienst (Hrsg.) (2003): Einsatz von Wissensmanagement in mittelständischen Unternehmen und Großunternehmen, Bonn

Evans, P.B./Wurster, T.S. (1997): Strategy and The new Economics of Information, in: Harvard Business Review, Vol. 75, No. 5, S. 71-82

Fehrs, D. (1985): Die sozialen Aspekte der Erweiterung der Europäischen Gemeinschaft, in: Zeitschrift für Sozialreform, Jg. 31, Heft 7, S. 385-435

File, K./Cermak, D./Prince, A. (1994): Word-of-Mouth Effects in Professional Services Buyer Behavior, in: The Service Industries Journal, Vol. 14, No. 3, S. 301-314

Fink, K. (2000): Know-how-Management. Architektur für den Know-how-Transfer, München

Fliess, S. (2004): Qualität für den Kunden erfahrbar machen, in: New management: Die europäische Zeitschrift für Unternehmenswissenschaften und Führungspraxis, Jg. 73, Heft 10, S. 34-37

Flöck, G. (1989): Qualifikatorische Über- und Unterforderung von Personal: betriebliche Wirkungen und Handhabung, Göttingen

Föhr, S. (1995): Personalberatung als Institution: Make-or-buy-Entscheidungen im Personalbereich, in: Zeitschrift für Personalforschung, Jg. 9, Heft 2, S. 135-162

Föhr, S. (1998): Die Rolle der Personalberatung bei der Suche nach Führungskräften, in: Zeitschrift für Personalforschung, Jg. 12, Heft 3, S. 319-336

Föhr, S./Vosberg, D. (2001): Der Markt für Personaldienstleistungen in Deutschland und USA – Ergebnisse einer explorativen Studie, Paper präsentiert auf dem 4. Köln-Bonner Kolloquium zur Personalökonomik, 2001

Foss, N.J. (1996): Knowledge-based Approaches to the Theory of the Firm: Some Critical Comments, in: Organization Science, Vol. 7, No. 5, S. 470-476

Franken, H./Busch, W. (2003): Naht das Ende für die Zeitarbeit ?, in: Personalmagazin, Jg. 3, Heft 1, S. 10

Franze, F. (1998): Outsourcing: begriffliche und kostentheoretische Aspekte, Bern

Frehse, J. (2002): Internationale Dienstleistungskompetenz: Erfolgsstrategien für die europäische Hotellerie, 1. Auflage, Wiesbaden

Freitag, M. (1998): Personalentwicklung in Netzwerken, in: Enderlein, H./Lang, R./Schöne, R. (Hrsg.) (1998): Humanpotentiale, Arbeitsorganisation, Kultur und Führung kleiner und mittlerer Unternehmen, 1. Auflage, S. 46-67

French, J.R.P/Raven, B.H. (1959): The Bases of social power, in: Cartwright, D. (Hrsg.) (1959): Studies in social power, 5. Auflage, Ann Arbor, Michigan, S. 150-167

Frieling, E. /Hoyos, C. Graf (1978): Fragebogen zur Arbeitsplatz-Analyse (FAA), Bern

Frost, P./Mahoney, T. (1976): Goal-setting and the task process: An interactive influence on individual performance, in: Organizational Behavior and Human Performance, Vol. 17, No. 2, S. 328-350

Fuchs, W. (1994): Die Transaktionskosten-Theorie und ihre Anwendung auf die Ausgliederung von Verwaltungsfunktionen aus industriellen Unternehmen, Ladenburg

Fudenberg, D./Tirole, J. (1990): Moral Hazard and Renegotiation in Agency Contracts, in: Econometria, Vol. 58, No. 6, S. 1279-1319

Funke, U. (1993): Computergestützte Eignungsdiagnostik mit komplexen dynamischen Szenarios, in: Zeitschrift für Arbeits- und Organisationspsychologie, Vol. 37, No. 3, S. 109-118

Gainey, T.W./Klaas, B.S. (2005): Outsourcing relationships between firms and their training providers: The role of trust, in: Human Resource Development Quarterly, Vol. 16, No. 1, S. 7-26.

Gassner, E. (2004): Die Qualität des Angebots von Personaldienstleistungen in Österreich aus Kundenperspektive, unveröffentlichte Diplomarbeit, Wien

Gerpott, T.J. (1992): Gleichgestelltenbeurteilung, in: Selbach, R./Pullig, K. (Hrsg.) (1992): Handbuch Mitarbeiterbeurteilung, Wiesbaden, S. 211-254

Gertler, M.S. (1995): Being there: Proximity, Organization, and Culture in the Development and Adoption of Advanced Manufacturing Technologies, in: Economic Geography, Vol. 71, No. 1, S. 1-27

Gertz, W. (2004): Outsourcing: Nicht alle Weg führen zum Ziel, in: Personalmagazin, Jg. 4, Heft 4, S. 18-26

Gerum, E. (1985): Entlohnung durch Arbeitsbewertung: Grundlagen, Methoden und Konsequenzen bei technischem Fortschritt, in: Wirtschaftswissenschaftliches Studium, Band 14, Heft 10, S. 492-498

Gerum, E. (1988): Unternehmensverfassung und Theorie der Verfügungsrechte, in: Budäus, D. (Hrsg.) (1988): Betriebswirtschaftslehre und Theorie der Verfügungsrechte, Wiesbaden, S. 23-43

Gilley, K.M./Rasheed, A. (2000): Making More by Doing Less: An Analyses of Outsourcing and its Effects on Firm Performance, in: Journal of Management, Vol. 26, No. 4, S. 763-790

Gilley, K.M./Greer, C.R./Rasheed, A.A. (2004): Human resource outsourcing and organizational performance in manufacturing firms, in: Journal of Business Research, Vol. 57, No. 3, S. 232-240

Göbel, E. (2002): Neue Institutionenökonomik. Konzeption und betriebswirtschaftliche Anwendungen, Stuttgart

Gontermann, A. (2003): Adverse Selektion, in: Das Wirtschaftsstudium, Jg. 32, Heft 2, S. 192-194

Görgens, E./Pfahler, T. (2002): Adverse Selektion, moralisches Risiko und Tarifvertragsrecht: Beeinflusst das Vertragsrecht die Ausgestaltung anreizkompatibler Verträge?, in: Apolte, T./Vollmer, U. (Hrsg) (2002): Arbeitsmärkte und soziale Sicherungssysteme unter Reformdruck, Schriften zu Ordnungsfragen der Wirtschaft, Bd. 68, Stuttgart, S. 86-111

Granovetter, M.S. (1977): The strength of weak ties, in: Leinhardt, S. (Hrsg.) (1977): Social networks - a developing paradigm, New York, S.347-367

Grant, R.M. (1991): The Resource-Based Theory of Competitive Advantage: Implications for Strategy Formulation, in: California Management Review, Vol. 33, No. 3, S. 114-135

Grant, R.M. (1996): Toward a Knowledge-based Theory of the Firm, in: Strategic Management Journal, Vol. 17, No. 12, S. 109-122

Graßhoff, U./Schwalbach, J. (1991): Agency-Theorie, Informationskosten und Managervergütung, in: Zeitschrift für betriebswirtschaftliche Forschung, Bd. 51, Heft 5, S. 437-453

Graßy, O. (1993): Industrielle Dienstleistungen – Diversifikationspotentiale für Industrieunternehmen, München

Graumann, M. (2003): Unternehmerfunktionen im Wandel der Zeit, in: Das Wirtschaftsstudium, Bd. 32, Heft 5, S. 637-642

Greenwood, J. (1989): Externalities and asymmetric information, in: Working Paper: the Centre for the Study of International Economics Relations, Department of Economics, the University of Western Ontario, 8601C

Greer, C.R./Youngblood, S.A./Gray, D.A. (1999): Human resource management outsourcing. The make or buy decision, in: Academy of Management Executive, Vol. 13, No. 3, S. 85-96.

Grossman, S.J./Hart, O.D. (1981): Implicit contracts, moral hazard and unemployment, in: The American Economic Review, Vol. 71, No. 2, S. 301-307

Grossman, S.J./Hart, O.D. (1983a): An analysis of the principal-agent problem, in: Econometria, Vol. 51, No. 1, S. 7-45

Grossmann, S.J./Hart, O.D. (1983b): Implicit Contracts under asymmetric information, in: Quarterly Journal of Economics, Supplement, Vol. 98, No. 2, S. 123-156

Grover, V./Cheon, M.J./Teng, J.T.C. (1996): The effect of service quality and partnership on the outsourcing of information systems functions, in: Journal of Management Information Systems, Vol. 12, No. 4, S. 89-116

Grübel, D. (2004): Intellectual capital reporting: ein Vergleich von vier Ansätzen, in: Zeitschrift Führung + Organisation, Jg. 73, Heft 1, S. 19-27

Grubitzsch, S. (1991): Testtheorie – Testpraxis. Psychologische Tests und Prüfverfahren im kritischen Überblick, Reinbek bei Hamburg

Guasch, J.L./Weiss, A. (1980): Adverse selection by markets and the advantage of being late, in: The Quarterly Journal of Economics, Vol. 94, No. 3, S. 453-466

Guion, R.M. (1993): The Need for Change: Six Persistent Themes, in: Schmitt, N./Borman, W.C. (Hrsg.) (1993): Personnel Selection in Organizations, San Fransisco, S. 481-496

Güldenberg, S. (1998): Wissensmanagement und Wissenscontrolling in lernenden Organisationen - ein systemtheoretischer Ansatz, 2. Auflage, Wiesbaden

Güldenberg, S. (2001): Wissensmanagement und Wissenscontrolling in lernenden Organisationen: ein systemtheoretischer Ansatz, 3., aktualisierte Auflage, Wiesbaden

Gupta, A.K./Govindarajan, V. (2000): Knowledge Flows within Multinational Corporations, in: Strategic Management Journal, Vol. 21, No. 4, S. 473-496

Haak, C. (2003): Weiterbildung in kleinen und mittleren Betrieben: Ein deutsch- dänischer Vergleich, Wissenschaftszentrum Berlin für Sozialforschung, Berlin

Hagemeyer, J./Rolles, R. (1998): Erhebung von Prozeßwissen für das Wissensmanagement, in: IM: die Zeitschrift für Information Management & Consulting, Bd. 13, Heft 1, S. 46-50

Hahn, D./Hungenberg, H./Kaufmann, L. (1994): Optimale Make-or-buy-Entscheidung, in: Controlling, Bd. 6, Heft 2, S. 74-83

Hala, H./Lüscher, D./Meier, C./, Scherer, R. /Wallimann, H. (2004): HRM in KMU - Bestandsaufnahme der Bedeutung und Umsetzung von HR-Funktionen in KMU in der Deutschschweiz, Olten

Hall, R. (1993): A framework for linking intangible resources and capabilities to sustainable competitive advantage, in: Strategic Management Journal, Vol. 88, No. 14, S. 607-618

Hallén, L./Johanson, J. (1985): Industrial Marketing Strategies and different national environments, in: Journal of Business Research, Vol. 13, No. 6, S. 495-509

Hamel, G./Doz, Y./Prahalad, C. K. (1989): Collaborate with your competitor - and win, in: Havard Business Review, Vol. 67, No. 1, S. 133-139

Hart, O.D. (1983): Optimal labour contracts under asymmetric information, in: Review of Economic Studies, Vol. 50, No. 16, S. 3-55

Haupt, R. (2000): Industriebetriebslehre, Wiesbaden

Hedlund, G. /Nonaka, I. (1993): Models of knowledge management in the West and Japan, in: Lorange, P. /Chakravarthy, B./Ross, J./van de Ven, A. (Hrsg.) (1993): Implementing strategic processes: Change, learning and corporation, London

Hegmann, H. (2004): Implizites Wissen und die Grenzen mikroökonomischer Institutionenanalyse, in: Blümle, G. (Hrsg.) (2004): Perspektiven einer kulturellen Ökonomik, Münster, S. 11-28

Heiman, B. (2002): Towards reconciling transaction cost economics and the knowledge-based view of the firm: The context of interfirm collaborations, in: International Journal of the Economics of Business, Vol. 9, No. 1, S. 97-116

Heinrich, W. (Hrsg.) (1992): Outsourcing: Modelle-Strategien-Praxis, Bergheim

Helfert, M./Trautwein-Kalms, G. (2000): Arbeitspolitik unter Bedingungen der Flexibilisierung und „Globalisierung", in: WSI-Mitteilungen, Jg. 53, Heft 1, S. 1-5

Hellwig, C. (2002): Public information, private information and the multiplicity of equilibria in coordination games, in: Journal of Economic Theory, Vol. 107, No. 2, S. 191-222

Helmstädter, E. (2000): Arbeitsteilung und Wissensteilung – Zur Institutionenökonomik der Wissensgesellschaft, in: Nutzinger, H.G./Held, M. (Hrsg) (2000): Geteilte Arbeit und ganzer Mensch. Perspektiven der Arbeitsgesellschaft, Frankfurt/Main, S. 118-141

Helmstädter, E. (2003): The institutional economics of knowledge sharing: basic issues, in: Helmstädter, E. (Hrsg.) (2003): The Economics of knowledge sharing. A new institutional approach, Cheltenham, S. 11-38

Hendrix, U./Abendroth, C./Wachtler, G. (2003): Outsourcing und Beschäftigung. Die Folgen betriebsübergreifender Kooperation für die Gestaltung von Arbeit, 1. Auflage, München, Mering

Hendrix, U./Wachtler, G. (2004): Grenzen überschreitender Unternehmensrationalisierung und ihre Auswirkung auf Beschäftigungsverhältnisse – dargestellt am Beispiel des Outsourcing, in: Arbeit - Zeitschrift für Arbeitsforschung, Arbeitsgestaltung und Arbeitspolitik, Jg. 13, Heft 2, S. 105-121

Hentschel, B. (1992): Dienstleistungsqualität aus Kundensicht : vom merkmals- zum ereignisorientierten Ansatz, Wiesbaden

Hentschel, B. (1996): Outsourcing: Fullservice, in: LOHN+GEHALT, Extra 2, S. 41-46

Hentze, J. (1991): Grundlagen, Personalbedarfsermittlung, -beschaffung, -entwicklung und -einsatz, 6. überarbeitete Auflage, Bern

Hentze, J. (1995): Personalerhaltung und Leistungsstimulation, Personalfreistellung und Personalinformationswirtschaft, 6. überarbeitete Auflage, Bern

Heppner, K. (1997): Organisation des Wissenstransfers: Grundlagen, Barrieren und Instrumente, Köln

Herbig, B. (2000): Vergleichende Untersuchung von Struktur und Inhalt expliziten und impliziten Wissens im Arbeitskontext, München

Herbig, B./Büssing, A. (2003a): Comparison of the role of explicit and implicit knowledge in working, in: Psychology Science, Vol. 45, No. 3, S. 165-188

Herbig, B./Büssing, A. (2003b): Implizites Wissen und erfahrungsgeleitetes Arbeitshandeln: Perspektiven für Arbeit und Organisation, in: Arbeit, Jg. 12, Heft 1, S. 36-53

Hering, K.P./Thönneßen, J. (2003): Manager kennen die Kandidaten am besten, in: Personalwirtschaft, Bd. 30, Heft 4, S. 21-27

Hill, C.W.L. (1990): Cooperation, Opportunism and the Invisible Hand: Implications for Transaction Cost Theory, in: Academy of Management Review, Vol. 15, No. 3, S. 500-513

Hillemanns, R.M. (1995): Kritische Erfolgsfaktoren in der Unternehmensberatung, St. Gallen

Hillier, B. (1998): The economics of asymmetric information, Basingstoke

Hoffmann, E./Walwei, U. (1998a): Beschäftigung: Formenvielfalt als Perspektive? Längerfristige Entwicklung von Erwerbsformen in Westdeutschland, IAB-Kurzbericht Nr.2

Hoffmann, E./Walwei, U. (1998b): Normalarbeitsverhältnis ein Auslaufmodell? Überlegungen zu einem Erklärungsmodell für den Wandel der Beschäftigungsformen, in: Mitteilungen aus der Arbeitsmarkt- und Berufsforschung, Bd. 31, Heft 3, S. 409-425

Hoffmann, E./Walwei, U. (2000): Strukturwandel der Erwerbsarbeit. Was ist eigentlich noch normal?, IAB Kurzbericht Nr. 14

Holmstrom, B.W./Milgrom, P. (1991): Multitask Principal-Agent-Analyses: Incentive, Contracts, Asset Ownership, and Job Design, in: Journal of Law, Economics and Organization, Vol. 7, Special Issue, S. 24-52

Holtbrügge, D./Berg, N. (2004): Knowledge transfer in multinational corporations: Evidence from German firms, in: Management International Review, Vol. 44, No. 3, S. 129-145.

Holtbrügge, D./Berg, N. (2005): Wissenschaftliche Beiträge – Personalentwicklung, in: Wirtschaftswissenschaftliches Studium, Bd. 34, Heft 3, S. 133-137

Hölterhoff, H. /Becker, M. (1986): Aufgaben und Organisation der betrieblichen Weiterbildung, in: Jeserich, W. et al. (Hrsg.) (1986): Handbuch der Weiterbildung für die Praxis in Wirtschaft und Verwaltung, Bd. 3, München

Hoyos, C. (1986): Die Rolle der Anforderungsanalyse im eignungsdiagnostischen Prozeß, in: Zeitschrift für Arbeits- und Organisationspsychologie, Bd. 30, Heft 29, S. 59-67

Huber, G.P. (1991): Organizational Learning: The contributing process and the literatures, in: Organization Sciences, Vol. 2, No. 1, S. 88-115

Husmann, T. B. (2001): Efficiency in inter-organisational learning: a taxonomy of knowledge transfer costs, LOK Working Paper, http://www.cbs.dk/departments/ivs/wp/wp01-4.pdf (Abrufdatum: 20.12.2006)

Iles, P.A./Salaman, G. (1995): Recruitment, selection and assessment, in: Storey, J. (Hrsg.) (1995): Human Resource Management. A critical text, London, S. 203-233

Ingwersen, P. (1992): Information retrieval interaction, London

Inkpen, A.C. (1998): The transfer and management of knowledge in the multinational corporation: considering context, Pittsburgh

IP Institut für Personalmanagement GmbH (Hrsg.) (2004): IP Personalmanagement Index 2003/2004. Aufgaben, Schwerpunkte und Trends im Personalmanagement der Region Berlin-Brandenburg (Zusammenfassung)

Jahn, E./Rudolph, H. (2002a): Zeitarbeit – Teil 1. Auch für Arbeitslose ein Weg mit Perspektive, IAB-Kurzbericht Nr. 20

Jahn, E./Rudolph, H. (2002b): Zeitarbeit – Teil 2. Völlig frei bis streng geregelt: Variantenvielfalt in Europa, IAB-Kurzbericht Nr. 21

Jahn, C.I. (2003): Internationalisierung von Unternehmensberatungen: Motive, Eintrittsformen und Marktmechanismen, Working Paper für den Workshop des Graduiertenkollegs „Märkte und Sozialräume in Europa", 16.-18.10.2003

Jans, M. (2002): Überlegungen zur Güte der transaktionskostenökonomischen Erklärung betrieblicher Personalstrategien, in: Diskussionsbeiträge aus dem Fachbereich Wirtschaftswissenschaften, Universität Essen, 122

Jarz, E.W. (1997): Entwicklung multimedialer Systeme: Planung von Lern- und Masseninformationssystemen, Wiesbaden

Järvelin, K. (1986): On information, information technology and the development of society: An information science perspective, in: Ingwersen, P. (Hrsg.) (1986): Information Technology and Information Use: Towards a Unified View of Information and Information Technology, London, S. 35-55

Jensen, M.C./Meckling, W.H. (1976): Theory of the firm: managerial behavior, agency costs and ownership structure, in: Journal of Financial Economics, Vol. 3, No. 4, S. 305-360

Jochmann, W. (1995): Gestaltung einer effektiven Zusammenarbeit mit Personalberatungen, in: Jochmann, W. (Hrsg.) (1995): Personalberatung intern, Göttingen, S. 9-31

Johst, D. (2000): Angebot an Personaldienstleistungen in Deutschland – eine theoretische und empirische Analyse, in: Journal of Economics and Statistic, Vol. 220, No. 2, S. 165-190

Jost, P.-J. (2001): Die Prinzipal-Agenten-Theorie im Unternehmenskontext, in: Jost, P.-J. (Hrsg.) (2001): Die Prinzipal-Agenten-Theorie in der Betriebswirtschaftslehre, S. 11-43

Jung, H. (1997): Personalwirtschaft, 2. Auflage, München

Justus, A. (1999): Wissenstransfer in strategischen Allianzen: eine verhaltenothoore tische Analyse, Frankfurt/Main

Kaas, K.P./Schade, C. (1995): Unternehmensberater im Wettbewerb. Eine empirische Untersuchung aus der Perspektive der Neuen Institutionenlehre, in: Zeitschrift für Betriebswirtschaft, Jg. 65, Heft 10, S. 1067-1089

Kaas, K.P. (2001): Zur Theorie des Dienstleistungsmanagements, in: Bruhn, M./Meffert, H. (Hrsg.) (2001): Handbuch Dienstleistungsmanagement, 2. überarbeitete und erweiterte Auflage, Wiesbaden, S. 105-121

Kaltwasser, A. (1994): Wissenserwerb für Forschung & Entwicklung. Eine Make-or-Buy-Entscheidung, Wiesbaden

Kammel, A. (2004): Personalabbau/-freisetzung, in: Gaugler, E./Oechsler, W.A./Weber, W. (Hrsg.) (2004): Handwörterbuch des Personalwesens, 3. Auflage, Stuttgart, Sp. 1343-1357

Kaps, G. (2001): Erfolgsmessung im Wissensmanagement unter Anwendung von Balanced Scorecards, in: Nohr, H. (Hrsg.) (2001): Arbeitspapiere Wissensmanagement Nr. 2

Karrasch, J. (1999): Marktforschung. Markt für Outplacement-Beratung ist aufgeteilt, in: Personalwirtschaft, Bd. 26, Heft 11, S. 14-19

Karst, T./Schmitz, M. (2001): Controlling. Verrechnungspreise im Personalmanagement - Die Gerling Zentrale Verwaltungs GmbH führte die Methode der Verrechnungspreise ein, in: Personalwirtschaft, Bd. 28, Heft 10, S. 90-95

Katenkamp, O. (2002): Einführung von Wissensmanagementsystemen in Wirtschaft und Wissenschaft - eine aktuelle Bestandaufnahme, in: Arbeit, Jg. 11, Heft 3, S. 253-259

Katenkamp, O. (2003): Quo vadis Wissensmanagement?: eine Literaturübersicht zur Einführung von Wissensmanagement in der Wirtschaft , in: Arbeit, Jg. 12, Heft 1, S. 16-35

Kayworth, T./Leidner, D. (2003): Organizational Culture as a knowledge resource, in: Holsapple, C.W. (Hrsg.) (2003): Handbook on knowledge management, Berlin, S. 235-252

Keck, O. (1986): The information dilemma: private information as a cause of transaction failure in markets, regulation, hierarchy and politics, Berlin

Kennan, J./Wilson, R. (1993): Bargaining with private information, in: Journal of Economic Literature, Vol. 31, No. 1, S. 45-104

Kerr, S./Mathews, C.S. (1987): Führungstheorien - Theorie der Führungssubstitution, in: Kieser, A./Reber, G./Wunderer, R. (Hrsg.) (1987): Handwörterbuch der Führung, Stuttgart, S. 909-922

Kienbaum (Hrsg.) (2004): Kienbaum HR Studies 2004: Outsourcing von Personalfunktionen in deutschen Großunternehmen

Kienbaum (Hrsg.) (2005): Kienbaum HR Studies 2005: Outsourcing von Personalfunktionen in Österreichs TOP Unternehmen

Kiener, S. (1990): Die Principal-Agent-Theorie aus informationsökonomischer Sicht, Heidelberg

Kieser, A. (Hrsg.) (1993): Organisationstheorien, 2. Auflage, Stuttgart

Kieser, A. (Hrsg.) (2001): Organisationstheorien, 4. Auflage, Stuttgart

Kirkpatrick, D.L. (1998): Evaluating training programs. The four levels, San Fransisco

Kirstein, R./Kittner, M./Schmidtchen, D. (2000): Kündigungsschutzrecht in den USA und Deutschland: ein Beitrag zur ökonomischen Rechtsvergleichung, CSLE Discussion Paper, Saarbrücken

Kißling, V. (1994): Typologien von Business-to-Business-Transaktionen, in: Marketing-ZFP, Heft 2, S. 77-88

Kißling, V. (1999): Beschaffung professioneller Dienstleistungen. Eine empirische Untersuchung zum Transaktionsverhalten, Berlin

Klaas, B.S./McClendon, J./Gainey, T.W. (1999): HR Outsourcing and Its Impact: The Role of Transaction Costs, in: Personnel Psychology, Vol. 52, No. 1, S. 113-136

Klaas, B.S./McClendon, J./Gainey, T.W. (2001): Outsourcing HR – the impact of organizational characteristics, in: Human Resource Management, Vol. 40, No. 2, S. 125-138

Klein, B. (1980): Borderlines of law and economic theory, in: The American Economic Review, Vol. 70, No. 2, S. 356-367

Kleinaltenkamp, M. (1994): Typologien von Business-to-Business-Transaktionen: Kritische Würdigung und Weiterentwicklung, in: Marketing, Band 16, Heft 2, S. 77-88

Kleinhenz, G. (1998): Arbeitsmarktkrise und Umbruch der Arbeitswelt – Droht das „Ende" der Erwerbsarbeit?, in: Arbeit und Arbeitsrecht, Bd. 53, Heft 12, S. 401-403

Klimecki, R. G./Gmür, M. (1998): Personalmanagement, 1. Auflage, Stuttgart

Klimecki, R. G./Gmür, M. (2005): Personalmanagement, 3. Auflage, Stuttgart

Kluwe, R.H. (1997): Effect of typo of learning on control performance, in: Harris, D. (Hrsg.) (1997): Engineering und cognitive ergonomics, Aldershop, S. 81-88

Knolmayer, G. (1994): Zur Berücksichtigung von Transaktions- und Koordinations kosten in Entscheidungsmodellen für Make or buy-Probleme, in: Betriebswirtschaftliche Forschung und Praxis, Jg. 46, Heft 4, S. 316-332

Kogut, B./Zander, U. (1992): Knowledge of the firm, combinative capabilities and the replication of technology, in: Organization Science, Vol. 3, No. 3, S. 383-397

Köhler, L. (1991): Die Internationalisierung produzentenorientierter Dienstleistungsunternehmen, Hamburg

Köhler, T. (2002): Outsourcing: auch das Kerngeschäft im Visier, in: Information Management & Consulting, Bd. 17, Heft 4, S. 111-112

Kolakovic, M./Kempfer, U. (1998): Outsourcing personalwirtschaftlicher Aufgaben - Komplett-Outsourcing des Personalbereichs - Das Beispiel der Jenoptik-Gruppe, in: Personal, Bd. 50, Heft 10, S. 494-501

Kolakovic, M. (2003): Outsourcing des Personalwesens, in: Schwuchow, K./Gutmann, J. (Hrsg.) (2003): Jahrbuch Personalentwicklung & Weiterbildung 2003, Neuwied/Kriftel, S. 230-237

Kolb, M./Bergmann, G. (1997): Qualitätsmanagement im Personalbereich: Konzepte für Personalwirtschaft, Personalführung und Personalentwicklung, Landsberg/Lech

Kolvenbach, P./Langohr-Plato, U. (1999): Outsourcing betrieblicher Versorgungsverpflichtungen, in: Personalwirtschaft, Jg. 26, Heft 9, S. 32-37

Kompa, A. (1989): Assessment Center: Bestandsaufnahme und Kritik, München

Konle-Seidl, R.(2002): Steigerung von Effizienz und Reputation in der Arbeitsvermittlung, in: IAB Werkstattbericht, Institut für Arbeitsmarkt- und Berufsforschung, Nr. 15

Kosiol, E. (1972): Die Unternehmung als wirtschaftliches Aktionszentrum, Reinbek

Kosiol, E. (1976): Organisation der Unternehmung, Köln

Kossbiel, H. (1990): Personalbereitstellung und Personalführung, in: Jacob, H. (Hrsg.) (1990): Allgemeine BWL, 5. Auflage, S. 1045-1257

Kossbiel, H. (2006): Personalwirtschaft, in: Bea, F.X./Friedl, B./Schweitzer, M. (Hrsg.) (2006): Allgemeine Betriebswirtschaftslehre, Bd. 3: Leistungsprozesse, 9. Auflage, Stuttgart, S. 517-617

Kotabe, M./Martin, X./Domoto, H. (2003): Gaining from vertical partnerships: knowledge transfer, relationship duration, and supplier performance improvement in the U.S. and Japanese automotive industries, in: Strategic Management Journal, Vol. 24, No. 4, S. 293-316

Kotler, P./Bliemel, F. (1995): Marketing-Management: Analyse, Planung, Umsetzung u. Steuerung, 8., vollständig neu bearbeitete und erweiterte Auflage, Stuttgart

Kräkel, M./Alewell, D. (1998): Personalpolitik, Informationsökonomie und Karrieren, in: Martin, A./Nienhüser, W. (Hrsg.) (1998): Personalpolitik: wissenschaftliche Erklärung der Personalpraxis, München, S. 83-107

Kreps, D.M. (1990): A course in microeconomic theory, New York

Kreps, D.M./Wilson, R. (1982): Reputation and imperfect information, in: Journal of Economic Theory, Vol. 27, No. 2, S. 253-279

Kromrey, H. (1998): Empirische Sozialforschung, Opladen

Kruth, W. (1997/1998): Informationssicherheit und Qualitätsmanagement beim Outsourcing, in: LOHN+GEHALT, Jg. 9, Heft 5, S. 71-77

Kubitschek, C./Meckl, R. (2000): Die ökonomischen Aspekte des Wissensmanagements - Anreize und Instrumente zur Entwicklung und Offenlegung von Wissen, in: Zeitschrift für betriebswirtschaftliche Forschung, Jg. 52, Heft 12, S. 742-761

Kubon-Gilke, G. (2003): Motivation, learning, knowledge sharing and division of labour, in: Helmstädter, E. (Hrsg.) (2003) The economics of knowledge sharing, Cheltenham, S. 51-73

Kühlmann, T.M./Städtler, A./Stahl, G.K. (1994): Outsourcing von Personalarbeit: Ein Erfahrungsvergleich von Großunternehmen sowie kleinen und mittleren Firmen, in: Böhler, H./Kühlmann, T.M./Schmidt, K.G./Sigloch, J./Wassidlo, P.R. (Hrsg.) (1994): Mittelstand und Betriebswirtschaft: Beiträge aus Wissenschaft und Praxis, Bd. 6, Bayreuth, S. 5-20

Laatz, W. (1993): Empirische Methoden: ein Lehrbuch für Sozialwissenschaftler, Thun

Laboratory for Human Resource Information (Hrsg.) (1999): Cranet Survey 1999

Lacity, M. C./Willcocks, L. P. (1998): An empirical investigation of information technology sourcing practices: Lessons from experience, in: Management Information System Quarterly, Vol. 22, No. 3, S. 363-408

Laffont, J. J. (1989): The Economics of Uncertainty and Information, Cambridge

Lam, A. (1998a): The social embeddedness of Knowledge: Problems of Knowledge Sharing and Organisational Learning in International High-Technology Ventures, in: DRUID Working Paper, Nr. 98-7

Lam, A. (1998b): Tacit Knowledge, Organisational Learning and Innovation. A societal perspective, in: DRUID, Working Paper, Nr. 98-2

Lamers, S. M. (1997): Reorganisation der betrieblichen Personalarbeit durch Outsourcing, Alpen

Lamnek, S. (1995): Qualitative Sozialforschung, Bd. 1: Methodologie, 3. korrigierte Auflage, Weinheim

Lamnek, S. (2005): Qualitative Sozialforschung, 4. Auflage, Weinheim

Langerfeldt, M. (2003): Neue Institutionenökonomik, in: Das Wirtschaftsstudium, Heft 1, 2003, S. 55-58

Langlois, R.N. (1988): Economic change and the boundaries of the firm, in: Journal of Institutional and Theoretical Economics, Vol. 144, No. 4, S. 635-657

Langlois, R. (1992): Transaction-Cost Economics in Real Time, in: Industrial and Corporate Change, Vol. 1, No. 1, S. 99-127

Laux, H. (1989): Die Steuerung von Entscheidungsprozessen bei Informationsasymmetrie und Zielkonflikt als Gegenstand der neueren betriebswirtschaftlichen Organisationstheorie; in: Zeitschrift für Wirtschafts- und Sozialwissenschaften, Bd. 109, Heft 4, S. 513-583

Laux, H. (1990): Risiko, Anreiz und Kontrolle, Heidelberg

Lawler, E.E./Ulrich, D./Fitzenz, J./Madden, J.C. (2004): Human Resources Business Process Outsourcing: Transforming how HR gets its work done, San Francisco

Lazear, E.P. (1986): Salaries and Piece Rates, in: Journal of Business, Vol. 59, No. 3, S. 405-431

Lazear, E.P. (2000): The Power of Incentives, in: The American Economic Review, Vol. 90, No. 2, S. 410-414

Leonard, D./Swap, W. (2005): Aus Erfahrung gut - Wie Sie das Know-how Ihrer besten und erfahrensten Mitarbeiter weitergeben können, in: Harvard Business Manager, Bd. 27, Heft 1, S. 20-23

Lever, S. (1997): An analysis of managerial motivations behind outsourcing practices in Human Resources, in: Human Resource Planning, Vol. 20, No. 2, S. 37-49

Levin, J. (2002): Multilateral Contracting and the Employment Relationship, in: The Quarterly Journal of Economics, Vol. 117, No. 3, S. 1075-1103

Levin, D./Cross, R. (2004): The strength of weak ties you can trust: The Mediating role of trust in effective knowledge transfer, in: Management Science, Vol. 50, No. 11, S. 1477-1490

Linnenkohl, K. et al. (1991): Der Begriff des Arbeitnehmers und die „informationelle Abhängigkeit", in: Arbeit und Recht, Jg. 39, Heft 7, S. 203-206

Lippman, S. /Rumelt, R.P. (1982): Uncertain imitability: An analysis of interfirm differences in efficiency under competition, in: Bell Journal of Economics, Vol. 13, No. 2, S. 418-438

Lorenzen, M. (1998): A „higher-order" knowledge base for trust in specialisation and localised learning, Kopenhagen

Luhmann, N. (1988): Soziale Systeme: Grundriss einer allgemeinen Theorie, 2. Auflage, Frankfurt/Main

Lundvall, B. A. (1995): The Learning-Economy – Challenges to Economic Theory and Policy, Paper presented at EAEPE-Conference in Kopenhagen 27.10.-29.10.1994

Lünendonk, T. (2002): Zeitarbeit – eine Chance für den Arbeitsmarkt, in: Personal, Bd. 54, Heft 9, S. 26-29

Lünendonk (Hrsg.) (2003): Führende Managementberatungsunternehmen in Deutschland 2003

Lünendonk (Hrsg.) (2004): Führende Managementberatungsunternehmen in Deutschland. Umsätze, Märkte, Strukturen, Tendenzen

Lynn, S. (1988): Profiling benefit segments in a business market for a professional service, in: Advances in Business Marketing, Vol. 3, S. 159-199

MacMullin, S.E./Taylor, R.S. (1984): Problem dimensions and information traits, in: The Information Society, Vol. 3, No. 1, S. 91-111

Macaulay, S. (1963): Non-Contractual relation in business: a preliminary study, in: American Sociological Review, Vol. 1963, No. 28, S. 55-67

Machlup, F. (1980): Knowledge. It's Creation, Distribution and Economic Significance, Vol. 1: Knowledge and Knowledge Production, Princeton

Machlup, F./Mansfield, U.(1983): The Study of Information, New York

Macho-Stadler, I. (2001): An introduction to the economics of information: incentives and contracts, 2. Auflage, Oxford

Madhok, A. (1996): Crossroads: The Organization of Economic Activity: Transaction Costs, Firm Capabilities and the Nature of Governance, in: Organization Science, Vol. 7, No. 5, S. 577-590

Madhok, A./Tallman, S.B. (1998): Resources, Transactions and Rents: Managing Value Through Interfirm Collaborative Relationships, in: Organization Science, Vol. 9, No. 3, S. 326-339

Mailath, G.J./Postlewaite, A. (1990): Asymmetric Information Bargaining Problems with many agents, In: Review of Economic Studies, Vol. 57, No. 191, S. 351-367

Maier, W. (1988): Arbeitsanalyse und Lohngestaltung, 2. Auflage, Stuttgart

Maletzke, G. (1998): Kommunikationswissenschaft im Überblick, Opladen

Mann, S. (1995): Politics and power in organizations: Why women lose out, in: Leadership & Organization Development Journal, Vol. 16, No. 2, S. 9-15

Männel, W. (1981): Die Wahl zwischen Eigenfertigung und Fremdbezug: theoretische Grundlagen – praktische Fälle, 2. Auflage, Stuttgart

Männel, W. (1983): Wenn Sie zwischen Eigenfertigung und Fremdbezug entscheiden müssen, in: io-Management Zeitschrift, Bd. 52, Heft 7/8, S. 301-307

Männel, W. (1990): Entscheidungsorientierte Kostenvergleichsrechnungen für den kurzfristigen Übergang von der Eigenfertigung zum Fremdbezug, in: Kostenrechnungspraxis, Jg. 34, Heft 3, S. 187-190

Männel, W. (1996): Make-or-Buy Entscheidungen, in: Kostenrechnungs-Praxis – Zeitschrift für Kostenrechnung und Controlling, Jg. 40, Heft 6, S. 148-150

Manufacturers' Alliance (Hrsg.) (1996): Nonpermanent Work arrangements and outsourcing, Economic Report, Dezember 1996.

March, J./Simon, H. (1958): Organizations, 1. Auflage, New York

March, J./Simon, H. (1967): Organizations, 2. Auflage, New York

Martin, A./Nienhüser, W. (Hrsg.) (2002): Neue Formen der Beschäftigung - neue Personalpolitik, Sonderband 2002 der Zeitschrift für Personalforschung, Mering

Martin, A./Beherends, T. (1999): Empirische Erforschung des Weiterbildungsverhaltens von Unternehmen, Lüneburg

Martin, H. (Hrsg.) (1995): CeA-Computergestütze erfahrungsgeleitete Arbeit, Berlin

Masten, S.E. (1986): Institutional choice and the organization of production: the make-or-buy decision, in: Journal of Institutional and Theoretical Economics, Vol. 142, No. 3, S. 493-509

Matiaske, W./Kabst, R. (2001): Outsourcing und Professionalisierung in der Personalarbeit: Eine transaktionskostentheoretisch orientierte Studie, in: Martin, A./Nienhüser, W. (Hrsg.) (2002): Neue Formen der Beschäftigung - neue Personalpolitik, Sonderband 2002 der Zeitschrift für Personalforschung, Mering, S. 247-269

Mayrhofer, W./Meyer, M. (2002): Neue Organisations- und Beschäftigungsformen aus personalwirtschaftlicher Perspektive – Grundlagen und theoretische Perspektiven, in: Zeitschrift für Personalforschung, Jg. 16, Heft 4, S. 473-475

Meckl, R. (1997): Outsourcing von Personaldienstleistungen aus strategischer Sicht, in: Personal, Jg. 49, Heft 8, S. 388-395

Meckl, R. (1998): Kernkompetenzen und Outsourcing von Personaldienstleistungen, in: LOHN+GEHALT, Jg. 9, Heft 5, S. 27-31

Meckl, R. (Hrsg.) (1999): Personalarbeit und Outsourcing, Frechen

Meckl, R. (2001): Outsourcing von Personaldienstleistungen – Ein kernkompetenzorientiertes Entscheidungsverfahren, in: Clermont, A./Schmeisser, W./Krimphove, D. (Hrsg.) (2001): Strategisches Personalmanagement in globalen Unternehmen, München, S. 291-313

Meckl, R./Eigler, J. (1998): Gefahren des Outsourcing personalwirtschaftlicher Leistungen – eine empirisch gestützte Analyse, in: Journal für Betriebswirtschaft, Bd. 48, Heft 3, 1998, S. 101-112

Meffert, H./Bruhn, M (1997): Dienstleistungsmarketing, 2. Auflage, Wien

Meffert, H./Bruhn, M. (2003): Dienstleistungsmarketing: Grundlagen, Konzepte, Methoden, Wiesbaden

Meffert, H./Bruhn, M. (2006): Dienstleistungsmarketing: Grundlagen, Konzepte, Methoden, 5. überarbeitete und erweiterte Auflage, Wiesbaden

Meier, A./Stuker, C./Trabucco, A. (1997): Auslagerung der Personaldienstfunktion – Machbarkeit und Grenzen, in: Zeitschrift für Organisation, Jg. 66, Heft 3, S. 138-145

Meinhövel, H. (2004): Grundlagen der Principal-Agent-Theorie, in: Wirtschaftswissenschaftliches Studium, Jg. 33, Heft 8, S. 470-475

Mellewigt, T./Kabst, R. (2003): Determinanten des Outsourcings von Personalfunktionen: eine empirische Untersuchung auf Basis des Transaktionskostenansatzes und des Ressourcenorientierten Ansatzes, 65. Wissenschaftliche Jahrestagung des Verbands der Hochschullehrer für Betriebswirtschaft, 06/2003, Zürich

Menichini, A./Simmons, P. (1999): Employment and investment by the firm under asymmetric information, Heslington

Mentzas, G.N. (2001): Knowledge Asset Networking: Strategy, Processes ans Systems for Leveraging Knowledge, in: http://wissensmanagement.net/online/archiv/2001/08_0901/Know-Net_eng.shtml. (Abrufdatum: 12.05.2005)

Mertins, K./Finke, I. (2004): Kommunikation impliziten Wissens, in: Reinhardt, R./Eppler, M.J. (Hrsg) (2004): Wissenskommunikation in Organisationen. Methoden, Instrumente, Theorien, Heidelberg, S. 32-49

Metz, T. (1995): Status, Funktion und Organisation der Personalabteilung. Ansätze zu einer institutionellen Theorie des Personalwesens, München

Meyer, B. (2005): Der nicht-explizite Wissensbegriff im Wissensmanagement: Schärfung eines vagen Konstruktes, Pre-Publishing Draft

Meyer, D. (1990): Asymmetrische Information: der Einfluss alternativer Regelungssysteme; in: Wirtschaftswissenschaftliches Studium, Jg. 19, Heft 1, S. 25-28

Michaelis, E. (1985): Organisation unternehmerischer Aufgaben – Transaktionskosten als Beurteilungskriterium, Frankfurt/Main

Michaelis, E. (1988): Planungs- und Kontrollprobleme in Unternehmungen und Property Rights Theorie, in: Budäus, D. (Hrsg.) (1988): Betriebswirtschaftslehre und Theorie der Verfügungsrechte, Wiesbaden, S. 124-148.

Mieg, H.A./Brunner, B. (2001): Experteninterviews, (MUB Working Paper), ETH Zürich, URL: www.mub.umnw.ethz.ch/mub_publications/experteninterview.pdf (Abrufdatum: 08.03.2006)

Mikus, B. (1998): ZP-Stichwort: Principal-Agent-Theorie, in: Zeitschrift für Planung, Jg. 1998, Heft 9, S. 451-458

Milgrom, P./Robert, J. (1987): Informational Asymmetries, Strategic Behavior and Industrial Organization, in: American Economic Review, Papers and Proceedings, Vol. 77, No. 2, S. 184-193

Milgrom, P./Roberts, J. (1988): An Economic Approach to Influence Activities in Organizations, in: Winship, C. (Hrsg.) (1988): Organizations and institutions: sociological and economic approaches to the analysis of social structure, Chicago, S. 154-179

Milgrom, P./Roberts, J. (1992): Economics, organization and management, Englewood Cliffs

Mintzberg, H. (1979): The structuring of organizations: a synthesis of the research, Englewood Cliffs

Mintzberg, H./Quinn, J. B./Ghosshal, S. (Hrsg.) (1999): The strategy process, London

Mitchell, T. (1995): Führungstheorien - Attributionstheorie, in: Kieser, A. (Hrsg.) (1995): Handwörterbuch der Führung, 2. Auflage, Stuttgart, Sp. 847-861.

Mitlacher, L./Ruh, E. (2003): Zeitarbeit als personalpolitisches Instrument in kleinen und mittleren Unternehmen?, in: Personal, Bd. 55, Heft 1, S. 20-23

Müller, C. (1995): Agency-Theorie und Informationsgehalt, in: Die Betriebswirtschaft, Jg. 55, Heft 1, S. 61-76

Müller, E./Zenker, A. (2001): Business services as actor of knowledge transformation: the role of KIBS in regional and national innovation systems, in: Research Policy, Vol. 30, No. 9, S. 1501-1516

Müller-Stewens, G./Osterloh, M. (1996): Kooperationsinvestitionen besser nutzen: Interorganisationales Lernen als Know-How-Transfer oder Kontext-Transfer, in: Zeitschrift Führung + Organisation, Band 65, Heft 1, S. 18-25

Murphy, K.J. (2000): What effect does uncertainty have on the length of labor contracts?, in: Labour Economics, Vol. 7, No. 2, S. 181-201

Nalbantian, H.R.(1987): Incentives, cooperation, and risk sharing : economic and psychological perspectives on employment contracts, Littlefield

Nagl, A. (1997): Lernende Organisation. Entwicklungsstand, Perspektiven und Gestaltungsansätze in deutschen Unternehmen, Dissertation, Aachen

Nelson, R.R./Winter, S.G. (1982): An evolutionary theory of economic change, Cambridge

Nettelnstroth, W. (2003): Intelligenz im Rahmen der beruflichen Tätigkeit. Zum Einfluss von Intelligenzfacetten, Personenmerkmalen und Organisationsstrukturen, Dissertation, Berlin

Neuberger, O. (1991): Personalentwicklung, Stuttgart

Neuweg, H.G. (1999): Könnerschaft und implizites Wissen. Zur lehr-lerntheoretischen Bedeutung der Erkenntnis- und Wissenstheorie Michael Polanyis, 2. korrigierte Ausgabe, Münster

Newell, A./Simon, H. (1972): Human problem solving, Englewoods Cliffs

Nickerson, J./Zenger, T.R. (2004): A knowledge-based theory of the firm – the problem-solving perspective, in: Organization Science, Vol. 15, No. 6, S. 617-632.

Nienhüser, W. (1996): Die Entwicklung theoretischer Modelle als Beitrag zur Fundierung der Personalwirtschaftslehre, Überlegungen am Beispiel der Erklärung des Zustandekommens von Personalstrategien, in: Weber, W. (Hrsg.) (1996): Grundlagen der Personalwirtschaft, Theorien und Konzepte, S. 39-77

Nissen, V. (2005): Entwurf eines Prozessmodells für Beratungsunternehmen, Ilmenau

Nonaka, I. /Takeuchi, H. (1995): The Knowledge-Creating Company: How Japanese Companies create the Dynamics of Innovation, New York

Nonaka, I. /Takeuchi, H. (1997): Die Organisation des Wissens: Wie japanische Unternehmen eine brachliegende Ressource nutzbar machen, Frankfurt

Nooteboom, B. (1999): Inter-firm alliances: analysis and design, London

Nooteboom, B. (2003): Problems and solutions in knowledge transfer, in: Fornahl, D./Brenner, T. (Hrsg.) (2003): Cooperation, networks and institutions in regional innovation systems, Cheltenham, S. 105-127

North, K. (1998): Wissensorientierte Unternehmensführung, Wiesbaden

North, K. (1999): Wissensorientierte Unternehmensführung: Wertschöpfung durch Wissen, 2., aktualisierte und erweiterte Auflage, Wiesbaden

Nutzinger, H. G./Held, M. (Hrsg.) (2000): Geteilte Arbeit und ganzer Mensch, Perspektiven der Arbeitsgesellschaft, Frankfurt/Main

o.V. (1998): Moderne Bereiche der Personalberatung, in: Personalwirtschaftslehre, Sonderheft 6, S. 16

o.V: (1999): Markt für Outplacement-Beratung ist aufgeteilt, in: Personalwirtschaft, Bd. 26, Heft 11, S. 14-19

o.V. (2001): Personalvermittler als Allrounder, in: Personalwirtschaft, Bd. 28, Heft 2, S. 68-74

o.V. (2004): Jahrbuch Normative und institutionelle Grundfragen der Ökonomik, Bd. 3, Ökonomik des Wissens, Marburg

Oechsler, W.A. (2000): Personal und Arbeit. Grundlagen des Human Resource Management und der Arbeitgeber-Arbeitnehmer-Beziehungen, 7. Auflage, München

Oelsnitz, D./Hahmann, M. (2003): Wissensmanagement. Strategie und Lernen in wissensbasierten Unternehmen, Stuttgart

Olfert, K./Steinbuch, P.A. (2001): Personalwirtschaft, 9. Auflage, Ludwigshafen

Ordelheide, D./Rudolph, B./Büsselmann, E. (Hrsg.) (1991): Betriebswirtschaftslehre und ökonomische Theorie, Stuttgart

O'Reilly, C.A. (1982): Variations in decision makers' use of information sources: the impact of quality and accessibility of information, in: Academy of Management journal, Vol. 25, No. 4, S. 756-771

Osterloh, M./Wübker, S. (1999): Wettbewerbsfähiger durch Prozeß- und Wissensmanagement: mit Chancengleichheit auf Erfolgskurs, Wiesbaden

Otto, R. (1978): Die Organisation des Personal- und Sozialwesens in Unternehmungen: Probleme und Möglichkeiten der Bildung und Zuordnung personaler Aufgabenbereiche im Rahmen einer aufbauorganisatorischen Gestaltung von Unternehmungen

Patry, M./Tremblay, M./Lanoie, P./Lacombe, M. (1999): Why firms outsource their human resources activities: an empirical analysis, in: Scientific Series, CIRANO, 99s-27, Montreal

Pawlowsky, P. (1998): Wissensmanagement. Erfahrungen und Perspektiven, Wiesbaden

Pedersen, T./Petersen, B./Sharma, D. (2003): Knowledge Transfer Performance, in: Management International Review, Vol. 43, No. 3, Special Issue, S. 69-90

Pemberton, J. (1988): Efficient contracts and incentive compatibility with asymmetric information, in: Discussion papers in Economics, University of Reading, Department of Economics, 208

Pemberton, J. (1995): One way versus two way regret: symmetric and asymmetric information on the outcomes of risky choice, in: Discussion papers in Economics, University of Reading, Department of Economics, 308

Penrose, E. (1959): The Growth of the Firm, 2. Auflage, Oxford

Pepels, W. (2004): Basiswissen BWL, Dienstleistungen, in: Das Wirtschaftsstudium kompakt, Bd. 33, Heft 7, S. 883-886

Peritsch, M. (2000): Wissensbasiertes Innovationsmanagement: Analyse – Gestaltung- Implementierung, Wiesbaden

Peters, P./Bloch, M. (2002): Erfolgsfaktoren beim Outsourcing von Geschäftsprozessen, in: Information Management & Consulting, Bd. 17, Sonderheft 2002, S. 31-35

Pfahler, T./Böhnlein, P. (2004): Transaktionskosten im Verlauf des Marktzyklus, in: Wirtschaftswissenschaftliches Studium, Jg. 33, Heft 8, S. 476-482

Pfau, W. (1999): Wissenscontrolling in lernenden Organisationen, in: Wirtschaftswissenschaftliches Studium, Jg. 28, Heft 11, S. 599-601

Pfeffer, J. (1981): Power in Organizations, Boston

Philips, L. (1988): The Economics of imperfect information, Cambridge

Pichert, P.-H. (1996): Outsourcing als Gestaltungsauftrag für das Personalmanagement; Voraussetzungen, Ziele und rechtliche Rahmenbedingungen, in: Personalführung, Bd. 29, Heft 6, S. 464-473

Picot, A. (1982): Transaktionskostenansatz in der Organisationstheorie: Stand der Diskussion und Aussagewert, in: Die Betriebswirtschaft, Bd. 42, Heft 2, S. 267-284

Picot, A. (1989): Zur Bedeutung allgemeiner Theorieansätze für die betriebswirtschaftliche Information und Kommunikation: Der Beitrag der Transaktionskosten- und Principal-Agent-Theorie, in: Kirsch, W./Picot, A. (Hrsg.) (1989): Die Betriebswirtschaftslehre im Spannungsfeld zwischen Generalisierung und Spezialisierung, Wiesbaden, S. 361-379

Picot, A. (1991a): Ein neuer Ansatz zur Gestaltung der Leistungstiefe, in: Zeitschrift für betriebswirtschaftliche Forschung, Bd. 43, Heft 4, S. 336-357

Picot, A. (1991b): Ökonomische Theorien der Organisation - Ein Überblick über neuere Ansätze und deren betriebswirtschaftliches Anwendungspotential, in: Ordelheide, D./Rudolph, B./Büsselmann, E. (Hrsg.) (1991): Betriebswirtschaftslehre und ökonomische Theorien, Stuttgart, S. 143-170

Picot, A. (1993): Transaktionskostenansatz, in: Wittmann, W. (Hrsg.) (1993): Handwörterbuch der Betriebswirtschaft, 5. Auflage, Teilband 3, R-Z, Stuttgart, 1993, S. 4194-4204

Picot, A./Dietl, H. (1990): Transaktionskostentheorie, in: Wirtschaftswissenschaftliches Studium, Jg. 19, Heft 4, S. 178-184

Picot, A./Dietl, H./Franck, E. (1997): Organisation. Eine ökonomische Perspektive, Stuttgart

Picot, A./Hardt, P (1998): Make-or-Buy-Entscheidungen, in: Meyer, A. (Hrsg.) (1998): Handbuch Dienstleistungs-Marketing, Bd. 1, Stuttgart, S. 625-646

Picot, A. /Maier, M. (1992): Analyse- und Gestaltungskonzepte für das Outsourcing, in: Information Management, Jg. 1992, Heft 4, S. 14-27

Picot, A./Neuburger, R. (1995): Agency Theorie und Führung, in: Kieser, A./Reber, G./Wunderer, R. (Hrsg.) (1995): Handwörterbuch der Führung, 2. Auflage, Stuttgart, Sp. 14-21

Picot, A./Reichwald, R./Wigand, R.T. (1996): Die grenzenlose Unternehmung. Information, Organisation und Management, 1. Auflage, Wiesbaden

Picot, A./Reichwald, R./Wigand, R.T. (2001): Die grenzenlose Unternehmung. Information, Organisation und Management, 4. Auflage, Wiesbaden

Picot, A./Reichwald, R./Wigand, R.T. (2003): Die grenzenlose Unternehmung. Information, Organisation und Management, 5. aktualisierte Auflage, Wiesbaden

Pingle, M. (2000): The effect of decision costs on the formation of market-making intermediaries, in: Journal of Economic Behavior and Organization Vol. 41, No. 1, S. 3-26

Plath, H.-E. (2002): Erfahrungswissen und Handlungskompetenz – Konsequenzen für die berufliche Weiterbildung, in: Kleinhenz, G. (2002): IAB-Kompendium Arbeitsmarkt- und Berufsforschung, Beiträge zur Arbeitsmarkt- und Berufsforschung, BeitrAB 250, Nürnberg, S. 517-529

Polanyi, M. (1962): Personal Knowledge: towards a post-critical philosophy, 2.Auflage, London

Polanyi, M. (1967): The tacit dimension, New York

Polanyi, M. (1985): Implizites Wissen, Frankfurt

Popper, K. (1987): Das Elend des Historizismus, 6. Auflage, Tübingen

Poppo, L./Zenger, T. (1998): Testing Alternative Theories of the Firm: Transaction Cost, Knowledge-based, and Measurement Explanations to Make-or-Buy Decisions in Information Services, in: Strategic Management Journal, Vol. 19, No. 9, S. 853-877

Porter, M.E. (1998): Competitive advantage: creating and sustaining superior performance, New York

Powell, W.W. (1990): Neither market nor hierarchy: Network forms of Organization, In: Research in Organizational Behavior, Vol. 12, S. 295-336

Prahalad, C.K./Hamel, G. (1990): The Core Competence of the Corporation, in: Harvard Business Review, Vol. 68, No. 5/6, S. 79-91

Prahalad, C.K./Hamel, G. (1995): Wettlauf um die Zukunft: Wie Sie mit bahnbrechenden Strategien die Kontrolle über Ihre Branche gewinnen und die Märket von morgen schaffen, Wien

Pratt, J.W./Zeckenhauser, R.J. (Hrsg.) (1985): Principal and Agents. The structure of business, Boston

Probst, G.J.B./Raub, S./Romhardt, K. (1998): Wissen managen. Wie Unternehmen ihre wertvollste Ressource optimal nutzen, 2. Auflage, Frankfurt

Promberger, M. (2006): Leiharbeit im Betrieb. Strukturen, Kontexte und Handhabung einer atypischen Beschäftigungsform, Düsseldorf

Pugh, D.S./Hickson, D.J. (1971): Writers on Organization, London

Pull, K. (1994): Risikoallokation im Arbeitsvertrag, in: Schreyögg, G./Conrad, P. (Hrsg.) (1994): Managementforschung, Bd. 4, Berlin/New York, S. 219-266.

Pullig, K.-K. (1995): Relevante Personengruppen und deren Rekrutierung, in: Sarges, W. (Hrsg.) (1995): Management-Diagnostik, 2. Auflage, Göttingen, S. 88-96

Rajan, R./Zingales, L. (1998): Power in a theory of the firm, in: Quarterly Journal of Economics, Vol. 113, No. 2, S. 387-432

Rastetter, D. (1996): Personalmarketing, Bewerberauswahl und Arbeitsplatzsuche: 24 Tabellen, Stuttgart

Raufeisen, E. (1996): Outsouring Mitarbeiter und Organisationsentwicklung, in: CoPers, Jg. 1996, Heft 3, S. 137-144

Recklies, D. (2000): Kleine und mittlere Unternehmen: Unternehmensgröße als Chance oder Handicap, URL: http://www.themanagement.de/pdf/kmu.pdf, (Abrufdatum: 19.06.2006)

Reed, R./DeFillippi, R.J. (1990): Casual Ambiguity, Barriers to imitation and sustainable competitive advantage, in: Academy of Management Review, Vol. 15, No. 1, S. 88-102

Rehäuser, J./Krcmar, H. (1996): Wissensmanagement im Unternehmen, in: Schreyögg, G./Conrad, P. (Hrsg.) (1996): Wissensmanagement, Berlin/New York, S. 1-40

Reichmann, T./Palloks, M. (1995): Make-or-Buy-Entscheidungen, in: Controlling, Jg. 7, Heft 1, S. 4-1

Reimer, A. (2003): Die Bedeutung des Dienstleistungsdesigns für den Markterfolg von Dienstleistungsunternehmen, in: Die Unternehmung, Jg. 57, Heft 1, S. 45-62

Reinhardt, R. (2002): Wissen als Ressource. Theoretische Grundlagen, Methoden und Instrumente zur Erfassung von Wissen, Frankfurt am Main

Richter, F.-J. (1995): Transfer von Kenntnissen und Erfahrungen zwischen Zentrale und Auslandsniederlassung, in: Zeitschrift für Planung, Jg. 6, Heft 3, S. 227-240

Richter, R./Furubotn, E.G. (2003): Neue Institutionenökonomik, Tübingen

Riordan, M.H./Williamson, O.E. (1985): Asset Specificity and Economic Organization, in: International Journal of Industrial Organization, Vol. 3, No. 4, S. 365-378

Robbins, S.P. (2001): Organisation der Unternehmung, München

Rödder, W./Reucher, E. (2001): Wissen und Folgen aus relevanter Information: Wissen ist meßbar, Hagen

Romhardt, K. (1998): Die Organisation aus der Wissensperspektive: Möglichkeiten und Grenzen der Intervention, Wiesbaden

Rosada, M. (1990): Kundendienststrategien im Automobilsektor: theoretische Fundierung und Umsetzung eines Konzeptes zur differenzierten Vermarktung von Sekundärdienstleistungen, Berlin

Rosenfeld, P.A./Giacatone, R.A./Riordan, C.A. (1995): Impression Management, in: Organisations, London

Rosenstiel, L. (2000): Grundlagen der Organisationspsychologie, Stuttgart

Ross, S.A. (1973): The economic theory of agency. The principal's problem, in: American Economic Association, Vol. 63, No. 2, S. 134-139

Roth, S. (2001): Interaktionen im Dienstleistungsmanagement – Eine informationsökonomische Analyse, in: Bruhn, M. (Hrsg.) (2001): Interaktionen im Dienstleistungsbereich, S. 35-66

R & P Management-Consulting (2004): Komplett-Outsourcing im Human-Resource-Management

Rück, H.R.G. (1995): Dienstleistungen – ein Definitionsansatz auf Grundlage des „Make or buy"-Prinzips, in: Kleinaltenkamp, M. (Hrsg.) (1995): Dienstleistungsmarketing: Konzeptionen und Anwendungen, Wiesbaden, S. 1-35

Russel, B. (1952): Das menschliche Wissen, Darmstadt

Sadowski, D. (1988): Währt ehrlich am längsten? Personalpolitik zwischen Arbeitsrecht und Unternehmenskultur, in: Budäus, D. (Hrsg.) (1988): Betriebswirtschaftslehre und Theorie der Verfügungsrechte, Wiesbaden, S. 236-238

Sadowski, D. (1991): Humankapital und Organisationskapital: zwei Grundtheorien einer ökonomischen Theorie der Personalpolitik in Unternehmen, in: Ordelheide, D./Rudolph, B./Büsselmann, E. (Hrsg) (1991): Betriebswirtschaftslehre und Theorie, Stuttgart, S. 127-141

Salop, J./Salop, S. (1976): Self-Selection and Turnover in the labor market, in: Quarterly Journal of Economics, Vol. 90, No. 4, S. 619-628

Sappington, D.E.M. (1991): Incentives in Principal-Agent-Relationships, in: Journal of economic perspectives, Vol. 5, No. 2, S. 45-66

Schaffer, M. (2003): Wissensintensive Dienstleistungen. Zum Management wissenstransferbasierter Dienstleistungen, München

Schafmeister, S. (1998): Die Personalfunktion im Spannungsfeld zwischen Gesamtunternehmen und Geschäftsbereich, Frankfurt/Main

Schauenberg, B. (1996): Personalwirtschaftslehre und ökonomische Theorien, in: Weber, W. (Hrsg.) (1996): Grundlagen der Personalwirtschaft, Theorien und Konzepte, S. 342-351

Schein, E.H. (1995): Unternehmenskultur – Ein Handbuch für Führungskräfte, Frankfurt/New York

Scherm, E. (1996): Outsourcing – ein komplexes, mehrstufiges Entscheidungsproblem, in: Zeitschrift für Planung, Jg. 7, Heft 1, S. 45-60

Schettgen, P. (1996): Arbeit, Leistung und Lohn: Analyse- und Bewertungsmethoden aus soziökonomischer Perspektive, Stuttgart

Scheuch, F. (2002): Dienstleistungsmarketing, 2., völlig neugestaltete Auflage, München

Schick, H. (2002): Theorieprobleme des Wissensmanagements, in: Zeitschrift für Personalforschung, Jg. 16, Heft 3, S. 133-158

Schimmel, A. (2002): Wissen und der Umgang mit Wissen in Organisationen: Versuch einer Systematisierung nach Arten des Wissens, Trägern des Wissens und Prozessen des Umgangs mit Wissen im Rahmen einer wissensorientierten Unternehmensführung, Dissertation, Dresden, URL: http://hsss.slub-dresden.de/pub2/dissertation/2003/wirtschaftswissenschaften/1040133411437-5799/1040133411437-5799.pdf (Abrufdatum:18.12.2003)

Schindler, U./Brunn, S. (1998): Professionelle Personalarbeit im Mittelstand durch Outsourcing, in: Personal, Jg. 50, Heft 10, S. 480-487

Schira, J. (2005): Statistische Methoden der VWL und BWL. Theorie und Praxis, 2. Auflage, München

Schmack, P./Ingemey, F.R: (1999): Freiraum für wesentliche Aufgaben, in: Personalwirtschaft, Bd. 26, Heft 9, S. 98-99

Schmeiser, W./Eckstein, P./Dannewitz, C.(2001): Harte Faktoren bestimmen den Wandel der Personalarbeit, in: Personalwirtschaft, Bd. 28, Heft 7, S. 50-57

Schmitt, K. (2004): Erfahrung im kleinen Rahmen sammeln, in: Personalmagazin, Heft 4, S. 27

Schneider, D. (1989): Strategische Aspekte für das Controlling von Eigenfertigung und Fremdbezug, in: Controller Magazin, Bd. 13, Heft 3, S. 153-155

Schneider, D. (1995): Informations- und Entscheidungstheorie, München

Schneider, M./Sadowski, D. (1999): Die Regulierung der Arbeitnehmerhaftung in Rechtsprechung und Betriebspraxis - Ein Beispiel für die rechtsökonomische Analyse der Arbeitsbeziehungen, in: Papier für die Konferenz der German Industrial Relations Association am 7. und 8. Oktober 1999 in Trier, S. 141-164

Schnotz, W. (1994): Aufbau von Wissensstrukturen: Untersuchungen zur Kohärenzbildung beim Wissenserwerb, Weinheim

Schreyögg, G. (1988): Die Theorie der Verfügungsrechte als allgemeine Organisationstheorie, in: Budäus, D. (Hrsg.) (1988): Betriebswirtschaftslehre und Theorie der Verfügungsrechte, Wiesbaden, S. 154-161

Schreyögg, G. (1998): Organisatorisches Lernen und neues Wissen: Einige Kommentare und einige Fragen zum Wissensmanagement aus wissenschaftstheoretischer Sicht, in: Gerum, E. (Hrsg.) (1998): Innovation in der Betriebswirtschaftslehre, Tagung der Kommission Wissenschaftstheorie, Wiesbaden, S. 185-202

Schreyögg, G. (Hrsg.) (2001): Wissen in Unternehmen. Konzepte, Maßnahmen, Methoden, Berlin

Schrüfer, K. (1988): Ökonomische Analyse individueller Arbeitsverhältnisse, Frankfurt am Main

Schuler, H. (1986): Biographische Fragebogen als Methode der Personalauswahl, Stuttgart

Schuler, H./Funke U. (1995): Diagnose beruflicher Eignung und Leistung, in: Schuler, H. (Hrsg.) (1995): Lehrbuch Organisationspsychologie, 2. Auflage, Bern, S. 235-284

Schulz, M./Jobe, L.A. (1998): Codification and Tacitness as knowledge management strategies: an empirical exploration, Seattle

Schulze, H./Carus, U. (1995): Systematik und Topologie kritischer Arbeitssituationen, in: Martin, H. (Hrsg.) (1995): CeA – Computergestütze erfahrungsgeleitete Arbeit, Berlin, S. 33-48

Schwalbe, U. (1999): The core of economics with asymmetric information, in: Lecture notes in economics and mathematical systems, Vol. 474, Springer, S. 1-46

Schwaninger, M. (2000): Implizites Wissen und Managementlehre: Organisationskybernetische Sicht, in: Diskussionsbeiträge Universität St. Gallen, Institut für Betriebswirtschaft, Nr. 41, Internetausgabe: http://www.ifb.unisg.ch/org/IfB/ifbweb.nsf/SysWebRessources/beitrag41/$FILE/DB41_ImplizitesWissen_def.pdf

Schwarb, T. (1996): Die wissenschaftliche Konstruktion der Personalauswahl, München

Schweier, K. (2002): Outsourcing unter arbeitsrechtlichem Blickwinkel, in: Personal, Bd. 54, Heft 12, S. 52-53

Schweizer, L./zu Knyphausen-Aufseß, D./Ulscht, C. (2005): Outsourcing von Personalfunktionen: eine (erneute) Bestandsaufnahme, in: Zeitschrift für Personalforschung, Bd. 19, Heft 1, S. 1-25

Seifert, D. (1999): Vor- und Nachteile eines Outsourcing im Personalwesen, in: CoPers, Heft 1, S. 24-26

Seisreiner, A. (2002): Wertaneignung und Intransparenz als Koordinationsprinzipien, in: Zeitschrift für Personalforschung, Jg. 16, Heft 4, S. 525-544

Semlinger, K./Frick, B. (Hrsg.) (1995): Betriebliche Modernisierung in personeller Erneuerung: Personalentwicklung, Personalaustausch und betriebliche Fluktuation, Berlin

Sengelmann, T. (1996): Reorganisation der Personalabteilung durch Outsourcing, in: Lohn und Gehalt, Bd. 7, Heft 2, S. 23-40

Sertl, W./Andeßner, R.C. (1995): Die Bedeutung von Outsourcing für Klein- und Mittelunternehmen, in: Kemmetmüller, W. (Hrsg.) (1995): Erfolgspotentiale für Klein- und Mittelbetriebe: Festschrift für Walter Sertl zum 65. Geburtstag, Linz, S. 152-166

Shared Services and Business Process Outsourcing (SBPOA) & Personalmagazin (Hrsg.) (2005)

Siegel, G.B.: (2000): Outsourcing Personnel Functions, in: Public Personnel Management, Vol. 29, No. 2, S. 225-236

Simon, H.A. (1945): Administrative Behavior, New York

Simon, H.A. (1957): Models of Man, social and rational. Mathematical essays on rational human behavior in a social setting, New York

Simon, H.A. (1981): Entscheidungsverhalten in Organisationen: Eine Untersuchung von Entscheidungsprozessen in Management und Verwaltung, Übersetzung der 3., stark erweiterte und mit einer Einführung versehenen englischsprachigen Auflage, Landsberg/Lech

Simon, H.A. (1991): Organizations and markets, in: Journal of Economic Perspectives, Vol. 5, No. 2, S. 25-44

Simon, W. (2003): Was bedeutet Wissensmanagement?, in: REFA-Nachrichten, Heft 2, S. 42

Simonin, B.L. (1999a): Ambiguity and the process of knowledge transfer in strategic alliances, in: Strategic Management Journal, Vol. 20, No. 7, S. 595-623

Simonin, B.L. (1999b): Transfer of marketing know-how in international strategic alliances: an empirical investigation of the role and antecedents of knowledge ambiguity, in: Journal of International Business Studies, Vol. 30, No. 3, S. 463-490

Sliwka, D. (2003): Anreize, Motivationsverdrängung und Prinzipal-Agenten-Theorie, in: Die Betriebswirtschaft, Jg. 63, Heft 3, S. 231-355

Sliwka, D. (2004): Management incentives, signalling effects and the costs of vertical integration, in: Zeitschrfit für Betriebswirtschaft, Jg. 74, Heft 1, S. 27-52

Smith, A. (1978): Der Wohlstand der Nationen, München (Orig. 1776)

Solf, M. (2004): Unternehmenskooperationen als Folge von Informations- und Kommunikationstechnologieveränderungen: eine theoretische Analyse, in: Zeitschrift für betriebswirtschaftliche Forschung, Jg. 56, Heft 2, S. 146-167

Späth, W. (1995): Outsourcing und Fremdbezug - Der Druck auf das Personalwesen wächst, in: Personalwirtschaft, Bd. 22, Sonderheft, S. 9-14

Spence, M. (1973): Job market signaling, in: The Quaterly Journal of Economics, Vol. 87, No. 3, S. 355-374

Spender, J.C. (1996): Making Knowledge the Basis of a Dynamic Theory of the Firm, in: Strategic Management Journal, Vol. 17, Winter Special Issue, S. 45-62

Spender, J.C. (2002): Knowledge management, uncertainty, and an emergent theory of the firm, in: Choo, C.W./Bontis, N. (Hrsg.) (2002): The strategic management of intellectual capital and organizational knowledge, Oxford, S. 149-162

Spremann, K./Bamberg, G. (1987): Agency Theory, Information and Incentives, Berlin

Spremann, K. (1990): Asymmetrische Information, in: Zeitschrift für Betriebswirtschaft, Jg. 60, Heft 5, S. 561-589

Staehle, W.H. (1999): Management: eine verhaltenswissenschaftliche Perspektive, 8. Auflage, München

Starbuck, W.H. (1992): Learning by knowledge-intensive firms, in: Journal of Management Studies, Vol. 29, No. 6, S. 713-741

Stauss, B. (1991): Service-Qualität als strategischer Erfolgsfaktor, in: Stauss, B. (Hrsg.) (1991): Erfolg durch Service-Qualität, München, S. 7-35

Steinmueller, W.E. (2000): Will new information and communication technologies improve the ′codification′of knowledge?, in: Industrial and Corporate Change, Vol. 9, No. 2, S. 361-376

Steinmüller, W.E. (1993): Informationstechnologie und Gesellschaft, Darmstadt

Stewart, T.A. (1998): Der vierte Produktionsfaktor: Wachstum und Wettbewerbsvorteile durch Wissensmanagement, München

Stiefel, R.T. (1982): Zur Ermittlung des Weiterbildungsbedarfs. Ein Erklärungsversuch für das Dilemma in der Praxis und ein neuer Lösungansatz, in: Zeitschrift Arbeitswissenschaft, Jg. 8, Heft 1, S. 54-58

Stiglitz, J.E. (1975): Information and Economic Analysis: A Perspective, in: Economic Journal, Vol. 95, Supplement, S. 21- 41

Stiglitz, J.E. (1984): Information and economic analysis: a perspective, in: Conference Papers, supplement to the Economic Journal, Vol. 95, University of Bath, 1984, S. 21-41

Stiglitz, J.E. (1987): The Design of Labor Contracts: The Economics of Incentives and Risk Sharing, in: Nalbantian, H.R. (Hrsg.) (1987): Incentives, Cooperation, and Risk Sharing, New York

Strauss, A.L./Corbin, J. (1996): Grounded theory: Grundlagen qualitativer Sozialforschung, Weinheim (engl. Originalfassung: 1990)

Struck, O. (1998): Individuenzentrierte Personalentwicklung. Konzepte und empirische Befunde, Frankfurt

Strunck, B.C. (1998): Externe Personalleitung für Mittelständler, in: Personalwirtschaft, Bd. 25, Heft 6, Sonderheft, S. 18-21

Sveiby, K.E. (1998): Wissenskapital – das unentdeckte Vermögen: immaterielle Vermögenswerte aufspüren, messen und steigern, Landsberg/Lech

Sweenye, G.P. (1991): Technical Culture and the local dimension of entrepreneurial vitality, in: Entrepreneurship & Regional Development, Vol. 3, No. 3, S. 363-378

Szulanski, G. (1996): Exploring internal stickiness: Impediments to the Transfer of best practice within the firm, in: Strategic Management Journal, Vol. 17, Winter Special Issue, S. 27-43

Szulanski, G. (1999): The process of knowledge transfer: a diachronic analysis of stickiness, Philadelphia

Szulanski, G./Cappetta, R./Jensen, R.J.(2004): When and how trustworthiness matters: Knowledge transfer and the moderating effect of causal ambiguity, in: Organization Science, Vol. 15, No. 5, S. 600-613

Tan, H.-T./Ng, T./Mak, B. (2002): The Effects of Task Complexity on Auditor's Performance: The Impact of Accountability and Knowledge, in: Auditing: A Journal of Practice & Theory, Vol. 21, No. 2, S. 81-95

TDS (Hrsg.) (2005): Mehrwertdienste verändern die Personalarbeit in Unternehmen, Stuttgart

Teece, D.J. (Hrsg.) (1987): The Competitive Challenge: Strategies for Industrial Innovation und Renewal, New York

Teece, D.J. (1998): Capturing Value from Knowledge Assets: The New Economy Markets for Know-how, and Intangible Assets, in: California Management Review, Vol. 40, No. 3, S. 55-79

Teece, D.J. (2003): Knowledge and Competence as Strategic Assets, in: Holsapple, C.W. (Hrsg.) (2003) Handbook of Knowledge Management, Bd. 1, Heidelberg, S. 129-152

Terborg, J/Miller, H. (1978): Motivation, behaviour and performance. A closer examination of goal-setting and monetary incentives, in: Journal of Applied Psychology, Vol. 63, No. 1, S. 29-39

The Conference Board (Hrsg.) (2004): HR Outsourcing: Benefits, Challenges and Trends

Thoenig, M./Verdier, T. (2003): Knowledge codification and the boundaries of the firm: Internal Opportunism versus External Competition, Working Paper

Thom, N./Kraft, T. (2000): Zusammenarbeit zwischen Personalberatern und Klienten bei der Suche und Auswahl von Fach- und Führungskräften, Bern

Thomas, D. (2001): Personalvermittler als Allrounder, in: Personalwirtschaft, Bd. 28, Heft 2, S. 68-75

Tiamiyu, M. A. (1993): Pragmatics of Developing Information Resource Management Systems in Government Organizations in Developing Countries, in: International information, communication and education, Vol. 12, No. 2, S. 201-211

Tsuchiya, S. (1994): A study of organizational knowledge, Paper vorgestellt auf dem International Symposium on the Management of Industrial and Corporate Knowledge, Compiègne (Frankreich)

Tsuchiya, S. (1999): Creating learning organization, in: Schreinemakers, J.F./Barthès, J. (Hrsg.) (1999): Knowledge management: enterprise, network and learning, Würzburg, S. 101-107

Trittmann, R./Mellis, W. (1999): Ökonomische Gestaltung des Wissenstransfers, in: Industrie Management, Heft 6, S. 64-68

Türk, K. (1987): Entpersonalisierte Führung; in: Kieser, A./Reber, G./Wunderer, R. (Hrsg.) (1987): Handwörterbuch der Führung, Stuttgart, S. 232-241

van de Ven, A.H./Ferry, D.L. (1980): Measuring and assessing organizations, New York

Varian (1992): Microeconomic Analysis, 3. Auflage, New York

Venzin, M./von Krogh, G. /Ross, J. (1998): Future Research into Knowledge Management, in: von Krogh, G. /Ross, J. /Kleine, D. (Hrsg.) (1998): Knowing in firms: Understanding, Managing and Measuring Knowledge, London, S. 26-66

Vollman, T.E. (1998): Building Successful Customer -- Supplier Alliances, in: Long range planning, International Journal of Strategic Management, Vol. 31, No. 5, S. 684-694

Vollmer, U./Dietrich, D. (2000): Der Ordnungsbezug der Informationsökonomik, in: Leipold, H./Pies, I. (Hrsg.) (2000): Ordnungstheorie und Ordnungspolitik – Konzeptionen und Entwicklungsperspektiven, Stuttgart, S. 225-250

von Hayek, F.A. (1937): Economics and Knowledge, in: Economica N.S., 4: 33-54, Reprinted 1948, S. 33-56

von Hippel, E. (1994): „Sticky Information" and the locus of problem solving: Implications for innovations, in: Management Science, Vol. 40, No. 4, S. 429-439

von Krogh, G. /Köhne, M. (1998): Der Wissenstransfer in Unternehmen. Phasen des Wissenstransfers und wichtige Einflussfaktoren, in: Die Unternehmung, Jg. 52, Heft 5, S. 235-252

von Krogh, G./Roos, J. (1992): Towards a competence-based perspective of the firm; in: Arbeidsnotat, Handelshøyskolen BI, 15, Norwegian School of Management, Research Center

von Krogh, G. /Roos, J. (Hrsg.) (1996): Managing Knowledge. Perspectives on cooperation and competition, London

von Krogh, G./Ross, J./Slocum, K. (1994): An Essay on Corporate Epistemology, in: Sloan Management Journal, Vol. 15, No. 1, S. 53-71 von Krogh, G. /Venzin, M. (1995): Anhaltende Wettbewerbsvorteile durch Wissensmanagement, in: Die Unternehmung, Jg. 53, Nr. 6, S. 417-436

Vopel, O. (1999): Wissensmanagement im Investment Banking. Organisierte Wissensarbeit bei komplexen Finanzdienstleistungen, Wiesbaden

Vosberg, D. (2002): Markt für Personaldienstleistungen – eine theoretische und empirische Analyse, Dissertation, Universität Leipzig

Wächter, H. (2002): Vielfältige Beschäftigungsmuster – einfältige Personalwirtschaftslehre?, in: Zeitschrift für Personalforschung, Jg. 16, Heft 4, S. 476-489

Walker, G./Weber, D. (1984): A transaction cost approach to make-or-buy-decisions, in: Administrative Science Quarterly, Vol. 29, No. 3, S. 373-391

Walwei, U. (1998): Beschäftigung: Formenvielfalt als Perspektive? – Teil 2: Bestimmungsfaktoren für den Wandel der Erwerbsformen, IAB Kurzbericht Nr. 3

Wathne, K./Roos, J./von Krogh, G. (1996): Toward a Theory of Knowledge Transfer in a Cooperative Context, in: von Krogh, G./Roos, J. (Hrsg.) (1996): Managing Knowledge. Perspectives on cooperation and competition, London/Thousand Oaks/Neu Dehli, S. 55-81

Watzka, K. (2000): Personalleasing: Kritische Bewertung des Konzepts aus Sicht des Personalleasingnehmers und des Zeitarbeiters, in: Das Wirtschaftsstudium, Jg. 29, Heft 3, S. 321 – 326

Weber, W./Kabst, R. (2001): Personalmanagement im internationalen Vergleich: The Cranfield Project on International Strategic Human Resource Management – Ergebnisbericht 2000, Paderborn

Weiber, R./Adler, J. (1996): Informationsökonomisch begründete Typologisierung von Kaufprozessen, in: Zeitschrift für betriebswirtschaftliche Forschung, Bd. 48, Heft 1, S. 43-65

Weibler, J. (1996): Ökonomische vs. Verhaltenswissenschaftliche Ausrichtung der Personalwirtschafslehre – Eine notwendige Kontroverse?, in: Die Betriebswirtschaft, Jg. 56, Heft 5, S. 649-665

Weingärtner, M. (1995): Betriebliche Weiterbildung und Weiterbildungsberatung in mittelständischen Unternehmen, Bergisch-Gladbach

Weiss, A. (1987): Incentives and Worker Behavior: Some Evidence, in: Nalbantian, H.R. (Hrsg.) (1987): Incentives, Cooperation and Risk Sharing, Totowa, S. 137-156

Welge, M.K. (2000): Wissensmanagement in Multinationalen Unternehmungen - Ergebnisse einer empirischen Untersuchung, in: Zeitschrift für betriebswirtschaftliche Forschung, Jg. 52, Heft 8, S. 762-777

Welsch, J. (2000): Die Zukunft der Arbeitsgesellschaft. Ein Blick zurück von Morgen, in: WSI Mitteilungen, Jg. 53, Heft 10, S. 629-638

Wenzel, M./Kabst, R. (2001): Outsourcing und Professionalisierung in der Personalarbeit : eine transaktionskostentheoretisch orientierte Studie, in: Martin, A./Nienhüser, W. (2001) (Hrsg.): Neue Formen der Beschäftigung - neue Personalpolitik, Sonderband 2002 der Zeitschrift für Personalforschung, S. 247-269

Willem, A./Buelens, M. (2003): Making competencies cross business unit boundaries. The interplay between inter-unit coordination, trust and knowledge transferability, Working paper Universiteit Gent, Faculteit Economie en Bedrijfskunde 176

Williamson, O.E. (1975): Markets and Hierarchies. Analysis and Antitrust Implications, New York

Williamson, O.E. (1980): The organization of work, a comparative institutional assessment, in: Journal of Economic Behavior and Organization, Vol. 1, No. 1, S. 5-38

Williamson, O.E. (1981): The economics of organization: The transaction cost approach, in: American Judicature Society, Vol. 87, No. 3, S. 548-575

Williamson, O.E. (1985): Assessing Contract, in: Journal of Law, Economics and Organization, Vol. 1, No. 1, S. 177-208

Williamson, O.E. (1989): Transaction cost economics, in: Schmalensee, R. (Hrsg.) (1989): Handbook of industrial organization, Vol. 1, S. 136-182

Williamson, O.E. (1990): Die ökonomischen Institutionen des Kapitalismus. Unternehmen, Märkte, Kooperationen, Tübingen

Williamson, O.E./Wachter, M.L./Harris, J.E. (1975): Understanding the Employment Relation - The Analysis of Idiosyncratic Exchange, in: Bell Journal of Economics, Vol. 6, No. 1, S. 250-280

Willke, H. (1998): Systemtheorie III: Steuerungstheorie, Stuttgart

Wimmers, S./Hauser, H.-E./Paffenholz, G. (1999): Wachstumsmarkt Dienstleistungen: Marktzutritts- und Erfolgsbedingungen neuer unternehmensnaher Dienstleister in Deutschland, Wiesbaden

Windsperger, J. (1985): Transaktionskosten und das Organisationsdesign von Koordinationsmechanismen, in: Jahrbuch für neue politische Ökonomie. Bd. 4, S. 199-218

Winter, S.G. (1987): Knowledge and competence as strategic assets, in: Teece, D.J. (Hrsg.) (1987): The competitive challenge: strategies for industrial innovation and renewal, Cambridge, S. 159-184

Wißkirchen, F. (2003): Management des Personals auslagern, in: Personalmagazin, Jg. 2003, Heft 7, S. 54-57

Wittlage, H. (1995): Personalbedarfsermittlung, München

Wittmann, W. (1959): Unternehmung und unvollkommene Information, Opladen

Wittmann, W. (1979): Wissen in der Produktion, in: Kern, W. (Hrsg.) (1979): Handwörterbuch Produktion, Stuttgart, Sp. 2261-2271

Wolff, B./Lazear, E.P. (2001): Einführung in die Personalökonomik, Stuttgart

Wood, R.E. (1986): Task complexity: Definition of the Construct, in: Organizational Behavior and Human Decision Processes, Vol. 37, No. 1, S. 60-82

Woolthuis, R.K./Hillebrand, B./Nooteboom, B. (2002): Trust and formal control in interorganizational relationships, in: ERIM Report Series Research in Management, ERS-2002-13-ORG

Wrede, D. (2002): Methoden der Bildungsbedarfsanalyse, http://www./hendricksconsult.de (Abrufdatum: 02.05.2005)

Wunderer, R./Dick, P. (2000): Personalmanagement – Quo vadis? Analysen und Prognosen zu Entwicklungstrends bis 2010, Neuwied

Zachert, U. (1990): Erosion des Normalarbeitsverhältnisses in Europa, in: Betriebsberater, Jg. 1990, Heft 9, S. 565-568

Zahn, E./Barth, T./Foschiani, S./Hertweck, A. (1998): Outsourcing unternehmensnaher Dienstleistungen, in: Bullinger, H.-J./Zahn, E. (Hrsg.) (1998): Dienstleistungsoffensive – Wachstumschancen intelligent nutzen, Stuttgart, S. 330-357

Zajac, E.J./Olson, C. (1993): From Transaction Cost to Transaction Value Analysis: Implication for the Study of Interorganizational Strategies, in: Journal of Management Studies, Vol. 30, No. 1, S. 131-145

Zander, E. (1986): Entgeltformen bei veränderten Technologien, Arbeitsstrukturen und Arbeitszeitregelungen, in: Zeitschrift für betriebswirtschaftliche Forschung, Jg. 38, Heft 4, S. 289-301

Zander, I. (1997): Outsourcing betrieblicher Bildungsarbeit, Düsseldorf

Zander, U./Kogut, B. (1995): Knowledge and the Speed of the Transfer and Imitation of Organizational Capabilities: An Empirical Test, in: Organization Science, Vol. 6, No. 1, S. 76-92

Zempel, J. (2002): Strategien des Handlungsregulation, Dissertation, Nürnberg

ZEW (Hrsg.) (2006): FAZIT-Unternehmensbefragung: Outsourcing von IT-Dienstleistungen

Zimmer, K./Krems, J. (1997): Expertise and informations seeking in solving complex configuration tasks, in: Zeitschrift für Psychologie, Band 205, Heft 3, S. 253-266

Zöfel, P. (2003): Statistik für Wirtschaftswissenschaftler, München

Zweifel, P. (1987): Dienstleistungen aus ökonomisch-theoretischer Sicht, in: Allgemeines statistisches Archiv, Bd. 71, Heft 1, S. 1-16